JANE FONDA

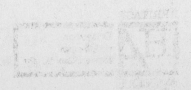

JANE FONDA

THOMAS KIERNAN

traduit de l'anglais par
Jeanne Charbonneau

HÉRITAGE
HA
AMÉRIQUE

Collection
dirigée par
Robert Guy Scully

Conception graphique de la couverture : Philippe Bouvry, graphiste, designer
Photo de la couverture : Alpha Diffusion
Photos de l'intérieur : Albert Spevak, Steve Jaffe, Ron Galella, Kobal
Collection, Wide World Photos, Collection Neal Peters.

Jane Fonda Heroine For Our Time
Copyright © 1982 by Thomas Kiernan
A DELILAH BOOK, New York 10010

Copyright © 1984 Les Éditions Héritage Inc.
Tous droits réservés

Dépôts légaux : 4e trimestre 1984
Bibliothèque nationale du Québec
Bibliothèque nationale du Canada

ISBN : 2-7625-5792-5   Imprimé au Canada

LES ÉDITIONS HÉRITAGE INC.
300, Arran, Saint-Lambert, Québec J4R 1K5
(514) 627-6710

Introduction

En 1973, lorsque j'ai publié ma première biographie de Jane Fonda, elle était probablement la femme qui soulevait le plus d'indignation, voire de haine, aux États-Unis. J'ai conservé des lettres que m'ont adressées quelques citoyens furibonds qui me stigmatisaient pour avoir osé écrire cet ouvrage. Un des commentaires les moins virulents que j'ai reçus se lisait comme suit : « Vous rendez-vous compte (ici, les grossièretés ont été supprimées) qu'en procurant à cette petite traînée de la publicité gratuite, vous jouez le jeu de la conspiration rouge internationale ? » Pendant un certain temps, les menaces de mort ont été mon lot quotidien. J'ai même été en butte à d'autres formes d'intimidation comme, par exemple, une visite inopinée de deux agents du gouvernement qui ont demandé à voir ma documentation et qui n'ont obtenu de moi que quelques épithètes bien senties.

Depuis lors, presque dix ans se sont écoulés. Les temps ont changé comme, de toute évidence, l'opinion des Américains sur Jane Fonda. S'il faut en croire les sondages, la paria

7

d'autrefois est maintenant une des femmes les plus généralement admirées dans son pays, et ce revirement s'est produit en un temps record.

Certes, il y a encore des gens qui ne lui ont pas pardonné son engagement politique du début des années '70, alors que, sans crier gare, la plus charmante des séductrices se muait en une militante gauchiste enragée qui pactisait avec l'ennemi du Viêt-nam du Nord, traitait l'administration Nixon, en pleine gloire à l'époque, de ramassis de « cochons », de meurtriers et de bandits, prônait les dogmes de la révolution, bref battait en brèche le traditionalisme de ses concitoyens de toutes les manières possibles et imaginables.

Pourtant l'actrice est rentrée dans leurs bonnes grâces; mais il ne s'agit plus de la jeune femme que l'Amérique avait appris à aimer dans les années '60 ni de celle qu'elle avait détestée une décennie plus tard. Il ne s'agit pas non plus d'une « nouvelle » Jane Fonda mais d'une femme différente.

Et puisqu'elle paraît vouloir rester à l'avant-garde du mouvement de conscientisation politique aux États-Unis, pour des années encore, et que, de son propre aveu, elle compte poursuivre ses efforts pour y implanter une société plus juste, j'ai décidé d'écrire une nouvelle histoire de sa vie.

Par ce livre, je voudrais faire connaître Jane Fonda au lecteur, lui montrer pourquoi et comment elle est devenue ce qu'elle est. Ce n'est pas simplement la biographie d'une star ou celle d'une militante dont l'engagement a fait l'objet de polémiques. C'est davantage le portrait d'une femme complexe qui semble chercher désespérément à devenir une héroïne dans la réalité comme à l'écran. Et il se pourrait bien qu'elle y parvienne !

Thomas Kiernan
New York 1982

1

Lady Jane

Henry et Frances Fonda devaient inévitablement appeler Jane, leur fille née en 1937, à la jonction des signes du Sagittaire et du Capricorne. Ce prénom tenait une place importante dans leur généalogie respective. La mère de Henry Fonda avait pour nom de jeune fille Jaynes. Quant à Frances Seymour Fonda, jeune femme riche, issue de la bonne société de Nouvelle-Angleterre et dont les ancêtres avaient participé à la fondation de l'État du Connecticut, sa famille se réclamait d'Edward Seymour, duc de Somerset, en Angleterre au XVIe siècle. La soeur de ce gentilhomme, lady Jane Seymour, avait eu le triste honneur d'être la troisième femme du roi Henri VIII. En fait, lorsque Henry Fonda et Frances Seymour se recontrèrent à Londres en 1936, c'est cette coïncidence de noms qui éveilla leur intérêt réciproque.

À cette époque-là, Henry Fonda venait de rompre son mariage avec l'actrice de théâtre et de cinéma Margaret Sullavan et après huit ans d'efforts ardus, il commençait à se faire un nom à Hollywood, avec six films à son actif. Au printemps de 1936, il s'était rendu à Londres pour jouer dans le premier film anglais en technicolor, « Wings of the Morning ». Là-bas, lors d'une réception, il fit la connaissance de Frances Seymour Brokaw, la jeune veuve débordante d'énergie de l'ancien député de New York, le playboy George Brokaw, qui venait de mourir. À ce qu'on raconte, dès leur première conversation, Frances Seymour aurait mentionné, non sans une certaine arrogance, qu'elle était apparentée aux fondateurs de la ville de Seymour au Connecticut. Pour n'être pas en reste, son interlocuteur lui fit savoir que la ville de Fonda, sise dans la vallée de la Mohawk, dans l'état de New York, ne tenait pas son nom de quelque lieu d'Espagne ou du Mexique, mais avait bel et bien été établie par ses ancêtres.

La jeune femme lui rétorqua :

« En tant qu'acteur, vous serez peut-être intéressé d'apprendre que je descends en ligne droite de la famille royale du duc de Somerset et de lady Jane Seymour qui est mentionnée dans l'oeuvre de Shakespeare.

— Moi aussi j'ai du sang royal dans les veines. » Et il lui expliqua comment au XVIIe siècle, ses nobles ancêtres italiens avaient fui les persécutions de l'Église catholique en se réfugiant en Hollande, avant d'émigrer dans la colonie de Nouvelle York au début du siècle suivant. Puis, il avait ajouté le plus naturellement du monde: « Si jamais nous avons une fille, il faudra l'appeler Jane.

— Une fille ? Qu'est-ce qui vous porte à croire que nous aurons une fille ensemble ?

— La certitude qu'un de ces jours, nous allons nous marier, vous et moi. »

Henry Fonda et Frances Seymour Brokaw s'épousèrent deux mois plus tard à New York. La cérémonie eut lieu le 17 septembre 1936, au Christ Church de Park Avenue et fut l'une des attractions du carnet mondain, cet automne-là. Henry Fonda avait trente et un ans, trois ans de plus que sa nouvelle épouse. Joshua Logan, producteur-réalisateur promis à un brillant avenir à Hollywood et ami intime de Fonda depuis l'époque où, des années auparavant, ils avaient fait du théâtre ensemble, était venu de Californie pour servir de témoin à l'acteur.

Frances Fonda était déjà mère d'une fillette de cinq ans, issue de son premier mariage et elle semblait ne pas vouloir s'en tenir là. Comme Joshua Logan me l'a signalé : « Elle voulait des enfants de Hank le plus tôt possible. Quant à lui, l'idée d'être père le rendait passablement nerveux parce qu'il n'était pas sûr d'y être prêt. Il aurait préféré attendre quelques années et faire durer leur idylle. Mais Frances était une personne extrêmement résolue : c'est le principal trait de son caractère dont je me souvienne. Elle était très organisée, très agressive, très déterminée, de sorte que la vie devait se conformer à ses plans et à ses besoins... Quelques mois après son mariage, elle était enceinte. »

Vers cette époque-là, Henry Fonda, en compagnie de Frances et de sa fille, Pamela Brokaw, se rendit à Los Angeles, à la recherche d'un terrain sur lequel bâtir la maison qui conviendrait à son statut de vedette. Au début de 1937, les Fonda en trouvèrent un, situé sur une corniche des montagnes escarpées de Brentwood qui surplombent Sunset Boulevard. Il s'agissait de quelques hectares de broussailles avec vue sur l'océan Pacifique à l'ouest et Los Angeles à l'est. Avant même qu'ils ne soient en mesure de l'acheter, Frances consultait déjà architectes, entrepreneurs et ingénieurs-paysagistes, prévoyant méticuleusement chaque partie du domaine qu'elle s'apprêtait à faire aménager.

À l'été 1937, les Fonda retournèrent à New York où l'acteur joua dans « The Virginian » pour un théâtre d'été, avant d'entreprendre les répétitions de « Blow Ye Winds » qui prit l'affiche à Broadway à l'automne, mais fut un échec. Peu après, Henry Fonda regagnait Hollywood pour commencer le tournage de « Jezebel » (« L'insoumise ») avec Bette Davis. Frances Fonda ne le suivit pas en Californie, cette fois. Sa grossesse étant fort avancée et les médecins lui ayant annoncé que la naissance se ferait par césarienne, elle avait décidé d'accoucher à New York plutôt qu'à Los Angeles.

Ainsi, le premier enfant de Henry Fonda, une fille, naquit au Doctors Hospital de New York, le dimanche 21 décembre 1937. Coïncidence remarquable, ce jour-là, les journaux de tout le pays, par le truchement de leurs éditorialistes, affichaient leur indignation devant l'ingérence croissante des États-Unis, sous le gouvernement Roosevelt, dans le conflit militaire qui s'aggravait en Asie.

Le bébé reçut le nom de Jane Seymour Fonda, en l'honneur de l'ancêtre de sa mère. « Hank et Frances s'en amusaient beaucoup », faisait remarquer Joshua Logan. « Avec de tels antécédents, on supposait que la petite Jane deviendrait pour le moins membre de la noblesse et actrice. En fait, dès son plus jeune âge elle a été surnommée « Lady Jane ». Nous l'avons tous appelée comme ça pendant des années et encore aujourd'hui, quand je pense à elle, j'ai de la difficulté à l'appeler autrement. »

À son arrivée en ce monde, Jane, comme tout bébé en bonne santé, ressemblait à ses deux parents. Mais en l'espace de quelques mois, les traits des Fonda commencèrent à dominer. Son front large était certes un attribut des deux familles alliées; cependant, même si elle avait le teint de sa mère et si ses cheveux châtains, qui prendraient une teinte brun-roux avec l'âge, lui venaient des Seymour, elle était incontestablement une Fonda. Elle avait hérité du nez délicat, légèrement retroussé de son père, de ses grands yeux bien écartés et remarquablement expressifs, de son long visage ovale aux fortes mâchoires et à la bouche triste, crispée même, dont un sourire démentait pourtant le sérieux.

Un mois après sa naissance, Jane arriva à Los Angeles avec sa mère. La famille s'installa dans un logis loué dans un vallon de Brentwood, en attendant que la propriété à flanc de coteau tant convoitée soit mise en vente. Lorsque Henry Fonda ne filmait pas les prouesses de sa fille, présentant les séquences tournées à des amis comme Jimmy Stewart, John Wayne et Clark Gable, il se consacrait à son métier. En fait, au cours des deux années qui suivirent, sa carrière au cinéma connut un essor phénoménal, les studios s'efforçant de répondre à la demande du public qui réclamait sa présence au grand écran. Il participa successivement à dix productions, dont les plus notables ont été : « Jesse James » (« Le Brigand bien-aimé »), « The Young Mr Lincoln « (« Vers sa destinée ») et « The Grapes of Wrath » (« Les Raisins de la colère »), d'après le célèbre roman de John Steinbeck. Sa performance dans ce dernier film lui assura l'immortalité cinématographique à l'âge de trente-quatre ans. Il joua également dans « Drums along the Mohawk » (« Sur la piste des Mohawks »), fresque de l'époque de la révolution, située dans la vallée de la Mohawk, au nord de l'état de New York, près de la ville de Fonda. L'acteur y personnifie un colon héroïque à la tête d'un groupe de braves défricheurs qui défendent leurs terres contre les attaques des Indiens et des Loyalistes à la solde des Britanniques. Ce fut, on s'en doutera, un de ses rôles préférés.

Henry Fonda passant la plus grande partie de son temps dans les studios de cinéma, Jane était laissée aux soins presque exclusifs de sa mère. Frances Fonda insistait pour donner à sa fille l'éducation anglo-américaine qu'elle avait elle-même reçue. D'après un ami de la famille : « Ce qui importait le plus pour Frances, c'était l'organisation, l'auto-discipline et les bonnes manières. Ça tournait à l'obsession chez elle. Au moment de son mariage, Hank n'était pas porté vers ce genre de choses; il était perfectionniste mais en ce qui concernait son métier seulement. Frances y a mis bon ordre; du moins, elle s'y est essayée. Quand, à son avis, Hank ne se conduisait pas d'une façon impeccable, elle le réprimandait; elle le harcelait s'il laissait une chemise traîner sur une chaise dans sa chambre, ou un verre sale dans le salon — des détails de ce genre-là. Au début, Hank acceptait ses remarques de bonne grâce : il s'est vraiment donné du mal pour plaire à Frances et pour changer ses habitudes. Mais après quelque temps, il en a été agacé. Quelque effort qu'il fasse, il semblait ne jamais pouvoir la satisfaire. Au début, je pense qu'elle l'intimidait réellement; et puis, il était étonné aussi de la métamorphose qui s'était opérée en elle après son mariage et surtout après la naissance de Jane. Cette maternité avait transformé Frances en un adjudant en jupon. Tout devait marcher au doigt et à l'oeil tout le temps, et si quelque chose n'allait pas, Frances n'avait de cesse que ce ne soit réglé.

« C'est dans cette atmosphère-là que Jane a grandi : tout était absolument planifié; ça se résumait à deux mots : discipline et ordre. De toute façon, de nature, Hank n'était ni expansif, ni exubérant et Frances n'avait pas un tempérament émotif non plus, à première vue, du moins. De sorte que leur relation atteignait un niveau de détachement presque guindé... Frances accordait une importance considérable aux apparences. Lorsque Jane et, plus tard, Peter se laissaient aller à une manifestation bruyante d'émotion ou de passion, normale chez des enfants, ils étaient immédiatement et vertement réprimandés pour leur conduite incongrue. C'est Frances qui dictait les règles et qui les avait apprises à Hank, lequel s'y était habitué — probablement dans le seul but de lui plaire, ou en tout cas de se la concilier. »

Peter Fonda naquit en février 1940, quelques mois après le deuxième anniversaire de sa soeur Jane. Un peu plus tard, Frances et Henry acquirent enfin la propriété qu'ils avaient si longtemps convoitée. L'année suivante, ils consacrèrent tout leur temps libre à la transformer en un luxueux domaine, conforme à leurs plans. Les travaux terminés, ils emménagèrent dans une vaste demeure dont le style s'apparentait à celui des élégantes maisons de campagne de la Nouvelle-Angleterre, avec un court de tennis, une piscine et un pavillon attenant, une grange et des écuries, un demi-hectare de pelouse bien entretenue et de massifs d'arbustes décoratifs, un quart d'hectare réservé au potager et aux fleurs, y compris une vue magnifique de tous côtés.

Ce déménagement au sommet de Tigertail Road, à Brentwood, profitait à tout le monde : Jane et Peter bénéficiaient de grand air, d'espace et d'un terrain de jeu bien équipé pour occuper leurs loisirs; leur père pouvait enfin satisfaire sa nouvelle passion, le jardinage, disposant d'un tracteur flambant neuf et d'autres instruments de jardin; quant à Frances, elle régnait sur une maison décorée avec goût et un pavillon — presque aussi grand que le logis principal, mais plus intime — pour recevoir. Elle et son mari, en tenue négligée, passaient des heures à accomplir toutes sortes de petites tâches pour embellir encore cet endroit déjà parfait. Frances veillait à l'entretien des parterres de fleurs et des massifs d'arbustes, tout en supervisant le travail domestique avec une efficacité orgueilleuse et compassée, digne d'un conservateur de musée. Fonda passait le plus clair de ses journées à l'extérieur, à cultiver ses légumes, apportant ici et là des modifications au terrain. Lui et Frances retiraient de grandes satisfactions des travaux longs et minutieux qu'ils exécutaient et ils tenaient à ce que leurs enfants sachent apprécier comme eux l'ouvrage bien fait.

Vers l'âge de cinq ans, Jane commença à s'offusquer du surnom de « Lady » qui lui avait été dévolu. Au jardin d'enfants de l'école qu'elle fréquentait et qui desservait la ville et les environs de Brentwood, ce sobriquet excitait les rires et les taquineries de ses camarades et causa très tôt un sentiment d'humiliation à cette enfant très sensible aux rebuffades.

Frances et Henry Fonda s'étaient créé un intérieur chaleureux et invitant, mais, sauf pour quelques rares cris poussés par Jane ou Peter, c'était un lieu très tranquille. Peu de gens vinrent les visiter dans les années qui suivirent. Après une série de réceptions données dans le but de montrer le domaine à leurs amis, les Fonda reprirent une existence relativement solitaire; ils ne recherchaient pas la compagnie des gens de Los Angeles ou du monde du cinéma. Frances surtout ne prisait guère ce voisinage. Selon Joshua Logan, l'un des rares visiteurs réguliers du 600 Tigertail Road, la jeune femme ne se sentait pas à l'aise avec les gens du spectacle.

« Frances ne s'intéressait vraiment ni au cinéma, ni au théâtre. Notre présence l'impatientait parce que nous discutions sans cesse et exclusivement de spectacle. Elle préférait parler d'enfants, d'opérations, de bijoux, du cours de la bourse — des choses dans ce genre-là. Je me suis souvent demandé de quoi Hank et elle pouvaient bien s'entretenir ensemble, parce que lui n'avait aucun intérêt pour ces sujets-là. Elle était très cultivée, très mûre et prenait tout au sérieux. Nous n'étions pas des ignorants évidemment, mais nous n'affichions pas notre culture : nous ne parlions tous que de métier. Je suis persuadé que Frances éprouvait un certain mépris pour nous et qu'elle nous considérait comme une bande d'enfants. En fait, elle avait peine à nous supporter. »

À la fin de 1942, la maison des Fonda était d'autant plus calme que l'acteur, après avoir terminé « The Immortal Sergeant » (« Aventure en Lybie »), un film destiné à sensibiliser l'opinion publique à la guerre, s'était enrôlé dans la marine, laissant à Frances le soin de la propriété et de l'éducation des enfants. Sauf pour quelques brèves permissions, Henry Fonda fut séparé de sa famille pendant ses trois années de service, qu'il passa en grande partie dans le sud du Pacifique. Ainsi, de cinq à huit ans — une étape chronologique importante dans l'évolution d'un enfant — Jane vit très rarement son père. Sa mère, par contre, devint le centre de son univers. L'enfant, tout en s'irritant des règles de conduite strictes que celle-ci lui imposait, s'était attachée à elle par des liens solides dont elle était dépendante.

Frances voulait faire de sa fille une jeune personne sage et pétrie de bonnes manières, mais dans un milieu où chacun se préoccupait d'abord de ses intérêts matériels, elle savait qu'elle n'y parviendrait pas sans peine. Et la présence de Margaret Sullavan — la première femme de Henry Fonda — dans les environs ne lui facilitait pas la tâche. À peu près à l'époque du mariage de Frances et Henry Fonda, Margaret Sullavan avait épousé l'impresario Leland Hayward dont elle avait eu trois enfants à intervalles rapprochés : deux filles, Brooke et Bridget et un fils, William. Le couple s'était installé à Brentwood presque en même temps que les Fonda. Ainsi lorsque, à l'instar de son voisin, Leland Hayward était parti à la guerre, les deux familles s'étaient trouvées pratiquement réunies, les petits Hayward échouant sans cesse chez Jane et Peter et vice-versa. Le voisinage de la première épouse de son mari avait toujours mis Frances mal à l'aise — une telle situation eût été inconcevable dans son monde. En outre, Margaret Sullavan, pourtant toujours aimable avec elle, était de nature névrotique, un trait qu'elle avait, selon Frances, transmis à ses filles et à son fils, lesquels étaient portés à la maussaderie, à l'indiscipline et même à la rébellion. Le ménage Hayward n'avait jamais été très uni et l'atmosphère de mésentente qui régnait entre les parents avait marqué les enfants; or Jane ne paraissait que trop encline à imiter leur comportement. Frances était d'autant plus inquiète qu'elle craignait que son mari ne soit encore secrètement amoureux de son ancienne compagne et que, pour cette raison, il ait encouragé les Hayward à venir s'installer à proximité de chez lui.

Cependant, il n'était pas dans le caractère de Frances de laisser paraître ses appréhensions ou son mécontentement. Elle apprit donc à tolérer les sémillants Hayward et leur progéniture, tout en redoublant d'efforts pour neutraliser l'effet que produisait la présence continuelle des enfants de Margaret sur Jane et, plus tard, sur Peter.

La petite fille ne s'en rendait pas compte, évidemment. L'extravagante Brooke Hayward, si jolie avec ses cheveux sombres, et son excentrique cadette, Bridget, étaient ses meilleures amies; en fait, elles auraient bien pu être ses soeurs. Frances Fonda ne savait pas que, de son côté, Margaret Sullavan tâchait d'imiter la façon dont elle éduquait ses enfants. Cependant, si l'esprit de discipline était naturel à Frances, il en allait tout autrement de sa voisine et le désarroi régnait de plus en plus dans l'esprit de ses rejetons, ce qui les poussait à se conduire de façon capricieuse, voire même bizarre.

Toute petite, Jane fut marquée par l'intransigeance de sa mère et par le comportement étrange des petits Hayward. Elle se sentait déroutée par les deux influences totalement opposées qui s'exerçaient sur elle.

Le retour de son père en 1945, après la guerre, la rendit encore plus perplexe. À toutes fins pratiques, c'était un étranger; et le fait qu'il avait changé pendant ces trois ans, accentuait encore cette impression. En effet, Henry Fonda n'était plus disposé à céder aux volontés de sa femme et à se laisser dicter sa conduite dans sa propre maison. Mûri par ses expériences militaires, il se lassa bientôt des exigences continuelles de Frances. Sa première réaction fut de protester, puis il choisit de se renfermer en lui-même. En se détachant de sa femme, il s'éloignait également de Jane et de Peter qu'il considérait comme entièrement sous la domination de leur mère. « Hank se sentait étranger sous son propre toit », déclarait un de ses amis, des années plus tard.

Une telle situation est difficile à comprendre pour une enfant de huit ans. Jane se rendait compte seulement que, de l'enthousiasme suscité par le retour paternel, il ne restait plus rien. Henry Fonda se jeta à corps perdu dans son métier d'acteur et s'occupa fort peu de sa fille si ce n'est pour lui manifester son impatience lorsqu'elle s'adressait à lui timidement, quémandant ou offrant de l'affection. Un autre ami de Fonda m'a dit : « Hank, en revenant, a trouvé que ses enfants ressemblaient davantage à Frances qu'à lui et il n'a pas su comment réagir. Il était de plus en plus irrité contre elle et je crois que son ressentiment englobait aussi Jane et Peter, qui étaient l'image même de leur mère. La pauvre Frances ne se rendait pas compte de ce qui se passait; elle ne comprenait pas ce qui indisposait Hank. Évidemment, les gens qui, comme elle, affichent beaucoup d'assurance et d'autorité et qui, en plus, ont une telle maîtrise d'eux-mêmes en toute occasion, ne peuvent pas se mettre à la place des autres, se voir par leurs yeux et s'apercevoir de ce qui ne tourne pas rond. Quant aux gens comme Hank, ils ne parviennent jamais à formuler leurs griefs; ils gardent pour eux leur mécontentement, jusqu'à ce qu'il soit trop tard pour remédier à quoi que ce soit. »

Si Henry et Frances Fonda avaient eu un tempérament passionné, le conflit n'aurait pas tardé à éclater. Mais ils se contentèrent de dissimuler leur mésentente et tâchèrent de sauvegarder leur union, du moins en apparence. Jane était alors en troisième année, à l'école de Brentwood. Si elle savait que son père était un acteur célèbre, elle n'en laissait rien voir. L'institution, d'ailleurs, était fréquentée par la progéniture de vedettes du cinéma et du théâtre, de sorte que, pas plus que les autres, la fille de Henry Fonda ne jouissait d'un traitement de faveur.

Jane connaissait pourtant l'occupation de son père. Lors de séances de projection en famille, elle avait vu certains des westerns dans lesquels il avait joué. Elle l'avait aussi observé, monté sur son tracteur, dans le potager, labourant sa terre et elle s'était fait de lui l'image d'un homme passionné de la nature, qui partageait, à la façon distante d'un adulte, ses propres rêves concernant les cow-boys, les Indiens, les chevaux, les troupeaux de buffles et les lynchages.

Après le retour de son père, Jane se mit à négliger ses poupées et autres passe-temps féminins pour adopter des habitudes garçonnières. Sauf dans les grandes occasions, elle portait à la maison un accoutrement de cow-boy : chapeau, bottes, jeans et chemise en flanelle; Peter l'imitait. Après l'école, la petite fille, prenant la tête d'un groupe d'enfants du voisinage, dirigeait des expéditions dans les coins éloignés de la propriété. Ensemble, ils simulaient des attaques contre des villages indiens, défendaient leurs propres forts contre les Peaux-Rouges en maraude, lançaient la cavalerie à l'assaut, montés sur des chevaux empruntés à leur carrousel, rattrapaient des veaux échappés du troupeau et arrachaient une demoiselle en détresse des griffes de quelque bandit — comme dans les livres ou au cinéma.

Ce fut une époque heureuse pour Jane : elle possédait le talent nécessaire pour incarner toutes sortes de personnages et avait l'habitude de prendre les initiatives. Cependant, il lui arrivait de se montrer tyrannique lorsque ses camarades ne partageaient pas immédiatement son enthousiasme — un trait qu'elle avait hérité de sa mère. « Elle aimait que d'autres enfants la suivent, même s'il ne s'agissait que de son petit frère ». Brooke Hayward se rappelait que : « Quand on se prêtait de bonne grâce à ses fantaisies, elle devenait plus inventive encore. » Jane aimait l'autorité que les jeux lui conféraient et elle pouvait s'amuser pendant des heures, s'irritant du son de la vieille cloche d'école qui donnait le signal d'abandonner toute activité passionnante pour rentrer et se soumettre à une occupation imposée par les adultes, en général le déjeuner ou le dîner.

Lorsque son père était à la maison, bricolant dans le jardin ou réparant un vieux meuble dans son atelier, elle le suivait comme une ombre, le questionnait timidement mais sans arrêt sur tout et rien, imitant sa démarche lente et lui nuisant plus souvent qu'à son tour. Pour l'acteur, le jardinage et la menuiserie étaient, de son propre aveu, « une forme de thérapie ». Il se fixait une tâche et s'y consacrait avec tant d'application qu'il ne tolérait pas d'être interrompu. De sorte que la curiosité insatiable de Jane l'agaçait souvent et il la faisait alors vivement décamper.

Jane était parvenue à se défaire de son surnom de « Lady », davantage par ses intérêts et l'énergie qu'elle déployait à la manière d'un garçon que par ses protestations et avait abandonné le rôle de « petite princesse » que sa mère lui avait appris jadis. Elle était grande pour ses huit ans; ses cheveux châtains et soyeux du premier âge avaient pris une teinte brunâtre; elle devenait rondelette et perdait cet aspect de jolie poupée qu'elle avait à quatre et cinq ans.

À son retour de la guerre, Henry Fonda joua d'abord dans « My Darling Clementine » (« La Poursuite infernale »), dans lequel il incarne le fameux Wyatt Earp, shérif de Tombstone, à la recherche de meurtriers, les Clanton. À la sortie du film en 1946, les critiques le couvrirent d'éloges, s'accordant tous à dire que son interprétation du personnage de Earp était décidément supérieure à celle de ses prédécesseurs. Depuis des années, Fonda s'était acquis la réputation d'être un des acteurs de westerns les plus éminents aux États-Unis. Sa voix traînante — à la fois hésitante et autoritaire — ses épaules légèrement voûtées, son allure circonspecte, sa démarche lente et sa physionomie absolument unique reflétant une force et un héroïsme sans prétention, tout cela contribuait à maintenir sa crédibilité. Ces caractéristiques, jointes à son sens du théâtre, à sa simplicité et à sa réserve — presque de l'indifférence (il n'en ressentait pourtant aucune à l'égard de son art) — galvanisaient le public. Dans la vie courante, par contre, Fonda ne donnait pas l'impression de posséder un magnétisme particulier, du moins pas à la manière d'un Casanova. Mais son manque d'assurance allié à son intégrité manifeste, en faisaient un acteur fascinant.

Il avait déjà démontré qu'il pouvait interpréter des personnages totalement différents de ceux auxquels il était généralement identifié. Dans les comédies modernes, il se distinguait par sa façon de jouer à la fois réaliste et amusante et prêtait aux héros de tragédie une dimension convaincante. Pour des millions de spectateurs, son visage correspondait à celui de l'Américain typique et l'attrait qu'il exerçait sur eux résidait dans le sentiment de confiance qu'inspirait cette physionomie et le personnage qui y était associé. Le public avait foi en Henry Fonda et n'avait jamais été obligé, dans son cas, de supporter « une performance ».

C'était la première fois depuis « Grapes of Wrath » que Henry Fonda et John Ford travaillaient ensemble; il s'agissait d'un western cette fois, un genre dans lequel l'acteur et le réalisateur s'étaient déjà illustrés chacun de son côté. Pour incarner son personnage dans « My Darling Clementine », Fonda avait dû, un mois avant le début du tournage, se laisser pousser une barbe, à la grande consternation de Jane qui, tout à coup, trouvait à son père un air menaçant. Sa mère dut lui expliquer longuement et patiemment que l'acteur n'était pas devenu un ogre, pour la rassurer. Ces explications permirent à la petite fille de comprendre exactement comment son père gagnait sa vie. Elle éprouva une certaine déception en apprenant qu'il n'était pas vraiment un cow-boy. Mais puisque à sa façon, il personnifiait précisément ce qu'elle rêvait d'être, son admiration et son respect pour lui s'en accrurent. Et puis, fort heureusement, la barbe disparut peu après le début du tournage.

À neuf ans, Jane Fonda avait conservé ses habitudes de garçon manqué. De temps à autre, sa mère l'habillait coquettement et l'envoyait à des fêtes enfantines à Beverly Hills ou à Bel Air, mais elle détestait ces réunions et se sentant embarrassée et mal à l'aise, elle préférait s'isoler des autres. Lorsque Frances et Henry Fonda eurent vent de sa timidité, ils en furent irrités et frustrés comme la plupart des parents qui s'inquiètent de l'apparente inaptitude de leurs enfants à s'intégrer au monde.

L'orgueil parental se froisse aisément. Malgré leur timidité et leur réserve naturelles, Henry et Frances pouvaient manifester une grande sociabilité lorsque les circonstances les y obligeaient, de sorte qu'ils tenaient à ce que Jane et Peter sachent se conduire en société et soient à l'aise au milieu de leurs camarades.

Jane s'irritait de l'insistance de ses parents à lui imposer d'assister à ces fêtes bruyantes. Un sentiment latent d'inadaptation la portait à réagir de façon tout à fait antisociale et l'isolement relatif dans lequel elle avait vécu jusque-là la désavantageait nettement. Il était temps, de l'avis de sa mère d'y mettre bon ordre : le traumatisme et le supplice de cette intégration à la société juvénile de la haute bourgeoisie devaient être supportés pour acquérir une bonne éducation. Par ailleurs, les craintes inexplicables de la petite fille et les attitudes qu'elle adoptait en conséquence rejaillissaient d'une manière peu flatteuse sur ses parents.

Lorsque Jane manifestait de la mauvaise humeur ou piquait même une colère à l'idée d'être envoyée à l'une de ces visites chez des camarades, l'attitude de Frances et de Henry Fonda les empêchait de compatir à son angoisse. Son indocilité blessait leur amour-propre, bafouait leur ambition de voir leurs enfants devenir un jour de parfaites répliques d'eux-mêmes. Ils espéraient que la timidité de leur fille, résultat de son hypersensibilité, serait passagère.

Pour Jane, ces fêtes et autres réunions auxquelles elle était condamnée à assister, représentaient une sorte d'enfer à sa mesure; elle ne pouvait pas s'expliquer l'obstination de ses parents à l'y envoyer alors qu'elle leur avait clairement manifesté son aversion pour ce genre de passe-temps. Sommée de justifier son attitude, elle ne pouvait que hausser les épaules et fournir quelques vagues motifs qui étaient rejetés avant même qu'elle ait pu les formuler adéquatement. Son incapacité à énoncer son point de vue lui était intolérable parce qu'elle intensifiait en elle le sentiment de son inaptitude profonde. Elle s'irritait du fait que ses parents ne comprenaient pas à demi-mot ses réticences, qu'ils refusaient d'admettre ses craintes et de les apaiser effectivement. Pourtant, tout compte fait, elle se montrait obéissante même si les exigences de ses parents lui causaient parfois une honte insupportable, provoquée par un manque d'assurance propre au jeune âge. Bien que cette honte la paralysât littéralement, elle se soumettait, quoique à contre-coeur, à leur volonté.

Le contrat qui liait Henry Fonda à la Twentieth Century Fox expirait en 1947 et, après un dernier film, l'acteur décida de raviver sa carrière en renouant avec sa véritable passion, le théâtre. Il ne tenait plus en place et s'apercevait que son impatience était la cause, en partie du moins, de l'attitude renfrognée qu'il adoptait chez lui. Il commençait à se lasser de ses occupations de cultivateur du dimanche et se détachait de plus en plus de sa famille. Il aspirait à cette satisfaction qu'au-trefois seul le théâtre pouvait lui procurer. En conséquence, Jane Fonda, qui n'avait pas dix ans à l'époque, expérimenta le premier changement important de son existence.

2

D'Ouest en Est

Au printemps 1947, Henry Fonda reçut des nouvelles de Joshua Logan, installé à New York et qui, en collaboration avec un auteur peu connu, Thomas Heggen, avait écrit une pièce de théâtre portant sur la vie des soldats de la marine, dans le Sud du Pacifique, pendant la guerre. Logan était persuadé que le rôle principal siérait parfaitement à Fonda, pour un retour à Broadway. L'acteur se rendit donc à New York durant l'été et, impressionné par l'oeuvre dont son ami lui fit lecture, accepta d'y participer. Puis, regagnant Brentwood, il joua dans un dernier western pour John Ford, « Fort Apache » (« Le Massacre de Fort Apache »), avant de retourner dans l'Est.

« Mister Roberts » prit l'affiche à Broadway en février 1948 et obtint un succès instantané. Quant à Fonda, il eut droit à des éloges comme la plupart des acteurs osent à peine en espérer. Le soir de la première, non seulement les spectateurs ovationnèrent la pièce, mais ils s'enrouèrent à force d'acclamer les interprètes. Les rideaux étaient continuellement relevés et la troupe saluait et saluait encore, sans que la foule ne se décide à quitter la salle. Finalement, Henry Fonda dut adresser la parole au public : « C'est tout ce que Tom et Josh ont écrit pour nous. Si vous y tenez, nous pouvons tout recommencer du début. » Et John Chapman, du « Daily News » écrivait le lendemain : « Je me suis attardé encore un peu après la tombée du rideau, dans l'espoir qu'ils le feraient. »

Avec « Mister Roberts », de vieux amis se trouvaient réunis pour une nouvelle aventure excitante et profitable. Leland Hayward, dont la famille avait quitté la Californie, après la guerre, pour s'établir à la campagne, dans le Connecticut, en était le producteur; Logan avait collaboré à sa rédaction et s'était chargé de la mise en scène; enfin, Henry Fonda s'était vu attribuer le rôle principal. Par ailleurs, cette production jouirait d'une longue vie : en quelques jours, les réservations affluèrent en nombre suffisant pour qu'elle tienne l'affiche pendant au moins deux ans. La perspective d'une si longue séparation détermina Frances Fonda à déménager sa famille dans l'Est.

Son sens pratique, mais aussi un sentiment de désespoir croissant, poussèrent la jeune femme à prendre cette décision. Leland Hayward et Margaret Sullavan venaient d'annoncer leur intention de divorcer et elle craignait que son mari n'ait envie de les imiter. Elle tenait à sauver son mariage, malgré des signes de désintérêt chez Henry Fonda. Le succès de ce dernier dans « Mister Roberts » l'avait rehaussé dans sa propre estime, mais par la même occasion, l'avait éloigné davantage, physiquement comme affectivement, de sa femme et de ses enfants.

Au coeur de l'été 1948, Frances, Jane et Peter traversèrent tous les États-Unis et s'installèrent dans une vaste maison à proximité de celle des parents de la jeune femme à Greenwich, au Connecticut. Ce déménagement attrista Jane; elle était attachée à Tigertail Road et jamais l'idée ne lui était venue qu'il lui faudrait vivre ailleurs. En comparaison de la liberté et du laisser-aller dont elle bénéficiait à Brentwood, Greenwich lui apparaissait comme une luxueuse prison. Il lui était interdit de se promener vêtue de ses habits de cow-boy et elle se voyait de plus en plus souvent réprimandée par sa mère pour avoir enfreint sans le vouloir les règles étranges de l'étiquette en vigueur en Nouvelle-Angleterre. Frances, qui tenait à ce que sa fille se conforme aux bonnes manières de la haute société de Greenwich l'obligeait à s'habiller élégamment lorsque des visiteurs se présentaient à la maison. À l'automne, elle l'inscrivit à la Greenwich Academy, une école chic où la plupart des élèves — et des professeurs — parlaient comme si leurs mâchoires étaient soudées l'une à l'autre, au grand ébahissement de Jane.

Pendant les premiers mois, la petite fille eut tout de même la consolation de voir réapparaître les jeunes Hayward. Récemment divorcée, Margaret Sullavan avait décidé de suivre l'exemple de Frances Fonda et de s'établir à Greenwich*. Si la présence de ses anciens amis apportait un certain réconfort à Jane, sa mère, par contre, ne s'en réjouissait pas particulièrement.

Jane découvrit rapidement que sur un point, du moins, les gens de l'Est se montraient plus naïfs que les Californiens. Comme l'école de Brentwood, la Greenwich Academy était surtout parrainée par des familles riches et bien en vue. Cependant cette institution n'accueillait pas, en général, les enfants des personnalités de Broadway ou de Hollywood. Le nom de Fonda, connu dans tous les foyers à travers les États-Unis, valut tout à coup à Jane des témoignages de déférence et des égards auxquels elle n'était pas habituée. Ce n'était pas ses camarades qui la traitaient différemment, mais plutôt les adultes, enseignants, administrateurs de l'école et parents des autres élèves. Au début, trop absorbée par ses propres soucis,

---

* Dans *Haywire*, les mémoires qu'elle a publiés en 1977 sur sa famille, Brooke Hayward s'est étendue longuement sur la manière compulsive, tournant à l'obsession dont Margaret Sullavan élevait ses enfants quand ils habitaient le Connecticut. Cependant, Brooke Hayward omet de signaler que ces exigences de sa mère s'inspiraient en partie du style d'éducation employé par Frances Fonda que Margaret Sullavan cherchait plus que jamais à imiter. « Si seulement j'avais été la mère de Jane et de Peter, et Frances, celle de mes enfants », avait-elle dit un jour, « tout aurait été pour le mieux. »

elle s'en était à peine rendu compte. Pourtant, elle ne tarda pas à remarquer la sollicitude dont ses professeurs l'entouraient et les regards furtifs que lui jetaient les parents venus chercher leurs enfants. Leur attitude déteignit forcément sur ces derniers qui, en peu de temps, considérèrent Jane comme une célébrité.

Sa mère savait bien qu'une telle situation était à prévoir. Bien que, au plus profond d'elle-même, cette attention ne lui déplût pas entièrement, Frances tenta de faire comprendre à Jane qu'il ne fallait pas y accorder d'importance. Ce qui eut pour effet de rendre celle-ci davantage sensible à la position particulière qu'elle occupait dans le monde où, désormais, elle allait vivre.

Sans l'avoir recherché, Jane devint du jour au lendemain, l'élève la plus populaire de sixième année à la Greenwich Academy. Cette heureuse circonstance lui permit de surmonter quelque peu sa douloureuse timidité et de s'incorporer plus facilement à la société de ses camarades. Mais, comme c'est souvent le cas chez les pré-adolescents qui manquent de confiance en eux-mêmes et qui se retrouvent brusquement au centre de l'intérêt général, l'enthousiasme qu'elle éprouva à jouer ce nouveau rôle la portait à l'exagérer. Elle devint bruyante en classe et se mit à entraîner ses compagnes, trop empressées à la suivre, dans des coups pendables qui leur valaient plus d'ennuis qu'à elle. « Sur le terrain de l'école, il y avait une remise où nous avions l'habitude d'aller rejoindre Jane qui nous racontait des histoires graveleuses de commis voyageurs », se rappelait une de ses camarades.

Avait-elle surpris des conversations entre son père et ses amis et recueilli là ces anecdotes ? Qui sait ? Quoi qu'il en soit, nombre de parents se plaignirent d'elle aux autorités de l'école. Au début, la présence de la fille du célèbre Henry Fonda parmi leurs enfants les avait enchantés, mais le plaisir qu'ils goûtaient par procuration fut finalement gâché par l'influence pernicieuse, qu'à leur avis, la fillette et son alter ego, Brooke Hayward, exerçaient sur les autres élèves. La rumeur de leur mécontentement atteignit finalement Frances qui, à son habitude, réprimanda sévèrement sa fille, laquelle riposta en se faisant expulser des guides avec Brooke Hayward, pour conduite répréhensible.

Après un séjour d'un an au Connecticut, le motif qui avait poussé la famille de Henry Fonda à quitter Brentwood paraissait presque vain. L'acteur passait de moins en moins de temps à Greenwich, n'y venant pas même les fins de semaine. Lorsque Frances apprit qu'il avait une idylle à New York avec une jeune femme de vingt et un ans, Susan Blanchard, la belle-fille du compositeur Oscar Hammerstein, sa tristesse se changea en désespoir fébrile. Bien que leur père ait été presque toujours absent de la maison, Jane et Peter ne se rendaient pas compte du froid qui s'était installé entre leurs parents. Ils pressaient leur mère de les ramener à Brentwood avant le début de l'année scolaire. Mais il n'en était pas question : Frances Fonda ne se résoudrait jamais à vivre à Tigertail Road sans son mari. Elle était convaincue qu'en restant à proximité de lui, avec un peu de persévérance, elle retrouverait son amour.

En septembre 1949, Jane montait en septième année à la Greenwich Academy. À la veille de ses douze ans, elle commençait à se transformer physiquement : au cours de l'été, elle avait beaucoup grandi, perdant ainsi un peu de ses rondeurs enfantines. Par ailleurs, elle s'affligeait de ce qu'elle considérait comme un séjour forcé à Greenwich, mais elle réussissait à s'en consoler en compagnie de quelques amies et grâce à ses activités quotidiennes : école, équitation, soin des animaux domestiques, etc... Elle avait renoncé à la plupart de ses rêves concernant cow-boys et Indiens et les avait remplacés par des ambitions plus nobles, style Nouvelle-Angleterre, quoique encore masculines. Les samedis, à l'école d'équitation, elle avait souvent été témoin des rencontres d'un club de chasse local, dont les membres, vêtus de beaux costumes, se lançaient au galop derrière une meute de chiens hurlante, à la poursuite de renards, et caressait le projet de devenir, un jour, grand veneur. Elle observait également avec fascination le travail des vétérinaires qui pansaient les chevaux à leur retour, ou soignaient les chiens qui s'étaient blessés durant la chasse. Elle admirait ce mélange d'autorité et de compassion dont ils usaient avec les animaux et elle décida que plus tard, elle serait vétérinaire. Elle entretenait et chérissait ses rêves dans son for intérieur, sans les confier à qui que ce soit.

À l'hiver 1949, Frances, qui tentait bravement de paraître aux yeux de tous une femme heureuse et comblée, était minée par la dépression. De sorte que le seul adulte de sa famille avec qui Jane eût un contact normal était sa grand-mère, laquelle visitait les Fonda de plus en plus souvent. À soixante-trois ans, Sophie Seymour n'avait rien perdu de son équilibre émotif, ni de son enthousiasme pour les merveilles de l'enfance et sa petite-fille découvrit enfin quelqu'un qui l'aimait et l'acceptait telle qu'elle était.

Un peu avant son douzième anniversaire, Jane apprit par son père que lui et Frances allaient divorcer. En fait, Fonda avait pris cette décision lui-même et l'avait annoncée à sa femme quelques semaines auparavant; il comptait épouser la charmante Susan Blanchard aussitôt qu'il obtiendrait la dissolution de son mariage.

La première réaction de Jane fut de consulter Brooke Hayward. Cette dernière a raconté plus tard : « Je lui ai expliqué que faire la navette entre parents divorcés était à la fois compliqué et délicieux; je lui ai surtout décrit les plaisirs auxquels elle pourrait s'attendre en allant visiter M. Fonda à New York. » En effet, les pères divorcés ont tendance à être extrêmement généreux; en outre, ils renoncent aux mesures disciplinaires pendant les brèves visites de leurs enfants — du moins c'est ainsi que Leland Hayward se comportait.

Si les propos de son amie avaient rassuré Jane, les événements qui suivirent eurent sur elle un effet contraire. Peu après que Henry Fonda eut récupéré ce qui lui appartenait dans la maison de Greenwich, Frances fit une grave dépression et dut être internée dans un hôpital psychiatrique privé, la Craig House, située dans la ville de Beacon sur l'Hudson, dans l'État de New York. Cependant, au cours des mois qui suivirent, lorsque la fillette allait voir son père à New York, celui-ci se montrait différent de l'homme distant et réservé qu'elle connaissait. Il l'amenait dans les musées, les restaurants et les cinémas, enfin la comblait d'attentions et de cadeaux. À ses retours à Greenwich, elle retrouvait sa grand-mère qui était venue s'installer à la maison pour prendre soin d'elle et de Peter en l'absence de leur mère. Mais Sophie Seymour était triste et préoccupée. Si elle promettait joyeusement à ses petits-enfants que Frances reviendrait bientôt de l'hôpital, elle dissimulait mal l'inquiétude profonde que lui causait l'état de sa fille.

Pourtant, après avoir séjourné près de deux mois en clinique, Frances Fonda paraissait lutter courageusement contre ce qui avait été officiellement diagnostiqué comme « une psychoneurasthénie grave, doublée de dépression ». Remise rapidement de sa faiblesse du premier mois d'hospitalisation, elle impressionnait le docteur Courtney Bennett, son psychiatre, en admettant ses problèmes et en s'efforçant de les surmonter à l'aide d'une thérapie et de médicaments. Seule sa mère savait que la jeune femme s'était juré de ne pas survivre à un divorce, qu'elle considérait comme une solution inacceptable pour une Seymour. « Cela représentait un échec, expliquait un ami de la famille, et les Seymour n'échouaient jamais ».

Dans la première semaine d'avril 1950, le parfum du printemps se répandant dans la vallée de l'Hudson, Frances avait exprimé le désir de retourner chez elle. Le docteur Bennett, convenant qu'elle se rétablissait bien, envisagea la possibilité de la laisser rejoindre sa famille vers le mois de mai.

Cependant, à 6 h 30, le matin du 14 avril, lorsque Amy Grey, une infirmière de nuit, entra dans la chambre de Frances avec un jus d'orange, elle fut surprise de trouver le lit vide. « J'ai supposé que Madame Fonda s'était déjà levée ». Elle posa le verre qu'elle tenait à la main sur la table de chevet et traversa la pièce pour aller frapper à la porte de la salle de bains, qui était fermée. Elle remarqua un bout de papier sur le tapis et s'arrêta pour le ramasser. Ayant reconnu l'écriture fine et gracieuse de la jeune femme, elle lut le billet qui lui était adressé. « Madame

Grey, n'entrez pas dans la salle de bains mais appelez le docteur Bennett. »

Pendant un moment, Amy Grey regarda avec inquiétude la porte close, puis elle courut chercher le docteur Bennett qui arriva sur les lieux quelques minutes plus tard et trouva Frances étendue inconsciente, sur le plancher de la salle de bains, dans une mare de sang, la gorge tranchée. Le pouls de la patiente battant encore faiblement, le médecin s'efforça d'endiguer avec des serviettes le flot de sang qui s'écoulait de l'entaille profonde qu'elle s'était faite au cou. Mais avant qu'on ait pu faire quoi que ce soit d'autre, la jeune femme était morte.

Une autre lettre avait été placée au-dessus du siège de toilette. Frances s'excusait auprès du docteur et de ses parents, mais écrivait en terminant : « Il n'y a pas d'autre solution. »

Plus tard dans la matinée, Henry Fonda apprit de sa belle-mère, accablée de chagrin, la triste fin de sa femme. Selon Joshua Logan, il en fut pétrifié. Sophie Seymour exigea que le corps de sa fille soit porté immédiatement à un dépôt mortuaire de Hartsdale, à proximité de Greenwich où fut célébré, l'après-midi même, dans l'intimité, le service funèbre. Frances Fonda fut incinérée et ses cendres enterrées dans le lot familial des Seymour au cimetière de Hartsdale. Henry Fonda assista aux funérailles mais il se trouvait dans un tel état de choc qu'il s'aperçut à peine de ce qui se passait autour de lui. Jane et Peter, qui ne savaient rien des événements de la matinée, avaient été laissés à la maison.

Peu après, la nouvelle fut annoncée à Jane. Son père, les Seymour et les Hayward convenant qu'elle était trop jeune encore pour comprendre le suicide, surtout qu'il s'agissait de sa propre mère, décidèrent de lui cacher la vérité. Bien que les journaux locaux eussent publié les détails du drame, ils racontèrent à la fillette que Frances était morte d'une crise cardiaque et prévinrent tous ceux qui connaissaient les faits de n'en rien révéler ni à Jane, ni à Peter. Enfin, ils annulèrent tous leurs abonnements aux journaux et revues. Jane, quoique abasourdie, se montra relativement calme et grâce aux encouragements affectueux de sa grand-mère, elle reprit goût peu à peu à ses classes et à ses activités parascolaires.

Après le décès de Frances, sa maison fut vendue à la hâte; M. et Mme Seymour en acquirent une autre, également à Greenwich et s'y établirent avec Jane et Peter, dont ils devinrent, à toutes fins pratiques, les parents adoptifs; leur présence, au cours de l'année suivante, eut un effet apaisant sur leur petite-fille. Malgré ses quatre-vingts ans, Eugène Ford Seymour était encore plein d'entrain et de vivacité, tandis que Sophie Seymour veillait sur lui avec un humour acide et une compassion effective dont elle usait aussi à l'endroit de ses petits-enfants.

À l'automne 1950, au début de sa huitième année à la Greenwich Academy, Jane avait perdu une partie de sa gaucherie et se transformait en une jolie adolescente encore légèrement rondelette. Elle s'intéressait davantage à ses manuels, s'était constitué un bon cercle d'amies et, sauf pour de tristes rêveries auxquelles elle s'abandonnait de temps à autre au sujet de sa mère, elle était heureuse de sa nouvelle existence avec ses grands-parents. Ces derniers ne paraissaient entretenir aucun ressentiment à l'égard de son père et au contraire, approuvaient le culte qu'elle lui vouait. De son côté, Henry Fonda rendit fréquemment visite à ses enfants pendant les mois qui suivirent et surveilla attentivement leurs progrès. Pour quelque temps, il s'efforça d'être moins exigeant envers eux lorsqu'il était en leur compagnie. Cependant, il se montrait plus facilement optimiste au sujet de Jane que de Peter, âgé seulement de dix ans et qui, contrairement à sa soeur, n'acceptait pas la mort de sa mère. Le comportement du petit garçon reflétait d'ailleurs clairement son désarroi.

L'effort concerté pour dissimuler à la petite fille le suicide de sa mère ne servit pas à grand-chose puisque d'après Brooke Hayward, à l'automne suivant, au début de sa huitième année à la Greenwich Academy, elle découvrit la vérité. Les deux amies feuilletaient ensemble une revue pendant un cours d'art lorsqu'elles tombèrent sur un article se rapportant au suicide de la femme de Henry Fonda. Brooke Hayward, qui avait été

prévenue de ne jamais dévoiler à Jane ce qui s'était véritablement passé, en voyant le titre du reportage, s'empressa de
tourner la page, mais il était trop tard, sa compagne l'avait vu.

« Jane est revenue à la page précédente et l'a lue en silence »,
a raconté Brooke Hayward dans un livre qu'elle a écrit sur
elle-même et sa famille. « Par la suite, elle ne m'en a pas
reparlé; quant à moi, je n'ai jamais osé aborder le sujet. »*

---

* *Brooke Hayward, Haywire.* Random House, New York, 1977.

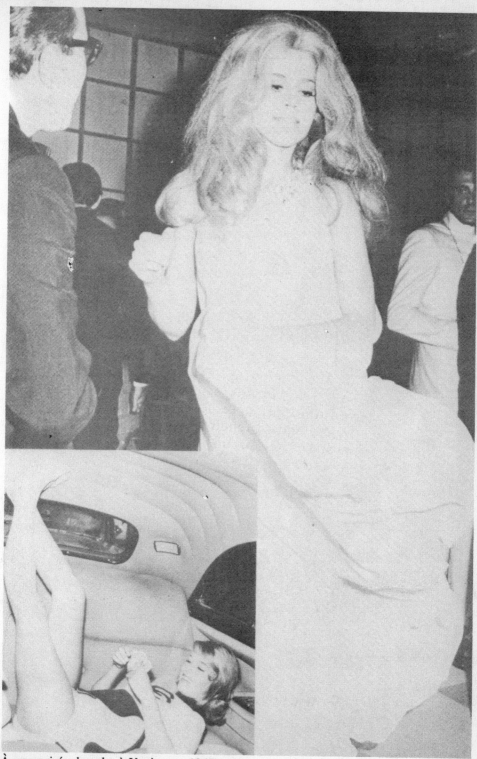

À une soirée de gala, à Venise, en 1967.
Jane se repose entre deux prises de vue, à Hollywood, en 1959.

Henry Fonda rend visite à sa fille avant de retourner dans l'Est pour participer à une pièce de théâtre à Broadway, en 1959.

À vingt-deux ans, elle est la vedette de « Tall Story », un film réalisé par un ami de son père, Joshua Logan.

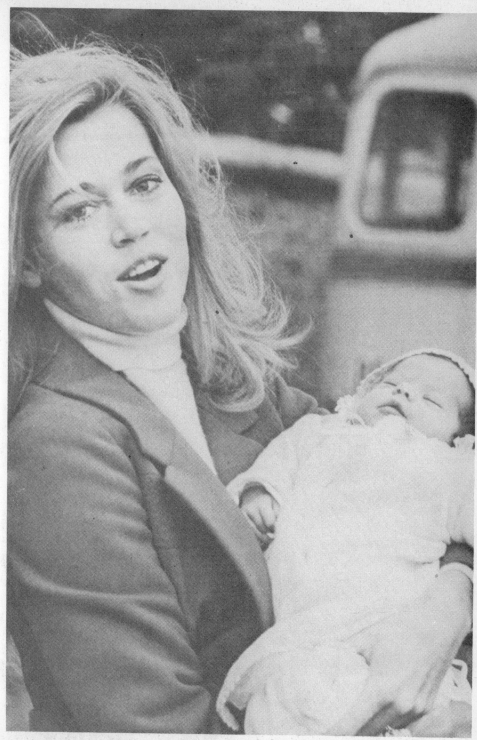

À la sortie de l'hôpital Belvédère à Paris, avec sa fille Vanessa Vadim
(prénommée ainsi en l'honneur de Vanessa Redgrave) née le 28 septembre
1968, le jour de l'anniversaire de Brigitte Bardot.

Jane fait campagne en faveur de George McGovern, à Brandeis University,
en octobre 1972.

Avec Donald Sutherland dans le spectacle du FTA, lors d'une tournée des bases militaires, en 1971.

Jane obtient l'Oscar de la meilleure actrice en 1972 pour son rôle dans « Klute ».

Dans un abri, un peu à l'extérieur de Hanoi, au cours de son fameux voyage au Viêt-nam du Nord en juillet 1972.

Elle réclame l'appui des Britanniques en faveur des travailleurs agricoles des États-Unis, alors qu'elle est en Angleterre pour le tournage de « Julia », en octobre, 1976.

Jane donne une démonstration d'un exercice d'étirement, à son atelier de « Workout » de Beverly Hills, en janvier 1980.

L'ouverture de son studio le « Jane Fonda's Workout ». À quarante-deux ans, l'actrice est la preuve vivante qu'il est possible d'être mince et agile à tout âge.

Vanessa et Troy, en habits de gala, accompagnent Jane et son mari, Tom Hayden, à la cérémonie des Oscars; Jane a été mise en nomination pour son rôle dans « The China Syndrome », 1980.

En compagnie de son frère Peter, Jane assiste à une fête donnée à l'occasion du soixante-quinzième anniversaire de Henry Fonda, au théâtre Wilshire de Los Angeles; l'acteur y jouait dans « The Oldest Living Graduate », 16 mai 1980.

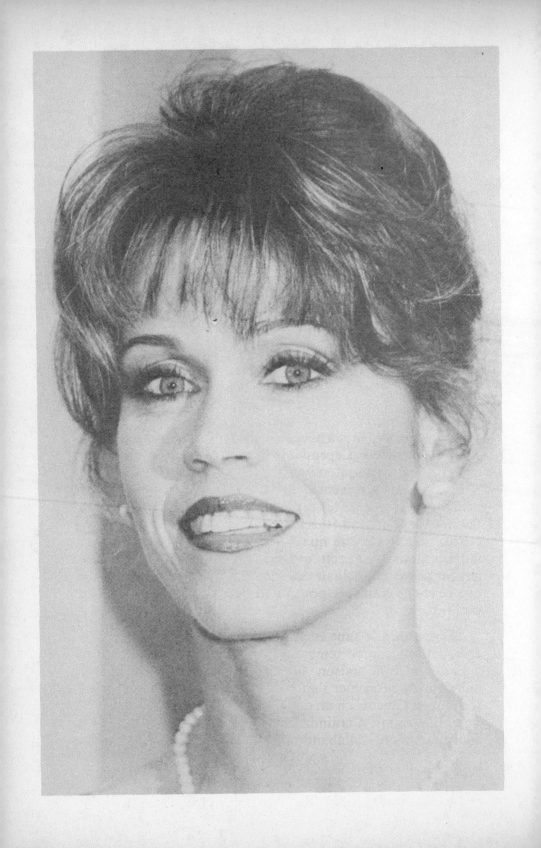

3

La Troyenne

Jane ne souffla mot à personne de ce qu'elle avait appris sur le décès de sa mère. Cependant elle n'arrivait pas à l'oublier et pendant les mois qui suivirent, elle y pensa sans cesse, se plongeant régulièrement dans de profondes réflexions pour tâcher de s'expliquer les causes de ce suicide. Considérant le fait que Frances avait été si sévère et si exigeante envers sa fille, celle-ci se mit à croire qu'elle était, d'une manière ou d'une autre responsable de cette mort; que sa conduite fantasque des années précédentes avait causé une telle déception à sa mère que celle-ci s'était tuée pour lui infliger en quelque sorte une punition.

Les remords de Jane eurent pour effet de transformer radicalement son comportement : elle devint grave, presque triste, à l'école et à la maison. Elle ressentit également le besoin constant de se gagner l'approbation de son père qui venait toujours à Greenwich un dimanche ou deux par mois pour la voir. Elle se mit à craindre de lui déplaire et, par là, de lui fournir un motif de l'abandonner lui aussi, définitivement; elle résolut de faire l'impossible pour rester dans ses bonnes grâces. À ce moment-là, pour elle, être approuvée signifiait être aimée.

Vers décembre 1950, à l'approche de son treizième anniversaire, Henry Fonda présenta Susan Blanchard à Jane et lui annonça qu'il comptait épouser bientôt la jeune femme. Il espérait que ses enfants en viendraient à ressentir pour elle autant d'affection que lui-même en éprouvait. Jane accepta la situation sans rancoeur et tâcha de se former une opinion sur sa future belle-mère. Cette dernière, de dix ans seulement son aînée, possédait une beauté délicate et une distinction qui la séduisirent tout de suite.

La chevelure de l'adolescente avait enfin pris sa couleur définitive — brun teinté de roux ou de blond selon la lumière. Jane était plus grande que la plupart des filles de son âge, mais avec ses traits nettement hérités des Fonda, elle se trouvait ordinaire et gauche. Elle ressentait une grande admiration pour Susan Blanchard et rêvait de l'égaler un jour en beauté. Plutôt que de nourrir du ressentiment envers elle, Jane développa un engouement pour la jeune femme et fut enchantée que celle-ci lui porte de l'intérêt.

Henry Fonda et Susan Blanchard se marièrent le 28 décembre 1950, pendant les vacances des enfants. Les nouveaux époux partirent le premier de l'an, à destination de St-John, dans les Îles Vierges, pour une lune de miel qui devait durer deux semaines. Mais leur séjour fut écourté peu après leur arrivée par un message urgent de Greenwich : Peter avait failli se tuer d'un coup de fusil.

Alors que sa soeur avait pu retrouver un comportement normal depuis la mort de Frances, Peter n'y était pas parvenu. Déjà indiscipliné, il se conduisait d'une manière déraisonnable et même bizarre depuis les funérailles de sa mère et il causait de nombreux soucis à son père et à ses grands-parents.

Peter a raconté plus tard qu'il avait peut-être tenté de se suicider. « À ce moment-là, je visitais la propriété R.H. Kress, dans le Westchester. En fait, je ne suis pas certain d'avoir réellement essayé de me tuer; je me rappelle qu'une fois le coup parti, je ne voulais pas mourir — j'ai pourtant failli y passer. Jane m'a dit que le médecin, en sortant de la salle d'opération, prétendait que j'étais mort, que mon coeur avait cessé de battre, mais elle a tendance à dramatiser, comme moi d'ailleurs. Il a peut-être déclaré que la situation était grave, je n'en sais rien, mais elle a cru que tout était fini. De toute façon, je n'avais pas perdu conscience après la décharge (d'un pistolet de calibre 22). En fait, j'étais terriblement effrayé et j'ai demandé au chauffeur de me conduire au plus vite à l'hôpital, à Ossining. »

La balle lui avait perforé le foie. « Il a fallu un certain temps aux médecins pour se rendre compte qu'il s'agissait d'une blessure par balle, parce que le sang ne s'était pas répandu. Je commençais à me sentir un peu engourdi, mais je me souviens qu'ils ne savaient pas quoi faire. Il n'y avait qu'un seul médecin dans les environs capable d'extraire une balle; en fin de compte, ils l'ont joint par téléphone. Il avait été chirurgien à la prison de Sing Sing pendant des années et l'hôpital d'Ossining, à cette époque-là, se trouvait à proximité du pénitencier. Bref, il m'a sauvé la vie, mais j'ai passé quatre semaines aux soins intensifs. »

Grâce à la garde côtière, Henry Fonda put se rendre à son chevet rapidement. Cependant le voyage fut un cauchemar pour lui. Après sa femme, son fils attentait à sa vie et il se demandait quel prix il lui faudrait payer le bonheur et la liberté qu'il venait d'acquérir. Bien qu'il fût vivement contrarié par le comportement du petit garçon, il prit la résolution de s'occuper davantage de ses enfants.

Peter a dit plus tard : « Je suppose que l'attitude distante de mon père à mon égard n'était pas sans rapport avec l'incident. Mais je me rends compte maintenant que la vie d'un acteur n'a rien d'une existence ordinaire : elle se concilie difficilement avec la responsabilité d'élever des enfants. En plus, de nature, mon père est, ou était, taciturne et réservé. »

Jane fut décontenancée de voir son frère se colleter avec la mort, mais lorsque Peter fut remis, ses grands-parents leur interdirent à tous deux de revenir sur l'incident, de même qu'ils leur défendaient de s'entretenir de tout événement déplaisant. Il ne fallait ni en parler, ni y penser : la vie reprit donc son cours normal.

À l'approche de l'automne, des dispositions furent prises pour l'inscription de Jane à l'école pour jeunes filles Emma Willard, à Troy, dans l'État de New York. C'était un pensionnat chic dont la principale fonction consistait à préparer les étudiantes issues de familles riches de la haute société de Nouvelle-Angleterre à être admises à des collèges tels que Wellesley, Smith et Vassar, des institutions à clientèle exclusivement féminine à l'époque. Cependant, Willard n'était pas simplement une école d'appoint; le système d'enseignement y était rigoureux et offrait un vaste programme d'études classiques.

Au début, Jane protesta à l'idée d'être envoyée dans un internat et de voir son existence à nouveau bouleversée; mais son père et sa grand-mère, s'étant concertés, demeurèrent inflexibles. Sophie Seymour devenait trop âgée pour veiller continuellement sur Peter et Jane. Par ailleurs, elle était convaincue que les problèmes psychologiques de ses deux petits-enfants résultaient de leurs rapports quotidiens avec les jeunes Hayward dont le caractère était instable. D'après elle, une séparation d'avec leurs amis aurait un effet bénéfique sur Jane et son frère. Elle avait persuadé Henry Fonda du bien-fondé de sa décision et ce dernier avait accepté d'user de son autorité sur sa fille.

Si Jane se résigna finalement lorsqu'elle se rendit compte qu'elle ne pourrait pas dissuader son père, elle céda surtout aux exhortations enthousiastes de Susan Blanchard Fonda, laquelle avait été déléguée par son mari auprès d'elle pour lui faire entendre raison. À cette époque-là, l'adolescente s'était mise à idolâtrer la nouvelle épouse de son père et puis Susan lui avait promis d'agréables séjours à New York, en famille, pendant les vacances.

Évoquant la période où elle allait à Emma Willard, Jane disait : « C'était affreux — rien que des filles; ce n'est pas recommandable. » Mais, de son propre aveu, à quatorze ans, elle ne recherchait certes pas la compagnie des garçons. Ceux-ci ne faisaient qu'exacerber le complexe d'infériorité, dont elle souffrait à ce moment-là. Pour tous ceux qui l'ont connue au cours de ses deux premières années à Willard, Jane avait toutes les apparences d'une élève tranquille qui cependant cherchait ardemment à plaire. D'après un de ses professeurs : « Jane s'appliquait à ses études et tenait à s'acquitter de tâches particulières sur le campus. Mais la plupart du temps, elle se montrait réservée : elle tardait à faire connaissance avec ses compagnes, à se lier d'amitié avec elles ou à leur demander un service. En conséquence de quoi, elle était généralement plus respectée qu'aimée. Elle restait un peu en marge des activités, mais se réjouissait quand on réclamait sa participation; elle n'exprimait pas ses opinions sans y être invitée. »

À l'époque où Jane s'engagea dans sa dernière année d'école, elle s'efforçait déjà de sortir de son isolation, aidée en cela par Susan Fonda dont l'adolescence, pas très éloignée, la rendait sensible à la situation de sa belle-fille. Après son mariage avec Henry Fonda, la jeune femme s'employa à gagner l'amitié de Jane, laquelle réagit avec l'élan d'un enfant privé d'affection depuis longtemps.

Au cours de l'automne 1951, le couple Fonda s'installa sur East 74th Street, à quelques pas de Lexington Avenue, à Manhattan. L'acteur avait décidé de s'établir à New York et de continuer à jouer au théâtre : la maison qu'il avait achetée devint son quartier général permanent. Avec l'aide de sa femme, il la remit à neuf, réservant deux chambres que Jane et Peter occuperaient durant leurs vacances scolaires. Le train mettait seulement trois heures à parcourir la distance entre Troy et New York, de sorte que Jane pouvait facilement passer une fin de semaine, de temps à autre, et ses vacances chez son père et sa belle-mère.

À quinze ans, la jeune fille était toujours plus grande que la plupart de ses compagnes. Elle souffrait encore de son apparence « terrible », pourtant elle devenait de plus en plus jolie. Ses cheveux courts soulignant sa longue et proéminente mâchoire à la Fonda et son nez légèrement retroussé, lui donnaient un air à la fois gracieux et mutin. Avant un an, les autres traits de son visage se développeraient à l'exemple de sa mâchoire déjà bien tracée et ses joues perdraient de leur rondeur encore évidente. Mais pour le moment, parce qu'elle vivait dans un monde où l'apparence avait une valeur primordiale, elle était constamment mécontente d'elle-même.

Chaque fois qu'elle allait chez son père à New York, elle trouvait l'atmosphère de la maison beaucoup plus détendue qu'à l'époque où sa mère vivait. Henri Fonda s'était découvert une nouvelle passion, pour remplacer le plaisir qu'il prenait jadis à vivre au grand air; il peignait. Une telle activité mettait davantage à contribution son penchant pour le travail minutieux et il aimait s'y adonner pendant des heures, en solitaire. Il avait transformé une partie de son grenier en studio et Jane pouvait passer des fins de semaine entières chez lui sans le voir une seule fois, sauf pour lui dire bonjour et au revoir !

Fonda qui, à cette époque-là, participait à un nouveau succès à Broadway intitulé « Point of No Return », était heureux en ménage. Il avait trouvé en Susan une jeune femme belle, intelligente et énergique qui s'intéressait pleinement à son travail, connaissait bien le théâtre, savait l'apprécier et se plaisait dans la compagnie d'artistes, de metteurs en scène, de producteurs et de dramaturges célèbres. En outre, elle s'entendait bien avec ses enfants et le déchargeait d'une bonne partie de la responsabilité de leur éducation.

De son côté, Jane découvrit chez sa jeune belle-mère une intermédiaire efficace entre elle et son père et surtout une amie précieuse à laquelle elle s'attachait chaque jour davantage. Susan Fonda lui révéla les merveilles et les mystères de New York, lui fit faire le tour des coiffeurs, des magasins à rayons et des petites boutiques; puis elle l'invitait à déjeuner et l'amenait au cinéma. Bref, elle l'incluait dans toutes sortes d'activités pour adultes, autant qu'une fin de semaine ou qu'une période de vacances pouvaient en contenir. Bientôt, après ses séjours chez son père, Jane rentrait à Emma Willard avec l'ambition de devenir un jour aussi belle, aussi charmante et aussi distinguée que Susan Fonda.

« C'était merveilleux », disait-elle en commentant ses rapports avec sa belle-mère. « Je me rappelle Susan à une fête de parents à l'école; elle devait avoir vingt-cinq ans et elle était d'une beauté resplendissante; j'étais si fière d'elle que je me sentais tout émue. »

Cet attachement de Jane à la troisième épouse de son père a peut-être représenté l'une des périodes les plus heureuses de sa jeunesse. Grâce à Susan, elle acquit une certaine confiance en elle-même et leurs bonnes relations suscitaient l'envie de ses camarades du pensionnat. Lorsqu'elle revenait de ses voyages à New York, elle parlait des divertissements auxquels elle avait pris part et des gens « incroyables » qu'elle avait rencontrés, tout en prenant soin de dissimuler son enthousiasme sous une attitude détachée, presque ennuyée. Sa popularité croissait de jour en jour à l'école. Jusque-là, elle s'était tenue à l'écart — davantage par timidité que par snobisme, quoiqu'en aient pensé celles qui la jugeaient à ses manières réservées — mais, par la suite, elle fut admise dans le cercle intime des « Troyennes » de Willard. Les étudiantes avaient choisi, non sans ironie, cette appellation en l'honneur des héroïnes de la tragédie d'Euripide et, également, parce qu'à Troy, elles se sentaient isolées du reste du monde.

Très tôt, les jeunes Fonda cessèrent de considérer Susan comme une simple belle-mère. Cette dernière se rappelait que « après quelque temps, Peter m'a demandé s'il pouvait m'appeler « maman » et sa soeur a décidé de l'imiter. Les Seymour ont mal pris la chose. »

À l'automne 1953, Jane entrait dans sa troisième année à Willard, mieux disposée qu'elle ne l'était à son admission à l'école. Elle devait songer à s'inscrire à un collège et comme la plupart de ses compagnes, elle avait l'oeil sur Vassar. Deux nouvelles ambitions commençaient à germer en elle lorsqu'elle réfléchissait à son avenir : devenir ballerine ou faire les Beaux-Arts.

À cet âge-là, les jeunes filles rêvent fréquemment de devenir danseuses et Jane suivait avec ferveur ses cours de ballet quotidiens. Elle aimait la discipline qui lui était imposée, de même que l'effort qu'il lui fallait fournir et le sentiment de grâce harmonieuse qui en dérivait. Cette satisfaction était exaltante surtout lorsqu'elle avait l'occasion de danser sur scène. Elle s'apercevait que pour entreprendre une carrière dans ce domaine, il lui fallait faire preuve d'une grande abnégation; or, à cette époque de sa vie, elle cherchait à se vouer corps et âme à quelque chose. Sans tenir compte des allusions discrètes de ses professeurs qui tâchaient de lui faire comprendre qu'elle était trop grande pour devenir une vraie bonne ballerine, elle continua à travailler avec un acharnement exemplaire.

Sa seconde ambition, qui prit plus de temps à se développer mais s'implanta en elle plus profondément, lui avait été inspirée par son père. Depuis quelque temps, Henry Fonda se consacrait à la peinture; il ne s'agissait plus d'un simple passe-temps pour lui, mais d'une véritable vocation. Il en était si entiché qu'il avait recommandé à Jane de choisir les beaux-arts comme programme d'études, sachant qu'elle avait, elle aussi, du talent. Frances Fonda et son mari avaient tâché d'inculquer très tôt à leurs enfants le goût de la peinture et c'était une des formes d'expression de soi que l'acteur encourageait chez sa fille adolescente. Bien que Jane ait eu de plus en plus de difficultés à communiquer avec son père, sur ce plan, elle réagissait bien à ses encouragements.

La jeune fille avait fréquemment été sollicitée pour participer aux activités théâtrales du campus. Elle refusait toujours parce que, étant la fille de Henry Fonda et vivant dans l'ombre de sa réputation de grand acteur — quelque avantageuse que cette situation ait été — elle sentait que sur les planches, elle serait jugée différemment de ses compagnes. À quelques reprises, elle avait tenté de parler à son père d'études en théâtre, mais il s'était refermé sur lui-même ou s'était dérobé en lui suggérant de s'intéresser à la peinture ou aux beaux-arts — activités, à son avis, extrêmement valables et potentiellement fructueuses. Jane avait donc choisi les beaux-arts, du moins pour quelque temps.

À seize ans, au cours d'un été passé en partie en Californie et en partie à Greenwich, elle se découvrit un attrait pour les garçons. Et brusquement, son isolation à Emma Willard lui fit horreur; elle supplia son père de l'inscrire dans une des nombreuses écoles privées pour filles de New York. Mais Henry Fonda refusa d'accéder à sa demande : il avait terminé « Point of No Return » et, à l'automne 1953, s'apprêtait à entreprendre une tournée à travers le pays avec la pièce « Caine Mutiny Court-Martial », avant que celle-ci ne soit présentée à New York. En outre, lui et sa femme projetaient d'adopter un enfant et s'occupaient de remplir les formalités indispensables; ils n'auraient pas le temps de veiller sur Jane si elle s'installait à New York.

L'adolescente ravala son dépit et retourna à Willard. Ayant accepté la décision de son père, elle se consola en multipliant ses activités scolaires. Elle reprit ses cours de ballet et de peinture, supporta ses classes régulières et s'engagea dans de nouvelles occupations parascolaires. Entre autres, elle consentit finalement à se joindre à la troupe du campus et auditionna pour un rôle. Comme la population estudiantine de Willard était entièrement féminine, des jeunes filles étaient souvent appelées à incarner des personnages masculins. Néanmoins, Jane fut légèrement décontenancée à l'idée de personnifier un garçon à ses débuts sur les planches. Il s'agissait du rôle-titre dans « The Boy With a Cart », de Christopher Fry, une pièce du répertoire des écoles et collèges.

Les actrices devaient pour l'occasion porter des hardes et une grande quantité de maquillage, de sorte que l'adolescente, avec ses cheveux courts, put facilement se déguiser en garçon. Anne Wellington, une ancienne directrice à Emma Willard se rappelle que Jane s'était distinguée dans ce rôle. « Elle était nerveuse et mal à l'aise, mais elle avait beaucoup de présence sur scène et faisait preuve d'un talent incontestable. »

À sa dernière année à Willard, elle renouvela l'expérience et prêta ses traits à Lydia Languish dans une comédie de Sheridan, « The Rivals » (« Les Rivaux »), une autre production costumée. Elle s'en tira honorablement, cette fois encore, aux dires de Miss Wellington. « En fait, son interprétation fut mémorable ».

Jane fut extrêmement satisfaite de la réaction du public et doublement excitée de voir qu'elle pouvait retenir l'attention des spectateurs et même les faire rire. Elle fit part de ses impressions à son père qui, trente ans plus tôt, avait éprouvé les mêmes sentiments. Il demeura imperturbable devant l'enthousiasme de sa fille et ne prit pas au sérieux ses allusions à une carrière théâtrale. L'ardeur de la jeune fille diminua, mais pour peu de temps seulement.

Au printemps 1955, à l'approche de la remise des diplômes, elle reçut un appel de sa tante Harriet, la sœur de son père, devenue une Peacock par son mariage. À la fin des années vingt, Harriet avait suivi Henry Fonda au théâtre de Omaha dont elle s'était occupé pendant trente ans. Elle faisait partie d'un comité de collecte de fonds et comptait justement demander à son frère de passer une semaine à Omaha, au début de l'été, pour s'y produire et contribuer à sa campagne de financement. Ayant entendu parler de l'intérêt que sa nièce portait au théâtre, elle avait pensé l'inviter à prendre part à sa semaine de festivités.

De même que plusieurs de ses compagnes, Jane avait été acceptée à Vassar et elle avait hâte d'y commencer ses cours à l'automne, mais elle n'avait pas de projets pour l'été. Le coup de téléphone de sa tante arrivait au bon moment. Harriet Peacock lui offrit de donner la réplique à son père dans « The Country Girl », une pièce montée au profit du théâtre d'Omaha. « Il s'agissait d'un petit rôle, a précisé plus tard Harriet, mais j'ai pensé que cela ajouterait un cachet familial sinon sentimental à la production et que les gens de la ville seraient enchantés de voir la fille de Hank aux côtés de son père. » Jane s'empressa d'accepter la proposition de sa tante et promit de ne pas en souffler mot à son père avant qu'il ne soit mis au courant du projet.

Lorsque Harriet Peacock aborda le sujet avec son frère, celui-ci se montra agacé. Il consentait à participer à cette campagne de financement, mais il n'était pas convaincu que sa fille gagnerait à travailler avec lui, à ses débuts sur scène. Harriet lui affirma qu'elle en avait déjà parlé à Jane, laquelle s'était montrée enthousiasmée par l'idée. Henry Fonda continuait à soulever des objections. D'après lui, il valait peut-être mieux que Jane fasse partie de la distribution d'une autre pièce, dans laquelle il ne jouerait pas. Mais Mrs Peacock avait réponse à tout : si trois Fonda participaient à la même production, ce serait une excellente publicité et puisque le but de cette semaine de festivités consistait à amasser des fonds pour le théâtre, plus il y aurait de publicité, mieux ce serait. Henry Fonda qui devait interpréter le personnage principal de « The Country Girl », aurait pour partenaire Dorothy McGuire, la célèbre actrice qui, elle aussi, avait fait ses débuts à Omaha. Jane tiendrait un petit rôle et Peter pourrait être employé dans les coulisses.

Henry Fonda y consentit finalement, mais à la condition que sa fille ne fasse partie de la distribution que si elle faisait la preuve de son talent. Harriet Peacock appela donc à Emma Willard et fit passer une audition à sa nièce par téléphone. La condition remplie, les plans furent établis pour la production.

Lorsque Jane obtint son diplôme d'Emma Willard, en juin, son visage conservait un peu de cet air espiègle et de la rondeur qui le caractérisaient quand elle était enfant. Par contre, sa taille s'était amincie considérablement et sa poitrine s'était développée. Exception faite de quelques poses agaçantes propres à l'adolescence, elle avait assimilé les bonnes manières enseignées à Willard et était généralement estimée de son entourage. Son vocabulaire était truffé des superlatifs — comme « merveilleux », « fantastique », « adorable » — chers aux jeunes filles distinguées et sa voix ordinairement posée et bien modulée trahissait un léger accent londonien. Elle était encore timide et souvent tourmentée par un sentiment d'infériorité, mais son éducation lui avait appris à dissimuler ses incertitudes sous un vernis de distinction.

Peu après la collation des grades, elle se rendit à Omaha avec son père et son frère. « Dans l'avion, s'est rappelé plus tard Henry Fonda, Jane m'écoutait de telle façon — comme un adulte en écoute un autre — que je me suis mis à évoquer des souvenirs et les difficultés que j'avais connues à mes débuts au théâtre. Jamais je ne lui avais parlé comme ça auparavant.

« Aux répétitions, j'avais résolu de ne pas exiger d'elle un travail de professionnel mais, de temps à autre, elle réclamait mon avis et je ne pouvais m'empêcher de lui faire des suggestions. Elle absorbait toutes mes recommandations comme un buvard.

« Dans une scène en particulier, elle devait entrer en pleurant. Ce n'est pas facile d'arriver devant le public en simulant le point culminant d'une crise émotive. Je ne voulais pas regarder parce que je ne pensais pas qu'elle pourrait s'en tirer; j'étais persuadé qu'elle aurait l'air ridicule. Je devais quitter la scène juste avant son entrée et revenir tout de suite après elle. Elle s'est présentée, les yeux remplis de larmes et gémissant comme si elle venait d'apprendre qu'elle n'irait pas à Vassar l'automne suivant. Je n'en croyais pas mes yeux. Je ne parvenais pas à me convaincre qu'elle jouait : je pensais que son angoisse avait pris le dessus sur sa réserve et se manifestait bruyamment. Mais, en sortant de scène, son visage s'est détendu. Elle m'a regardé et m'a demandé : « Comment c'était ? » Elle ne s'est pas rendu compte qu'elle avait réussi ce que bien des professionnels ne parviennent pas à accomplir en une vie. »

4

Vassar

1955 fut une année importante dans la vie des trois Fonda, quoique pour des raisons différentes. Henry Fonda était à l'apogée de sa gloire comme acteur de cinéma, son interprétation de « Mister Roberts » (« Permission jusqu'à l'aube ») ayant été un triomphe au grand écran; par contre, au même moment, son mariage commençait à donner des signes d'usure après une période de bonheur relativement calme. Pour Jane, cette époque marquait le début d'une transition difficile; la jeune fille réservée et mal à l'aise dans les limites de son existence devenait une jeune femme angoissée, à la recherche d'une identité propre. Quant à Peter, adolescent gracile de quinze ans au caractère changeant, son instabilité émotive allait encore considérablement s'accroître. Les problèmes qui obsédaient ces trois êtres provoquèrent de telles frictions entre eux, qu'à la fin de cette année-là, l'atmosphère familiale était lourde de rage contenue.

Les ennuis avaient commencé avec le tournage de la version cinématographique de « Mister Roberts » : Henry Fonda s'était querellé âprement avec le réalisateur, son vieil ami John Ford, sur la manière dont le film devait être fait. Son opinion avait finalement prévalu, mais il s'était aliéné non seulement l'amitié de Ford, mais celles, entre autres, de Leland Hayward et, pour quelque temps, de Joshua Logan. À la sortie du film en 1955, Fonda fut de nouveau acclamé pour son interprétation du personnage de Roberts, mais ces critiques enthousiastes lui procurèrent peu de satisfaction. Mécontent de la production et se sentant trahi par la communauté artistique de Hollywood, l'acteur était tantôt abattu, tantôt en proie à une colère furibonde qu'il devait contenir, craignant s'il s'attaquait à ses collaborateurs, de desservir le film auprès du public. Il déversa donc son ressentiment sur sa famille et la première à en subir le choc fut Susan Fonda. Celle-ci imputa d'abord la mauvaise humeur de son mari au fait qu'il approchait de la cinquantaine et que l'idée de vieillir le déprimait. Mais, finalement, il lui manifesta une telle hostilité qu'elle commença à se poser de sérieuses questions sur leur avenir commun.

L'obtention de son diplôme à Emma Willard et la semaine, couronnée de succès, qu'elle avait passée au théâtre d'Omaha en compagnie de son père, appartenait à un intermède heureux de la vie de Jane, au milieu d'une période plutôt difficile. Au cours de ses derniers mois à Willard, la jeune fille avait surmonté une partie de sa timidité en présence des garçons et s'était mise à accepter des invitations de temps à autre. En fait, l'inaccessibilité de l'école, de même que ses règlements stricts et le couvre-feu que les jeunes pensionnaires devaient respecter, limitaient passablement ces sorties. Jane fréquentait surtout des jeunes gens du Rensselaer Polytechnic Institute, situé non loin de là. Elle cherchait plutôt à apprendre sur le vif l'art de se conduire dans la société des garçons qu'à nouer de véritables relations avec eux, car même si elle avait réussi à vaincre une bonne part de sa gêne, elle continuait à se sentir terriblement mal à l'aise en leur présence. Dans la compagnie de ses camarades de classe, elle montrait de l'enjouement mais sitôt qu'elle sortait du pensionnat au bras d'un cavalier, elle devenait gauche et réservée. Elle s'inquiétait plus que jamais de son poids, de son teint, de son apparence et de ses aptitudes à séduire les personnes du sexe opposé — aptitudes dont elle doutait, étant convaincue qu'on s'intéressait à elle uniquement à cause de son nom.

Ce n'était pourtant qu'un des problèmes de son existence. Ses relations avec sa belle-mère, lesquelles avaient eu sur elle, durant les trois dernières années, une influence bénéfique et salutaire et l'avaient aidée à traverser les épreuves de l'adolescence, étaient menacées par le profond désaccord qui séparait Susan et Henry Fonda. Jane se rendait compte que ce dernier se renfermait en lui-même comme il l'avait fait l'année précédant la mort de Frances. Devinant qu'une rupture était imminente, elle se sentait impuissante, frustrée et de plus en plus malheureuse, car sa loyauté envers sa belle-mère entrait en conflit avec l'amour viscéral qu'elle portait à son père.

En novembre 1953, Henry et Susan Fonda avaient adopté une fille qu'ils prénommèrent Amy. De 1953 à 1955, une bonne partie de l'existence du couple s'était centrée sur la petite fille. Bien qu'elle passât le plus clair de son temps à l'école, Jane devint une véritable soeur pour l'enfant, ce que sa propre demi-soeur, Pamela Brokaw n'avait jamais été pour elle, ayant presque toujours vécu au pensionnat. Jane n'avait pas oublié l'effondrement du mariage de ses parents, même si à l'époque, elle n'avait pas réellement compris le drame qui se déroulait sous ses yeux. Cette fois encore, elle se sentait profondément affectée par la rupture qui s'annonçait.

Comme il était de mise chez les Fonda, tout indice de trouble fut soigneusement dissimulé. Susan consentit à d'énormes sacrifices pour sauver son mariage mais, en plein coeur de l'été 1955, Jane ne pouvait ignorer ce qui se tramait. Consciente de la nature éphémère de toutes choses dans sa famille et frappée par les contradictions qu'elle commençait à déceler dans le caractère de son père — en particulier, ce degré de perfection qu'il exigeait des autres mais qui semblait lui faire de plus en plus défaut — elle était en proie à une vive angoisse.

Quant à son frère Peter, après être parvenu, l'année précédente, à terminer son cours secondaire au Fay School, une institution pour garçons située à Southborough, au Massachusetts, il avait été inscrit à Westminster, un autre pensionnat à clientèle exclusivement masculine, dans le Connecticut. Même si elle ne voyait pas souvent son cadet, Jane se sentait de plus en plus responsable de lui, surtout depuis qu'il était devenu la cible des remarques impatientes, voire méprisantes de son père. Ce dernier avait modifié son attitude sévère envers sa fille après qu'elle eut obtenu son diplôme de Willard et qu'elle eut joué au théâtre à ses côtés. L'adolescente avait presque pu observer le changement qui s'était opéré en lui à son égard; de temps à autre, elle remarquait même qu'il la traitait comme une adulte. Par contre, Peter causait à Henry Fonda une déception toujours plus vive et lorsqu'ils étaient tous les trois réunis, Jane devait souvent jouer les médiateurs. Elle cherchait des excuses au comportement fantasque de son frère, qui avait le don d'énerver son père, et des explications aux accès de colère de ce dernier qui se montrait particulièrement incompréhensif envers son fils.

La version cinématographique de « Mister Roberts » ayant rétabli avec éclat la gloire de Henry Fonda au grand écran, l'acteur put se montrer difficile dans le choix des scénarios qui affluaient. Pourtant, avec la meilleure intention du monde, il jeta son dévolu sur un projet de film dont la réalisation lui causerait surtout des soucis, accroissant son mécontentement et du même coup, la tension qui régnait déjà dans sa famille. Il s'agissait de « Guerre et paix » de Tolstoi, une production de Dino de Laurentiis, dans laquelle il incarne le personnage de Pierre. Le film devait être tourné à Rome et dans les alentours, dès la fin de l'été 1955. L'acteur décida de faire connaître la capitale italienne à Jane et à Peter qui y séjourneraient quelques semaines avant de retourner en septembre à leurs écoles respectives. Ainsi, peu après leur participation aux festivités d'Omaha, les Fonda se rendirent en Italie où ils s'installèrent pour le reste de l'été dans une petite propriété louée dans un faubourg de la Ville éternelle.

Peter découvrit comment sa mère était morte un peu de la même façon que sa soeur. Il a raconté plus tard, qu'étant chez un barbier dans un hôtel de Rome, il avait feuilleté une revue de cinéma et avait appris que sa mère s'était « tranché la gorge dans un asile psychiatrique ». Il avait demandé des explications à son père, mais n'avait reçu de lui qu'une réponse évasive. Lorsqu'il s'aperçut que sa soeur connaissait depuis longtemps la vérité, il sentit que ses dernières défenses s'écroulaient. Laissé à lui-même, il se mit à errer dans Rome, insensible à toutes consolations, à boire du vin au litre et à vagabonder à travers l'atmosphère insalubre de la ville, se maintenant dans un état d'ivresse qui frôlait l'hébétude. De son côté, Jane ne fit pas grand-chose cet été-là, « si ce n'est manger des figues, engraisser et observer Gina Lollobrigida, notre voisine, avec des lunettes d'approche ».

En septembre, l'adolescente revint aux États-Unis pour entreprendre sa première année à Vassar. En dépit de sa brève incursion dans le domaine du théâtre, à Omaha, elle n'avait pas l'intention de poursuivre une carrière d'actrice. Elle comptait plutôt se spécialiser en arts, en partie dans le but de plaire à son père. Mais le plus important était d'abord de se familiariser avec le monde complexe et intensément compétitif du collège.

L'inscription de Brooke Hayward facilita à Jane la transition de Willard à Vassar. Les deux amies ne s'étaient vues qu'en de rares occasions au cours des quatre années précédentes; elles avaient donc beaucoup de nouvelles à échanger. Brooke était diplômée d'une institution chic, la Madeira School, en Virginie et, durant l'été, elle avait voyagé seule en Europe. Jane la trouva non seulement plus belle, mais encore plus expérimentée et plus débrouillarde qu'elle. En outre, ses difficultés familiales paraissaient insignifiantes aux côtés de celles de son amie; Bridget et Billy Hayward souffraient de problèmes mentaux chroniques et séjournaient régulièrement dans des cliniques; quant à leur mère, elle suivait des traitements psychiatriques à la suite d'une grave dépression.

Matériellement et intellectuellement, Vassar avait vingt fois les proportions d'Emma Willard. Le collège était situé sur un vaste terrain comparable à un parc, aux confins de Poughkeepsie, dans l'État de New York. C'était à quelques kilomètres au nord de Beacon, où Frances Fonda s'était suicidée, mais beaucoup plus près de New York que Troy. Le campus de Vassar entouré d'une grille de fer forgé haute de plus de deux mètres, était un heureux mélange d'architecture géorgienne et néo-gothique, érigé au milieu de pelouses bien entretenues, plantées d'arbres majestueux et sillonnées de chemins et de sentiers. En 1955, c'était le genre d'institutions auxquelles on envoyait les jeunes filles intelligentes et de bonnes familles afin qu'elles y complètent leur éducation, acquièrent un certain vernis culturel et se préparent « au mariage, à la maternité et à la ménopause », ajoutait une de ses diplômées les plus sarcastiques.

Il est peu probable que les étudiantes qui entrèrent à Vassar en 1955 aient songé à leur ménopause; quant à l'idée de maternité, elle devait plutôt être considérée en termes de grossesses accidentelles à éviter. Mais le mariage était certainement au premier rang de leurs préoccupations et intérêts. En fait, c'était souvent le seul motif pour lequel des parents acceptaient de débourser plus de 10 000 $ chaque année, pendant quatre ans : leur fille devait bénéficier des meilleures conditions possibles pour se trouver un bon parti. Certes, une bonne instruction n'était pas à dédaigner, mais le principal avantage de Vassar était la proximité d'universités comme Yale, Amherst et la Wesleyan qui regorgeaient de jeunes gens dont la situation sociale et financière était très convenable. « Il y avait une telle urgence à se marier, rappelait Jane plus tard, que si on n'avait pas la bague au doigt dès l'avant-dernière année, on était fichue. »

Ayant grandi dans un milieu où réussite et position sociale avaient une grande importance, et rêvant de ressembler un jour à sa jeune belle-mère, Jane caressait les mêmes ambitions que la plupart de ses compagnes. Pourtant, sa situation ne se comparait pas tout à fait à la leur. Elle avait vécu dans un monde d'artistes : son père était un acteur célèbre, elle avait déjà joué à ses côtés au théâtre et enfin, elle connaissait nombre de vedettes dont elle pouvait parler avec l'aisance et la familiarité que manifestaient ses compagnes lorsqu'elles mentionnaient leurs petits amis du secondaire. Elle avait dîné chez Clark Gable et s'était bagarrée avec Jimmy Stewart; John Wayne lui avait gentiment tapoté la tête et Bette Davis lui avait fait une bise sur la joue. Jane devint donc rapidement un objet d'admiration et d'envie pour toutes ces jeunes filles de dix-sept ans dont la plupart rêvaient de devenir actrices de cinéma ou, du moins, étaient fascinées par ce genre de vie.

Elle se sentait relativement à l'aise parmi ses compagnes, mais, au début de sa première année à Vassar, elle se montrait plus tranquille et plus repliée sur elle-même que démonstra-tive. À l'exception de Brooke Hayward — qui semblait plus belle, plus talentueuse et plus intéressante qu'elle et qui avait, d'ailleurs, décidé de faire carrière au cinéma — elle avait peu d'amies intimes. Elle commença par se consacrer sérieusement à ses études; le français, la musique et l'histoire de l'art comp-taient parmi ses matières préférées. Elle était galvanisée par la volonté de bien faire : les recommandations paternelles avaient produit une forte impression sur elle.

À l'hiver de cette année-là, Jane comprit que le mariage de son père tirait à sa fin. Pendant que Susan restait à New York avec la petite Amy âgée de deux ans, Henry Fonda, qui s'attar-dait à Rome, avait renoué — d'après certains échotiers — avec ses origines aristocratiques italiennes en tombant amoureux d'une jeune noble vénitienne. Ces rumeurs blessèrent Jane; d'abord, parce que Susan devait en souffrir; ensuite, parce que son père ne l'avait pas tenue au courant de ce qui se passait. La jeune fille était en âge de comprendre que c'était par discrétion qu'il lui taisait les secrets de sa vie intime, cependant, elle était plutôt portée à attribuer sa réserve à de la mauvaise foi, surtout à la lumière de ses expériences passées. Elle lui en voulut d'avoir systématiquement usé de dissimulation avec elle.

Sur bien des plans, Jane n'avait pas atteint sa pleine maturi-té émotive : les traumatismes dont elle avait souffert entre sa onzième et sa dix-septième année, causés par la perte de sa mère et la conduite changeante de son père, n'étaient pas effacés. En conséquence, elle se voyait de plus en plus sujette à des crises d'anxiété à propos de tout et de rien; elle s'inquiétait d'elle-même et de sa place dans la société, de son père, de son frère, de sa belle-mère et, surtout, du caractère éphémère des choses de ce monde. Même si elle avait appris à réprimer ces angoisses, elle avait été habituée par son éducation à accorder une importance primordiale à l'ordre et au perfectionnisme, de sorte qu'elle sentait sa confiance, en elle-même et dans le monde, ébranlée par le mépris qu'affichait sa propre famille pour ces qualités.

Aux vacances de Noël 1955, Jane fêta ses dix-huit ans. D'importants changements avaient été apportés à sa vie durant l'année écoulée : grâce à son expérience au théâtre d'Omaha, elle avait acquis une meilleure connaissance d'elle-même et une certaine assurance. Sur le plan physique, depuis son passage à Emma Willard, elle avait subi une métamorphose assez considérable. Elle était presque complètement formée et avait atteint sa taille définitive de 1 m 71. Enfin, en se soumettant à un régime strict, elle avait perdu les dernières rondeurs enfantines qu'elle avait traînées durant ses années de secondaire et elle était enchantée de se voir devenir une jeune femme mince, souple et vive. Ce n'est pas sans effort pourtant qu'elle maintenait cette sveltesse, car elle aimait la bonne chère et la cuisine de Vassar, quoique légèrement supérieure à celle des autres institutions en général, était riche en féculents. Comme bien d'autres élèves du collège, Jane devint obsédée par sa silhouette et prit l'habitude, après avoir avalé un repas complet, de courir à la salle de bains le régurgiter avant qu'il n'ait été assimilé par son système.

Les règlements imposés aux étudiantes de Vassar étaient moins stricts qu'à Emma Willard. Les fins de semaine en particulier, les jeunes filles jouissaient d'une plus grande liberté et pouvaient quitter le campus sitôt que la permission leur en avait été accordée. Jane en profita joyeusement et, pendant que son père s'éternisait en Italie, elle vint rejoindre Susan et Amy à New York, le plus souvent possible. Lorsqu'elle découvrit l'intérêt grandissant qu'elle suscitait chez les garçons, elle leur accorda de plus en plus de temps. Ces sorties, dépouillées de leur aspect guindé et impersonnel de l'année précédente, étaient devenues des rituels à la fois douloureux et déroutants, tels que presque toutes les jeunes filles timides en traversent pendant leur première année de collège.

Au début, comme toutes ses compagnes de Vassar, Jane était avant tout motivée par le désir de se tailler une place de choix parmi ces jeunes femmes ambitieuses et distinguées qui s'apprêtaient à se lancer dans le monde. Cependant, elle se rendit rapidement compte qu'elle n'avait pas à rivaliser avec les autres; à cause de son statut particulier, les jeunes gens qui descendaient de Yale et d'autres grandes universités du Nord-est, la comblaient d'attentions. Elle délaissa bientôt l'idée de se conformer au modèle féminin en vogue et préféra imposer son propre rythme, de sorte qu'en peu de temps elle dépassait la plupart de ses compagnes dans la course aux amourettes.

La jeune fille qui ne cherchait pas de relations durables, choisissait la quantité et la variété aux dépens de l'unicité et de la permanence dans ses rapports avec le sexe opposé. Si en arrivant à Vassar Jane était plus naïve et moins expérimentée que la plupart de ses camarades, elle renversa très tôt la balance en sa faveur. Lorsqu'elle eut entrevu le plaisir et les douces satisfactions d'une vie mondaine intense, elle s'y jeta avec détermination, négligeant ses études.

Au printemps de 1956, Henry Fonda, d'humeur toujours aussi morose, rentra à New York et ce qu'il y découvrit ne corrigea en rien sa disposition d'esprit. Il éprouva de l'inquié-tude au sujet de Jane lorsqu'il apprit qu'elle était rien moins que studieuse à Vassar, mais comme elle paraissait se débrouil-ler plutôt bien que mal, il se contenta de quelques remon-trances seulement. Par contre, les problèmes de Peter à West-minster étaient autrement sérieux. Les ennuis semblaient s'abattre sur l'adolescent comme des mouches sur le miel et rien de ce que son père disait ou faisait n'avait d'effet sur lui.

Henry Fonda décida d'employer à bon escient l'été qui approchait. Il s'arrangea pour retenir une maison à Cape Cod afin de passer quelque temps avec ses enfants et, lorsque sa fille se déclara intéressée à tâter encore une fois du théâtre, il usa de son influence pour qu'elle puisse faire son apprentissage, cette saison-là, à l'endroit même où il avait débuté à son arrivée dans l'Est à l'été de 1928, le théâtre Dennis.

Au printemps de sa première année à Vassar, Jane ne savait pas encore si elle ferait ou non carrière au théâtre. L'expérience de l'été précédent à Omaha et surtout la brève camaraderie qui l'avait alors liée à son père lui avaient procuré beaucoup de plaisir. Elle aimait l'excitation qu'elle ressentait à se produire devant un public, mais doutait encore de son talent, et, en digne fille de son père, l'idée de se rendre ridicule lui était intolérable. Par ailleurs, Brooke Hayward se destinait à la carrière d'actrice et la grande amitié qui liait les deux jeunes filles s'étant transformée en rivalité amicale, Jane sentait qu'elle devait peut-être songer, elle aussi.

Henry Fonda s'était aperçu du talent de sa fille alors qu'elle jouait à ses côtés à Omaha, mais il avait préféré ne pas le lui révéler. Si l'intérêt timide et soudain que Jane manifestait pour le théâtre l'amusait, il n'était pas homme à rêver que ses enfants suivent son exemple. À cause des difficultés qu'il avait connues à l'époque où il était jeune acteur, il cherchait instinctivement à dissuader sa fille de poursuivre une telle carrière, chaque fois qu'elle en parlait ou y faisait seulement allusion.

Jane avait pris au sérieux ces tentatives de dissuasion. Tant de choses étaient restées inexprimées entre elle et son père que la jeune fille ignorait si celui-ci cherchait à la détourner du métier de comédienne parce qu'il croyait qu'elle manquait de talent ou parce qu'il voulait lui éviter des déceptions. Quoi qu'il en soit, elle pouvait maintenant tenter de discuter de théâtre et d'interprétation et se réjouissait d'avoir enfin trouvé un sujet de conversation qui la rapproche de son père. Même si ce dernier considérait ses remarques enthousiastes comme des divagations naïves caractéristiques d'une néophyte et même s'il allait jusqu'à dévier le cours de leurs propos, la jeune fille, bien que désappointée, n'abandonnait pas la partie. Et comme de plus en plus de gens au collège s'étonnaient qu'elle ne choisisse pas de marcher sur les traces de son père, elle se dit que quelques mois de théâtre lui permettraient de prendre une décision définitive.

Établi à proximité du théâtre Dennis, Henry Fonda alla y voir jouer sa fille dans une production expérimentale et put apprécier davantage le talent qu'il avait entrevu chez elle à Omaha, un an plus tôt. Néanmoins, il restait silencieux devant l'enthousiasme croissant de Jane. Celle-ci interprétait le rôle d'une jeune fille dans une comédie de la Restauration. « Lorsqu'elle entrait en scène, a raconté l'acteur à un journaliste, des années plus tard, toute la salle réagissait d'une manière perceptible : les spectateurs se redressaient et retenaient leur souffle. Dans quelle situation je me trouvais ! Il fallait que je me rappelle que j'étais son père. Si j'avais été le premier imbécile venu, je me serais écrié : « Faites-en une actrice ! » et j'aurais remué ciel et terre pour lui faciliter la tâche. Mais évidemment, je ne pouvais pas le lui faire savoir. »

Plus tard, au cours de l'été, l'acteur accepta d'incarner pendant une semaine le personnage principal dans « The Male Animal », montée par la troupe Dennis. Jane y jouait le rôle de l'ingénue et la pièce eut un grand succès. Si la jeune fille attira l'attention du public, c'est surtout parce qu'elle donnait la réplique à son père. Néanmoins, ces trois semaines de répétitions et de représentations furent, de son propre aveu, les plus heureuses « que j'aie jamais vécues avec lui. »

Pourtant, à la fin de la saison, elle hésitait plus que jamais. Elle avait espéré que son père lui indiquerait clairement si son intérêt grandissant pour le théâtre était justifié ou non, mais il se contentait d'admettre qu'il y avait un certain avenir pour elle dans la profession. Cependant, par son manque d'enthousiasme, il laissait entendre que ce n'était pas la carrière à laquelle il avait songé pour elle. Souhaitait-il que Jane mène la vie d'une mère de famille ou cherchait-il simplement à lui éviter les tourments auxquels tant d'autres jeunes acteurs avaient été confrontés dans leur lutte pour le succès ? Qui sait ? Quels qu'aient été ses motifs, ses réticences rendaient Jane encore plus perplexe sur sa situation qu'elle ne l'était au début de l'été.

Cet automne-là, au début de sa deuxième année à Vassar, elle se sentait toujours aussi incertaine quant à son avenir. Monter sur les planches lui plaisait mais, en même temps, cela lui faisait peur. « Au collège, nous avons mis en scène une pièce de Lorca et je tenais le rôle principal, celui d'une jeune Espagnole qui ne fait que chanter à sa fenêtre et tromper son mari. Je n'avais pas la moindre idée de ce qui la poussait à agir ainsi.

J'étais déjà consciente, à ce moment-là, qu'il faut être attentif aux traits de caractère de son personnage mais je ne savais pas comment m'y prendre. Il n'y avait rien derrière les émotions que j'exprimais : j'ignorais comment montrer que ces émotions ont une source, que les mots ont un sens. Je n'étais pas encore décidée à faire du théâtre. »

Elle en avait envie, et pourtant, elle n'y tenait pas. « Tout ce que je voulais, c'était quitter Vassar. »

5

De Poughkeepsie à Paris

La résolution que Jane avait prise de quitter Vassar n'était pas sans rapport avec la rupture du mariage de son père avec Susan Blanchard. En outre, elle se sentait profondément mécontente d'elle-même. « J'ai été élevée dans un monde où les gens n'exprimaient jamais leurs vrais sentiments. Il fallait tout dissimuler : ses craintes, ses chagrins, ses peines, ses joies et ses attirances physiques. J'étais une sorte de morte vivante, me conformant à l'image qu'on s'était faite de moi. En réalité, je ne savais pas qui j'étais. »

Cette crise d'identité éclata quelques semaines après son retour au collège et Jane abandonna complètement ses études pour se mettre à fréquenter des jeunes gens et à boire de façon systématique. Même Brooke Hayward, qui était pourtant plus expérimentée que son amie sur les questions mondaines et sexuelles, en fut surprise. « Jane s'est acquis rapidement la réputation d'être une fille facile. C'était presque devenu un sujet de plaisanterie. »

La jeune fille a reconnu elle-même avoir été totalement irresponsable durant cette seconde année à Vassar. « Quand j'ai découvert que je plaisais aux garçons, j'ai perdu la tête. Je passais mon temps hors du collège. Je n'étudiais jamais. »

Un des « garçons », qui la connaissait à l'époque a confirmé ses dires. « Jane s'est brusquement déchaînée. Je l'aimais beaucoup au début, mais quand je me suis rendu compte que je n'étais pas le seul à bénéficier de ses faveurs, je me suis éclipsé. On aurait dit qu'elle participait à un concours pour déterminer combien de gars elle pouvait séduire. Il y avait quelque chose de frénétique dans son comportement, dans toute sa personne, d'ailleurs. Elle agissait sans douceur, presque sans subtilité. Je suppose que c'était sa façon à elle de liquider son enfance. »

... À moins que ce ne soit le moyen qu'elle avait trouvé pour être renvoyée de Vassar dont l'administration avait fort à faire pour parer à ses escapades. Elle était devenue, d'après un autre témoin d'alors, « une délinquante de la bonne société » et courait au-devant d'un conflit avec les autorités. Lorsque le choc eut lieu, les directeurs, plutôt que d'exaucer son désir d'être chassée, informèrent son père — parti en Californie pour quelques mois afin de participer au tournage d'un film — de la situation. Henry Fonda la tança vertement par téléphone, mais resta sourd à ses supplices; il ne voulait pas la retirer du collège.

Jane se plongea alors dans une liaison passionnée avec un étudiant de Yale. Comme à Vassar il était interdit aux jeunes filles de se marier en cours d'études, elle projeta d'enfreindre ce règlement pour être expulsée; après quelques semaines, elle adjura donc son ami de l'épouser aussitôt que possible. « Il a eu le bon sens de ne pas accepter ! » a-t-elle fait remarquer quelques années plus tard. Ses tentatives pour être bannie du collège échouaient systématiquement.

Au début de 1957, Henry Fonda annonça son intention d'épouser la baronne Afdera Franchetti, la belle aristocrate qu'il avait rencontrée en Italie lors du tournage de « Guerre et paix ». Le mariage fut célébré dans la maison de l'acteur à New

York, le 10 mars; Peter et Jane, délaissant leurs études, y assistèrent.

La baronne italienne avait vingt-quatre ans lorsqu'elle s'allia à l'acteur américain, et de nombreux amis de ce dernier remarquèrent — non sans une pointe d'humour à la fois triste et désabusée — que Fonda avait tendance à se choisir des femmes beaucoup plus jeunes que lui. Ses propres enfants, en pleine révolte à ce moment-là, multipliaient les plaisanteries, tout en veillant à n'être pas entendus de leur père. Ils parièrent entre eux que leur prochaine belle-mère serait plus jeune que Jane et que la suivante serait la cadette de Peter. Ils s'amusèrent ferme à imaginer l'âge de la neuvième ou de la dixième femme de leur père, et divertirent quelques autres invités en racontant comment plutôt que de lui faire l'amour, il aurait à lui donner le biberon et à la changer de couches.

Leurs boutades étaient empreintes d'amertume : ni l'un ni l'autre n'éprouvaient d'affection pour Afdera. Elle prenait la place de Susan qui s'était montrée envers eux une mère plus affectueuse et compréhensive que Frances elle-même ne l'avait été. D'ailleurs, ils se sentaient mal à l'aise en présence de la baronne : l'éblouissante et capricieuse Afdera dégageait un charme méditerranéen languissant auquel ils étaient totalement insensibles. En outre, sa connaissance de l'anglais était trop restreinte pour que s'établisse entre elle et ses interlocuteurs autre chose qu'une communication superficielle. Et puis, Jane n'appréciait pas la manière dont elle s'insinuait chez eux et détestait l'autorité qui lui était accordée par son père. « Il avait l'air d'un chiot aux pieds d'Afdera ». Enfin, Henry Fonda avait adopté envers sa femme et envers ses enfants des attitudes très différentes, ce qui ne fit qu'accentuer le ressentiment de ces derniers.

Les deux jeunes Fonda retournèrent à leurs collèges respectifs plus malheureux et plus angoissés que jamais. Ce printemps-là, Jane redoubla d'efforts pour être expulsée de Vassar. Ne s'étant pas préparée à un examen, elle remplit sa copie de dessins et la remit telle quelle. L'administration plutôt que de la recaler, ou même de la punir, insista pour qu'elle recommence l'épreuve. Astreinte à ne pas quitter le campus, elle se mit à en sortir à l'insu de tous. Une fin de semaine, les surveillantes découvrirent qu'elle s'était absentée sans permission. Croyant avoir enfin atteint son but, elle se présenta pour récolter la sanction tant attendue. « Mais mon professeur a affirmé qu'il comprenait la situation. Mon père s'étant remarié pour la quatrième fois, il était normal, selon lui, que je souffre de troubles émotifs. Mais je ne souffrais de rien du tout. J'avais seulement passé la fin de semaine avec un garçon. »

Peter Fonda se montrait plus acharné qu'elle à se faire du tort. Il a affirmé plus tard que lorsqu'il était revenu chez son père, à l'occasion du remariage de celui-ci, il avait essayé de lui expliquer les difficultés auxquelles il était en butte à Westminster. L'acteur, sans lui manifester la moindre sympathie, lui avait tenu un bref discours sur les responsabilités qui incombent à un Fonda.

Peter retourna au collège et se mit à prendre des phénobarbitals pour calmer ses angoisses. Après en être venu aux poings avec ses professeurs, à quelques reprises, il se vit menacer d'expulsion. Il téléphona à sa sœur, à Vassar — leur père étant parti en voyage de noces en Europe — et la supplia de l'aider. Jane emprunta une voiture pour se rendre dès le lendemain à Westminster. Elle trouva Peter, caché dans des arbustes, dans un état d'hébétude provoqué par les médicaments qu'il avait absorbés et se parlant à lui-même. À défaut de son père, Jane fit appel à sa tante Harriet, au Nebraska. Celle-ci lui recommanda de mettre l'adolescent dans le premier train en partance pour Omaha; elle et son mari veilleraient sur lui en attendant le retour de Henry Fonda.

C'était la seconde fois que l'acteur devait couper court à un voyage de noces à cause d'une frasque de son fils. Il était furieux lorsque, de France, il prit l'avion à destination d'Omaha. Il décida, avec l'accord de Harriet, que Peter habitera chez son oncle et sa tante qui superviseraient ses études et verraient à ce qu'il reçoive une aide psychiatrique. Le jeune homme se soumit à contrecœur, mais la situation empirerait encore avant de s'améliorer.

D'autres ennuis attendaient Henry Fonda à New York. Jane lui affirma qu'elle devenait folle à Vassar et qu'il fallait qu'elle en sorte au plus tôt. Elle n'avait pris aucune décision quant à son avenir mais elle était convaincue de perdre son temps à Poughkeepsie et s'y sentait malheureuse. Se rappelant ses propres frustrations de collégien et craignant que Jane ne suive l'exemple de sa mère, Fonda abandonna l'inflexibilité dont il avait fait preuve jusque-là et s'enquit de ses projets. Profitant de l'occasion, sa fille le supplia de lui offrir un séjour d'un an à Paris où elle poursuivrait ses études en art et apprendrait le français. Il se laissa gagner à l'idée, quoique sans enthousiasme. Après tout, maintes jeunes filles interrompaient leur cours collégial pour aller étudier en Europe. D'ailleurs, Jane semblait vraiment se passionner pour un art qu'il appréciait lui-même et qu'il l'avait encouragée à cultiver.

Jane se sentit soulagée d'avoir obtenu le droit de partir, même si son père y mettait des conditions. D'abord, elle devait terminer le trimestre d'hiver à Vassar et sauver son année académique. Ensuite, elle devait mettre un terme à ses sorties trop fréquentes. Elle fit les deux. Et, au début de juin 1957, elle accomplit en train pour la dernière fois, le trajet entre Poughkeepsie et New York. Quelques semaines plus tard, elle s'envolait vers Paris.

Même si elle avait persuadé son père qu'elle comptait devenir peintre et qu'une année d'études confirmerait sans doute son ambition, il s'agissait surtout d'un prétexte pour fuir le collège, la maison et ses problèmes. « Je suis allée à Paris pour me consacrer à la peinture. J'y ai vécu six mois et pas une fois je n'ai touché à mes pinceaux. J'avais dix-neuf ans, j'étais à un âge où l'on sait qu'on est malheureux sans comprendre pourquoi. On s'imagine qu'en changeant de continent, on va changer quelque chose à sa vie. »

Les dispositions pour le séjour de Jane dans la capitale française avaient été prises pour elle avant son départ de New York. À son arrivée, en France, à la fin de juin, elle s'installa dans un appartement élégant mais obscur, appartenant à une vieille comtesse qui hébergeait de jeunes Américaines. La maison, sombre elle-même, était située dans le chic 16e arrondissement, avenue d'Iéna, à mi-chemin entre l'Arc de triomphe et le Trocadéro; elle faisait presque face à la Tour Eiffel, de l'autre côté de la Seine. Le décor n'aurait pu être mieux choisi pour une jeune étrangère à la découverte des plaisirs de Paris. Pourtant, Jane ne tarda pas à détester la pension où elle logeait. « Tout y était couvert de plastique, tout avait une odeur; et puis, les jeunes filles n'étaient pas censées parler à table. Moi, j'y étais positivement malheureuse. »

Dès le début de ses cours d'art à l'Académie Grande Chaumière, elle se rendit compte que l'enseignement y était dispensé dans un français idiomatique, débité trop rapidement, compte tenu de sa faible compréhension de la langue. Quelque sincère qu'ait été son désir d'étudier les beaux-arts, Jane se sentait perdue dans les classes et les studios de l'école. Elle trouvait beaucoup plus intéressantes les rues animées du Quartier Latin. Et ainsi, distraite de ses études, elle y perdit goût très vite, préférant passer le plus clair de son temps à apprendre le français dans les bistros et les bars achalandés de la Rive gauche.

Parmi les principaux protagonistes de la vie culturelle parisienne à l'époque, figurait un groupe de jeunes hommes et de jeunes femmes extrêmement imaginatifs, la plupart d'origine américaine, qui oeuvraient à la publication d'une revue littéraire trimestrielle, le « Paris Review ». Son directeur, George Plimpton, essayiste de grand talent, issu d'une vieille et riche famille de New York, devint célèbre, quelques années plus tard, aux États-Unis, comme reporter humoriste d'aventures à la Walter Mitty. La fille de Henry Fonda fit sa connaissance ainsi que celle de ses amis et, grâce à eux, fut admise dans la Bohème parisienne — un mélange de poètes, d'artistes, d'écrivains et de jeunes expatriés bien nantis, à la recherche d'un idéal.

Jane, qui avait alors près de vingt ans, se joignit à ces jeunes gens avec gratitude, désireuse d'obtenir leur approbation. Elle passait son temps dans les locaux du « Paris Review », plaisantant, flirtant et se rendant utile à l'occasion. Elle s'entendait bien avec eux, s'amusait de leurs conversations qui frôlaient l'inconvenance et jugeait leur style de vie scandaleux mais excitant. Ils étaient plus expérimentés qu'elle mais, en revanche, elle ne manquait ni de finesse ni de perspicacité. Très tôt, elle put suivre le cours rapide de leurs discussions ésotériques et s'habitua plus vite encore aux divertissements nocturnes qui se prolongeaient de bistro en bistro.

À Paris, au cours de l'automne et de l'hiver 1957, Jane évolua dans un milieu d'artistes, d'hommes de lettres et de cinéastes. Elle rencontra non seulement des Américains mais également des Français dont plusieurs la poursuivaient de leur assiduité non dissimulée. Elle passa de plus en plus de temps dans les cafés et les ateliers de la Rive gauche, délaissant l'atmosphère renfermée de son appartement de l'Avenue d'Iéna. Un soir, à une réunion chez Maxim's, elle fit la connaissance de Roger Vadim, le réalisateur français que sa réputation de libertin précédait partout où il allait. C'est Vadim qui avait « découvert » Brigitte Bardot, dont il avait été le premier mari et c'est probablement à lui surtout que l'Europe doit l'apparition sur ses écrans des films érotiques et leur réception favorable par le public. Ce soir-là, il était en compagnie de sa deuxième femme, actrice de cinéma elle-même, Annette Stroyberg. Grand, mince, le visage long et mélancolique, Vadim évalua d'abord froidement, puis avec un intérêt croissant, la fille du célèbre Henry Fonda. Quant à Jane, intimidée par le regard de cet homme qu'elle savait coureur de jupons, elle commença par se hérisser puis tâcha d'ignorer sa présence. Cependant, le cinéaste à qui, entre autres choses, on reconnaissait un don de prescience, réserva une place à la jeune femme dans sa mémoire.

Après son vingtième anniversaire, l'année que Jane devait passer à Paris fut brusquement écourtée : Henry Fonda avait été informé du fait qu'elle avait abandonné toute prétention d'étudier les beaux-arts et qu'elle fréquentait la faune dissolue de Paris. Il avait entendu parler de promiscuité sexuelle et d'autres écarts de conduite chez sa fille et s'était mis en colère. Il lui ordonna de rentrer immédiatement à New York.

Indignée de la sévérité avec laquelle elle était traitée, Jane s'installa à contrecoeur dans la maison paternelle de la 74th Street, au début de 1958. Pour prouver sa bonne foi à son père, elle s'inscrivit au New York Art Students League pour reprendre ses cours de peinture. Elle entra au Mannes School of Music, qui se trouvait à proximité de son domicile, pour apprendre le piano et chez Berlitz pour étudier le français et l'italien. Enfin, au printemps, toujours pour démontrer son sérieux, elle s'engagea au bureau new-yorkais du « Paris Review », parcourant Manhattan à la recherche d'annonceurs chez les éditeurs et les libraires.

Une amie de Jane qui travaillait pour une revue de mode, proposa à celle-ci de poser gratuitement pour des photographies de publicité. Une des directrices de la publication vit les photos et, impressionnée par le nom de la jeune fille et par son caractère photogénique, lui promit de faire fréquemment appel à ses services. Jane, bien qu'elle ne se trouvât pas encore particulièrement attrayante, se laissa séduire par l'idée d'être mannequin et décida d'y donner suite. Elle fit la rencontre, à la même époque, d'un jeune acteur ambitieux, James Franciscus, avec qui elle amorça une idylle.

Vers la fin du printemps, Jane s'était prouvé à elle-même qu'elle pouvait entreprendre des travaux difficiles et les mener à bien même si elle ne s'engageait à rien de permanent. Elle voulait d'abord et avant tout rentrer dans les bonnes grâces de son père et rattraper le temps perdu à Vassar et à Paris. Elle espérait obtenir ses éloges ou du moins son approbation, mais tout compte fait, ce fut peine perdue. Après tout, elle s'acquittait de la tâche qu'elle s'était assignée et Henry Fonda ne voyait pas l'utilité de féliciter quelqu'un simplement parce qu'il faisait ce qu'on attendait de lui. Lorsque Jane rentrait à la maison et racontait sa journée avec enthousiasme, son père l'écoutait d'un air distrait puis, s'intéressait à autre chose. Ainsi, bien que, à cette époque-là, Jane se tînt occupée d'une manière presque obsessive, elle n'avait qu'une faible prise sur son avenir.

« C'était frustrant. Je voulais me mettre à l'oeuvre et interpréter des concertos, mais il me fallait apprendre des gammes. Je rêvais de peindre des chefs-d'oeuvre, mais la peinture m'attirait de moins en moins. C'était devenu trop difficile : j'avais l'impression que les gens qui observaient mon travail attendaient de moi des choses que je ne pouvais pas produire. Dès que j'avais terminé un tableau, je me mettais à le critiquer. Et puis, au fond, je songeais encore au théâtre. C'est ce qui me tentait le plus au monde mais je passais mon temps à m'inventer des raisons pour y renoncer : ce serait un choix égoïste de ma part; je n'en retirerais aucune satisfaction; je n'étais pas assez jolie, etc. En réalité, j'avais peur d'essayer, tout simplement. »

6

La période Strasberg

En 1958, dans le monde du cinéma et du théâtre américain, on ne parlait que de Lee Strasberg, ce petit homme discret qui ressemblait à s'y méprendre à un serveur vieillissant du Lindy's Restaurant. Jamais on n'aurait pu imaginer vedette plus ordinaire mais Strasberg n'était pas une vedette au sens traditionnel du terme. En fait, à l'époque, il n'était ni acteur, ni cinéaste, ni même producteur. Certains le qualifiaient de professeur, mais le mot décrit mal son travail. D'autres le comparaient à un « gourou », mais cela sous-entend l'utilisation de pouvoirs mystiques, ce qui est très exagéré. On l'appelait aussi « le grand-prêtre » et si une église grecque orthodoxe désaffectée, située dans un quartier pauvre de l'Ouest de Manhattan, peut servir d'équivalent moderne à un temple, alors la comparaison peut presque s'appliquer. L'oeuvre de Strasberg n'était en rien liée à la religion, pourtant la passion qu'il manifestait dans sa recherche d'une philosophie originale du théâtre paraissait empreinte d'un tel zèle religieux qu'il attirait des centaines de fervents et de disciples illustres. Son temple, c'était l'Actors Studio.

Au milieu des années 50, l'Actors Studio était non seulement un lieu où les acteurs de théâtre et de cinéma parachevaient leur formation avant d'être « découverts », mais également l'endroit où des artistes célèbres, ou en voie de le devenir, se rendaient en pèlerinage afin d'y apprendre les formules magiques de la « Méthode », surnom que la presse avait donné aux théories de Strasberg sur le théâtre. Presque tous les acteurs et actrices rêvaient d'y être admis. Se fiant aux journaux, le public s'imaginait que le Studio ressemblait à une école où l'on aurait pris des « leçons d'interprétation », ce qui n'était absolument pas le cas. Il n'y avait pas, au sens strict du terme, de cours. L'ambiance qui y régnait se comparait plutôt à celle d'un séminaire où Strasberg parlait presque continuellement; ses « élèves » — célèbres ou non — étaient littéralement suspendus à ses lèvres. Les « sessions », selon le vocabulaire employé, avaient lieu deux fois la semaine dans une vieille église réaménagée; le reste du temps était consacré à répéter des scènes ou des exercices qui seraient finalement soumis à l'appréciation du Maître.

Comme le Studio n'était accessible qu'à ses membres, c'est-à-dire à ceux — une élite — qui, lors de leur audition en avaient satisfait les exigences rigoureuses et comme des milliers d'interprètes désiraient s'initier au système de Stanislavski, Strasberg avait songé à donner des cours privés. Aussitôt qu'il eut annoncé ses intentions, il fut assailli par des centaines d'enthousiastes prêts à débourser 35 $ par mois pour s'inscrire. En quelque temps, il dispensait chaque jour trois cours de deux heures dans la petite salle de l'Atelier dramatique — école d'interprétation qui se doublait d'une troupe théâtrale — à proximité du cinéma Capitol, sur Broadway.

Paula, la femme de Strasberg, qui avait été actrice, lui servait de factotum dans cette nouvelle entreprise. Si Lee Strasberg était considéré comme un grand prêtre, sa femme passait pour son éminence grise. Prenant le contre-pied des manières à la fois acerbes et flegmatiques de son mari, cette petite femme corpulente et très sociable prit sous son égide des dizaines d'acteurs et d'actrices souvent indigents, connus ou non, mais tous désireux d'apprendre les préceptes du Maître.

Le couple avait une fille, Susan, jeune actrice charmante et frêle qui avait connu de brillants débuts à Broadway avec sa création du personnage central de « The Diary of Anne Frank » (« Le Journal d'Anne Frank »). Au printemps 1958, tout en jouant le soir dans « Two for the Seesaw », une pièce qui obtenait un vif succès, Henry Fonda donnait la réplique, le jour, à Susan Strasberg dans « Stage Struck », nouvelle version d'un film — mettant jadis en vedette Katharine Hepburn — qui raconte l'histoire d'une jeune actrice venue chercher la gloire à Broadway. La production visait à lancer la carrière cinématographique de la jeune Strasberg. Normalement, Fonda n'aurait jamais participé à un tel projet, d'autant plus qu'il devait jouer les seconds violons aux côtés d'une adolescente. Mais « Two for the Seesaw » l'ennuyait; il avait donc accepté la proposition du réalisateur Sydney Lumet — avec qui il avait déjà tourné « Twelve Angry Men » (« Douze hommes en colère ») — pour lui rendre service et, également, parce que le filmage avait lieu à New York. Par la suite, les événements s'enchaînèrent pour influer — ironie du sort — sur la carrière de Jane Fonda.

Celle-ci fit la connaissance de Susan Strasberg par son père. Henry Fonda ne s'intéressait ni à l'Actors Studio, ni à Lee Strasberg, ni à sa théorie sur l'interprétation, par contre, il éprouvait de l'affection pour la jeune Susan et parlait d'elle en termes élogieux à sa fille. Un jour, cette dernière se rendit au plateau de tournage de « Stage Struck » où elle rencontra la jeune actrice et se lia d'amitié avec elle. Susan lui présenta quelques-uns de ses amis dont la plupart étudiaient le théâtre chez son père. Jane trouvait fascinants ces jeunes gens et jeunes filles débordants d'enthousiasme, mais leur sens de la discipline et la canalisation de leur énergie vers un seul but, la troublaient. « Je n'aime pas l'influence que le théâtre exerce sur ceux qui s'y consacrent », a-t-elle dit quelque temps plus tard, un peu sur la défensive peut-être. « Toutes les jeunes comédiennes que j'ai rencontrées en sont obsédées. Elles ne pensent qu'à ça, ne parlent que de ça. Rien d'autre ne compte pour elles. C'est extrêmement malsain de tout sacrifier — famille, enfants — pour un seul but. J'espère que je n'irai jamais jusque-là. Je ne crois pas qu'on doive se vouer totalement à une profession, quelle qu'elle soit. »

Cet été-là, Henry Fonda interrompit sa participation à « Two for the Seesaw » pour être de la distribution d'un nouveau film, à Hollywood cette fois. Il loua une maison de la célèbre Malibu Beach Colony et amena avec lui Jane, Peter et Afdera. Paula et Lee Strasberg passaient eux aussi la saison estivale à Malibu, en compagnie de leurs enfants Susan et John, pour s'occuper d'une élève et amie, Marilyn Monroe. Leur cottage se trouvant situé sur la plage à proximité de celui des Fonda, Jane renoua avec Susan et les deux amies passèrent des journées ensemble au bord de l'eau ou chez l'une ou l'autre. La jeune fille fit la connaissance de nombre d'artistes qui fréquentaient la maison des Strasberg, laquelle était ouverte à tout le monde, sans distinction. Les conversations y étaient animées et pouvaient durer des heures, portant toujours sur le théâtre, le cinéma, les acteurs et les réalisateurs, les grandes théories et les potins. Jane écoutait surtout, fascinée par l'ambiance à la fois chaleureuse et décontractée qui régnait chez les Strasberg et qui contrastait tant avec l'indifférence polie et étudiée de son propre foyer. Et puis, elle commençait à envier cette passion qu'ils affichaient tous pour leur métier.

À une réception, Jane rencontra Mervyn Leroy, cinéaste à Hollywood depuis des temps immémoriaux, et ses deux enfants, Warner et Linda, qui avaient à peu près le même âge qu'elle. Au cours de leur conversation, Leroy demanda à la jeune fille pourquoi elle n'était pas remontée sur les planches depuis son été à Cape Cod. Elle répondit timidement qu'elle ne croyait pas posséder un talent qui convienne à la fille de Henry Fonda et qu'il serait embarrassant de ne pas se montrer à la hauteur de ce qu'on attendait d'elle. Le réalisateur se moqua d'elle, puis lui proposa sérieusement d'incarner la fille de Jimmy Stewart dans « The FBI Story » qu'il tournait à ce moment-là. Jane, se voyant offrir de but en blanc un rôle, resta bouche bée. Assurément, l'idée lui faisait peur.

Elle tenta d'en discuter avec son père dont elle n'obtint qu'une réponse énigmatique : « Si tu veux devenir actrice, que ce ne soit pas en jouant la fille de Jimmy Stewart dans " FBI Story " ». En fait, il laissait entendre par là qu'il préférait que Jane ne compte pas sur l'influence d'amis bien placés pour amorcer sa carrière.

Le lendemain, elle aborda le sujet devant Susan Strasberg et quelques amis rassemblés sur la plage. Parmi eux, il y avait un jeune protégé de Lee Strasberg, Martin Fried qui s'étonna que Jane ne se soit pas passionnée pour le théâtre bien avant; elle était évidemment très jolie et il émanait d'elle une énergie, une vitalité qui pourraient faire sa gloire. La jeune fille lui avoua ses appréhensions, sa hantise de discréditer le nom de Fonda. Le sujet fut longuement débattu par les jeunes gens, au cours des jours qui suivirent. Ils reconnaissaient tous à Jane un certain magnétisme, de la grâce, de la beauté, de l'intelligence et des manières engageantes qui lui étaient propres et le tout en abondance. Même si elle avait été une parfaite inconnue, ses nombreuses qualités personnelles auraient pu lui valoir la célébrité. Il s'agissait de savoir si elle éprouvait ce besoin obsédant de jouer, si elle avait le feu sacré, la volonté, l'ambition et surtout le talent nécessaires pour réussir.

Pour en avoir le coeur net, il lui suffisait de tenter sa chance et de s'en remettre aux conseils de Lee Strasberg.

À l'instigation de sa fille, Paula Strasberg fit venir Jane chez elle et, en l'interrogeant avec sagacité, parvint à briser sa réserve. Ensuite, elle fit part de ses impressions à son mari qui consentit à accorder une entrevue à la jeune fille et se retira avec elle dans un coin tranquille de la maison.

Lorsque Strasberg conversait avec quelqu'un qu'il connaissait peu, il donnait l'impression de s'adresser à une personne placée derrière son interlocuteur. Sa voix, qui conservait un accent d'Europe centrale, restait si monotone, si inexpressive qu'elle paraissait trahir un certain mépris, tandis que son visage prenait, malgré lui, une expression de dégoût. Pour qui n'était pas habitué à ses manières, il semblait glacial, impatient, voire même hostile et pour peu qu'il s'agisse de quelqu'un d'inquiet et de timide, l'expérience devenait déconcertante.

Après un certain temps, Jane se mit à répondre sans contrainte aux questions personnelles que lui posait Strasberg. Il était brusque, presque bourru — un peu à la façon de Henry Fonda — mais ses propos étaient empreints d'une sympathie qui faisait défaut à son père. « Il me parlait comme si je l'intéressais; non pas parce que j'étais la fille d'un acteur célèbre, mais parce qu'il sentait que malgré mes appréhensions, je voulais vraiment jouer. »

Strasberg a fait remarquer un jour : « C'est à cause de ses yeux que je l'ai acceptée dans mes cours. Ces yeux-là étaient remplis de panique. » La jeune fille devait craindre le jugement que porterait sur elle un homme d'un tel renom, dont l'appréciation était recherchée par des vedettes comme Marlon Brando et Marilyn Monroe. En apprenant qu'elle serait admise aux classes du Maître dès l'automne suivant, sans avoir à attendre une place libre comme c'est généralement le cas, Jane, pour une des rares fois de sa vie, sentit qu'elle avait accompli un tour de force et s'en trouva rehaussée dans sa propre estime.

Elle avait surmonté la première épreuve, le jugement lucide mais non dénué de sympathie que Lee Strasberg avait porté sur elle. La gravité et la ferveur qu'il manifestait lorsqu'il était question du « travail », la remplissaient d'un sentiment de calme anticipation. Elle ne savait pas encore exactement en quoi consistait ce mystérieux « travail ». Bien qu'elle eût souvent entendu son père tourner en dérision la « Méthode », elle pressentait l'importance et la signification que cette « méthode » pouvait revêtir pour elle. Sans qu'elle ne s'en rende compte, un mécanisme s'était enclenché en elle : sa carrière s'amorçait.

L'arrivée de Jane Fonda à New York cet automne-là, allait avoir un certain retentissement. Des rumeurs sur sa venue circulaient depuis plusieurs semaines déjà parmi les élèves de Strasberg, et même les plus blasés brûlaient de curiosité. La fille de Henry Fonda était déjà une légende — presque une institution — dans le monde du spectacle américain. Son père jouissait d'une réputation à l'échelle mondiale et possédait en outre une grande respectabilité et une influence que tous les disciples de Strasberg — célèbres ou non — lui enviaient. Et Jane Fonda, à cause de cette parenté, devait, à leur avis, avoir hérité des mêmes qualités. Ils étaient donc tous curieux de la voir. D'une certaine manière sa présence dans leur classe, à défaut de celle de Fonda lui-même, serait tout un événement.

Par ailleurs, la nouvelle de sa venue suscitait une anticipation basée autant sur l'envie et le mécontentement que sur l'admiration que soulevait le nom de Fonda. Jusque-là, peu d'enfants d'acteurs — sinon aucun — avaient suivi avec succès le chemin tracé par leurs parents. Et puis, Henry Fonda avait publiquement déblatéré contre les préceptes de Lee Strasberg, qu'il considérait comme « des rebuts inutiles ». Or, le cénacle faisait preuve d'une loyauté farouche à l'égard de son Maître. Jane venait du camp adverse. Pour qui se prenait-elle ? Pourquoi cette Fonda qui n'avait que son nom et les privilèges qui s'y rattachaient pour toute recommandation, s'inscrivait-elle aux cours de Lee Strasberg ? La plupart des élèves de celui-ci avaient peiné dans l'ombre pendant des années et ceux qui étaient parvenus à la gloire avaient traversé leurs propres périodes d'indigence et d'obscurité. Bon nombre d'entre eux espéraient donc secrètement que si Jane Fonda entrait dans leur classe, elle se révélerait être une actrice tout à fait inepte.

7

Étudiante encore
une fois

Finalement, Jane vint. À l'époque, je travaillais à l'Atelier d'art dramatique et je me rappelle le jour de son arrivée très clairement. J'occupais un petit bureau qui donnait sur le hall étroit conduisant à l'auditorium où Lee Strasberg donnait ses cours. Comme d'habitude, l'endroit était grouillant d'actrices et d'acteurs bruyants qui attendaient la reprise des classes, l'après-midi. Tout à coup, il y eut un silence. Étonné par le brusque changement de ton, je jetai un coup d'oeil par la porte de mon bureau : tous les regards étaient tournés vers l'entrée où se tenait une jeune et jolie femme, visiblement nerveuse, vêtue d'un élégant costume de tweed beige et portant des souliers de même teinte à talons hauts de dix centimètres. J'ai tout de suite deviné qu'il s'agissait de Jane Fonda.

Susan Strasberg et Martin Fried l'accompagnaient. « Seigneur, me suis-je dit, pourquoi Suzy n'a-t-elle pas prévenu Jane Fonda de la façon dont elle devait s'habiller ? » À ce moment-là, les étudiantes portaient en général des vêtements noirs, d'un genre bohème et la jeune femme semblait sortir directement d'un catalogue de Bergdorf Goodman. Seule Marilyn Monroe assistait aux cours de Lee Strasberg tirée à quatre épingles, mais personne ne s'en formalisait parce qu'elle était... Marilyn Monroe.

Jane n'avait pas besoin d'être présentée : les rumeurs de sa venue avaient été confirmées et son visage où dominaient les traits des Fonda, permettait de la reconnaître immédiatement. Elle devint tout de suite une célébrité, à tout le moins à cause de son nom. Et la jalousie, qui régnait déjà dans les classes de Strasberg, se chargea de fébrilité.

Comme le rappelait plus tard Saul Colin, le directeur de l'Atelier : « Elle ressemblait à une biche effrayée, retranchée derrière les manières directes des Fonda. Elle était grande, bien habillée et maquillée comme ces jeunes filles de la bonne société qui sortent des boutiques de la 5th Avenue. Elle s'exprimait d'une manière saccadée, d'une voix forte et frémissante que les jeunes Américaines s'imaginent être distinguée. Elle était assez bizarre... Mais la façon dont son regard s'est accroché au mien, comme si elle cherchait une bouée de sauvetage, me l'a rendue sympathique. Je devinais sa force de caractère sous ses attitudes affectées... Son inquiétude, aussi. La pauvre enfant se sentait tout à fait perdue. Mais elle avait quelque chose... »

Une ancienne élève de Strasberg s'est souvenue elle aussi d'avoir rencontré Jane, le premier jour. « Elle est arrivée avec Susan Strasberg, juste avant le début du cours. Lee a fait semblant de ne pas la voir, mais nous l'avions tous reconnue. La tension montait. Après tout, c'était la fille de Henry Fonda et tout le monde brûlait de curiosité. J'ai été surprise de constater à quel point elle ressemblait à son père — c'en était troublant. C'est la seule chose dont nous ayons parlé après le cours, cette ressemblance. En sortant, je l'ai vue qui conversait avec quelqu'un. Elle m'a souri et je me suis aperçue jusqu'à quel point elle était nerveuse et inquiète. J'ai été étonnée qu'elle soit si grande. Elle était habillée avec beaucoup de chic : elle portait une sorte de costume rosâtre et des talons hauts; ses cheveux étaient relevés. Il y avait un je ne sais quoi d'éminemment raffiné chez elle et pourtant elle avait l'air de ne pas savoir comment se comporter — ce qui était plutôt amusant parce que si elle se sentait mal à l'aise, nous l'étions tous bien davantage. En fait, je pense que, pour la plupart, nous perdions beaucoup de notre assurance devant elle. C'est cette habitude de toujours se comparer aux autres. Elle manquait de confiance en elle, et c'est nous qui étions le plus mal à l'aise ! À mon avis, ce sentiment que sa présence — son nom et l'aura qui émanait d'elle — suscitait en nous explique une grande part de notre ressentiment du début. Bien sûr, nous faisions semblant d'être amicaux, mais je suis convaincue qu'à peu près tout le monde dans la classe rêvait de la voir se ridiculiser. »

Plus tard, en parlant de son expérience avec Strasberg, Jane a déclaré : « Il a transformé ma vie ». Au début des cours, « j'étais terrifiée. Je ne savais pas à quoi m'attendre. Pendant le premier mois, environ, je trouvais ça plutôt grotesque. Et puis, brusquement, il y a eu une étincelle et j'y ai vraiment mis toute mon énergie. »

L'événement qui devait modifier son attitude fut le premier « exercice » que, tourmentée par la peur et l'inquiétude, elle exécuta devant Lee Strasberg et sa classe. Elle prit plus d'un mois à se décider, retenue par son instinct de conservation — dissimulé sous un air de supériorité à la Fonda — qui l'encourageait à croire que le cours était « grotesque ».

Tout nouvel étudiant de Strasberg devait effectuer un « exercice », rite d'initiation aux mystères de la « Méthode ». Pour devenir membre de la classe, il fallait s'y soumettre et, par là, s'exposer à la critique du professeur et de ses camarades. L'apprenti-comédien était libre de faire ce qui lui plaisait à condition de passer à travers les deux phases de l'épreuve. Il s'agissait d'abord d'accomplir une activité physique — par exemple, de gambader seul sur la scène en chantant des couplets de sa chanson préférée. Le débutant révélait ainsi jusqu'à quel point il était handicapé par ses inhibitions et comment il réussissait à les surmonter. Ensuite, il fallait interpréter un « souvenir ressenti » ou un « moment intime », l'élève devant reproduire par une pantomime un événement de son passé, chargé d'une signification émotive particulière. Son aptitude à définir et à exprimer une émotion était alors évaluée et servait à apprécier son degré d'imagination, d'audace et de talent.

Le novice voyait approcher avec inquiétude le jour du premier exercice, l'expérience étant à la fois originale et terrifiante. Il savait que le masque d'assurance qu'il portait dans la vie courante, tout opaque et trompeur qu'il fût, tomberait au cours de l'épreuve publique et que ses angoisses et ses inhibitions seraient étalées au grand jour. C'était un moment de vérité pour lui. De sorte qu'il arrivait fréquemment que les plus timides, craignant le jugement de leurs camarades et le ridicule dont ils risquaient de se couvrir, retardaient pendant des mois leur première improvisation; certains même n'eurent jamais le courage de l'accomplir. Ils assistaient aux cours consciencieusement, mais restaient rivés à leurs chaises, se contentant d'apprendre par procuration, en regardant ceux qui faisaient preuve de plus de courage qu'eux.

Au début, Jane, qui avait alors vingt et un ans, maintint une apparence calme et détachée en observant les autres se soumettre à leur supplice. Les critiques de son père sur les méthodes de Strasberg étaient encore fraîches à sa mémoire et apaisaient une partie de ses angoisses. Pourtant, elle enviait ceux qui avaient le courage de surmonter leur peur et qui s'enthousiasmaient d'y être parvenu. Elle remarquait l'assurance presque outrecuidante qu'ils y gagnaient. Surtout, elle aurait voulu que Lee Strasberg lui accorde la même attention qu'à eux. Or, de toute évidence, pour obtenir cette attention il lui fallait tout risquer en se livrant au regard sévère de la classe.

D'abord inactive, Jane se familiarisa peu à peu avec l'atmosphère des cours. Elle se rendit compte qu'elle n'avait rien à craindre de Strasberg. À sa grande surprise, il ne réagissait pas aux essais, souvent ineptes, de ses nouveaux élèves en les ridiculisant. Au contraire, il les critiquait gentiment et leur faisait des suggestions sur la manière dont ils pouvaient s'améliorer. Cependant, la jeune femme hésitait à tenter l'expérience à cause de la présence de camarades plus âgés qu'elle — dont plusieurs étaient des acteurs chevronnés et déjà célèbres — et des pensées qu'elle leur prêtait, s'imaginant par exemple qu'ils éclateraient d'un rire sarcastique lorsqu'elle serait sur scène (c'était déjà arrivé à d'autres). « Je n'avais pas confiance en moi. Je ne pouvais pas supporter l'idée d'être l'objet de la curiosité générale, d'être attaquée et mise en pièces. »

Pourtant, elle tenait à ce que Strasberg lui dise si elle possédait autre chose que son nom pour faire carrière au théâtre. Elle voulait aussi démontrer à son père, qui accueillait avec une condescendance irritante ses commentaires sur les cours de l'Atelier, le sérieux de ses intentions. Ainsi, soutenue et guidée par les quelques amis qu'elle s'était faits, elle choisit une date pour son premier exercice et s'y prépara soigneusement. À l'approche du jour fatidique, elle devint de plus en plus nerveuse et inquiète; elle eut même envie de tout abandonner. Mais son courage ne lui fit pas défaut et, à l'heure dite, malgré la terreur qu'elle ressentait, elle monta sur scène.

« On assiste à tant d'improvisations que j'ai oublié ce qu'elle a fait », remarquait Delos Smith, un vieil habitué des cours de Strasberg. « Je me rappelle tout de même que la classe était particulièrement bondée, ce jour-là. Bien des gens des autres groupes avaient eu vent de la nouvelle et étaient venus voir Jane se casser le nez, mais elle s'en est tirée. En fait, elle a été magnifique. Elle s'est complètement transformée, sous nos yeux. D'abord, sa nervosité était évidente, mais tout le monde est sur les dents la première fois. J'ai fait des exercices pendant six ans et j'étais aussi énervé la dernière fois que la première. Ensuite, on l'a vue se détendre tout doucement et se prendre au jeu, jusqu'à se laisser aller entièrement. Tout le monde a été impressionné non seulement par le talent qu'elle a déployé, mais aussi par son audace. »

Ce premier essai fut fort révélateur, mettant en évidence le désespoir et la panique que Jane éprouvait, bien sûr, mais surtout, son sens inné du théâtre, son aisance à se déplacer sur scène, à bannir toutes distractions extérieures et à se concentrer sur un espace et un temps bien à elle. Certes, l'exercice n'était pas tout à fait au point; trop exagéré, gâché au début par la timidité angoissée propre aux débutants et par une tendance à la précipitation, il contenait néanmoins des indices d'un talent indéniable. En outre, sa présence et son magnétisme s'étaient clairement manifestés sur cette scène minuscule : même au milieu des autres, elle monopolisait l'attention.

Strasberg ne s'était pas départi du ton monocorde et presque sec qui lui était habituel lorsqu'il se mit à commenter pour le reste de la classe le travail de Jane. Cependant, sa voix s'anima peu à peu comme c'était le cas chaque fois qu'il sentait que quelque chose d'inusité avait eu lieu. Ses critiques découragèrent d'abord Jane. Pourtant, après le cours, quand tout le monde s'empressa autour d'elle et la félicita, montrant par là qu'elle était désormais « admise » dans le groupe, elle eut l'impression que ses efforts n'avaient pas été vains. Et, lorsque Delos Smith, qui connaissait bien Strasberg, lui affirma que ce dernier avait été plus exubérant qu'à l'ordinaire et lui expliqua ce que cela signifiait, son moral remonta en flèche.

« Du jour au lendemain, ma vie a changé radicalement. Du tout au tout. Avant j'avais peur et j'étais extrêmement timide; après l'exercice, je suis devenue totalement différente. À partir de ce moment-là, j'ai travaillé plus fort que tout le monde. J'étais la plus déguenillée de toute la classe. Personne n'était aussi sale, aussi blafard, aussi échevelé que moi. »

Jane avait pris goût au théâtre. Elle se lança à corps perdu dans cette aventure : sa vie se résumait à ses classes chez Strasberg et à sa carrière d'actrice. « Je n'ai jamais vu quelqu'un se consacrer à quelque chose avec un tel acharnement », a déclaré Brooke Hayward qui suivait les mêmes cours à l'époque. « C'est tout ce qui comptait pour elle. »

« On aurait dit que la lumière s'était faite en moi. Je n'étais plus la même. Je me couchais le soir, satisfaite de ma journée et je me réveillais le lendemain matin aussi heureuse. »

Son enthousiasme ne se contentait pas de croître, il éclatait. « Maintenant, je sais que rien de ce qui m'est arrivé avant l'automne dernier n'a vraiment eu d'importance », a-t-elle déclaré un an plus tard. « C'est merveilleux de savoir enfin où l'on s'en va. On se sent plus heureux, plus productif, plus aimable qu'auparavant. Peut-être que je ne réussirai pas mais, du moins, je sais maintenant à quoi dépenser mon énergie. » Si Jane se félicitait de l'ambition qu'elle se découvrait enfin, son voeu le plus cher n'était pas pour autant réalisé; il lui manquait toujours l'approbation et l'estime de son père.

Henry Fonda n'avait pas caché à Jane son scepticisme quant à l'utilité des écoles de théâtre et nul n'ignorait ses opinions sur les théories de Strasberg. Si, à sa manière, il était fier de sa fille et se réjouissait de la nouvelle passion qu'elle affichait, la laissant occasionnellement donner libre cours à sa ferveur pour l'art dramatique et commenter la méthode du Maître, il se lassait rapidement de ses professions de foi et la faisait taire d'un haussement d'épaules dédaigneux. Lorsqu'il était d'humeur particulièrement sombre, il s'intéressait à peine à ce qu'elle lui disait. Au fur et à mesure que Jane découvrait sa propre personnalité, la douleur qu'elle ressentait devant l'indifférence constante de son père augmentait.

« Je revenais toujours des cours de Lee débordante d'enthousiasme et mon père me recevait en disant : « Tais-toi, je ne veux pas en entendre parler. » Une fois, entre autres, j'avais réussi une scène fantastique en classe. Je me sentais aussi exaltée que si j'avais avalé cinquante Benzédrines. Je suis tombée sur papa par hasard et je l'ai suivi dans un taxi. J'étais si excitée que j'en avais le souffle court. Je voulais tout lui raconter mais très vite, j'ai eu l'impression qu'il tirait un rideau entre nous. Il souriait, mais je ne pouvais pas le rejoindre. »

Interrogé quelques années plus tard sur le sujet, au cours d'une entrevue avec un journaliste du « Saturday Evening Post », Henry Fonda avait répondu, les larmes aux yeux : « Je ne comprends pas. Peut-être que je... Parfois mes réactions prennent peut-être pour certaines personnes plus d'importance que je ne le voudrais. Je ne sais pas ce qu'elle veut dire lorsqu'elle parle d'un rideau entre nous. Il m'arrive de dissimuler mes émotions et, pour elle, c'est sans doute une façon de se tenir à distance. Je vais vous raconter une anecdote qui est antérieure à l'époque où Jane s'est mise à étudier l'art dramatique. Elle était en compagnie d'un jeune dandy de ses amis qui débutait au théâtre et nous parlions, lui et moi, de la manière de recréer une émotion sur scène. Je lui ai expliqué comment je procédais en prenant exemple sur le décollage d'un hydravion. D'abord, l'appareil glisse lentement, paresseusement, mais à mesure qu'il prend de la vitesse, il se redresse et fend l'eau avant de s'envoler d'un coup. Je sentais que si je pouvais me concentrer et suivre ce genre de progression, plus rien ne pourrait m'arrêter. Il ne me restait plus qu'à bien garder la situation en main pour éviter l'exagération. Bref, un an plus tard, je me suis trouvé avec Jane dans un taxi qui nous conduisait au centre-ville et elle m'a dit : « Tu te souviens de cette histoire d'envol que tu m'as racontée. Eh bien maintenant, je sais ce que ça veut dire. Il m'est arrivé la même chose aujourd'hui ». Je me sens encore ému quand j'y repense et c'est probablement comme ça que le rideau est tombé entre nous. Ma propre fille m'en parlait; elle savait ce que c'était. Je ne pouvais pas lui laisser voir à quel point cela me touchait. »

L'interviewer, Alfred Aronowitz, lui avait alors demandé : « Mais pourquoi pas ? Ne voyez-vous pas qu'elle essaie de se rapprocher de vous ?

— Mais elle est près de moi !

— Oui, mais elle a besoin de le savoir. Elle est démonstrative de nature.

— Eh bien, moi, je ne le suis pas. »

L'indifférence persistante que Henry Fonda — que ce soit par impatience professionnelle ou manque de sensibilité apparente — manifestait à l'égard des efforts de Jane avait sur sa fille qui était alors à la recherche de son identité, l'effet d'une douche froide. La jeune fille ne perdait pas espoir de se gagner un jour l'estime et la considération de son père. Cependant elle puisait chez Strasberg une assurance croissante qui lui fournissait la volonté et le courage nécessaires pour suivre son propre chemin sans se préoccuper des réactions paternelles. Il serait exagéré de prétendre que pendant un certain temps, le Maître remplaça Henry Fonda auprès de son élève. Néanmoins son influence fut prépondérante cette année-là : Jane tenait à son approbation plus que tout au monde.

À l'époque, elle a confié à un journaliste : « Voyez-vous, Lee ne me demande rien de plus que ce que je ressens au plus profond de moi. Cet homme avec qui je n'ai aucun lien de parenté me dit : « Tu es sensible, tu es bonne, tu as de la valeur. » Personne ne m'a jamais parlé comme ça auparavant. Il est le seul à s'être intéressé à moi sans y être obligé. D'une manière ou d'une autre, Lee inspire aux gens un sentiment de dignité et sait leur donner confiance en eux-mêmes. »

Après son retour de Malibu, et avant le début de ses cours de théâtre, Jane avait quitté la maison familiale. Au début de l'été, Susan Stein, une de ses anciennes compagnes à Vassar, était venue à New York avec l'intention d'y louer un appartement. Susan était la fille de Jules Stein, le riche fondateur de la Music Corporation of America. Bien connue sous le sigle de MCA, cette agence d'impresarios — l'une des plus importantes de l'industrie du spectacle — faisait affaire dans l'Est comme dans l'Ouest des États-Unis et représentait les plus célèbres vedettes du cinéma, du théâtre et de la télévision, entre autres, Henry Fonda. Susan ayant proposé à Jane de cohabiter avec elle, celle-ci aborda le sujet avec son père et obtint sa permission d'emménager ailleurs. Les deux jeunes femmes s'adjoignant une troisième compagne, s'installèrent dans un petit duplex d'un édifice réaménagé de la East 76th Street, à deux coins de rues de la demeure des Fonda. Pour Jane, ce déménagement fut une étape importante dans son accession à l'indépendance.

Famous Artists, une grande agence du type de MCA, employait à l'époque un jeune impresario, Ray Powers, lequel s'occupait de la carrière d'un nouvel acteur, Jody McRae, le fils de Joel McRae. Powers a raconté que : « Un jour McRae m'a demandé de recevoir Jane, la camarade de chambre de sa petite amie, Jenny Lee. Au début, je ne me suis pas rendu compte que la Jane dont il me parlait, c'était Jane Fonda. J'ai accepté de la rencontrer et j'ai fixé un rendez-vous. À ce moment-là, elle venait de commencer ses cours de théâtre.

Lorsqu'elle est entrée dans mon bureau et que je l'ai eu reconnue, je lui ai tout de suite promis qu'elle serait célèbre et qu'elle deviendrait vedette de cinéma. Elle avait des doutes, mais je lui téléphonais régulièrement, je la revoyais souvent et je lui répétais : « Tu as du talent, tu vas y arriver. » Cet automne-là, elle a continué à suivre ses cours et, peu à peu, grâce aux enseignements de Strasberg et à mes encouragements constants, elle s'est mise à croire qu'elle pourrait peut-être faire sa marque. En conséquence de quoi, je suis devenu son premier impresario. Elle aurait très bien pu s'adresser à MCA — après tout, l'agence appartenait au père de Susan Stein et représentait son propre père. Mais je me suis aperçu très vite que Fonda ne prenait pas la carrière de Jane au sérieux; il croyait que ça n'était qu'une passade. Il ne l'aidait pas, ne l'encourageait d'aucune manière. Et elle était farouchement déterminée à se débrouiller toute seule; si elle réussissait ce serait sans son aide. »

Powers ajoutait que lorsque Jane se mit à songer sérieusement à une carrière en art dramatique, il dut lui fabriquer une nouvelle image. « Dans les milieux new-yorkais, elle était considérée comme une débutante chic. Il fallait qu'elle cesse de se faire photographier à des bals et autres événements mondains, sinon personne dans l'industrie du spectacle ne l'aurait prise au sérieux. Je l'ai persuadée d'abandonner son maquillage et ses vêtements élégants pour adopter la tenue des jeunes actrices sérieuses de l'époque, c'est-à-dire les collants noirs et tout, vous savez, le genre bohème. Elle a accepté de poser, l'air austère, le regard passionné, et les portraits ont été envoyés à tous les studios de cinéma. C'est comme ça que tout a commencé. »

À vingt et un ans, Jane était plus grande que la plupart des jeunes femmes de son âge. Lorsqu'elle ne laissait pas retomber son abondante chevelure dorée sur ses épaules, elle la relevait en chignon ou la coiffait en casque de Minerve, comme c'était la mode en 1958. En suivant un régime constant, elle avait atteint un poids d'environ 54 kg. Ses joues avaient perdu leur rondeur de l'adolescence et avec une coiffure haute, son visage prenait un aspect émacié propre aux ballerines. Son front large et bombé mettait en valeur ses yeux bien écartés. Le reste de son visage était allongé, les traits bien accusés — des pommettes saillantes à la forte mâchoire — et sa longueur, encore accentuée par une bouche triangulaire qui semblait toujours faire la moue. Lorsqu'elle souriait, d'un sourire qui surprenait sur des lèvres si sévères, ses dents légèrement convexes, grandes par rapport à sa bouche, surtout celles du haut, apparaissaient dans un éclat d'une blancheur lumineuse.

Son long cou gracieux émergeait d'un corps souple et bien proportionné. Sa poitrine était haute et ferme, ses épaules larges et sa taille fine, au-dessus de ses hanches arrondies. Ses jambes étaient bien galbées quoique un peu épaisses comme celles des danseuses, surtout aux mollets. Elle avait les pieds et les mains larges, mais ses grands doigts effilés démentaient l'aspect charnu de ses bras. Sa beauté, à la fois frêle et solide, et son air bien particulier la différenciaient considérablement des mannequins photographiés dans les magazines de mode à l'époque. Elle avait une allure de petite fille et une apparence simple et soignée qui n'était pas sans charme. En outre, son long visage grave prenait, au repos, un aspect de fragilité et de candeur désarmantes.

D'après Powers, lorsque Jane vit s'ouvrir devant elle la possibilité de devenir comédienne, l'idée « de se marier et d'avoir des enfants » qu'elle entretenait encore lors de leur première rencontre, perdit de son intérêt. La jeune femme avait eu plusieurs relations sans lendemain au cours des trois années précédentes et elle se disait « terrifiée d'être si vulnérable. Je ne pouvais jamais supporter longtemps une liaison. Je franchissais les premières étapes sans peine : je me montrais passionnée, enthousiaste et puis, j'étais déçue. Je me suis juré de ne pas me marier à moins qu'on ne me fournisse une bonne raison pour le faire. »

Henry Fonda avait remarqué la métamorphose chez sa fille, mais il considérait toujours ses études en art dramatique comme une passade tout au plus; il ne prévoyait pas que cet intérêt durerait plus longtemps que les emballements précédents. Le dynamisme de Jane et son impatience croissante à vouloir se signaler comme actrice — même si elle n'avait encore rien joué — l'étonnaient. Se méfiant de tout ce qui s'obtient facilement et tâchant de protéger sa fille dont il déplorait la naïveté, il la prévint qu'il lui faudrait des années pour apprendre son métier et la mit en garde contre les exigences particulières qui lui seraient imposées à cause de son nom. Sur ce dernier point, elle s'était déjà rendu compte qu'il avait raison. Quant aux années de travail qui l'attendaient, grâce aux encouragements prodigués par Strasberg et les autres, elle ne s'en inquiétait pas outre mesure.

Par ailleurs, il est probable que l'indifférence affichée par Henry Fonda lorsque Jane lui parlait de la sagesse et du génie de Strasberg, ait convaincu la jeune fille que son père, par certains côtés, était dépassé. Sur le plan intellectuel et émotif, le Maître se montrait plus généreux que lui : il était devenu une force stimulante dans sa vie et lui avait permis de découvrir toutes les possibilités qui s'offraient à elle, alors que son père restait buté et pessimiste quant à son avenir.

Comme le faisait remarquer Brooke Hayward à propos de la Jane Fonda du début de 1959 : « Grâce au théâtre, elle s'attirait une considération qui, jusque-là, lui avait fait défaut en tant qu'individu. Je n'ai jamais vu d'ambition comme la sienne et étalée au grand jour, par surcroît ! »

8

L'appareil du succès

L'avertissement de Henry Fonda concernant la tâche ardue qui attendait Jane se révéla inutile lorsqu'au début de 1959, le vieil ami de l'acteur, Joshua Logan apprit que la jeune femme fréquentait les classes de Lee Strasberg.

Logan, sans se poser en défenseur de la « Méthode », approuvait la théorie de Stanislavski, auprès de qui il avait passé un certain temps à Moscou. En outre, il connaissait les Strasberg, ayant dirigé leur fille Susan dans une version filmée de « Picnic » (« Pique-nique ») et Marilyn Monroe dans « Bus Stop » (« Arrêt d'autobus »); il avait d'ailleurs une grande affection pour cette dernière et croyait qu'elle avait grandement bénéficié des enseignements du Maître. Enfin, le cinéaste possédait son métier et savait reconnaître ce qui ne manquerait pas d'attirer le public. Lorsqu'il avait constaté à quel point Jane s'était épanouie, après son retour de Paris, il avait entrevu tout de suite la fascination que la fille de Henry Fonda exercerait sur les spectateurs. Il l'avait alors encouragée à se lancer dans le théâtre et lui avait promis un rôle le plus tôt possible;

mais Jane avait farouchement nié tout intérêt pour la carrière d'actrice, ce qui l'avait surpris. Il le fut davantage, un an plus tard, en découvrant dans un écho journalistique qu'elle étudiait l'interprétation avec Strasberg. L'idée de la faire jouer sur scène ou à l'écran lui trottait encore dans la tête.

Logan avait acquis les droits d'adaptation cinématographiques d'un roman populaire, « Parrish », une histoire d'amour conventionnelle et sentimentale, et s'était entendu avec Warner Brothers pour le financement de ce film, dont il serait le producteur et le réalisateur. Il avait déjà engagé un acteur de théâtre new-yorkais peu connu, Warren Beatty, pour incarner le jeune homme. Il espérait faire de Beatty une vedette et dans la même ligne de pensée, cherchait une jeune comédienne inconnue pour lui donner la réplique. En apprenant que Jane se destinait au même métier que son père, il sut qu'il n'avait pas à s'évertuer plus longtemps. Comme il me le disait lui-même : « J'ai tout de suite vu le parti à tirer de la situation. Présenter ensemble le frère de Shirley McLaine et la fille de Hank Fonda dans leur premier film, c'était un coup de génie en termes de publicité. »

Logan communiqua avec Jane et lui proposa le rôle, à condition que son bout d'essai soit satisfaisant. À ce moment-là, la jeune femme était bien déterminée à devenir actrice et, en dépit des appréhensions de son père à la voir se jeter tête baissée dans ce premier rôle — appréhensions que son ami eut grand peine à calmer — elle accepta l'offre qui lui était faite.

Le bout d'essai que Jane tourna à New York avec Warren Beatty fut réussi. Le fille de Henry Fonda n'avait aucune expérience des caméras, mais elle suivit les conseils que lui prodiguait Logan, se détendit et s'efforça de ne pas « jouer ». À Warner Brothers, on se déclara satisfait et le réalisateur, encore plus enchanté que ses associés par les aptitudes de Jane, lui fit signer sur-le-champ un contrat personnel de sept ans, stipulant qu'elle participerait à un film par année. Ray Powers, qui était officiellement devenu son impresario à Famous Artists, m'a signalé que, selon cette entente, Jane devait recevoir 10 000 $ annuellement.

Jane marchait sur les traces de son père, mais elle avait une longueur d'avance sur lui. « Je pouvais difficilement maîtriser mon enthousiasme après avoir vu le bout d'essai », a déclaré Logan. « Brooke Hayward en avait fait un le même jour. Elle et Jane étaient rivales tout en demeurant bonnes amies et j'ai pensé que ce serait justice que de donner à chacune sa chance, d'autant plus que Brooke est ma filleule, tandis que Jane ne l'est qu'à la blague. Mais c'est Jane qui a remporté l'épreuve. J'ai toujours su qu'elle était prédestinée à une grande carrière. »

Pourtant, le rendez-vous de sa protégée avec la gloire fut retardé pour quelque temps, comme celui de Warren Beatty, d'ailleurs. Pour assurer le succès de son film, Logan avait décidé que des vedettes bien connues comme Vivien Leigh et Clark Gable devaient tenir les rôles principaux. L'entente n'ayant pu être conclue avec les acteurs et des problèmes de scénario étant survenus entretemps, il abandonna « Parrish » pour se consacrer à un autre projet.

Forte de la promesse du cinéaste de lui trouver rapidement un rôle et soutenue par son ambition croissante d'être admise après son cours à l'Atelier d'Art dramatique, dans le sanctuaire de l'Actors Studio, Jane travailla plus assidûment que jamais.

À la même époque, Powers l'avait adressée à Eileen Ford, la propriétaire d'une importante agence de mannequins à New York, qui l'avait engagée presque immédiatement. « Elle n'était pas comme les autres », se rappelait Miss Ford. « Elle doutait de sa beauté et s'inquiétait de l'effet qu'elle produisait sur les gens. Elle a été étonnée d'apprendre qu'on puisse vouloir utiliser ses services et la payer par surcroît. »

En peu de temps, ses activités de mannequin prirent le pas sur les offres théâtrales. Grâce à des techniques de marketing bien développées, Jane apparut dans différentes revues de mode; elle fit même la couverture de quelques-unes d'entre elles. « Je flânais près des kiosques à journaux, observant les gens qui achetaient ces magazines. Je me trouvais jolie, mais pas vraiment belle. » À New York, elle s'acquit un certain renom grâce à cette publicité. Elle n'était plus considérée simplement comme la fille de Henry Fonda.

En avril, Logan acheta les droits d'adaptation cinématographique d'une pièce intitulée « Tall Story », qui avait tenu l'affiche à Broadway durant tout l'hiver. Cette adaptation par Howard Lindsay et Russell Crouse — dramaturges bien connus pour leur travail d'équipe — avait été faite à partir d'un roman de Howard Nemerov, « The Homecoming Game ». L'histoire mettait en scène un collégien, vedette de l'équipe de ballon-panier de son institution, impliqué dans une tentative de corruption, et sa petite amie. Encore une fois, le réalisateur voulait faire appel à Warren Beatty, mais les directeurs de Warner Brothers s'opposèrent à ce que deux inconnus incarnent les personnages principaux. Forcé de choisir entre Jane Fonda et Warren Beatty, il donna la préférence à la jeune fille et demanda à Anthony Perkins d'être son partenaire.

Logan envoya Jane voir la pièce, la veille de la dernière représentation, sans lui souffler mot de ses projets. Elle y assista en compagnie de Perkins, jeune acteur dégingandé qui, quelques années auparavant, avait joué aux côtés de Henry Fonda dans un western, « The Tin Star » (« Du sang dans le désert »). « Je savais que Josh avait déjà proposé à Tony de participer à la version filmée de « Tall Story ». Mais je ne me rendais pas compte qu'il avait un rôle pour moi. J'avoue que j'ai détesté la pièce; j'ai trouvé l'héroïne plutôt insignifiante. Le lendemain, Josh m'a fait parvenir le scénario du film. Ouf ! Le personnage féminin avait été solidement étoffé. Je n'arrivais pas à croire qu'il ait pu prendre une telle importance dans le récit. Ça me plaisait vraiment. »

Ses préoccupations excessives sur l'ampleur de son rôle semblaient avoir relégué dans l'ombre son sens critique, mais Jane réagissait exactement comme n'importe lequel de ses camarades dans la même situation. En outre, une fois la proposition acceptée, elle devint exagérément inquiète. Rêver à la gloire, c'est une chose : les rêves n'impliquent aucune responsabilité et restent secrets; mais s'exposer au jugement du public, c'en est une autre et Jane se sentait angoissée. Elle perdait peu à peu le sommeil et se réveillait souvent en proie à des cauchemars qui l'avaient déjà tourmentée dans son enfance et dans lesquels elle se voyait persécutée et abandonnée. Elle souffrit également d'une grave éruption de furoncles, un problème chronique qui refaisait surface chaque fois que l'anxiété la tenaillait. « Je savais que certaines personnes des milieux du cinéma se montreraient bienveillantes à mon égard parce que j'étais une Fonda. Mais je voulais réussir par mes propres moyens. Il y a toute une différence entre l'enfant de la balle, qui grandit dans l'ombre de quelqu'un de célèbre, et celui qui se taille une place au soleil lui-même. Après avoir signé le contrat, j'ai commencé à douter de moi. »

Une expérience théâtrale, en juin de cette année-là, ne fit qu'accroître ses doutes. Le tournage de « Tall Story » (« La tête à l'envers ») à Hollywood ne devant débuter qu'en septembre, Ray Powers lui dénicha un rôle d'ingénue dans « The Moon is Blue », qui tiendrait l'affiche deux semaines dans un théâtre de banlieue, au New Jersey. Préparée en vitesse, insuffisamment répétée et dirigée sans conviction, cette production fournit à Jane Fonda sa première expérience professionnelle et, son père n'étant pas là pour attirer sur lui l'attention du public, elle se trouva livrée à ses seules ressources. Elle s'aperçut bientôt qu'elle en savait beaucoup moins qu'elle ne le pensait sur son métier. Ceux qui la connaissaient et qui vinrent la voir jouer, se montrèrent naturellement enthousiastes dans leurs éloges et leurs félicitations, mais la jeune femme sentait qu'elle n'avait pas donné le meilleur d'elle-même. Selon son impresario : « À bien y songer, on n'aurait jamais dû lui attribuer ce rôle-là. Elle n'avait aucune des qualités requises pour jouer les petites oies blanches, mais nous voulions la présenter au public avant « Tall Story ».

Jane tenta de mettre en pratique les techniques qu'elle avait apprises de Strasberg mais, pour une raison ou pour une autre, ce fut peine perdue. Elle ne parvenait pas à dominer sa nervosité, à se détendre dans la peau de son personnage. « Je m'agitais sur scène, sans pouvoir maîtriser mon jeu. Il me faut cette maîtrise. C'est le secret de la réussite. »

L'épreuve fut dégrisante mais néanmoins salutaire. En se préparant à « The Moon is Blue », Jane s'était appliquée au « problème d'interprétation » soulevé par le rôle. Mais elle s'empêtra dans des considérations théoriques sur son personnage, tentant d'éclaircir des questions comme la motivation et l'intention, et le laissa lui échapper. Cependant, plutôt que de se déclarer vaincue, après ce qu'elle admettait être un début raté, la jeune femme décida au contraire d'affiner sa compréhension du métier d'actrice. En outre, elle avait enfin pu reconnaître, comme jamais auparavant, le bien-fondé du perfectionnisme obsessionnel de son père pour tout ce qui touchait à sa profession. Sans adopter entièrement le point de vue de celui-ci concernant le travail minutieux à accomplir pour devenir acteur, elle saisissait ce qu'il voulait dire par « ruminer un rôle », plutôt que d'essayer de l'avaler d'un trait pour ensuite le rendre avec éclat en qualifiant le résultat d'interprétation. Dorénavant, elle n'aurait plus tendance à vouloir le convertir aux merveilles de la « Méthode ». « Tout le monde sait combien il est difficile d'être naturel sur scène », disait-elle à un reporter après ses débuts à Fort Lee, « mais maintenant que je m'en rends compte à mes dépens, je ne peux pas m'empêcher d'éprouver une profonde admiration pour mon père. »

Elle n'avait pas perdu foi dans les théories de Strasberg, bien au contraire, elle comprenait plus clairement de quoi il s'agissait et comment elle pouvait s'en servir pour se libérer des émotions encore emprisonnées en elle. En outre, Strasberg ayant déclaré un jour à ses étudiants qu'instinctivement, son père, sur une scène, respectait davantage les règles de la Méthode, que la plupart des acteurs qui l'apprenaient, la jeune femme sentit s'accroître encore sa ferveur.

D'après Powers, Logan organisa une campagne de publicité monstre pour Jane, à l'occasion de « Tall Story ». Elle devait se rendre à Hollywood en juillet pour les essayages de costumes et le battage publicitaire qui précéderaient le tournage. Peu avant son départ, elle rencontra Logan et Perkins, à l'appartement du réalisateur à New York, pour discuter du scénario. L'acteur se rappelait « qu'il y avait un photographe avec nous. Il voulait nous faire poser en train de nous embrasser sur le divan — un avant-goût d'une scène du film. Jane a pâli; elle découvrait une de ces absurdités propres au métier. C'est comme si elle s'était dit : « Seigneur, c'est ça être actrice ? » Je suis sûr qu'elle pensait : « Bon, très bien, mais finissons-en au plus tôt ! »

En faisant de Jane Fonda sa nouvelle vedette, Logan devait s'assurer qu'elle était en mesure de remplir les fonctions publicitaires dont dépendait sa réussite. Il se chargea donc de lui exposer les grandes lignes de ses projets, de la renseigner sur la manière dont elle devait se conduire et sur ce qu'elle devait déclarer au cours des nombreuses entrevues qu'elle accorderait bientôt à Hollywood. Puisque dans « Tall Story », Jane allait prêter ses traits à une jeune fille typiquement américaine, pure mais non dénuée de sensualité, il lui indiqua comment soutenir une telle image devant les journalistes et les photographes. Elle n'aurait d'ailleurs aucun problème, lui affirma-t-il avec conviction, puisqu'il s'agissait de ses qualités dominantes.

L'attitude confiante de son ami concernant l'avenir de Jane rassura Henry Fonda et atténua son scepticisme. Il éprouvait du respect pour le jugement du cinéaste, lequel ne doutait pas que la jeune fille ne fasse des débuts remarqués au cinéma et ne devienne rapidement une vedette. L'acteur commença même à s'intéresser au travail de sa fille et, peu avant son départ pour Hollywood, Jane fut surprise de voir son père se montrer plus loquace que jamais sur sa profession et sur l'industrie du cinéma en général. Il lui recommanda de ne pas prêter l'oreille aux insinuations de népotisme qui foisonneraient inévitablement dans la presse, dès le début de la campagne publicitaire, lorsque ses rapports avec Logan seraient mieux connus. Il lui conseilla également de se fier au réalisateur et de suivre ses directives lors du tournage. « Par contre, tu ne dois jamais te sentir bousculée. »

« Pendant un certain temps, je me suis demandé ce qu'il avait voulu dire. Puis, j'ai compris : quand on est devant la caméra, on se sent automatiquement obligé de faire quelque chose, parce que ça tourne. Il ne voulait pas justement que je sois intimidée par la caméra, que je me sente forcée d'agir d'une façon qui ne serait pas naturelle. C'est une erreur que commettent tous les acteurs de cinéma à leurs débuts. »

Réconfortée par les encouragements de Logan et de son père, quoique incertaine de son talent et inquiète des conséquences d'un échec public, Jane se prépara à se rendre à Hollywood. Plus le temps passait, plus son angoisse s'intensifiait, dépassant même ce qu'elle avait éprouvé le jour de son premier exercice devant Strasberg. La veille du départ « j'ai parcouru Manhattan dans tous les sens, complètement affolée, et je me suis retrouvée à la maison, en larmes. J'avais peur de me couvrir de ridicule. J'entendais déjà tout le monde se demander : « Pour qui tout ce tralala ? »

En 1937, le jour de la naissance de Jane, les journaux avaient traité de l'intervention militaire des Américains en Extrême-Orient. Les éditorialistes avaient examiné les implications d'une telle ingérence, considérant la promesse du gouvernement Roosevelt de ne pas mêler les États-Unis au conflit qui risquait d'éclater. Vingt-deux ans plus tard, le jour où Jane se rendit à Hollywood pour faire ses débuts au cinéma, le sujet refaisait surface dans la presse américaine. Deux « conseillers militaires » des États-Unis venaient d'être abattus lors d'une attaque de terroristes à la base de Bien-hoa, dans le sud du Viêt-nam. Il s'agissait des premiers Américains à mourir dans une guerre dont leurs concitoyens connaissaient à peine l'existence. La jeune femme, minée par l'anxiété, n'y prit même pas garde.

9

De l'étudiante à la star

En arrivant à Hollywood, il fut d'abord question pour Jane non pas de cinéma, mais de publicité. La jeune femme, avec l'aide des représentants de Warner Brothers, s'appliqua à la rédaction de sa biographie pour le studio. Destiné, comme c'est toujours le cas, à être diffusé dans les journaux, le document de deux pages commençait en ces termes : « Jane Fonda est la plus récente découverte de Hollywood : elle est belle, blonde et bourrée de talents. Joshua Logan croit si bien aux dons artistiques de Jane et à sa popularité auprès du public que... » Jane insista pour qu'il ne soit fait aucune allusion au suicide de sa mère et que sa parenté avec Henry Fonda ne soit pas exagérément soulignée. Mais la presse, comme on le vit par la suite, était moins intéressée par « la plus récente découverte de Hollywood » que par le fait qu'il s'agissait de la fille d'un grand acteur.

Peu après l'arrivée de la jeune femme, un grand cocktail fut organisé en son honneur par Warner Brothers, pour permettre à Joshua Logan de la présenter officiellement aux médias et à certains personnages influents de Hollywood. Le lendemain, certains reporters insinuèrent narquoisement dans leur compte rendu de l'événement que la campagne publicitaire s'amorçait mal et établirent d'inévitables comparaisons entre Jane et son père, lequel assistait d'ailleurs à la réception.

« C'est vrai que j'étais nerveuse. Jamais ça ne m'était arrivé auparavant. En général, je suis calme parce que je ne sais pas ce qui va se passer. Mais ce jour-là, j'avais été astreinte à des essayages. Quand je suis entrée dans la salle, je n'ai vu que des hommes, pas un visage féminin. Tous les regards étaient braqués sur moi et j'ai eu l'impression que tous ces gens-là m'observaient avec une indifférence cynique. C'était affreux; j'ai éclaté en sanglots. Heureusement, j'ai aperçu ma belle-mère (Afdera) presque aussitôt et j'ai couru vers elle. Elle m'a donné un calmant et ça m'a permis de me détendre. Ce cocktail me donnait des sueurs froides parce que je savais que sa réussite dépendait en grande partie de ce que j'avais à offrir. Pour une personne comme Marilyn Monroe, une réception de ce genre-là est un divertissement anodin. Une épaulette de sa robe peut se briser; elle peut rester là sans bouger, quelle différence ? Ils la connaissent tous. Mais qui se serait dérangé si une de mes épaulettes avait sauté ? Ma personnalité était mon seul atout et je sentais qu'ils se disaient en leur for intérieur : ' Pourquoi tout ce chichi à propos d'une fille bien ordinaire ? ' »

Cajolée et réconfortée par Logan et les gens de Warner, Jane continua bravement sa ronde publicitaire. Elle devait encore se soumettre aux interviews d'usage avec les principales échotières du milieu du cinéma, Louella Parsons et Hedda Hopper.

Louella Parsons, dont les propos étaient publiés par des centaines de journaux à travers le pays, était la doyenne des échotières de Hollywood. Elle jouissait d'une telle réputation que les agents de publicité des studios la traitaient comme une riche tante célibataire atteinte d'une maladie incurable. Elle ne se déplaçait pas pour obtenir une entrevue, on venait la lui offrir. Un représentant de Warner lui amena donc Jane après avoir expliqué très précisément à celle-ci comment elle devait se comporter avec « Lolly ». La jeune aspirante actrice trouva la manoeuvre légèrement déplaisante et malhonnête, mais elle s'y prêta néanmoins.

« Je n'oublierai jamais son allure lorsqu'elle est entrée chez moi après avoir passé la journée sur la plage à tenter de se faire bronzer », écrivait Louella Parsons quelques jours plus tard. « Elle portait une chemise blanche et une jupe jaune; ses cheveux étaient retenus par un turban ajusté qu'elle appelait son « babouchka ». Elle tenait un ballon bleu clair qu'elle avait trouvé, m'a-t-elle dit, dans la rue près de chez moi. L'effet des couleurs était charmant. » L'agent de publicité avait bien fait son travail.

« Jane est une ravissante réplique de Hank. Elle apprécie le fait d'être la fille de Henry Fonda et d'avoir obtenu sa première chance... grâce à son nom. Son profil rappelle étonnamment celui de son père; en outre, elle a les mêmes yeux brun pâle que lui et des cheveux châtains. »

Jane s'aperçut avec consternation qu'elle ne serait pas jugée d'après ses propres mérites; Louella Parsons, en dépit de sa réputation de fine observatrice, n'avait rien vu d'autre que la fille du célèbre acteur.

Elle eut droit aux sempiternelles questions sur sa vie amoureuse et ses opinions concernant le mariage. « Si jamais je me marie, je veux que ce soit permanent. Depuis ma plus tendre enfance, je sais ce que représente le divorce et je ne m'engagerai pas sans être certaine de mes sentiments. »

Dans le reste de l'article, elle était décrite comme une jeune Américaine typique qui « aimait la natation, le tennis et la peinture » et qui « tout en paraissant avoir environ quatorze ans n'en était pas moins une jeune femme réfléchie ». Pour faire taire la rumeur d'après laquelle elle ne s'entendait pas avec Afdera, sa belle-mère, Jane était citée disant : « Elle gagne à être mieux connue. »

Le reportage parut dans différents journaux à travers le pays, le 13 septembre 1959 et présenta Jane au grand public du cinéma, lequel se fiait aux jugements de Miss Parsons. « Ce cher Hank Fonda peut être fier de sa fille; elle est belle, charmante et talentueuse. Je l'ai invitée à revenir me voir bientôt. » L'approbation était officiellement obtenue.

Ensuite Jane rencontra Hedda Hopper, l'irréductible rivale de Louella Parsons et la seconde échotière la plus influente à Hollywood. Puis, ce fut le tour de toute la gent journalistique hollywoodienne. La jeune femme se lassa rapidement de répondre toujours aux mêmes questions; surtout qu'elle se sentait de plus en plus mécontente de l'image qu'elle projetait. Elle continua pourtant à jouer sagement son rôle de « nouvelle venue » reconnaissante et bien disposée à l'égard de tous. Elle s'efforçait de paraître à la fois naïve et sûre d'elle-même.

Le tournage de « Tall Story » débuta à la fin de l'été. « Ça me faisait un drôle d'effet. Je me sentais isolée, entourée de projecteurs et de visages antipathiques. Non pas que j'aie douté de Josh : je le connaissais depuis toujours ! Je me disais que s'il avait confiance en moi, ce n'était pas sans raison. Mais mon rôle ne m'intéressait pas tellement. J'entrais simplement dans le décor chaque fois qu'on m'appelait. »

Henry Fonda qui était venu un jour au plateau de tournage de « Tall Story », observa sa fille en train d'interpréter une scène d'amour avec Perkins. Il fut légèrement estomaqué de voir l'aisance avec laquelle elle feignait l'ardente passion requise par le scénario; néanmoins, il fut enchanté de constater avec quelle facilité elle s'était habituée aux caméras. Il ne lui en souffla pas mot, mais il confia ingénument à un reporter que « Jane a fait plus de progrès en un an que moi en trente. » L'éloge était de taille quoique passablement exagéré. Mais Jane obtenait enfin, publiquement, une réaction favorable de la part de son père.

Pourtant, elle n'en tira pas un grand réconfort et les encouragements amicaux de Logan ne lui suffisaient pas non plus. À mesure que le tournage, qui devait durer trente-cinq jours, avançait, elle se sentait de plus en plus désemparée. « J'étais dans un état de panique totale. J'avais toujours l'impression de glisser vers un précipice. La caméra me paraissait hostile si bien que je la détestais et que j'essayais toujours de me cacher d'elle. Et puis, je ne pouvais pas supporter l'air que j'avais sur l'écran quand j'assistais à la projection des rushes. »

Réaction normale chez une novice du cinéma. Rien d'étonnant non plus à ce qu'elle ait trouvé le tournage fastidieux. « Tout le monde m'avait parlé des temps morts, de ces moments où il n'y a rien à faire, mais c'est difficile à imaginer tant qu'on ne l'a pas expérimenté. Une fois, j'ai attendu une journée entière qu'on m'appelle pour une prise de vues. Un journaliste qui visitait le plateau a écrit que je m'ennuyais. C'était faux. » L'état de terreur constant dans lequel elle vivait était peu propice à l'ennui.

« Tony Perkins était merveilleux, un véritable professionnel ! En fait, j'ai appris bien des choses grâce à lui. Par exemple, les projecteurs : il faut toujours travailler avec ces énormes lumières dans la figure. Souvent, on ne peut pas s'empêcher de plisser les yeux. J'ai demandé à Tony quoi faire. Il m'a répondu : « Ça n'a pas d'importance : tu ne dois pas te préoccuper des projecteurs. » Très bien. Après, j'ai tout simplement oublié qu'ils étaient là. » Tant pis pour la Méthode.

En fait, à Hollywood, Jane abandonna l'idée d'appliquer les théories et techniques qu'elle avait apprises dans son cours avec Strasberg. Trop de choses l'accaparaient déjà. « C'était beaucoup plus compliqué que ce que j'avais imaginé. J'avais toujours cru qu'il fallait faire semblant d'ignorer la caméra. Mais je me suis vite aperçue que c'est tout le contraire. On joue pour la caméra. Il faut d'une certaine façon s'adresser à elle et tenir compte des projecteurs et de tout l'aspect technique. Et puis on découvre des choses fascinantes — par exemple, que le regard du spectateur a tendance à se fixer sur le côté droit de l'écran; il faut donc essayer de se tenir de ce côté-là du décor. C'est une façon subtile de retenir l'attention. Il y a aussi les scènes de face à face, que l'on reprend plusieurs fois et qui sont filmées en gros plans et sous différents angles. Il faut chaque fois exprimer la même intensité d'émotion, la même sincérité en dépit du fait qu'on joue sans partenaire. Pour un gros plan, quand je donnais la réplique à Tony — lui étant devant la caméra et moi, derrière — je récitais mes phrases en y mettant les sentiments appropriés. Mais, quand c'était mon tour, il ne faisait que lire son texte et je ne pouvais pas réagir comme il le fallait. Lorsque je m'en suis rendu compte, je lui ai proposé un marché : s'il me donnait la réplique correctement plutôt que de débiter son texte d'une voix neutre, je ferais de même pour lui. Sinon, je me contenterais de lui lancer mes phrases par la tête sans y mettre la moindre intonation. »

Logan, tout en approuvant l'emploi de la Méthode au théâtre ne l'appliquait pas à la réalisation de ses films et voulait encore moins que Jane s'en inspire. Il tenait à ce qu'elle soit telle qu'il la voyait — une réplique jolie, vive et sensible de son père. Il lui demandait de se détendre, de réciter son texte et de suivre les directives qui lui étaient fournies. Au montage, lui et ses assistants s'occuperaient du reste. Il savait que la jeune femme prenait son métier au sérieux, mais doutait d'elle-même. Pourtant, devant les caméras, l'angoisse profonde qui animait celle-ci parvint à éclipser d'une manière ou d'une autre son manque de confiance en elle-même et lui communiqua une grande vitalité. Logan s'en aperçut dès le début du tournage et mit à profit cette découverte; la jeune actrice projetait une image différente de ce qu'il avait d'abord prévu, mais tout compte fait, c'était mieux ainsi. En visionnant les « rushes », il constata qu'elle possédait, en dépit de son inexpérience évidente, tous les atouts requis pour devenir une vedette; le film lui assurerait de brillants débuts.

Néanmoins, malgré les affirmations de Logan, Jane n'en était pas convaincue. Et, à mesure que le filmage progressait, ses doutes se multipliaient. Non seulement elle était encore intimidée par les caméras et les projecteurs, mais elle avait l'impression que les techniciens — dont plusieurs étaient dans le métier depuis longtemps et avaient travaillé avec Henry Fonda — la traitaient comme une enfant et riaient d'elle dans son dos. Ce n'était peut-être qu'un sentiment paranoïaque dénué de fondement, dû à sa hantise d'être comparée à son père et à la terreur indicible qu'elle éprouvait à l'idée de se couvrir de ridicule. Quoi qu'il en soit, ce sentiment allait s'intensifiant.

Jane ne tarda pas à se rendre compte de la médiocrité du film. Une atmosphère de défaitisme régnait sur le plateau, bien avant la fin du tournage. Et son sens aigu de culpabilité la portait à s'en attribuer la responsabilité. Bien à tort, car c'est au réalisateur que revenait le blâme — en partie parce qu'il avait commis l'erreur de confier à Perkins le rôle principal. L'acteur qui, au grand écran, dégageait un charme mélancolique, ne paraissait pas assez athlétique pour jouer les champions d'équipe de basketball collégiale. À la sortie du long métrage, six mois plus tard, ses cabrioles maladroites dans les scènes de ballon-panier donnaient au récit un aspect dérisoire qui en éclipsait les bons côtés — lesquels n'étaient d'ailleurs pas nombreux, l'intrigue étant relativement ténue. De toute évidence, le choix de Perkins — au talent par ailleurs indéniable — était un impair que Logan n'aurait pas dû commettre.

Les techniciens l'avaient tout de suite constaté et avaient conclu que le cinéaste ne savait pas ce qu'il faisait ou qu'il se servait tout bonnement du film pour lancer sa « découverte », Jane Fonda. Trop contents de pouvoir travailler, ils ne tenaient pas à lui faire part de leurs impressions. Ils laissaient plutôt leur cynisme retomber sur les acteurs.

Plus tard, Logan a commenté son film en ces termes : « Ce n'est pas un des moments les plus brillants de ma carrière de réalisateur. Je n'aurais pas dû entreprendre « Tall Story ». Si je l'ai fait, c'était plutôt pour honorer mes engagements envers Warner Brothers que pour toute autre raison. Néanmoins, je m'en souviendrai toujours avec une certaine nostalgie, parce que c'était les débuts de Jane. Voyez-vous, mis à part Marilyn Monroe, je n'ai jamais dirigé une actrice aussi talentueuse que Jane Fonda. »

À la fin du tournage, la jeune femme se sentait moralement épuisée et profondément troublée. Ayant mal interprété les fréquentes plaisanteries que les techniciens s'échangeaient à mi-voix, elle était convaincue qu'ils se moquaient de son incompétence, alors qu'en fait, c'était de la production elle-même qu'ils se gaussaient. Elle se crut totalement dépourvue de talent et son ressentiment contre Hollywood et toute l'organisation du cinéma s'en accrut. Tel un animal blessé qui se réfugie dans sa tanière, Jane regagna New York et le sanctuaire de Lee Strasberg.

Peu après son retour, la revue « Look » publiait un article de deux pages sur elle et sur ses expériences à Hollywood. C'était la première fois qu'elle se voyait l'objet d'une telle publicité par tout le pays. À New York, au bout de quelques jours, les gens la reconnaissaient dans la rue et lui réclamaient même des autographes. Les efforts publicitaires de Logan et de Warner Brothers commençaient à porter leurs fruits. Quelques mois après, elle fit la couverture du « Life » et se vit consacrer des reportages dans la plupart des grands magazines. En apparence, elle restait insensible à sa popularité croissante : pas d'airs supérieurs, ni de caprices. La célébrité de son père l'ayant déjà familiarisée avec ce genre de vie, sa propre ascension la laissait imperturbable. Mais, au fond, tout ce déploiement l'angoissait. Elle imaginait à l'avance le ridicule qui rejaillirait sur elle lorsque « Tall Story » sortirait en salles.

Jane dissimula pourtant ses appréhensions et tâcha de reprendre sa vie de jeune actrice indépendante et de mannequin. Bien qu'elle n'eût aucun désir de se marier, elle avait découvert depuis son séjour à Paris qu'elle avait profondément besoin de la présence rassurante d'un homme dans sa vie. Pendant les dix-huit mois qui venaient de s'écouler, elle s'était attachée à deux jeunes acteurs. Son idylle avec James Franciscus qui s'était terminée sur une note d'ennui, avait été suivie par une liaison assez terne avec Sandy Whitelaw, personnage du grand monde qui s'était entiché de théâtre. Au début de l'automne 1959, Jane, qui fréquentait surtout des comédiens, se sentait perturbée par son incapacité à s'engager dans une relation durable et les en tenait responsables.

« Les acteurs sont terriblement ennuyants. C'est fondamental pour une jeune actrice d'être entourée d'hommes. Trop nombreuses sont celles qui oublient qu'elles sont d'abord des femmes et leurs camarades, pour la plupart, sont si imbus d'eux-mêmes qu'ils n'ont pas le temps de le leur rappeler. »

Un de ses anciens amis proposait une autre explication : « Jane doutait d'elle-même et se montrait si assoiffée d'amour qu'elle essayait de vous dévorer littéralement. Elle était charmante, adorable même et manifestait une grande ardeur quand elle était éprise mais elle exigeait beaucoup en retour. En fait, elle prenait beaucoup plus qu'elle ne pouvait donner. Évidemment, elle ne lésinait ni sur le temps, ni sur l'argent, mais c'est comme si elle s'en était servi pour suppléer à ses véritables émotions. Elle gardait quelque chose au plus profond d'elle-même qu'elle ne voulait pas céder et encore moins partager avec qui que ce soit. »

Un autre ami de longue date ajoutait : « Sans vouloir mêler Freud à tout ça, j'ai l'impression que Jane se cherchait un père — quelqu'un de fort, de rassurant, de dominateur qui aurait pu la guider. Je me souviens d'elle surtout comme d'une personne qui avait besoin qu'on lui dise quoi faire. Elle avait toutes les peines du monde à prendre des décisions, même les plus insignifiantes. Naturellement, elle se liait avec des gars aussi anxieux, aussi irrésolus qu'elle et comme il fallait s'y attendre, ils l'exaspéraient, si bien que, tôt ou tard, elle les abandonnait à leur triste sort. Elle avait terriblement besoin d'être prise en main par quelqu'un. »

Engagée avec détermination dans sa nouvelle carrière, Jane n'avait pas grand choix et malgré sa piètre estime pour les acteurs, elle continuait de s'attacher à eux. « Je passe le plus clair de mon temps à m'occuper des garçons de ma classe. Je suis probablement la mère la plus en demande à New York; ils ont presque tous des problèmes et ils veulent tous être écoutés. » En dépit de ses propos sarcastiques, Jane allait rencontrer un jeune comédien qui deviendrait le principal amour de sa vie.

10

Timmy Everett

Issu d'une famille d'ouvriers itinérants, Timmy Everett était né dans le Midwest américain et avait grandi en Caroline du Nord. Dès l'école secondaire, il s'était découvert une passion pour le théâtre et, à dix-huit ans, il avait gagné New York pour s'y faire connaître dans le monde du spectacle. Jeune homme sympathique et de grand talent — il manifestait des aptitudes pour le chant, la danse et l'art dramatique — il ne tarda pas à se trouver un impresario de premier ordre et fit partie de la distribution d'une pièce qui tiendrait longtemps l'affiche à Broadway, « The Dark at the Top of the Stairs » de William Inge. Après ce premier succès, il obtint le rôle principal dans « The Cold Wind and the Warm » et signa ensuite un contrat exclusif de cinéma avec Otto Preminger qui retint sa participation pour la version filmée de « Exodus ».

En trois ans, Everett s'était taillé à New York une place enviable et voyait s'ouvrir devant lui une carrière splendide. Sa stature moyenne, son allure frêle, ses cheveux blonds et sa voix douce trahissant un accent du Sud n'attiraient pas immédiatement l'attention dans une pièce bondée de gens. Mais il possédait une énergie et une vitalité qui semblaient jaillir de son corps et signalaient rapidement sa présence à ceux qui l'entouraient. Sa physionomie avait un aspect enfantin qui plaisait et sa vulnérabilité évidente pouvait toucher le coeur des femmes les plus blasées. Cependant, pour obtenir son rôle dans « The Dark at the Top of the Stairs », il s'était prêté aux avances du dramaturge, William Inge, et avait été pendant plusieurs mois un des amants réguliers de cet homme beaucoup plus âgé que lui. Par la suite, il avait été torturé par des doutes sur lui-même et sur son appartenance sexuelle. Au milieu de la faune brillante, grégaire et vaine des artistes new-yorkais, le jeune homme donnait l'impression d'être un pur-sang nerveux.

Comme nombre de jeunes acteurs établis à Manhattan, Everett dépensait presque tout ce qu'il gagnait à suivre des cours de toutes sortes. Il étudiait le chant, hantait les studios de danse et assistait aux classes de Strasberg.

« J'ai rencontré Jane à l'Atelier. Je la connaissais de vue seulement », me confiait-il lors d'une série d'entrevues réalisées au moment de la rédaction du présent livre. « À l'été 1959, comme j'étais de passage à Hollywood, je suis allé saluer Tony Perkins, que je connaissais bien et qui tournait alors « Tall Story » pour Warner Brothers. Tony m'a présenté à Jane qui m'a reconnu, ce dont j'ai été passablement étonné parce qu'en général, elle ne paraissait pas me remarquer en classe. Ensuite, à New York cet automne-là, je l'ai revue à un party de l'Action de grâces; elle était venue en compagnie d'un ami, un de ses soupirants. Depuis le début, je l'admirais de loin parce que je me disais, après tout, qu'elle n'était pas pour moi. J'avais envie de préparer une scène avec elle pour Lee, mais j'étais trop timide pour le lui demander. Ce soir-là, j'étais un peu « parti »; alors prenant mon courage à deux mains, je lui en ai parlé. Elle a répondu qu'elle serait enchantée de le faire. »

Jane et Everett choisirent de présenter un extrait de « Adventures in the Skin Trade » de Dylan Thomas. Le jeune homme habitait le logis étroit que ses parents avaient loué dans le West

Side de New York, près du chemin de fer. Comme il n'y avait pas de place pour répéter là-bas, ils allèrent chez Jane, sur la 76th Street.

« C'était un appartement superbe, le plus fantastique que j'aie vu à New York, avec deux étages, s'il vous plaît ! Pendant toute une semaine, nous avons repassé notre scène. J'arrivais, nous répétions, nous causions un peu, ensuite je partais. Bref, un soir, après avoir fini de travailler, Jane m'a offert de prendre un verre. J'ai accepté, alors elle m'a servi à boire et a mis de la musique. Nous avons bavardé un peu, les lumières étaient tamisées et brusquement nous nous sommes regardés d'une drôle de façon. Je me suis senti emporté par une vague de tendresse et de désir et elle a éprouvé la même sensation. Nous sommes montés à sa chambre en courant, en un tournemain nous nous sommes débarrassés de nos vêtements et jetés dans son lit. Pour trois jours ! »

Everett m'a affirmé que ces trois jours — détail qu'il exagérait probablement — lui avaient enlevé tout doute quant à son orientation sexuelle, du moins pour quelque temps. Ce fut le début d'une aventure exaltante mais orageuse qui dura presque deux ans et les marqua tous deux profondément. Ils vécurent ensemble par intermittence pendant les dix-huit mois qui suivirent jusqu'à ce que le plaisir tourne à la douleur et, pour Everett, au désespoir suicidaire. « Au départ, c'était tout simplement merveilleux; nous nous aimions passionnément. Elle m'a initié à des tas de choses et a changé mon style de vie. Le premier Noël, elle m'a comblé de cadeaux très chers. En fait, je n'étais pas habitué à une telle prodigalité. Je ne possédais presque rien, mes vêtements étaient élimés, je manquais de chic, je ne savais même pas comment me conduire en société. Je lui dois beaucoup, mais moi aussi, je lui ai appris des choses, sur le plan des émotions, par exemple — vous savez combien je suis sensible — je lui ai enseigné à faire l'amour et à exprimer sa passion. »

En décembre, un peu avant son vingt-deuxième anniversaire, Jane reçut une nouvelle proposition de Joshua Logan. Ce dernier allait mettre en scène à Broadway, un drame psychologique complexe racontant l'histoire d'une jeune fille de bonne famille, violée par un voyou et accusée ensuite de l'avoir provoqué. La pièce, écrite par Daniel Taradash, s'intitulait « There Was a Little Girl. » Logan voulait en confier le rôle principal à Jane; ce serait pour elle une occasion de se faire connaître à Broadway, avant la sortie de « Tall Story ».

Henry Fonda, de retour à New York, faisait lui-même partie de la distribution d'une nouvelle production théâtrale. Jane alla donc solliciter son avis concernant sa participation à « There Was a Little Girl ». « D'après mon père, ni la pièce, ni le rôle ne me convenaient. Il s'agissait d'un viol et je devais incarner le personnage de la jeune victime. Je crois qu'il voulait m'éviter ce qui, à son avis, tournerait au désastre. Mais je me suis dit : « Qui suis-je pour décliner une telle proposition, un rôle principal dans une pièce de Broadway ? » C'était une chance unique. Je savais que toutes mes camarades auraient donné dix ans de leur vie pour une offre comme celle-là et quand j'ai auditionné pour le rôle, Josh et les producteurs se sont déclarés satisfaits de moi. Trois jours avant que je n'accepte, mon père m'a appelée et m'a suppliée de refuser, mais je ne l'ai pas écouté. »

Selon Ray Powers, l'acteur était mécontent que Logan se soit adressé à sa fille pour interpréter la jeune fille violée. Et la question du cachet l'indisposa davantage. « Jane éprouvait des sentiments contradictoires au sujet de la pièce. Son père la talonnait avec cette histoire de viol; par surcroît, elle gagnerait à peu près cent cinquante dollars par semaine, ce qui est un salaire dérisoire pour un rôle principal à Broadway. Elle était convaincue que Logan tenait à elle uniquement parce qu'il pouvait se permettre de mal la payer. Un jour, elle était prête à accepter le rôle, le lendemain, elle changeait d'idée et ça a duré comme ça un certain temps. Logan s'est mis à auditionner d'autres actrices, mais il en revenait toujours à Jane. Finalement, elle a consenti à jouer dans la pièce, mais l'affaire du cachet n'était pas très claire et elle a été un peu déçue par l'attitude de Logan. »

Ce dernier compléta la distribution et les répétitions commencèrent en janvier 1960. Jane y prit plaisir : « J'aimais travailler en équipe et je comprenais enfin que lorsqu'on se met à la tâche de concert, avec amour, on produit une oeuvre d'art. Je savourais chaque moment; j'avais l'impression d'appartenir à une famille. Je faisais exactement ce que je voulais faire. J'aimais entrer dans la peau de mon personnage, devenir frêle, vulnérable et faible, moi qui m'étais toujours considérée comme une femme robuste et indépendante, capable de se suffire à elle-même : c'est comme ça que j'ai été élevée. Je commençais à découvrir ce que la vie avait à offrir et qui m'avait échappé jusque-là. J'aimais la routine du théâtre. On m'avait confié si peu de responsabilités auparavant que j'étais ravie qu'on compte sur moi — être à tel endroit, à telle heure, pour accomplir une tâche bien déterminée. Je me sentais plus à l'aise avec moi-même et acceptée par mes camarades. »

Logan amena la troupe à Boston pour mettre la pièce au point avant de la présenter à New York. Everett accompagna Jane et il se rappelait que, le soir de la première, les spectateurs s'étaient levés pour applaudir la jeune comédienne. « Je n'ai jamais vu quelqu'un d'aussi heureux. Elle jouait vraiment bien. Le texte avait ses défauts et le rôle de Jane aussi, en fait, mais elle y a mis le meilleur d'elle-même et ce qui est remarquable, c'est qu'elle le faisait d'instinct, ça lui venait naturellement dès que le rideau se levait.

« There Was a Little Girl » a marqué Jane bien davantage que sa participation à « Tall Story ». C'était son premier rôle important et toute la production reposait sur ses épaules. Ça n'a pas tenu l'affiche longtemps, mais elle a tout de même appris ce que ça représentait d'être une actrice et à quoi rimaient tous ses problèmes émotifs. Parce qu'elle s'est vraiment rendu compte qu'elle avait des problèmes émotifs. Jusque-là, l'actrice et la femme étaient deux personnes séparées. Mais, en participant à la pièce, elle s'est trouvée à les réunir, définitivement. C'est à ce moment-là qu'elle a commencé à changer. »

L'expérience fut un triomphe pour Jane. Elle obtint d'excellentes critiques à Boston et, dans un compte rendu, un journaliste omit même de mentionner le nom de son père. « Ils ont prétendu que j'étais fragile, moi qui suis forte comme un boeuf. Ils ont dit que j'étais frémissante, effarouchée, virginale et diaphane, moi ! Je me suis aperçue que j'avais créé un personnage qui émouvait le public. Après ça, je n'avais plus qu'un but, devenir une des plus grandes actrices de théâtre qui ait jamais existé. »

Mais ces louanges étaient éclipsées dans l'esprit de Jane par le fait que son interprétation l'ait obligée à ouvrir une brèche dans le mur qui la protégeait depuis des années de ses sentiments. « Puisque j'aspirais à la gloire, il fallait que je découvre comment libérer toutes les émotions qu'on m'avait enseigné à réprimer. C'était difficile. Je me montrais trop scrupuleuse, la première année de mes études en art dramatique. Quand j'auditionnais pour un rôle, je prenais la peine d'avertir le metteur en scène qu'une telle ferait beaucoup mieux l'affaire que moi. Ça n'a pas duré; j'ai vite compris qu'il y avait cinquante filles aussi bonnes sinon meilleures que moi prêtes à prendre ma place. Et puis, j'ai cessé de me demander si on s'adressait à moi parce que j'étais la fille de Henry Fonda. J'ai commencé à devenir plus sûre de moi, plus agressive. »

Sur scène, elle aimait être contrainte d'abandonner sa réserve naturelle, en dépit des problèmes que cela lui occasionnait. « Je me suis rendu compte qu'en moi, l'actrice et la femme étaient aux prises avec les mêmes difficultés. Jouer, quand on est sincère, ça devient pénible, douloureux même, mais il n'est pas possible de faire autrement. Il faut tout tirer de soi. Quand on est superficiel, quand on manque de profondeur émotive, on ne peut pas jouer de façon valable, surtout s'il s'agit d'un rôle extrêmement complexe au niveau des sentiments. On se contente d'apparences; il n'y a pas d'authenticité. L'acteur sérieux cherche à atteindre l'essentiel de son personnage et, pour ce faire, il faut qu'il plonge en lui-même. Je n'y étais pas habituée, mais avec « There Was a Little Girl », j'ai été surprise de découvrir les ressources dont je disposais et à quel point elles étaient bien dissimulées. »

Pendant les répétitions, Logan l'aiguillonnait sans cesse. Elle s'est rappelée d'une occasion où il lui avait dit : « Je ne crois pas que tu puisses y arriver, Jane. Tu te laisses distancer par ton père. Quand le rideau va se lever, c'est l'ombre de Henry Fonda que les spectateurs vont voir assis dans cette chaise. »

« J'enrageais. Je savais qu'il utilisait tous les subterfuges possibles pour m'obliger à donner toute ma mesure, mais certains étaient vraiment exécrables ! » Elle commençait à se sentir galvanisée par l'idée de rivaliser avec son père.

À New York, la première de « There Was a Little Girl » eut lieu le 29 février 1960 au Cort Theater. Pour ses débuts à Broadway, Jane n'aurait pu espérer un accueil plus chaleureux. Bien que les critiques newyorkais eussent qualifié la pièce de mélodrame banal et rempli de clichés, ils avaient été élogieux pour Jane. Brooks Atkinson, leur chef de file, écrivait le lendemain dans le « New York Times » : « Miss Fonda ressemble beaucoup à son père, mais elle possède un style bien à elle. Dans son interprétation vivante et complexe de l'héroïne de ce mélodrame insipide, elle démontre sa maturité professionnelle et laisse croire qu'elle a trouvé la carrière qui lui convient. » Son confrère, John McClain, parlait du « triomphe personnel » de Jane et la qualifiait de « resplendissante jeune femme possédant un style et une assurance remarquables. Jane Fonda est promise à un avenir brillant mais, malheureusement, pas dans cette pièce. »

Chez Sardi, à la réception qui, comme d'habitude, suivait la première, tous les invités se levèrent à l'entrée de Jane et l'acclamèrent. La pièce n'eut que seize représentations, mais la carrière théâtrale de Jane était définitivement lancée, et son ambition fortement stimulée.

Elle travailla comme une forcenée et, selon Everett, « Elle reprenait des scènes avec moi, avec d'autres, même toute seule. J'avais eu un certain succès à Broadway; c'était son tour et je m'en réjouissais. Nous étions vraiment heureux ensemble; nous partagions tout. Le plus difficile, c'était les visites chez son père. Moi, comédien obscur, je devais converser avec Henry Fonda ! J'avais seulement vingt-deux ans à l'époque; je me sentais timide et nerveux dans cette somptueuse maison. J'avais l'impression de détonner. Dieu sait que Jane se donnait du mal pour me mettre à l'aise, mais je n'arrivais pas à communiquer avec son père. Il se montrait laconique et détaché de tout. Il nous arrivait de rester à dîner avec lui et Afdera; il y avait d'autres invités parfois — tous tirés à quatre épingles — sans compter les serviteurs; le tout très discret, très sombre. Sous la table, Jane passait sa main sur ma cuisse et je faisais des efforts inouïs pour ne pas éclater de rire.

« À ce moment-là, je ne savais pas si son père me trouvait sympathique ou non et ça me rendait extrêmement nerveux. Il m'adressait rarement la parole, mais je me rappelle qu'un soir, j'ai cru qu'il allait m'étrangler. C'était à une réception, au moment de « There Was a Little Girl », Joshua Logan allait partir pour la Californie ou quelque chose comme ça. Jane a prononcé un petit discours touchant à son sujet et, tout à coup, elle a éclaté en sanglots, d'une manière saisissante, presque exagérée. Entendons-nous bien, son émotion était sincère. Bref, plus tard, son père s'est précipité sur moi, l'air plutôt malveillant; il m'a saisi à la gorge et m'a dit quelque chose dans le genre de : « Qu'est-ce que vous lui avez fait pour qu'elle se conduise comme ça ? » Voyez-vous, auparavant, Jane ne dévoilait jamais ses sentiments en public et ça l'a décontenancé. Je pense qu'il m'en tenait responsable parce qu'il voyait bien à quel point j'étais démonstratif; il a supposé qu'elle avait appris ça de moi. »

Henry Fonda se faisait du mauvais sang au sujet des relations que sa fille entretenait avec Everett. Au début, il s'était gardé de s'en mêler, mais lorsqu'il s'aperçut à quel point Jane se montrait possessive à l'égard du jeune acteur, il donna libre cours à son mécontentement. Sa désapprobation se manifestait à un moment inopportun et produisit un effet regrettable sur l'orgueil de la jeune femme et l'image qu'elle se faisait d'elle-même. À la fois forte de son potentiel d'actrice et dépendante d'Everett, elle s'était engagée dans un lent processus qui devait la mener à travers le dédale de ses émotions, à la découverte de son identité. Pour la première fois de sa vie, elle avait une folle envie de défier son père; elle était résolue à ne pas vivre éternellement sous sa tutelle. Mais il lui fallait de l'aide.

Ray Powers a prétendu que Everett s'était mis à jouer les impresarios, organisant la vie et la carrière de Jane, à laquelle il plaisait surtout par ses remarquables qualités d'acteur « sans inhibitions, audacieux et débordant de vitalité. Jane doutait encore de son talent et avait grand besoin d'être encouragée. » Everett s'en chargeait. Son expérience et l'ascendant qu'il exerçait sur la jeune femme, le portèrent à se considérer non seulement comme un acteur, mais comme un professeur et un répétiteur. Jane acceptait son autorité avec enthousiasme, de sorte que, pour un certain temps du moins, il fut son mentor en plus d'être son amant. Son influence croissante inquiétait non seulement Henry Fonda mais également Joshua Logan, Ray Powers et tous ceux qui s'intéressaient à la carrière de la jeune comédienne. Néanmoins, elle résista à tous leurs efforts pour rompre ses relations avec Everett.

Commentant l'emprise qu'on lui attribuait sur Jane, celui-ci a déclaré : « Il est vrai qu'elle commençait à suivre mes conseils, mais c'est probablement parce que j'étais le seul à la stimuler d'une manière positive. Son entourage lui déconseillait de faire ceci ou cela, tandis que moi, je l'encourageais d'une façon concrète, et c'est pour ça qu'elle s'est finalement accrochée à moi.

« Mais c'était plus complexe que cela, comme je l'ai découvert plus tard. Elle usait d'un stratagème qui pourrait expliquer tout son comportement, même aujourd'hui. Elle avait besoin d'être rassurée sur sa propre identité, de se faire indiquer par quelqu'un quoi faire et où aller, mais il fallait que ça lui vienne d'un homme. Comme ça, quand ça tournait bien, elle se félicitait d'avoir pris la bonne décision. Par contre, quand elle échouait, elle se justifiait en disant qu'elle s'était fiée à quelqu'un qui l'avait induite en erreur; ce n'était donc pas de sa faute. Elle a fait le coup à Logan pour la pièce et elle a agi de la même manière avec moi.

« Après « There Was a Little Girl », Jane et moi, nous avons commencé à consulter des psychiatres. Elle en avait parlé tout l'hiver et puis, nous éprouvions de la difficulté à vivre ensemble. Elle surtout. Disons qu'elle était de plus en plus déconcertée par elle-même, par ses propres émotions. Elle voulait pouvoir les ressentir davantage, et elle savait qu'elle ne pourrait pas y parvenir sans se débarrasser des inhibitions qu'elle traînait depuis son enfance. Entendons-nous bien, je ne dis pas qu'elle était insensible ou quoi que ce soit, mais qu'elle avait de la difficulté à libérer les sentiments qui étaient enfouis au plus profond d'elle-même.

« Par exemple, elle s'étonnait de ne pas éprouver grand-chose à l'égard de sa mère, et de ne pas s'interroger sur les raisons qui l'avaient poussée à se suicider. Elle m'a dit qu'en découvrant la vérité sur ce drame qu'on lui avait caché, elle avait d'abord éclaté de rire, puis elle avait essayé d'en chasser le souvenir. Elle se rendait compte que ce n'était pas une réaction normale, que c'était un symptôme de malhonnêteté émotive et elle a décidé d'apprendre à être sincère sur le plan des sentiments. C'est devenu primordial pour elle. Je crois qu'elle avait honte d'être incapable de tenir tête à son père lorsqu'elle n'était pas d'accord avec lui et d'être obligée de le narguer par personnes interposées, c'est-à-dire au moyen des hommes dont elle s'entourait. Elle sentait qu'elle ne pouvait pas lui avouer franchement ses sentiments. Lorsqu'elle tentait de lui expliquer ses états d'âme, il se dérobait et la laissait en plan.

« La question des sentiments revenait toujours sur le tapis entre nous. Elle pouvait constater, qu'à ma manière, j'étais très honnête sur le plan émotif. Je doutais peut-être de moi, mais je n'essayais pas de le cacher, comme elle. J'en faisais même étalage et au diable les conséquences ! C'est moi qui lui ai suggéré de consulter un psychiatre, mais bientôt, elle y tenait plus que moi. Nous y sommes allés tous les deux : elle se rendait chez son docteur et moi chez le mien et ensuite, nous discutions de nos séances respectives. »

La Méthode de Strasberg s'accordait bien à la théorie psychanalytique. Ses techniques d'analyse dramatique reposaient sur sa perception de ce que la personnalité et le caractère de ses étudiants recelaient. Il tâchait d'abattre en chacun d'eux la cloison qui séparait l'acteur de la personne et de les intégrer l'un à l'autre. Lorsqu'il jugeait le travail d'un interprète, son vocabulaire s'émaillait de termes empruntés à la psychiatrie, se rapportant à l'intention, à la motivation et à l'inconscient. Ses cours présentaient une grande ressemblance avec les thérapies de groupe et les séances de psychodrame en vogue à ce moment-là. Et souvent, ceux de ses élèves qui en avaient les moyens entreprenaient un traitement après s'être familiarisés avec la pseudopsychanalyse des cours.

Le terminologie de la Méthode était très particulière et très métaphorique, ce qui accentuait son côté mystique. Un acteur qui s'y intéressait en apprenait rapidement les bases. Or, les raisons que Jane invoquait pour se lancer dans une psychoanalyse reflétaient sa familiarité avec ce langage. « Le corps d'un comédien est un violon, au dedans comme au dehors; lorsqu'on en joue et que le son est faux, on se dit qu'il faut trouver pourquoi ça détonne et ce qu'il faut faire pour l'accorder. J'ai été élevée à réprimer tout sentiment : il ne fallait pas hausser le ton ou manifester ce qu'on ressentait. Même lorsque je n'étais pas d'accord avec quelqu'un, je ne ripostais pas; je n'aurais jamais osé le faire.

« C'est un sérieux handicap. Pour me servir d'un cliché, je dirais qu'une bonne comédienne quand elle monte sur scène doit pouvoir étaler son linge sale, son linge propre et tout ce que vous voudrez, en public. En d'autres termes, il faut pouvoir exprimer librement tout ce qu'on veut communiquer; il ne faut rien refouler. J'ai découvert que l'actrice en moi avait les mêmes problèmes que la femme. Je sais que plus je progresse en tant qu'être humain, que plus je m'épanouis, plus j'accrois mon talent. »

À une autre occasion, elle précisa qu'elle entreprenait une psychanalyse parce que « Je me suis dit que ce concept de « Connais-toi toi-même » est fondamental dans notre métier. Par exemple, mon père s'est marié quatre fois et je ne pense pas que cela ait eu le moindre effet négatif sur moi, mais une psychanalyse prouverait peut-être le contraire. Il vaudrait peut-être mieux le savoir, non ? »

« Tall Story » parut sur les écrans au printemps 1960, alors que Jane jouissait encore de la faveur des critiques pour son rôle dans « There Was a Little Girl ». Le film fut universellement vilipendé et si la jeune femme ne fut pas éreintée comme elle l'avait redouté, elle ne fut pas particulièrement bien traitée non plus. Le compte rendu le moins sévère fut celui de Howard Thompson dans le « New York Times » pour qui la production était « une tentative désespérée de paraître subtil et un ramassis de plaisanteries et de baratin concernant les moeurs sexuelles dans les collèges... M. Perkins, avec son allure dégingandée, gambade de façon assez convaincante mais devant Miss Fonda, il se fige et reste bouche bée. Qui l'en blâmerait ? La nouvelle venue déborde de charme et ses débuts au cinéma sont prometteurs. »

La plupart de ses confrères se contentèrent d'établir des comparaisons entre Jane et Henry Fonda. Le commentaire paru dans la revue « Time » fut encore le plus charitable : « Rien ne pourrait sauver ce long métrage... pas même cette Fonda, de la deuxième génération, qui possède le sourire de son père et des jambes de danseuse de music-hall. » La jeune femme s'affligea de la manière dont le film était accueilli, puis s'empressa de l'oublier. Elle croyait fermement avoir une vocation théâtrale. « Tout va pour le mieux quand je monte sur les planches. C'est alors seulement que je reprends vie. »

Everett et elle consacrèrent le reste du printemps à courir les studios de théâtre, les leçons de danse, les séances chez leurs psychiatres, et à voyager hors de New York. « Nous empruntions habituellement la vieille voiture de mon père », expliquait Everett, « et nous partions chaque fois que nous en avions l'occasion. Nous allions passer des fins de semaine à Long Island, du côté des Catskills, ou au Sud, à Atlantic City; nous nous sommes vraiment beaucoup amusés. J'habitais chez Jane la plupart du temps, mais parfois, lorsque Susan Stein avait de la compagnie, nous nous installions chez mes parents. Comme il n'y avait pas grand place là-bas, nous couchions sur le divan du salon. Le matin, quand mes parents traversaient la pièce, Jane bondissait hors du lit et allait les embrasser. Elle avait beaucoup d'affection pour eux et ils le lui rendaient bien. Il faut reconnaître une chose : elle a toujours eu de la considération pour — comment dire — les gens ordinaires, les gens qui doivent travailler et mènent une vie dure... Vous savez, pour les opprimés du système. C'est un trait que j'aimais chez elle. Elle ne se prenait pas pour le centre du monde et elle n'était pas affectée comme les jeunes acteurs le sont si souvent. »

À la fin de la saison théâtrale, Jane reçut le New York Drama Critics Award, décerné à la nouvelle actrice la plus prometteuse de l'année, pour son rôle dans « There Was a Little Girl ». « Ça lui a remonté le moral », selon Everett. « Mais, à ce moment-là, elle était accaparée par tant de choses qu'elle n'a pas eu le temps de savourer son succès. Cet été-là, elle devait se produire au théâtre de Westport. Moi, je devais jouer à St-Louis le personnage principal de « The Adventures of Tom Sawyer ». Nous avons été séparés pendant quelque temps, mais ensuite, elle est venue me rejoindre et nous avons passé de bons moments ensemble. Dès notre retour à New York, elle a dû entreprendre les répétitions d'une autre pièce. »

Il s'agissait de « Invitation to a March » d'Arthur Laurents, une comédie opposant traditionalisme et non-conformisme. « Aussitôt que j'ai eu auditionné pour le rôle, j'ai su qu'il me le fallait. L'histoire de Norma Brown, c'était la mienne : une jeune fille conformiste, une belle au bois dormant, que le baiser d'un jeune homme éveille à l'amour. »

Il fut question que Timmy Everett lui donne la réplique mais, à cause de son intimité avec Jane dans la vie privée, un autre acteur fut désigné. La distribution comprenait, en outre, Eileen Hackett, Celeste Holm et Madeleine Sherwood. La pièce fut présentée pour la première fois le 29 octobre 1960. Les critiques se montrèrent nettement plus élogieux que pour « There Was a Little Girl » et les représentations se poursuivirent pendant trois mois et demi. Les commentaires sur Jane furent encore plus flatteurs que ceux qui portaient sur la production même. Whitney Bolton l'appela « la plus jolie, la plus tendre et la plus délicieuse ingénue de Broadway », tandis que George Oppenheimer la comparait, dans le « Newsday », à une étoile dont l'« éclat fait pâlir la lune. C'est sûrement la plus jolie et la plus talentueuse de toutes nos nouvelles jeunes actrices. » Et Kenneth Tynan du « New Yorker » renchérissait : « Jane Fonda sait frémir comme un diapason et ses accents neurotiques sont aussi bouleversants que la destruction méthodique d'un clavecin de valeur inestimable. Qui plus est, elle possède des ressources physiques extraordinaires. »

« C'était bien Jane », me disait Timmy Everett. « C'était bien son genre de rejeter le blâme sur les autres. En fait, maintenant que j'y pense, son père agissait à peu près de la même manière. »

Se rappelant cet épisode de sa vie, Jane précisait : « Je me réjouissais de pouvoir travailler aux côtés de deux actrices remarquables. (Elle faisait allusion à Eileen Hackett et à Madeleine Sherwood). J'étais vraiment inexpérimentée et je ne savais pas comment toujours donner le meilleur de moi-même. J'ai appris qu'elles pouvaient jouer avec la même conviction, que le public réagisse ou non, qu'il s'esclaffe ou non au moment voulu, que la salle soit comble ou presque vide. Au début, je me demandais comment elles s'y prenaient et puis, je me suis aperçue que j'y parvenais moi aussi, de temps à autre. Quand j'entrais en scène les premières fois, j'avais envie de m'excuser auprès du public. Je suppose que je ne me sentais pas digne de me présenter devant lui. Si je pressentais un vague mécontentement chez n'importe quel spectateur, je m'effaçais peu à peu. Pendant longtemps, j'ai eu l'impression qu'il fallait que je sache qui assistait aux représentations. Il m'arrivait de monter au balcon pour observer les physionomies et deviner leur réaction à mon apparition. Si je voyais des airs renfrognés ou mesquins, je me sentais démoralisée. »

Selon Everett, l'époque de « Invitation to a March » correspondit à une transition importante dans ses relations avec la jeune femme. « Il se produisait des choses dans la vie de Jane auxquelles je pense qu'elle ne s'attendait même pas. Elle était plongée dans sa psychanalyse et elle commençait à ramener à la surface beaucoup d'émotions. Parfois, c'était même presque

trop, mais elle s'acharnait avec la détermination d'un toxicomane qui cherche de la drogue. Bien sûr, nous nous aimions
encore, nous vivions encore ensemble; en fait, j'ai connu, cette
année-là, le plus beau Noël de ma vie.

« Jane se tracassait beaucoup au sujet de mon apparence et
de mon accoutrement. Je pense que sa famille et ses amis m'en
voulaient surtout à cause de la manière dont je m'habillais;
alors, elle m'achetait souvent une chemise ou un chandail cher
pour que je paraisse plus élégant. Cette année-là, pour les
Fêtes, elle m'a offert un manteau en cachemire de 800 dollars.
Ouf ! Je n'avais jamais reçu un cadeau pareil de toute ma vie. Il
était magnifique; en fait, je l'ai encore. Et puis, nous avons pris
le repas de Noël chez son père et ça a été merveilleux. »

C'étaient de bons souvenirs pour Everett, mais il y en eut de
moins plaisants. Ainsi, la jeune femme et lui s'étaient mis à se
quereller. « Ça a commencé au début de 1961, vers la fin de
« Invitation to a March », je pense. Jane n'était plus satisfaite
de la pièce. Elle aimait jouer chaque soir, mais elle se sentait
mal à l'aise dans son rôle et déprimée, de façon générale.
D'autant plus que sa psychanalyse la démoralisait : elle voulait
se libérer de ses angoisses au plus tôt, mais c'est un processus
lent et elle en éprouvait de la frustration.

« Moi aussi, je me sentais plutôt frustré. Je devais interpréter
un des personnages principaux d'« Exodus », mais Preminger
m'a laissé tomber à la dernière minute et m'a préféré Sal
Mineo. Les circonstances aidant, nous avons commencé à
nous disputer. Avant longtemps, nous nous entendions
comme chien et chat. Elle exigeait beaucoup de moi sur le plan
émotif, pourtant j'avais déjà mes propres problèmes. Je ne
pouvais pas lui donner tout ce dont elle avait besoin, continuellement, au moment où elle le réclamait. Alors, elle se fâchait
contre moi et moi contre elle. Nous étions terriblement jeunes
et irréfléchis sur bien des points. Nous avons été malheureux ce
printemps-là. Je la voyais s'éloigner de moi et ça me désespé-
rait parce que je l'aimais passionnément. Il me semble encore
aujourd'hui que nous aurions pu surmonter cette crise, avec le
temps, mais je ne sais pas... Elle était harcelée de tous côtés

— de l'intérieur comme de l'extérieur — et moi aussi. Mais nous nous aimions vraiment, même dans les moments les plus durs. Si nous avions pu éprouver pour nous-mêmes ce que nous éprouvions l'un pour l'autre, je pense que nous aurions pu nous en tirer. Mais Voutsinas est apparu dans le tableau et après ça... »

11

L'épisode Voutsinas

Andreas Voutsinas, metteur en scène ambitieux, considérablement plus âgé que Jane, était né en Grèce, avait passé sa jeunesse en Ethiopie puis fait des études à Londres avant d'échouer dans un logement minable de la West 46th Street à Manhattan. Au milieu des années cinquante, il avait réussi à s'insinuer dans les bonnes grâces de la communauté théâtrale de New York. Il pratiquait son métier de façon irrégulière, mais assistait avec assiduité aux cours de Lee Strasberg. Personnage énigmatique, il s'était acquis une certaine notoriété comme compagnon occasionnel et répétiteur privé de quelques actrices bien connues dont Anne Bancroft. Il se montrait à l'aise en société, s'exprimait en plusieurs langues et affichait une allure d'Européen blasé. S'habillant dans le style Strasberg — chemises sombres, cravates et vestons — il mettait en valeur sa tenue de prolétarien en y ajoutant béret et porte-cigarettes. Il se passionnait pour la mise en scène, mais décrochait parfois des rôles : il s'agissait invariablement de personnages à tendance homosexuelle ou de sinistres bandits.

« Voutsinas, rappelait un membre de l'Actors Studio, se considérait comme une réplique européenne du Maître, dont il s'estimait le disciple privilégié, même si Lee n'était pas de cet avis, et il cherchait à s'attribuer la même influence. À peu près personne ne le prenait au sérieux. Il y avait quelque chose de fondamentalement ridicule dans son comportement. Son jeu était tellement transparent qu'on ne pouvait pas lui en vouloir. Il exerçait clairement une certaine séduction sur les gens : il n'y a qu'à voir en compagnie de qui il se tenait. Il avait un ascendant indéniable, songez qu'Annie Bancroft elle-même ne jurait que par lui, pendant un temps. »

En 1960, alors que sa liaison tumultueuse avec Everett était à son zénith, Jane se vit offrir le rôle féminin principal de « No Concern of Mine », un projet collectif de l'Actors Studio qui devait être présenté durant l'été au théâtre de Westport, la mise en scène étant assurée par Voutsinas.

« J'étais tellement amoureux, m'a raconté Everett, que je n'ai rien remarqué, au début. Je m'étais rendu à Westport pour passer quelque temps en compagnie de Jane. Nous flânions souvent nus dans l'appartement. Voutsinas arrivait et se déshabillait lui aussi. J'étais plutôt bien, à l'époque — Jane répétait constamment combien elle aimait mon corps. Voutsinas, par contre, avait l'air terrible et nous nous moquions souvent de lui. Mais il tenait Jane; disons qu'il avait sur elle une influence hypnotique; elle était particulièrement impressionnée par la façon dont il lui parlait d'elle-même. Plus tard dans l'été, quand elle est venue me rejoindre à St-Louis, elle se montrait très enthousiaste à son sujet. Elle affirmait qu'il lui avait révélé une partie de sa sensibilité dont elle ignorait l'existence auparavant. »

Jane était résolue à tenter sa chance à l'Actors Studio. Elle y avait été invitée à quelques reprises à titre d'observatrice et avait acquis la conviction que ce qu'elle retirait des cours privés de Strasberg n'était rien en comparaison de ce qu'elle gagnerait à fréquenter le Studio. D'ailleurs, y être admis était, pour tout jeune acteur à New York, le symbole même de la réussite, la preuve indubitable d'appartenir à l'élite théâtrale.

Jane en fit donc sa principale ambition. Cependant, la perspective de l'audition la terrifiait.

Voutsinas la persuada de présenter devant le conseil d'administration du Studio, composé de Cheryl Crawford, d'Elia Kazan et de Lee Strasberg, une scène de « No Concern of Mine », dont il réglerait la mise en scène. Malgré sa nervosité et certains défauts d'interprétation, la jeune femme fut acceptée. Elia Kazan a déclaré à l'époque : « J'ai toujours pensé que Miss Fonda avait une personnalité théâtrale intéressante mais je ne m'étais pas encore rendu compte de son potentiel d'actrice. » Bel éloge, qui comptait davantage pour Jane que tout ce que les critiques avaient écrit sur elle jusque-là. Elle était reconnaissante à Voutsinas d'avoir orchestré ce qu'elle considérait comme son plus grand succès — son admission à l'Actors Studio.

Depuis quelque temps, Jane recevait chaque semaine un chèque, conformément aux clauses de son contrat avec Joshua Logan qui lui assurait un salaire de 10 000 $ par an. S'ajoutaient à cela son traitement de mannequin et l'argent que lui rapportaient des fonds en fidéicommis hérités de sa mère. En un an, elle était devenue financièrement indépendante et pour le démontrer, elle annonça son intention de repayer à son père, à même le pécule qu'elle avait amassé, l'argent qu'il avait déboursé pour son entretien après qu'elle eut quitté Vassar. Avec le reste de ses économies, elle s'offrit un condominium bien à elle, sur la West 55th Street, à proximité de la 5th Avenue et le décora d'antiquités et de tableaux de valeur. « J'ai vingt-deux ans et je suis une enfant gâtée. Je n'ai jamais eu à me préoccuper de la valeur de l'argent; il faut que j'apprenne à le faire. J'aime pouvoir payer moi-même ce dont j'ai envie. »

Peter Basch, renommé pour ses portraits d'actrices, connaissait assez bien Jane, ayant été chargé de la publicité photographique de « There Was a Little Girl ». Peu après qu'elle eut emménagé dans son nouvel appartement, Basch lui proposa de se prêter à un reportage illustré qui lui avait été commandé par le magazine « Cavalier ». Il s'agissait de la représenter dans différents grands rôles du cinéma, telle que des cinéastes célèbres pourraient se l'imaginer. Cela ferait une excellente publicité à Jane; elle y consentit donc aussitôt. Un des personnages choisis était tiré des « Liaisons dangereuses » réalisé par Roger Vadim, film qui avait provoqué de sérieuses controverses à l'époque à cause de scènes de nudité. Pour l'extrait en question, Jane devait poser à demi nue. Basch se rappelait qu'elle s'était montrée enchantée du résultat des séances et qu'elle avait accordé sa permission pour la parution des photos dans « Cavalier ».

« Mais, ajoutait-il, son père en apprenant la nouvelle est sorti de ses gonds. Les gens de « Cavalier » m'ont téléphoné pour me dire qu'un des agents de publicité de Henry Fonda tâchait de les convaincre de ne pas insérer les photos dans le numéro en préparation. J'en ai parlé à Jane qui s'est emportée contre son père. Elle m'a prié de ne rien changer à notre arrangement; alors, j'ai donné feu vert à la revue et les photos ont été publiées. Mais je sais que Jane a eu maille à partir avec son père à ce sujet-là. »

En s'intéressant davantage à sa situation financière, Jane découvrit les restrictions que lui imposait son entente avec Logan. Comme tout contrat personnel de service, il contenait une clause permettant au cinéaste de la « prêter » à d'autres producteurs au salaire de leur choix. Mais Jane Fonda était devenue plus qu'un nom et sa valeur en tant qu'actrice grimpait. Pourtant, elle était payée 10 000 $ par an et elle continuerait à recevoir son modeste traitement hebdomadaire tel que prévu, même si, dans un projet éventuel, ses services étaient évalués à 100 000 $, auquel cas, Logan empocherait seul la différence.

En outre, ce dernier pouvait se permettre de la « prêter » à qui il voulait. Certes, elle lui était reconnaissante de l'avoir lancée au cinéma mais, au début de 1961, après « Tall Story » et « There Was a Little Girl », la confiance qu'elle éprouvait pour son jugement avait été sérieusement ébranlée. Logan jouissait d'un certain prestige dans son domaine, mais nombreux étaient ceux qui, à l'Actors Studio, lui reprochaient de ne pas saisir l'essence de ce qui constituait le cinéma et le théâtre des années soixante.

Et Andreas Voutsinas comptait parmi ses contempteurs les plus sévères. Jane n'ignorait pas son opinion et comme elle était résolue à poursuivre son apprentissage à l'Actors Studio, elle se sentait de plus en plus embarrassée par son association avec le producteur. En mars, son mécontentement s'accentua lorsque celui-ci la recommanda à un de ses influents confrères, Charles Feldman, pour jouer dans la version cinématographique d'un roman populaire, « A Walk on the Wild Side » de Nelson Algren.

Jane était indécise : elle n'avait pas oublié « Tall Story » et n'éprouvait aucune envie de participer à un nouveau film. En outre, Voutsinas l'exhortait à refuser, affirmant qu'elle laissait Logan s'arroger des droits sur elle. Cependant, la jeune femme n'avait pas d'autre choix que d'accepter, à moins d'intenter une action contre lui.

D'après Everett, au début du tournage de « A Walk on the Wild Side » (« La rue chaude »), « Jane et moi, nous nous enlisions dans les difficultés. Voutsinas avait pris de plus en plus d'ascendant sur elle, presque malgré elle. Elle me répétait sans cesse : « Ne le laisse pas prendre trop d'influence sur moi; je ne veux pas de lui dans ma vie. » L'instant d'après, elle faisait volte-face, le louangeait et prétendait avoir besoin de lui parce qu'il lui apprenait à s'exprimer et à utiliser les multiples facettes de son caractère.

« Je pense que Jane était fascinée par Andreas surtout parce qu'il lui révilait les côtés troubles de sa personnalité. Il lui dévoilait un visage d'elle-même totalement nouveau. Elle en avait par-dessus la tête d'être considérée comme une petite fille modèle — ça l'exaspérait que les gens aient toujours la même image d'elle. Elle était convaincue qu'Andreas l'aidait à libérer toute la rage contenue en elle, à être méchante et laide sans en éprouver la moindre culpabilité : et elle aimait ça. Quand elle a eu accepté cet aspect-là de sa personnalité — sans avoir à le cacher comme si c'était une anomalie — elle s'est sentie plus forte, plus sûre d'elle-même qu'elle ne l'avait jamais été.

« Jane était vaguement paranoïaque. Elle se préoccupait toujours de ce que les autres pensaient ou disaient d'elle dans son dos. En général, les paranoïaques redoutent que leur vraie nature soit révélée au grand jour et ils se donnent beaucoup de mal pour la reléguer dans l'ombre. Mais Jane savait qu'en tant qu'actrice elle ne pouvait pas continuer à se dérober à la vue des autres. Ça a été la pierre d'achoppement de notre liaison. Après avoir consulté un psychiatre et avoir commencé à découvrir des choses sur elle-même, elle ne voulait plus s'arrêter. Il lui fallait tout déterrer d'un coup, le bon comme le mauvais, et Voutsinas la stimulait en lui faisant jouer ce qu'instinctivement, elle essayait de cacher jusque-là.

« C'est à ce moment-là que Jane a vraiment commencé à changer. Elle aimait pouvoir être elle-même sans s'inquiéter de l'impression qu'elle produisait sur les gens. De sorte qu'elle en a acquis une certaine solidité morale et une assurance dont elle était dépourvue auparavant. Nous avons commencé à nous disputer férocement. Évidemment, j'avais autant de torts qu'elle; je ne me rendais pas compte de ce qui se passait. Elle comparait notre liaison aux montagnes russes — vous savez, avec des hauts exaltants et des bas démoralisants. Elle avait raison, mais, pendant qu'elle gagnait de la confiance en elle-même, moi je perdais toute celle que j'avais — Dieu sait que je n'étais pas très riche sur ce plan-là. Après que Voutsinas eut affermi son emprise sur elle, je suis devenu paranoïaque à mon tour; je m'inquiétais de ce qu'ils disaient de moi en mon absence. Je craignais l'influence de Voutsinas et j'étais désespéré à l'idée de perdre Jane, alors je me suis mis à faire des tas de bêtises. »

Jane s'arrangea pour que Voutsinas lui serve de répétiteur personnel pendant le tournage de « A Walk on the Wild Side ». Il l'accompagnait sans cesse — comme un mauvais génie, prétendaient certains — et prit, plus ou moins, la direction de sa carrière pendant les deux années qui suivirent. Il influença son évolution sur le plan théâtral et social, au grand dam de la famille, des amis et des compagnons de travail de la jeune femme. Il contribua également à former l'image d'une nouvelle Jane Fonda, plus sincère qu'auparavant, qui verrait le jour lors de sa deuxième aventure cinématographique à Hollywood.

En avril 1961, Jane et Voutsinas se rendirent en Californie pour le filmage de « A Walk on the Wild Side ». On avait fait une adaptation libre du roman de Nelson Algren, qui s'appesantissait sur les aspects sensationnalistes du livre. Le film se révéla être un mélodrame clinquant mettant en scène des personnages invraisemblables, incarnés pour la plupart par des acteurs qui ne convenaient pas à l'emploi. Et Jane, sous les traits d'une prostituée irascible, n'était pas mieux partagée. Pourtant ce rôle lui apparut comme une occasion de se débarrasser de sa réputation de charmante jeune fille typiquement américaine et de démontrer qu'elle pouvait interpréter autre chose que des ingénues. Pour imposer cette nouvelle image que Voutsinas l'aidait diligemment à composer, elle clama ses opinions par la voix des journaux.

« Il y a deux ans, Jane Fonda était terrifiée à l'idée de paraître devant les caméras pour la première fois », écrivait Hedda Hopper durant le tournage de « A Walk on the Wild Side ». « Cette fois... il en va bien autrement... La jeune femme élancée, élégante dans un tailleur en suède vert olive, la chevelure tirée sévèrement vers l'arrière et relevée dans un chignon de façon à dégager son visage ne ressemble en rien à celle que j'ai jadis rencontrée avec ses cheveux tombant sur les épaules et son air candide... À vingt-trois ans, elle ne songe pas à se marier; en fait, elle m'a coupé le souffle avec ses idées bien arrêtées à ce sujet. « Je pense que le mariage va passer de mode, devenir désuet », a-t-elle dit. « Je ne crois pas qu'il soit normal pour deux personnes de se jurer fidélité pour le reste de leurs jours. Pourquoi les gens se sentiraient-ils coupables quand ils ne s'aiment plus ? »

L'entrevue fut publiée à travers le pays, le 9 juillet 1961 et portait le titre suivant : « Pour Jane Fonda, le mariage est passé de mode ». La surprise de Hedda Hopper devant ce qu'elle appelait les « opinions radicales » de Jane, était peut-être feinte, mais ce reportage apporta de l'eau au moulin de la publicité hollywoodienne. Dans les entrevues qui suivirent, on attribua à la jeune actrice diverses déclarations du genre de celles-ci : « Quand on décide de se marier, il faut être sérieux. Il faut accepter de faire des compromis et des sacrifices; moi je n'y tiens pas. Je ne pourrais pas supporter une telle relation. Je pense que je n'en serai jamais capable, mais ça ne me tracasse pas tellement. » « J'aime mon indépendance; quand on essaie de la limiter, je me rebiffe et je m'enfuis. Certaines personnes ont besoin de se sentir indispensables. Pas moi. » « Hollywood est merveilleux. On y est payé pour faire l'amour. »

En 1961, qualifier de « radicales » les opinions de Jane, c'était sûrement exagéré, cependant, des milliers de lettres de protestation furent adressées à Hedda Hopper et aux autres échotiers, qui en rendirent compte scrupuleusement à leurs lecteurs. Il va sans dire que les directeurs de Columbia Pictures, qui produisaient « A Walk on the Wild Side » étaient enchantés, tout comme Jane et Voutsinas, d'ailleurs.

Ce parti pris de sincérité, Jane l'appliqua à son métier et s'en remit de plus en plus au jugement de Voutsinas. Peter Basch qui assistait au tournage en qualité de photographe, s'est rappelé que : « L'atmosphère était passablement tendue. Jane insistait pour interpréter son rôle d'après les indications de Voutsinas, ce qui lui a causé maints désagréments avec le réalisateur, Edward Dmytryk. Elle était toujours sur la défensive lorsqu'il était question d'Andreas, dont la présence constante agaçait tous ceux qui, de près ou de loin, collaboraient au film. J'aimais bien Andreas; je pense qu'il a probablement eu une influence bénéfique sur Jane, mais je crois qu'il se servait d'elle pour ses propres fins. Il se montrait très autoritaire et ne paraissait pas s'inquiéter le moins du monde du ressentiment que sa présence suscitait. Jane, par contre, en était affectée, même si elle essayait de le dissimuler. »

Un membre de l'équipe de « A Walk on the Wild Side » reconnaissait « qu'il avait été agréable de travailler avec Jane; elle était chaleureuse et prévenante, mais elle tenait à garder cette ordure de Voutsinas à ses côtés. Je ne sais pas quelles étaient leurs relations — j'ai peine à croire qu'ils avaient une liaison, même s'ils s'étreignaient et s'embrassaient souvent. Il était censé être son répétiteur, lui et elle passaient leur temps à chuchoter ensemble entre les prises, et tout. Ne me demandez pas pourquoi. Voutsinas était une sorte de petit prétentieux, plein de suffisance; il avait une allure franchement efféminée. »

Sidney Skolsky, échotier à Hollywood, disait : « Elle ne se gênait pas pour stigmatiser les crétins de l'industrie du cinéma. Elle a refusé de porter des sous-vêtements pour le tournage après qu'on le lui eut demandé; elle a enfreint toutes les règles du savoir-vivre dans la séquence où elle devait se chamailler avec Sherry O'Neil, au point de l'avoir fait saigner du nez de l'avoir blessée. Et un des employés à la production m'a fait remarquer que sa performance n'était pas à la gloire des Fonda. »

Jane reconnut qu'à l'époque, il y avait eu « beaucoup de remue-ménage parce qu'Andreas était toujours avec moi. Mais, à mon avis, on n'a jamais fini d'apprendre. Et puis, si vous êtes médiocre, les gens vous en veulent. Si, au contraire, vous prenez la peine d'essayer de leur plaire, mais de façon trop évidente, ils sont encore mécontents. Je n'ai aucune envie de me mettre les gens à dos, mais j'en ai fini avec le sentiment qu'il faut que tout le monde m'aime. »

Jane était satisfaite de son interprétation dans « A Walk on the Wild Side », mais les critiques ne partagèrent pas son avis lorsque, l'année suivante, le film sortit en salles. Les commentaires de Bosley Crowther du « New York Times » reflètent bien leur opinion : « L'héroïne, cette grande et mince actrice qui se fait appeler Capucine, est aussi cristalline et glacée que la fleur du même nom; Laurence Harvey se contente d'être unidimensionnel; tandis que Barbara Stanwyck semble tirée tout droit de la naphtaline. Quant à Jane Fonda, consciencieusement coquine et criarde, elle a hérité d'un bien pauvre rôle pour mettre en valeur un talent qu'on a porté aux nues. Enfin, on peut se demander si le réalisateur, Edward Dmytryck, a lu le scénario avant de commencer le tournage. S'il l'avait fait, il aurait hurlé ! »

Jane affirma néanmoins avoir pris plaisir à participer à cette production. « Le réalisateur et moi, nous avons mené une bataille discrète pour que l'adaptation de « A Walk on the Wild Side » corresponde bien au roman de Nelson Algren, que j'ai d'ailleurs lu et relu. Je crois que nous sommes parvenus à nos fins. » Suivant les conseils de Voutsinas, « j'ai ajouté une touche d'humour à mon personnage. Les gens se souviendront de Kitty Twist. » Mais les critiques s'accordèrent à dire, comme Crowther, que Kitty n'était certes pas inoubliable.

Jane continuait à transformer son image par le truchement des journaux. Elle répondait encore à ceux qui lui demandaient à quoi cela ressemblait d'être la fille de Henry Fonda, mais elle leur laissait entendre clairement que ces questions l'ennuyaient. Bientôt, elle se permit des sorties impertinentes contre son père dans la presse, peut-être parce qu'il avait publiquement laissé percer ses regrets quant à la nouvelle orientation qu'elle avait donnée à sa vie. « Je sais que cela peut paraître étrange qu'une fille éprouve un sentiment de rivalité à l'égard de son père, mais c'est ce qui arrive. J'ai toujours l'impression qu'il faut que je lui prouve que j'ai raison. Il semble que je ne puisse pas séparer ma condition d'actrice de celle de fille d'acteur. »

12

Fonda contre Fonda

Si Henry Fonda avait été agacé par la liaison de sa fille avec Everett, l'attachement de celle-ci pour Voutsinas exacerba sa colère. Plus tôt, avant que Jane ne quitte le jeune acteur, il avait lu dans un journal qu'elle se soumettait à une psychanalyse. « Tu en as autant besoin que d'une balle dans la tête », lui avait-il lancé. Mais elle avait passé outre à sa demande d'y mettre fin. Par la suite, elle se mit à mentionner publiquement ses séances chez le psychiatre et, au milieu de ses déclarations sur les vertus des méthodes psychanalytiques, elle laissait sous-entendre que son existence auprès de son père l'avait conduite à suivre ce traitement. On lui attribuait même des propos du genre de : « Papa aurait dû se faire psychanalyser il y a quarante ans. »

Pendant le filmage de « A Walk on the Wild Side », Jane se vit proposer un autre scénario. Il s'agissait d'une adaptation cinématographique du best-seller de Irving Wallace, « The Chapman Report », qui devait être tourné par un réalisateur chevronné, George Cukor, pour Warner Brothers. Aupara-

133

vant, elle s'était fait offrir le rôle principal d'une nouvelle pièce, « Sunday in New York » de Garson Kanin. Sautant sur l'occasion de jouer les épouses nymphomanes dans « The Chapman Report », (« Liaisons coupables »), elle refusa de créer une autre ingénue insipide et proprette à Broadway. Voutsinas l'avait persuadée que, pour accroître son potentiel d'actrice, elle devait préférer des personnages ayant une dimension sexuelle importante. C'était ainsi, à son avis, que les réputations s'établissaient.

« Mes amis m'ont déclaré que j'étais folle de refuser de jouer dans « Sunday in New York », mais je savais bien pourquoi on s'était adressé à moi et je n'avais aucune envie de reprendre un rôle semblable. Quand j'ai reçu le scénario de « The Chapman Report », tout le monde s'est demandé quelles raisons j'aurais d'accepter. Or, justement, je voulais incarner cette nymphomane qui, m'avait-on dit, était le personnage le plus intéressant du film. Alors je me suis habillée dans le plus pur style nympho et je suis allée voir le réalisateur, George Cukor. En m'apercevant, il a éclaté de rire : « Vous êtes censée interpréter la veuve frigide ! » J'ai été déçue, mais, après tout, c'était George Cukor et on peut attendre toute sa vie une occasion de travailler avec lui; je ne pouvais pas refuser. »

Elle loua un appartement d'un luxe tapageur près du Wilshire Boulevard, à Beverly Hills. Assurée de faire partie de la distribution du film, elle déclara à un journaliste : « Jamais je n'aurais cru que je changerais d'avis au sujet de Hollywood, mais je m'y plais et j'y passerai peut-être tout l'été. J'ai beaucoup de plaisir à travailler ici maintenant. C'est dû en partie au fait que j'ai changé et en partie au fait que la ville s'est transformée. Elle a quelque chose de différent. C'est peut-être parce que j'ai fait la connaissance de gens nouveaux, mais il semble y avoir plus de vie, plus de gens prêts à s'engager dans de nouveaux projets, à adopter de nouvelles idées. »

En public, elle se montrait encore incertaine de son talent d'actrice, même si sa confiance en elle-même grandissait : de son propre aveu, grâce à Voutsinas et à la psychanalyse qu'elle subissait, elle se sentait beaucoup plus brave qu'autrefois. « Je suis toujours prise de panique mais je n'hésite pas à me jeter tête baissée dans n'importe quoi, quitte à commettre des erreurs, et tout en sachant que mes actes seront critiqués. Je le fais parce que je me dis que, sans ça, je serai morte avant d'avoir eu la chance de faire les folies dont j'ai envie. Par exemple, je savais que je serais affreuse en Kitty Twist; j'ai craint que ma carrière ne soit fichue à cause de ce personnage, mais je l'ai interprété quand même. »

À Hollywood, on s'était demandé s'il était convenable de tourner « The Chapman Report », un roman à sensation racontant les travaux d'une équipe de chercheurs effectuant une étude sur les moeurs sexuelles des Américaines à Los Angeles. Le sujet était considéré comme passablement osé dans le Hollywood de 1961. Cependant, en dépit des controverses publiques qu'il avait engendrées, le film, à sa sortie, parut assez insipide, et les problèmes féminins soulevés — de la nymphomanie à la frigidité — furent présentés avec relativement peu de sensationnalisme. Les quatre actrices — Shelley Winters, Claire Bloom, Glynis Johns et Jane — jouèrent leur rôle consciencieusement.

Ce fut une expérience marquante dans la carrière de Jane à cause de George Cukor, qui avait dirigé quelques-unes des plus grandes actrices du cinéma des années trente et quarante. « Il n'y a pas de mots pour décrire ce qu'on ressent à travailler avec lui. Il a un pouvoir mystique qui lui permet de recréer son interprète. Il donne l'impression d'englober dans son aura, l'actrice et son personnage. Il va jusqu'au coeur des choses. Il filme tout quinze ou seize fois et on se sent en sécurité, parce qu'il a un goût infaillible et une subtilité à toute épreuve. Il s'impose d'aimer l'actrice qu'il dirige; il s'intéresse à son talent; il croit en elle. Il m'a invitée chez lui, un bon jour, et il m'a dit : « J'ai laissé passer certains détails, cette fois-ci, mais si dans trois ans vous refaisiez les mêmes erreurs, je vous giflerais. » Il inculque à ses interprètes le sens de la discipline. Je ne parle pas d'arriver à l'heure sur le plateau. Non, il leur enseigne comment jouer devant une caméra et comment comprendre à fond leur personnage. »

Cukor se montra aussi élogieux au sujet de Jane. « Je pense que son seul problème c'est qu'elle a tant de talent qu'il faut qu'elle apprenne à le maîtriser. C'est une Américaine bien spéciale. »

Pour participer à « The Chapman Report », Jane dut finalement s'entendre avec Joshua Logan au sujet de son contrat. Leur rencontre se termina sur une note discordante. Le cinéaste m'a raconté plus tard que tous les problèmes venaient du fait qu'il avait garanti à Jane un film par an, mais qu'il n'avait eu aucun projet à lui soumettre après « Tall Story ». « Je lui ai fait tourner un bout d'essai pour « Fanny »; c'était délicieux, mais le rôle ne lui convenait pas. » Il a ajouté également qu'il avait reçu une offre alléchante du producteur Ray Stark; il en avait parlé à la jeune femme et lui avait proposé de la laisser racheter son contrat pour un montant équivalent plutôt que de le vendre à Stark.

Jane, de son côté, avait prié Logan, au nom de son amitié pour la famille Fonda, de la dégager de ses obligations contractuelles envers lui. Il avait refusé, lui offrant plutôt de reprendre sa liberté en échange d'une somme inférieure à celle que Stark était prêt à débourser pour son contrat. « L'attitude de Josh m'a blessée », a avoué Jane à Hedda Hopper. « Il clamait bien haut qu'il était mon parrain. Balivernes ! Tout au plus un truc de publicité. Comme je le connaissais depuis mon enfance, ça paraissait une bonne formule. Mais c'est simplement un ami de la famille dont l'amitié ne va pas même jusqu'à me laisser racheter ma liberté à un prix raisonnable. Je me suis rendu compte qu'il n'y a pas d'amis en affaires. »

Selon Ray Powers, après négociations, Logan consentit finalement à ne réclamer que 100 000 $. « Je me considère chanceuse d'avoir pu le rembourser, à l'âge que j'ai. J'ai payé pour ma liberté, mais c'est la chose la plus précieuse que je possède. »

Joshua Logan a démenti la version de Jane concernant leur désaccord sur le contrat, mais il ne lui en a pas gardé rancune, blâmant plutôt Andreas Voutsinas qui, à son avis, a été la cause de tous leurs ennuis. « Ce n'est pas contre Jane que j'en avais, mais contre son soi-disant ami, Voutsinas. J'essayais de la protéger de lui. » Lorsque je lui ai demandé s'il avait agi ainsi à la requête de son ami, Henry Fonda, il m'a répondu : « Là-dessus, je n'ai rien à dire. C'est confidentiel. »

Jane semblait encore irritée contre le producteur lorsqu'elle revint à New York après sa participation à « The Chapman Report ». Henry Fonda qui était en Europe, à ce moment-là, pour le filmage de « The Longest Day » lui fit cependant savoir qu'il était extrêmement mécontent de certains propos qu'elle avait tenus sur le compte de Logan. Par ailleurs, sa liaison avec Voutsinas l'exaspérait. C'est Peter, lequel habitait alors dans la maison de son père à Manhattan, qui mit sa soeur au courant des sautes d'humeur paternelles. Jane déclarait plus tard à un reporter : « Ne mentionnez pas le nom d'Andreas devant mon père si vous ne voulez pas qu'il coupe court à la conversation. »

Voutsinas avait pris une place prépondérante dans l'existence de la jeune femme, même si Everett ne lui avait pas encore entièrement cédé le terrain. « À ce moment-là, m'a avoué l'acteur, j'étais une loque sur le plan émotif. Je continuais à m'accrocher à Jane bien qu'elle m'ait clairement laissé entendre qu'elle ne tenait pas à autre chose qu'à mon amitié. Je buvais immodérément : je cherchais probablement à me détruire. Un soir, aux environs de Noël, je suis allé à son appartement pour lui parler. Voutsinas y était installé; le fait de le voir là et de me rappeler les fêtes merveilleuses que nous avions vécues ensemble elle et moi... j'ai perdu la tête. Je devais être ivre. Je ne sais pas ce qui m'a pris, mais je me suis précipité dans la cuisine, j'ai saisi un couteau et j'ai commencé à m'entailler le poignet. Lorsqu'ils sont arrivés dans la pièce, il y avait du sang partout.

« Il y a sûrement de meilleures façons de se tuer, mais j'étais tellement abruti que j'avais à peine conscience de ce que je faisais. Jane a enveloppé ma main dans une serviette et m'a accompagné en taxi à l'hôpital Roosevelt. Le lendemain, quand je lui ai téléphoné pour m'excuser, elle m'a prévenu qu'elle ne voulait plus me voir.

« Pourtant, je l'ai rencontrée un peu plus tard cette semaine-là, à une réception chez les Strasberg, la veille du Jour de l'an. Nous avons parlé quelques instants; ensuite je n'ai plus jamais vraiment eu l'occasion de lui reparler. Et puis, la vie n'a pas été facile pour moi, pendant trois ou quatre ans. J'ai continué à boire et finalement, j'ai fait une dépression nerveuse. Je ne pouvais tout simplement pas oublier Jane. J'ai dû passer six mois dans un hôpital psychiatrique avant d'être remis sur pied. »

Au printemps 1962, Jane retourna à Hollywood, en compagnie de Voutsinas, pour jouer dans la version cinématographique de « Period of Adjustment » de Tennessee Williams. L'année précédente, elle avait auditionné pour le rôle au théâtre. « La première fois, ça ressemblait à du chinois pour moi; je n'y entendais rien. Je ne savais même pas que c'était une comédie. Je suis convaincue d'avoir été exécrable à l'audition. Ensuite, quand on m'a offert d'incarner le personnage au cinéma et que j'ai vu le scénario, j'ai été terrifiée. Mais après l'avoir lu, je me suis mise à l'aimer. L'an dernier, j'étais trop jeune pour comprendre de quoi il s'agissait, mais depuis ce moment-là, j'ai appris des tas de choses. »

Personne ne classerait « Period of Adjustment » parmi les oeuvres marquantes de Tennessee Williams. Mais on peut se demander si une telle pièce, écrite par un dramaturge moins illustre, aurait été rejetée si catégoriquement par la critique et le public, comme ce fut le cas à sa présentation à Broadway en 1961. Les spectateurs assistaient à un moment critique dans la vie de deux couples — des nouveaux mariés nerveux et des époux de longue date sur le point de se séparer. Adaptée à l'écran par la scénariste Isobel Lennart, la comédie conserve son aspect sensible et intelligent.

Jane se fit couper les cheveux et teindre en blonde pour interpréter la jeune mariée. « Je ne sais pas si je serai regardable : je pleure tout au long de l'histoire ! L'action se déroule dans les vingt-quatre heures qui suivent le mariage et tout va mal. C'est une pièce sur le manque de communication entre homme et femme, et cette vieille notion que l'homme doit afficher sa virilité et la femme se montrer faible et délicate. Les deux personnages sont si obsédés par des stéréotypes qu'ils n'arrivent pas à se rejoindre l'un l'autre. »

Des quatre productions cinématographiques auxquelles Jane avait participé jusque-là, elle affirma plus tard que « Period of Ajustment » (« L'école des jeunes mariés ») était sa préférée. Elle prit plaisir à jouer cette jeune femme du Sud que son mariage rend terriblement nerveuse, sous la férule de George Roy Hill — qui avait monté la pièce à Broadway — et au milieu d'une distribution presque entièrement composée de gens de l'Actors Studio. « C'était pour moi un défi de taille, surtout que dans les deux films précédents, j'avais essayé de bien saisir toute l'intensité de chacun de mes personnages, mais sans y parvenir complètement, en partie à cause des scénarios. Mais je sais que j'ai commis toutes sortes d'erreurs. Dans « Adjustment », j'ai eu l'impression d'avoir vraiment habité mon personnage... enfin, j'ai aimé ce que j'ai fait. Je suis devenue actrice parce que j'avais besoin de l'estime et des encouragements de beaucoup de gens. Je voulais faire carrière au théâtre; je ne pensais pas au cinéma. Mais, d'une façon ou d'une autre, on se laisse prendre au jeu. C'est dur pour l'ego; on est au septième ciel un jour et le lendemain, au fond d'un gouffre. Et puis, devant les caméras c'est difficile de réussir une bonne interprétation à cause de tous les à-côtés techniques. Au tournage de « Adjustment », j'ai enfin commencé à me sentir plus expérimentée et j'ai décidé que le cinéma était ma vocation. »

Pendant son séjour en Californie, Jane se vit offrir un rôle dans une comédie intitulée « The Fun Couple », qui raconte l'histoire de deux jeunes mariés terrifiés à l'idée qu'en vieillissant et en assumant leurs responsabilités, ils puissent ne plus avoir de plaisir à vivre ensemble. La jeune épousée ressemblait à s'y méprendre à l'Isobel Haverstick que Jane interprétait dans « Period of Adjustment ». Écrite dans un style nerveux, la pièce requérait jeunesse, fraîcheur, fantaisie, drôlerie et tendresse de ses interprètes. Selon un ami de la jeune actrice, « Voutsinas assurait à Jane que l'expérience qu'elle avait acquise dans « Adjustment » la désignait d'office pour ce rôle dans « The Fun Couple »; en outre, ce serait pour elle l'occasion rêvée de se produire dans une pièce à succès à Broadway et pour lui d'y faire ses débuts comme metteur en scène. »

Jane accepta de participer à « The Fun Couple », à condition que la mise en scène soit confiée à Voutsinas. Si tout allait comme prévu, ce serait un triomphe pour eux deux. Jane souhaitait ardemment voir le talent de Voutsinas enfin reconnu. Elle était lasse de l'entendre constamment être dénigré par son père et les gens du métier.

Les producteurs se rendirent à ses conditions et les contrats furent signés. Lorsqu'ils n'étaient pas sur le plateau de tournage de « Period of Adjustment » à Hollywood, Jane et Andreas passaient le plus clair de leur temps à travailler sur « The Fun Couple » qui devait prendre l'affiche à l'automne.

Jane s'occupait également de soigner son image : la fille de Henry Fonda était devenue une jeune femme exubérante, qui avait son franc-parler. Elle multipliait les commentaires outranciers à la presse. Personne n'avait oublié qu'un an plus tôt, elle avait relégué le mariage aux oubliettes et elle eut maintes occasions d'élaborer son point de vue, ce qu'elle fit sans hésiter. Elle se mit en outre à pontifier, portant des jugements de plus en plus acerbes sur son père et n'épargnant pas même son frère. Elle critiquait la situation matrimoniale de son père qui venait de rompre avec Afdera et le décrivait comme un être malheureux et insatisfait. Elle déployait la même ardeur à condamner les ambitions matérialistes de son frère qu'elle qualifiait de pauvre névrosé éternellement à la recherche de lui-même.

Peter fut consterné, croyant avoir enfin découvert sa véritable personnalité. Il était entré en possession de sa part de la fortune maternelle et avait épousé une jeune femme de famille riche qui l'avait suivi en Californie où il comptait entreprendre une carrière d'acteur. « J'étais conservateur et membre du parti républicain », disait-il en parlant de ses premières années à Los Angeles. « Je faisais très typique : les cheveux courts, le complet en toutes saisons, le manteau de fourrure pour ma femme, la maison à Beverly Hills avec court de tennis, garage et voitures de luxe. Je me trouvais très correct, très convenable, très Américain. Je me conformais à un modèle de conduite suggéré par mon entourage. Je faisais tout ce qu'on attendait de moi : j'appartenais aux clubs à la mode, je m'étais enrôlé dans le bon parti, je fréquentais des gens bien. J'étais un homme du monde, selon les règles. J'y croyais. Je jouais le jeu. »

Lorsque les remarques de Jane à son sujet furent publiées, des reporters vinrent s'enquérir de sa réaction. « Chacun agit comme il l'entend », répondit-il d'un air plein de sous-entendus, laissant clairement entrevoir à ses interlocuteurs qu'il désapprouvait la liaison de sa sœur avec Voutsinas. Les journalistes qui pressentaient un affrontement imminent tâchaient de n'en rien perdre. De sorte qu'avant même d'avoir obtenu son premier rôle, Peter s'était acquis une certaine célébrité bien à lui. Mais il était blessé par le mépris de son aînée.

1962 fut encore une année pénible pour Henry Fonda. Son mariage avec Afdera s'était soldé par un échec. Le rôle principal de « Who's Afraid of Virginia Woolf » (« Qui a peur de Virginia Woolf ») lui avait filé entre les doigts à cause d'un malentendu avec un impresario et il n'avait reçu aucune autre offre valable par la suite. Il avait été persuadé de participer à « Spencer's Mountain », (« La Montagne des neufs Spencer ») un film qu'il considérait comme médiocre. Par ailleurs, le ressentiment qu'il éprouvait envers Jane et Voutsinas s'exacerbait et certains de ses amis semblaient s'être assignés pour tâche de le tenir au courant des dernières déclarations publiques de sa fille, laquelle s'attaquait délibérément à lui.

Jane ne trouva rien de surprenant à la rupture du mariage entre Afdera et son père. Elle l'avait pressentie en constatant les longs silences de l'acteur, ses sautes d'humeur, ses regards fuyants. Mais elle était furieuse de le voir condamner sa vie personnelle alors que lui-même menait une existence passablement dissolue. Ayant renoncé publiquement à toute hypocrisie, elle se prétendait incapable de communiquer avec lui, sauf d'une manière superficielle et continuait d'instruire la presse de ses sentiments à son égard. Ce en quoi Peter ne tarda pas à l'imiter. Il déclara même un jour que « la seule différence c'est que lorsque mon père vivait à Malibu, il renvoyait ses poulettes à la maison le soir. Sa duplicité nous renversait. »

Au début, Henry Fonda maintint une apparence de calme devant ces sorties. Il répétait qu'il était fier de ses enfants et particulièrement de Jane. « Elle est devenue une plus grande vedette que je ne l'ai jamais été et l'avenir s'annonce brillant pour elle. Quant à Peter, il semble s'être rangé et il peut espérer réussir comme acteur. »

Mais après quelque temps cette façade se mit à s'effriter. « Je suis entre deux avions, n'importe où et, en moins de temps qu'il ne faut pour le dire, un reporter se précipite sur moi et me demande une entrevue. Il a en main une découpure de journal dans laquelle Jane Fonda est citée, affirmant que ses parents ont mené une vie de dissimulation ou que son père aurait dû se soumettre à un traitement psychanalytique, il y a trente-cinq ans. Elle a droit à ses opinions, mais je ne crois pas qu'elle ait raison d'en faire part aux journaux. Après tout, je suis son père et elle se conduit de manière irrespectueuse envers moi. Et puis certaines des choses qu'elle dit sont tout simplement fausses. »

Au milieu de 1962, la personnalité de Jane avait subi une transformation radicale. L'écolière timide, qu'elle était cinq ans plus tôt, avait cédé la place à une jeune femme démonstrative, catégorique dans ses propos, autonome et, en apparence du moins, délivrée de ses angoisses. Elle attribuait cette métamorphose d'abord à l'aide psychiatrique qu'elle avait reçue, ensuite, à la présence de Voutsinas dans sa vie. En outre, elle se montrait enchantée de l'attention qui lui était accordée. « Je ne suis pas comme mon père, moi. J'aime être célèbre. Je ne vais pas prétendre que ça m'embête d'être reconnue partout : bien au contraire, ça me plaît. J'aime signer des autographes. Mon père a toujours détesté ça, mais je ne sais pas pourquoi; ça n'est pas si difficile d'avoir la paix.

« Autrefois, je me croyais une introvertie, mais je m'aperçois maintenant que j'étais plutôt une extravertie timide. Lorsque je suis arrivée à Hollywood, pour la première fois, je doutais de mes aptitudes. Je manquais de confiance en moi, alors, je faisais des déclarations fracassantes pour attirer l'attention. Grâce à la psychanalyse, ce que je dis à présent est conforme à ce que je suis.

« Avant de me soumettre à un traitement psychanalytique, je mentais sans cesse. Mais au prix que ça coûte, on apprend à dire la vérité. J'ai compris que j'avais grandi dans une atmosphère de dissimulation; les apparences prenaient une telle importance que la vie ressemblait à un énorme mensonge. Maintenant, tout ce que je souhaite, c'est de vivre avec sincérité. La psychanalyse m'a enseigné à reconnaître les gens que je dois aimer, ceux que je dois détester et ceux enfin pour qui j'aurai simplement de l'affection et cette distinction-là est fondamentale. Parce qu'il faut vraiment aimer certaines personnes, en haïr d'autres cordialement et rester indifférent au plus grand nombre. »

Pendant son séjour à Hollywood, Jane eut un terrible choc. Cette année-là, dans la région de Los Angeles, le climat avait été particulièrement sec, et de sérieux feux de broussailles éclatèrent dans les canyons et sur les collines surplombant Sunset Boulevard. Nombre de maisons à Bel Air et à Brentwood furent dévorées par les flammes et des centaines d'autres gravement endommagées. L'ancienne demeure des Fonda sur Tigertail Road, que les grands-parents Seymour habitaient depuis plusieurs années et qu'ils avaient entretenue, fut rasée. « Toute mon enfance s'est envolée en fumée... J'en ai été bouleversée, plus encore que ma grand-mère qui m'a annoncé la catastrophe par téléphone. »

Selon Voutsinas, le drame permit à Jane de se libérer de maintes émotions enfouies au plus profond d'elle-même. « Devenu plus intime avec Jane, je m'attendais à la voir donner libre cours à ses sentiments concernant sa mère. Mais tout ça était rangé en sécurité. Lorsqu'elle faisait allusion à un événement du passé, sa mère — par une disposition étrange de sa mémoire — en était exclue. Quand nous sommes allés voir les décombres de sa maison à Brentwood, Jane était profondément troublée mais, par la même occasion, elle s'est débarrassée de tous ses souvenirs d'enfance. Comme si sa vie commençait dorénavant à l'âge de douze ans. »

Le filmage de « Period of Adjustment » se termina vers la fin de juin, mais la jeune actrice ne comptait pas se reposer pour autant. Pour allier plaisir et travail et, selon Ray Powers, afin de faciliter le remboursement de sa dette à Joshua Logan, Jane accepta le rôle principal dans « In the Cool of the Day » (« Les chemins de la vengeance »), dont le tournage allait débuter au mois de juillet en Grèce. Elle devait s'y rendre avec Voutsinas qui faisait également partie de la distribution mais un inconvénient les obligea à modifier leur projet. Voutsinas qui était d'origine hellénique, n'avait jamais effectué son service militaire et il s'aperçut qu'il serait enrôlé sur-le-champ dans l'armée grecque s'il accompagnait la jeune femme là-bas.

Jane commença par refuser de partir sans lui, et ses impresarios tâchèrent de faire annuler sa participation au film. Mais il s'agissait d'une production financée par MGM et sur laquelle le producteur John Houseman et le réalisateur Robert Stevens, fondaient de grands espoirs. Ils insistèrent donc pour que Jane honore ses engagements. De sorte que, les cheveux teints en brun foncé, une frange austère lui couvrant le front, cette dernière se rendit sans Voutsinas à Athènes, pour se libérer au plus tôt; le tournage devait se terminer à Londres, en août, par des scènes d'extérieur, et elle comptait retrouver son ami là-bas. Après quoi, ils rentreraient ensemble à New York pour entreprendre les répétitions de « The Fun Couple ».

Une fois en Grèce, Jane s'aperçut rapidement que « In the Cool of the Day » était une de ces productions conçues dans l'intention de permettre à leurs organisateurs de profiter de vacances à l'étranger, plutôt qu'avec l'ambition de créer une oeuvre valable. Il s'agissait d'un mélodrame de style ampoulé et sentencieusement romantique, mettant en vedette — outre Jane dans le rôle d'une jeune femme tuberculeuse — Angela Lansbury, l'acteur australien Peter Finch et des paysages grecs en quantité inépuisable : un épisode peu reluisant dans la carrière de Miss Fonda.

La jeune actrice ne fut pas mécontente de regagner New York pour commencer à préparer « The Fun Couple ». Au même moment, le département de la défense américain la nomma « Miss Army Recruiting 1962 ». Parée d'une écharpe de satin sur laquelle son nouveau titre était inscrit, elle honora de sa présence une cérémonie organisée par le comité de recrutement et prononça un discours énergique sur les vertus de la vie militaire et sur l'importance d'une force armée propre à inspirer le respect aux ennemis des États-Unis. Compte tenu du fait qu'elle s'était engagée à être sincère avec elle-même, elle était sûrement convaincue de ce qu'elle disait même si toute l'affaire avait été orchestrée par ses agents de publicité.

13

« The Fun Couple »

Si Jane avait jamais espéré que « The Fun Couple » se révélerait un succès dont elle puisse se vanter, elle perdit rapidement ses illusions. Les ennuis s'accumulèrent dès le début et les trois autres membres de la distribution, Ben Piazza, Bradford Dillman et Dyan Cannon, se montraient de plus en plus désenchantés, Voutsinas réclamant à chaque répétition des remaniements de texte aux auteurs inexpérimentés.

« Nous avons commencé les répétitions débordants d'enthousiasme et secondés par des gens bourrés de talent, mais les deux auteurs n'avaient jamais écrit pour le théâtre auparavant et, au moment des retouches, ils empiraient les choses au lieu de les améliorer. »

D'autres artisans de la production eurent plutôt l'impression qu'à cette occasion-là, les sentiments de Jane pour Voutsinas lui avaient fait perdre tout sens critique; quant au metteur en scène, soucieux de se signaler à Broadway à tout prix, il s'était entêté même s'il courait au désastre. D'après l'un d'eux : « La pièce n'aurait jamais dû prendre l'affiche; elle aurait dû servir uniquement d'expérience. Le texte était inepte : un modèle d'amateurisme ! La mise en scène de Voutsinas était obscure et indécise. On aurait dit qu'il considérait la production comme son jouet personnel. Il faisait très convaincant en grand metteur en scène, seulement, il dirigeait une pièce pour Broadway à la manière dont il aurait monté une scène expérimentale pour l'Actors Studio. C'était à la fois timoré et insolite. »

La première eut lieu le soir du 26 octobre 1962 et « The Fun Couple » fut un échec retentissant. Le public, composé en majeure partie d'amis de Voutsinas, de Jane et de leurs partenaires de l'Actors Studio, se moquèrent d'eux et les huèrent. Les commentaires de Richard Watts, dans le « New York Post » du lendemain, reflétaient bien l'opinion de la critique en général. « Il est presque incroyable que de jeunes interprètes aussi doués que Jane Fonda et Bradford Dillman aient accepté les deux rôles principaux de cette production. Même le fait de voir Miss Fonda en bikini n'empêche pas « The Fun Couple » d'être magistralement ennuyeux. »

Comme Jane l'expliqua plus tard, non sans amertume : « À New York, il est inutile de monter une pièce qui ne soit pas vraiment bonne. C'est trop pénible pour les comédiens. Jusqu'ici, je n'ai jamais participé à un succès. Je suppose que je suis condamnée à accumuler les fours. »

Il est vrai que « The Fun Couple » était inepte, mais elle aurait dû s'apercevoir que ce n'était pas la véritable raison de son échec. Le blâme revenait en fait au metteur en scène qui se servait d'elle pour promouvoir sa carrière et à la jeune actrice elle-même, qui n'avait pas vu clair dans le jeu de son mentor. « Voutsinas avait un grand empire sur Jane », a déclaré Peter Basch, qui les côtoyait au moment des répétitions. « C'était une jeune fille charmante, très gentille, et une actrice fascinante, mais lorsqu'il s'agissait de défendre Andreas, ce qui lui arrivait souvent, elle se durcissait et devenait intraitable. Elle s'en remettait entièrement à lui et s'affligeait du fait que tant de gens le jugent mal. À mon avis, elle est restée avec Andreas par orgueil, longtemps après avoir perdu confiance en lui. »

Une actrice, qui les connaissait tous deux, ajoutait : « Qu'est-ce que je pourrais bien vous dire sur ces deux-là ? Andreas était un individu extrêmement bizarre. Il me donnait la chair de poule ! Il avait l'air du diable incarné et c'est probablement ce qui lui a valu sa réputation. Il possédait un accent bien particulier et une espèce d'aura de savant fou : il se donnait du mal pour paraître énigmatique et fascinant. Mais il y avait quelque chose de pitoyable chez lui. Je ne sais pas si Jane l'aimait à cause de ça — elle avait une prédilection pour les perdants, vous savez — ou parce qu'il était étranger et qu'elle était attirée par son mystérieux vernis oriental. À moins qu'il n'ait été un amant remarquable, qui sait ? Quoi qu'il en soit, ils formaient le couple le plus mal assorti que j'ai jamais vu. Elle, la belle Américaine, l'air à la fois aristocratique et aguichant et lui avec ses traits ratatinés et ses manières de vampire. »

Déconfite par l'échec de « The Fun Couple », Jane n'eut guère d'occasions de se réjouir pendant le mois qui suivit. Les trois films qu'elle avait tournés au cours des dix-huit mois précédents parurent sur les écrans. « A Walk on the Wild Side » fut unanimement éreinté par la critique, quoique certains considérèrent le jeu de la jeune femme comme prometteur. Dans « The Chapman Report » sa présence fut à peine remarquée, tandis que la production elle-même était accueillie par un bâillement général. Seul « Period of Adjustment » donna lieu à des commentaires encourageants.

Le critique de cinéma du « New Republic », Stanley Kauffmann, prenait son métier très au sérieux. Il fut le premier à considérer la carrière de Jane dans son entier et en se basant sur des standards de qualité. « Un nouveau talent se révèle », écrivait-il en novembre 1962. « J'ai vu Miss Fonda jouer dans trois films. Chaque interprétation se distinguait nettement des deux autres; toutes trois étaient dénuées des artifices habituels du métier et exécutées avec brio. À travers le jeu de l'actrice, on peut déceler, au figuré, le murmure de ce magnétisme sans lequel intelligence et technique sont admirables mais non pas irrésistibles... Son instinct est aussi sûr pour le comique que pour le tragique. Elle possède un sens de l'à-propos remarquable et un don pour jouer la comédie, qui lui permet de percevoir ce qui est humoristique, de savoir où commencer et surtout où s'arrêter. Son interprétation est absolument délicieuse. Il serait injuste envers Miss Fonda, comme envers le lecteur, de passer sous silence son charme provocant. D'une beauté non conventionnelle, ses traits bien accusés surprennent, comme ses lèvres généreuses qui peuvent feindre la passion ou la caricaturer à loisir. Son corps mince et élancé dégage une grâce à la fois gauche et racée. Sa voix est plaisante et très expressive; elle a l'oreille juste pour les inflexions. Quelle destinée est réservée à cette jeune actrice talentueuse et attrayante dans notre monde du théâtre et du cinéma ? Trouvera-t-elle l'occasion de mettre en valeur son talent ou sera-t-elle condamnée — davantage par la faute du climat artistique que par celle des producteurs — à de simples succès ? S'il lui était donné d'incarner des personnages intéressants dans des productions de qualité, elle pourrait devenir une interprète exceptionnelle. Entretemps, il serait regrettable que ses aptitudes ne soient pas reconnues, dans ces rôles qui, quoique importants, restent mineurs. »*

Cet article de Kauffmann était une bénédiction du ciel et même si le « New Republic » ne rejoignait qu'un petit nombre de lecteurs, l'agence Famous Artists s'assura que tous les grands producteurs et réalisateurs de Hollywood reçoivent ce numéro. Des exemplaires furent envoyés au « Harvard Lampoon », une revue étudiante humoristique qui avait décerné à Jane son trophée annuel de la « pire actrice de l'année » pour sa participation à « The Chapman Report ». Le texte de Kauffmann servit également à justifier les efforts de Voutsinas qui commençait à douter de sa mission auprès de Jane. Quant à cette dernière, elle fut enchantée par cette chronique, parce que non seulement ses dons d'actrice y étaient appréciés, mais, il n'y était fait aucune mention de son père.

---

* « New Republic », novembre 1962.

Jane et Voutsinas habitaient toujours ensemble l'appartement que la jeune femme possédait sur la 55th Street et qui avait été entièrement décoré d'antiquités de l'époque de la Régence et de Louis XV. Dans la chambre à coucher, d'un style européen somptueux, trônait un immense lit à baldaquin, surmonté d'un vaste dais en satin et recouvert d'une épaisse fourrure. Dans le salon, un tigre et un léopard qui montaient silencieusement la garde, gueules ouvertes et crocs menaçants, sur le parquet poli, attiraient tout de suite l'attention. Il s'agissait de deux tapis que Voutsinas avait offerts à Jane.

Les critiques s'étant montrés bienveillants à son égard pour « Period of Adjustment », Jane fut bombardée de nouvelles offres de films. Son agence lui recommanda de s'en tenir aux personnages de comédie, du type de celui qu'elle avait incarné dans « Adjustment » et qui plaisaient de toute évidence au public. Dans ces rôles, elle donnait l'impression d'être brillante, énergique, vive et sincère; par ailleurs, elle projetait une image où sexualité et candeur s'entremêlaient avantageusement. Ce genre attirait les spectateurs, parce qu'il correspondait à leurs propres fantaisies et leur permettait de rentrer chez eux satisfaits.

Jane s'engagea donc à jouer chez MGM, à un salaire de 100 000 $, le rôle principal de la version cinématographique de « Sunday in New York », une comédie légère et polissonne de Norman Krasna. La pièce avait connu une bonne saison à Broadway cette année-là. Mais auparavant, la jeune actrice allait participer à un autre projet : une reprise par les vedettes de l'Actors Studio du « Strange Interlude » (« Étrange intermède ») d'Eugène O'Neill.

À vingt-cinq ans, Jane avait conquis sa propre identité aux yeux du public. Certes, elle avait hérité dans une large mesure, des traits et des allures de son père, mais leur provenance n'était plus que vaguement perçue à travers l'individualité propre de la jeune femme. Henry Fonda parlait d'une voix lente, aux inflexions quasi désabusées, tandis qu'elle s'exprimait par saccades et sur un ton dans lequel entraient un détachement juvénile et de la conviction. Ses yeux étaient mobiles et perçants alors que son regard à lui demeurait fixe et distant. Ses mouvements, résolus et rapides, s'auréolaient d'une grâce de danseuse, tandis que l'acteur avait une allure traînante et se montrait avare de ses gestes. Lorsqu'elle s'absorbait dans une conversation, Jane avait tendance à baisser vivement la tête puis à la redresser doucement vers l'avant pour mettre de l'emphase dans ses propos; son père, par contre, restait impassible comme un bouddha : seules ses mains s'animaient; elle avait un rire éclatant, nerveux, qui jaillissait du fond de la gorge, alors que lui, semblait ricaner du bout des dents, d'une manière hésitante, presque grinçante.

Suivant certains déterminismes secrets inscrits dans ses gènes, Jane se forgeait une personnalité totalement différente de celle de son père. Ce dernier, qui entrait dans la seconde moitié de la cinquantaine, demeurait attaché à son éducation du Midwest. S'il était assailli de doutes, comme le sont tous les acteurs (et comment aurait-il pu choisir cette carrière autrement ?), il niait obstinément ses névroses et s'accrochait à sa conviction d'être parfaitement sain d'esprit dans un monde démentiel. Son métier fournissait un exutoire à ses angoisses, l'en distrayait un peu à la manière de l'agriculture et de la peinture, s'assimilant à une forme d'occupation thérapeutique par laquelle il les tenait en respect.

Pour Jane, il s'agissait d'y faire face. Elle ne croyait pas à la nécessité d'une distanciation en elle entre l'actrice et la femme; en fait, elle aspirait à les réunir, étant convaincue qu'un acteur joue, poussé par ses névroses et non pas en dépit d'elles. De sorte qu'elle pensait qu'en se familiarisant avec la plus grande part possible de sa personnalité, elle pourrait accroître sa sensibilité d'interprète et finalement s'épanouir en tant que femme. L'art dramatique n'était pas pour elle une « occupation thérapeutique » destinée à lui faire oublier ses névroses, mais une forme de psychanalyse lui permettant de les identifier. Son travail artistique et son existence quotidienne étaient synergétiques — il s'agissait de deux modes d'expression différents dont l'action était coordonnée comme celle du carburant et de l'étincelle pour l'allumage d'un moteur. Sa tâche consistait à garder le moteur en aussi bon état possible pour faciliter la combustion.

Combustion qui allait bon train. Jane avait réussi à ramener au niveau du conscient nombre de ses angoisses, mais elle n'était pas parvenue à s'en défaire. Elle avait pu se débarrasser en partie des liens qui la rattachaient au passé, mais continuait à se débattre furieusement pour se libérer tout à fait, en dépit de la persistance de son père à préserver ces liens.

Au cours d'une entrevue qu'il accorda au début de 1963, Henry Fonda, interrogé sur une déclaration de sa fille qui avertissait les journalistes de ne pas mentionner devant lui le nom de Voutsinas s'ils ne voulaient pas que l'acteur « coupe court à la conversation », répondit : « Je ne couperai pas court à la conversation, mais il y aura une brève pause jusqu'à ce que nous passions à la question suivante. » Cependant lorsqu'il parlait du metteur en scène dans l'intimité, c'était pour le maudire, lui et son influence malsaine sur Jane. Il le tenait responsable du changement incompréhensible qu'il constatait chez la jeune femme et il refusait catégoriquement de le recevoir chez lui. « Je peux être intarissable en ce qui concerne Jane et ses qualités, mais sur un point, elle manque de jugement. » (Il faisait allusion à la manière dont elle choisissait les hommes à qui elle accordait toute sa confiance). « Ça va se retourner contre elle », avait-il conclu non sans amertume.

Voutsinas reconnaissait volontiers qu'il avait rêvé d'être ce qu'il appelait une « éminence grise », mais ajoutait : « Je ne suis pas un marionnettiste, tout de même ! Et je suis blessé, profondément blessé par le fait que le père de Jane refuse de me voir. Elle aussi en est désolée. »

Jane décida de ne plus répondre aux reproches constants dont son père et ses amis accablaient Voutsinas. Elle était de plus en plus irritée contre Henry Fonda, mais elle ne pouvait pas s'expliquer avec lui : il se dérobait toujours par une remarque acerbe ou sarcastique sur le ridicule dont elle se couvrait. Enfin, abandonnant tout espoir de le convertir à ses vues et ballottée entre le désespoir et le ressentiment, elle dépendit plus étroitement que jamais du réconfort que lui apportait Voutsinas.

Ensemble, ils puisaient chez Strasberg l'inspiration dont ils avaient besoin; ils se soumirent à une nouvelle psychothérapie et cherchèrent à allier les perceptions ésotériques de la psychanalyse aux prescriptions de la Méthode, convaincus qu'une telle combinaison les élèverait jusqu'à l'atmosphère raréfiée où se meuvent les vrais artistes. La plupart des vedettes découvrent très tôt au cours de leur carrière que le fait d'être interprète cause bien des tourments. Par ailleurs, être à la fois interprète et artiste double en quelque sorte cette souffrance. Comme Marilyn Monroe avant elle, Jane traversait des affres devant son miroir et souffrait dans tout son corps avant chaque apparition en public, même quand il s'agissait seulement d'une scène exécutée pour l'Actors Studio. Après les louanges que lui avait values « Period of Adjustment », elle découvrait que le succès, plutôt que de lui procurer de l'assurance, suscitait en elle un regain d'anxiété.

« Maintenant, c'est devenu beaucoup plus difficile pour moi de jouer », disait-elle au début de 1963. « Même à l'Actors Studio, je trouve pénible de quitter mon siège pour monter sur la scène. Surtout parce que je suis entourée de gens qui ont beaucoup plus de talent que moi. Naturellement, j'ai quelque chose de spécial, une qualité de vedette, une présence en scène qui peut me donner un avantage sur eux. Ce que je possède est évident, comme un produit très en demande en ce moment. Mais en termes d'aptitude à jouer, ils sont plus riches que moi; c'est ce qui fait que c'est si difficile. »

Elle ne se vantait pas lorsqu'elle parlait de sa qualité de vedette et ce n'était pas la modestie qui la poussait à douter ainsi de son aptitude à jouer. Elle était suffisamment réaliste pour reconnaître les indices de son succès et leur signification; elle savait aussi admettre ses limites. Mais comme il arrive souvent aux vedettes, une mer d'incertitudes la séparait de son image publique. La question soulevée par Stanley Kauffmann la hantait. Aurait-elle l'occasion de mettre son talent en valeur ou serait-elle condamnée à de simples succès ? Encouragée par

Strasberg et par Voutsinas, elle aspirait à faire de l'Art. Mais sa connaissance d'elle-même, et l'effroi mêlé de respect que lui inspirait un tel idéal au théâtre le faisaient paraître inaccessible.

Par ailleurs, sa confiance en elle-même fut mise à rude épreuve lors de sa participation à « Strange Interlude ». L'Actors Studio se définissait comme un atelier d'art dramatique dont les projets étaient élaborés et mis en oeuvre pour le seul divertissement de ses membres et amis. Cependant, il arrivait parfois que des productions se prêtent bien, de l'avis des directeurs, à une représentation publique : ce fut le cas de « Strange Interlude ». Au départ, il s'agissait d'un exercice d'interprétation pour Geraldine Page, un membre du Studio, considérée comme l'une des meilleures actrices du théâtre américain. Finalement, l'essai s'était transformé en une production d'envergure, dirigée par José Quintero, dans laquelle la névrotique Nina Leeds était incarnée par Miss Page, tandis que le rôle de Madeline Arnold, la jeune fille dont le fils de Nina s'amourache, revenait à Jane.

Géraldine Page, dont les possibilités étaient riches et variées, détenait un monopole sur le répertoire des personnages féminins déséquilibrés. Elle était plus qu'une interprète de talent; dans l'esprit de nombre de dramaturges, de metteurs en scène et de producteurs, elle se hissait au rang des monstres sacrés. Non seulement ses dons étaient considérables mais l'intensité et l'audace de son jeu surprenaient invariablement ses camarades. Son aptitude à dominer une scène et à faire jaillir des états d'âme que Jane n'avait même jamais imaginés, inspirait à cette dernière un sentiment d'admiration mêlée de crainte et lui donnait l'impression de ne pas être à la hauteur de la tâche.

Les répétitions de cette pièce qui exigeait beaucoup de ses interprètes, durèrent tout l'hiver et la première, saluée par des critiques enthousiastes, eut lieu le 12 mars 1963. La distribution comprenait également Betty Field, Ben Gazzara, Pat Hingle, Geoffrey Horne, William Prince, Franchot Tone et Richard Thomas, tous membres de l'Actors Studio. Dans le « New York Times », Howard Taubman parla d'une « brillante reprise » et déclara que Jane « avait contribué avec bonheur aux deux derniers actes par sa vivacité et sa beauté. »

La jeune femme, bien que déçue par les commentaires assez banals qui lui échurent, reconnut avec réalisme qu'elle pouvait difficilement espérer mieux lorsqu'elle donnait la réplique à une actrice comme Geraldine Page dont la « performance » avait été prodigieuse. Elle se réjouit toutefois d'avoir eu la chance de jouer au sein de cette superbe équipe d'acteurs et « dans une atmosphère dont l'art n'était pas exclu ». Mais elle constatait qu'elle n'était pas près d'obtenir sur scène le triomphe dont elle avait rêvé.

Jane avait affirmé : « Je voudrais un jour être une aussi grande actrice que Geraldine Page ou Kim Stanley ». Maintenant qu'elle avait vu ce que cela représentait, elle se trouvait légèrement ridicule d'y avoir seulement songé. Elle se sentait jeune, inexpérimentée et se rendait compte qu'elle était loin d'avoir atteint la virtuosité dont savaient faire preuve ces deux actrices. Il y avait trop de Geraldine Page qui se consacraient au théâtre à New York; trop d'interprètes qui avaient le don de disséquer un personnage pour ensuite le recomposer d'une manière originale qui leur en assurait la propriété exclusive; trop de véritables artistes qui possédaient une intuition mystérieuse leur permettant de concevoir, dans son entier, l'authenticité d'un personnage et de l'exprimer avec une certitude absolue. Pendant deux ans, Jane s'était attachée à l'aspect rationnel de l'expression artistique, mais l'art au théâtre n'a rien à voir avec la raison, c'est un instinct pur et simple, allié à une profondeur émotive et à une finesse intellectuelle qu'elle ne possédait pas. Elle avait du talent, certes, et les dispositions d'une actrice : elle pouvait jouer. Mais l'expérience dégrisante de « Strange Interlude » la convainquit que cette forme de génie théâtral, qui est de l'art, lui faisait défaut.

Peu après la première de la pièce de O'Neill, le « Saturday Evening Post » publiait le premier reportage vraiment sérieux sur Jane. Son auteur, Alfred Aronowitz, avait été au-delà de l'image publique et traçait un portrait relativement juste des joies et tourments de la jeune actrice.

La même édition du « Post » contenait le premier article à paraître dans la presse populaire américaine sur l'immixtion croissante des États-Unis dans le conflit vietnamien. Intitulé « The Long and Lonely War in South Vietnam », le texte, accompagné de photographies, décrivait en termes inquiétants la situation dans ce pays en 1963. Dans un éditorial qui y était annexé, on pouvait lire : « Les Américains doivent s'habituer à l'idée que cette guerre sera longue. »

Entretemps, Jane en était à reconsidérer sa carrière. Elle passa presque sans transition de « Strange Interlude », qui serait sa dernière apparition au théâtre, au tournage de « Sunday in New York » (« Un dimanche à New York »), film qui la consacrerait définitivement comme vedette de cinéma dans l'esprit du public américain.

Bien que Jane désespérât de jamais posséder les ressources émotives inépuisables d'une actrice comme Geraldine Page, elle était à vingt-cinq ans une jeune femme débordante de vitalité, dégageant une impression de sensualité contenue mais irrésistible qui passait bien à l'écran. Guidée par Voutsinas, elle se servit de cet atout lors du tournage de « Sunday in New York » qui allait avoir une influence déterminante sur son avenir d'actrice et de sex-symbol.

Le film, tourné en grande partie à Manhattan, avec la participation de Cliff Robertson et de Rod Taylor, était tiré d'une comédie banale et médiocre, présentée à Broadway et traitait des moeurs sexuelles américaines. Le réalisateur, Peter Tewkesbury, la transforma pour l'écran en une fantaisie hollywoodienne élégante, mais tout aussi insignifiante, plus audacieuse que les productions du même genre réalisées au cours des années précédentes mais coulée dans le même moule. Jane y incarnait une célibataire établie à New York, qui se trouve engagée dans un imbroglio d'intrigues amoureuses comiques. Le scénario, évitant d'être trop franc, se complaisait dans les allusions indirectes et l'humour se limitait au fonds grivois des dialogues. Par plusieurs aspects, le personnage d'Eileen Tyler qui avait été confié à Jane, était l'un des rôles les plus difficiles qu'elle ait eu à jouer à cause de son caractère superficiel et de sa fausse candeur. Elle parvint, toutefois, à lui insuffler une cré-dibilité divertissante; il n'était pas si différent d'ailleurs de la June Ryder de « Tall Story », mais entretemps, la jeune actrice avait plutôt interprété des rôles de composition. « Je me suis amusée du début jusqu'à la fin du tournage; je ne peux pas en dire autant de mes autres expériences au cinéma. Mon rôle aurait pu être ennuyeux, mais ça a été tout le contraire. Je suis convaincue que ce film aura un effet positif sur ma carrière. »

Elle avait raison. Lorsque « Sunday in New York » sortit en salles, en février 1964, Jane n'obtint que des éloges même si la production elle-même fut jugée banale. Stanley Kauffmann complimenta de nouveau Jane, atténuant les effets des criti-ques qu'elle s'était méritées pour sa participation à un navet en Grèce. « Le dernier film de Jane Fonda, « In the Cool of the Day », était un désastre inqualifiable, ce qui n'a pas empêché celle-ci de démontrer son sens du comique dans « Period of Adjustment » et le tout récent « Sunday in New York ». Miss Fonda a de l'esprit... On s'en aperçoit à l'expressivité de sa voix, à sa façon de dire les répliques, à son sens aigu de l'à-propos. La spontanéité de ses mouvements et son visage sans beauté mais attrayant, lui confèrent une qualité qui la distingue des autres jeunes actrices plus conventionnelles. Sa présence s'impose d'emblée aux spectateurs et suscite l'intérêt; c'est une question de « personnalité ». À ne pas confondre avec le talent. Alec Guinness, s'il est doté d'un grand talent, manque de personnalité. Miss Fonda, quant à elle, est bien partagée en ce qui concerne ces deux qualités. Et on peut encore se deman-der ce qui adviendra d'elle. »

À l'époque où Kauffmann reprenait la question qu'il avait déjà posée dix-huit mois plus tôt, Jane était à la veille d'y trouver une réponse.

14

Le retour à Paris

L'assassinat de John F. Kennedy, le 22 novembre 1963, fut entre autres choses, un événement particulièrement démoralisant pour les millions d'Américains qui professaient des opinions de plus en plus libérales. Kennedy était leur demi-dieu. Son leadership vigoureux, sous lequel perçait un soupçon d'ironie désabusée, et son comportement aristocratique mais intelligemment discret lui conféraient un attrait qui avait enflammé l'imagination et l'idéalisme de toute une génération, séduite par la promesse d'un nouveau style de vie. Son prédécesseur, Dwight Eisenhower, avec son air bien ordinaire, empreint d'une naïveté incurable, appartenait à l'ancienne école. L'arrivée d'un président progressiste à la tête de la nation, avait galvanisé la jeunesse, laquelle perdit du jour au lendemain toutes ses illusions, après l'assassinat de son leader. Que le mythe de Camelot soit vrai ou non, cette allégorie illustre bien ce que ces jeunes gens ressentirent; c'était comme si l'essence de leur vie avait été drainée hors d'eux et remplacée par un concentré de désespoir et d'angoisse.

Ce meurtre marqua profondément la nouvelle conscience américaine qui s'était dégagée de l'apathie des années 50 et qui avait déjà conçu des projets pour revigorer la société, n'attendant que la venue de Kennedy pour les instaurer. À sa mort, la réaction montante contre le mercantilisme et le matérialisme s'affirma avec une force redoublée. La nouvelle société américaine allait traverser, au cours des dix années qui suivirent, trois étapes fondamentales, débordant les unes sur les autres.

Dans la première, le « love and flower » s'imposait comme une réaction contre la violence, symbolisée par l'assassinat de Kennedy et par l'anéantissement des espoirs suscités par son leadership. Pendant la deuxième phase, où dominaient drogues, sexualité et violence, des milliers de jeunes, et moins jeunes, Américains privés de leurs droits cherchaient à faire entendre leurs revendications, lesquelles seraient reprises en troisième lieu par un activisme tâchant d'ébranler le bloc monolithique de la respectabilité hypocrite des États-Unis. Grâce à la musique, à l'intensification de la guerre au Viêt-nam et à l'intérêt que leur accordèrent les médias (qui répondent à la fascination souvent prétentieuse exercée par le surprenant et le scandaleux sur le public), ces trois phases se combinèrent en une seule : une sous-culture vague mais confusément unifiée, qui se qualifiait de contre-culture. Au départ, il s'agissait d'une manifestation de la jeunesse « blanche », instruite et petite-bourgeoise, mais en cours de route le mouvement s'élargit par l'adjonction d'autres groupes plus insatisfaits qu'elle et véritablement opprimés sur le plan social ou politique, comme les Noirs, les Indiens, les socialistes, les anarchistes, les femmes et les citoyens économiquement défavorisés.

Miroir populaire des traditions et des aberrations nationales, Hollywood, rapide à percevoir les avantages pécuniaires d'un tel engouement pour l'insolite, se mit à exploiter et à refléter cette nouvelle culture et, à l'époque de la mort de Kennedy, elle tâchait désespérément de s'européaniser. La Nouvelle vague française commençait à avoir un sérieux impact aux États-Unis. La télévision drainait vers elle une forte proportion des fidèles du grand écran et le reste, dédaignant le

« produit » hollywoodien consacré, accordait sa préférence aux films « plus réalistes » importés d'outre-mer. Dans une tentative pour reconquérir son public, le cinéma américain s'inspira des techniques et des maniérismes propres au style européen : les images floues, les scènes d'amour au ralenti, les flashbacks instantanés, les dialogues improvisés, les effets de montagnes russes des caméras manipulées, la nudité et les libertés sexuelles, les gros plans de visages anonymes et sans fard, etc. Cette influence et la volonté d'exploiter le nouvel intérêt croissant pour l'aspect esthétique du septième art, transformèrent finalement Hollywood en un avant-poste important de la contre-culture lorsque ce mouvement s'attacha à rendre les valeurs et le style de vie d'une grande partie de l'Amérique conforme à sa vision du monde radicale, hédoniste et sans hypocrisie.

Les aspirations de Jane, qui avait décidé de se consacrer exclusivement à la réussite de sa carrière au grand écran, correspondaient bien à ces nouvelles tendances. L'industrie hollywoodienne allait apprendre les nouvelles techniques du cinéma français auprès des producteurs et des réalisateurs de la Nouvelle vague; Jane Fonda se devait donc d'aller à Paris se familiariser avec ces mêmes procédés.

Au début de l'automne 1963, après « Sunday in New York », la jeune femme partit avec Voutsinas pour la France. Elle devait y jouer dans un film financé par MGM et réalisé par un illustre metteur en scène français, René Clément. La production s'intitulait « Joy House » et mettait également en vedette un acteur français en vogue, Alain Delon. Ce fut l'une des premières tentatives hollywoodiennes misant sur la fascination qu'exerçait la Nouvelle vague sur le public américain et, comme dans la plupart des essais visant à profiter à la hâte d'un enthousiasme mal compris, le film fut un fiasco.

Le voyage de Jane à Paris avait été soigneusement organisé par les agents de MGM, dont la spécialité consiste à créer une image aux artistes, et la jeune femme fut accueillie dans la Ville Lumière par une fanfare de publicité. Pour Jane, il s'agissait d'une expérience totalement différente de la précédente, puisque, cinq ans plus tôt, elle y était venue en étudiante solitaire et malheureuse, connaissant mal la langue et se sentant hors de son élément. « Cette fois, j'étais accompagnée d'un professeur de français. Je n'ai pas prononcé un mot d'anglais pendant deux mois. Et puis, il y avait la publicité, et tous ces reporters qui s'empressaient autour de moi; ils adorent littéralement mon père là-bas. Et tout ça en français, s'il vous plaît ! Ç'a été merveilleux. Je ne me suis jamais sentie aussi bien. »

Son triomphe fut instantané; elle ne pouvait aller nulle part sans être reconnue. Au cours des mois qui suivirent, la plupart des magazines français lui consacrèrent des reportages. La presse se délectait de son français correct du point de vue grammatical, mais truffé d'expressions mal assorties et publiait ses boutades et ses perles sitôt qu'elle les avait débitées. Elle captiva encore davantage l'intérêt des Français par son audace lors d'une entrevue télévisée. Affublée d'un vieux chapeau de paille, portant un chemisier transparent et un bikini qui mettait en valeur ses longues jambes bien galbées, elle amusa les spectateurs en tutoyant tout le monde, chose inusitée en France, et en formulant des remarques du genre de celle-ci : « J'ai envoyé un chèque à mon père dernièrement; il a dépensé beaucoup d'argent pour moi, il est donc naturel que je l'aide à mon tour. »

Jane connut un regain de publicité lorsque la rumeur se répandit qu'à cause d'elle, son partenaire avait mis fin à son idylle — bien connue du public — avec l'actrice Romy Schneider. Alain Delon, l'une des principales idoles de la France malgré sa réputation de voyou — issu d'un milieu défavorisé, il entretenait, selon certains, des relations avec la pègre française — était intrigué par les allures aristocratiques et le franc-parler de la jeune Américaine. En retour, celle-ci trouvait captivants le charme limpide de l'acteur et son assurance presque outrecuidante. « Je vais certainement m'amouracher d'Alain Delon », annonça-t-elle aux journaux. « Pour bien interpréter une scène d'amour, il faut que je sois amoureuse de mon partenaire. »

Verbiage pour une presse sensationnaliste sans doute, mais Jane était ravie de sa nouvelle image d'enjôleuse et contribuait avec délices à l'accentuer. Elle se savait bien différente : elle était toujours Jane Fonda, la jeune femme aux bonnes manières et aux origines irréprochables. Mais parce qu'elle séjournait en France et parlait une langue étrangère, ce comportement fantasque lui paraissait plus amusant qu'il ne l'aurait été aux États-Unis. Elle s'aperçut qu'elle pouvait tenir des propos qui, en anglais, eussent été considérés comme des grossièretés inconvenantes mais qui, en français, devenaient d'une drôlerie sans conséquence et en se familiarisant avec la langue, elle se divertissait de plus en plus de ses expériences linguistiques.

« Joy House » ou « Les Félins » (ni saints, ni sauveurs), conçu comme un suspense à la Hitchcock, vira au mélodrame absurde et cousu de fil blanc. Alain Delon y interprète un bandit à la petite semaine fuyant un gang de la pègre qu'il a escroqué. Poursuivi jusqu'à la Riviera, il est secouru par Lola Albright qui joue les anges rédempteurs, style Armée du salut, et par Jane Fonda, en Cendrillon expatriée. Cette intrigue se compliquait à plaisir d'une série d'aventures érotiques invraisemblables et de scènes d'horreur gratuites.

Lorsque le film prit l'affiche dans les cinémas quelques mois plus tard, le public et les critiques hurlèrent d'un commun accord. La médiocrité de la production avait été mise en relief par l'addition d'une trame musicale pour le moins saugrenue. Le scénario de Clément qui se voulait intelligent, spirituel et original, était tout simplement ridicule. Jane n'échappa pas aux commentaires désobligeants. « Miss Fonda exerce un empire mystérieux sur Miss Albright », écrivait Judith Crist, dont le compte rendu peut être considéré comme relativement indulgent. « Ce n'est pourtant pas tout ce que la jeune actrice sait faire — du moins, c'est ce qu'elle essaie de démontrer en imitant tour à tour la folle de Chaillot, Baby Doll et son père Henry. Cette enfant-là n'a pas toute sa tête à elle. »

Jane savait, bien avant la sortie des « Félins », qu'il s'agissait d'un navet. « Comme c'est toujours le cas en Europe, il n'y avait pas de scénario et tout était mal préparé », dit-elle anticipant les reproches. « Ça m'a déconcertée parce que je suis habituée à travailler dans un cadre bien structuré. Il y avait trop d'improvisation à mon goût. »

Pendant le tournage, la campagne publicitaire, qui avait salué l'arrivée de Jane en France, s'intensifia encore, surtout à cause de sa prétendue liaison avec Alain Delon. Une chanson populaire qualifiait la jeune femme de gazelle et les directeurs d'une revue élitiste, les « Cahiers du cinéma » lui consacrèrent la couverture d'un numéro et une entrevue de huit pages, honneur généralement réservé aux réalisateurs de grande envergure. De plus en plus fréquemment comparée à Brigitte Bardot, elle passait pour « la B.B. américaine »[1] et, au physique, le rapprochement était pertinent. Jane, sans être une beauté au sens classique du terme, possédait une physionomie remarquable et un corps souple d'adolescent respirant une sensualité désinvolte qui enflammait l'imagination des Français. Ses longs cheveux teints en blond pour le film et la moue naturelle de ses lèvres, accentuée au fard, lui donnaient sur les photographies un air à la Bardot, parfois troublant.

Les Français voyaient en elle sinon une seconde Bardot, du moins un mélange d'Annie Oakley et de Sheena, reine de la jungle. Les journalistes se donnèrent beaucoup de mal pour la décrire et se lancèrent dans une série de métaphores et de comparaisons pour le moins épiques : « Une jeune pouliche indomptée qui galope trop vite, s'emporte trop facilement... une révélation », disait l'un. « Une super B.B., un cyclone de féminité, une poupée merveilleuse », renchérissait un autre. « En apparence, elle est conforme à son image : grande, blonde, le type parfait de l'Américaine, avec ses longs mouvements souples, écrivait Georges Belmont. Mais à l'intérieur, elle est passionnée et dangereuse comme un animal en cage... Je l'ai regardée se mouvoir et je me suis rappelé sur-le-champ une panthère noire que j'avais l'habitude d'observer au jardin zoologique. »

Dans les circonstances, il était inévitable que Jane attire l'attention de celui qui, en France, professait un goût prononcé

---

(1) En français dans le texte.

pour les femmes aux caractéristiques félines. Roger Vadim avait déjà « découvert » bon nombre des symboles sexuels les plus réputées du pays, dont Brigitte Bardot, Annette Stroyberg et Catherine Deneuve et avait épousé deux d'entre elles.

Il se préparait à réaliser une nouvelle version d'un classique français de l'après-guerre, « La Ronde ». Basé sur une comédie allemande d'Arthur Schnitzler, « Reigen », il s'agit d'une suite de quiproquos espiègles se greffant sur des aventures érotiques. Vadim comptait profiter de la tolérance affichée à l'égard de la sexualité et de la nudité au cinéma — tolérance dont il était d'ailleurs en grande partie responsable — pour tourner « La Ronde » dans un style moderne et libre de toutes contraintes morales. Lorsqu'il se rendit compte de l'impact que Jane Fonda avait sur le public français, il décida de l'intégrer à la distribution de son film.

Roger Vadim, de son vrai nom Roger Vladimir Plemianni-kov, était né dans les années vingt, d'une mère française et d'un père russe qui avait fui le régime bolchévique pour devenir citoyen français et qui était mort alors que son fils avait neuf ans. Il entreprit des études dans le but d'entrer dans le service diplomatique mais la guerre et l'invasion allemande mirent fin à ses ambitions. Après 1945, il se fit d'abord journaliste puis tenta sa chance comme acteur. En 1950, il s'intéressait toujours au cinéma mais avait préféré passer derrière les caméras. C'est à cette époque qu'il rencontra Brigitte Bardot sur les lieux d'un tournage. D'autres avaient peut-être remarqué la jeune fille avant Vadim, mais personne ne s'était montré aussi entreprenant que lui. Il affirma ses droits sur elle en déména-geant chez ses parents, des bourgeois prospères. Elle avait alors seize ans et tentait de se faire connaître au cinéma grâce à de petits rôles glanés ici et là. À dix-huit ans, brunette encore inconnue, elle épousa Vadim.

À vingt et un ans, Brigitte Bardot était blonde et grâce à son mari, elle possédait, à défaut de célébrité, une certaine noto-riété. Vadim l'avait photographiée vêtue du strict minimum et avait distribué ces idées à des impresarios et à des agences de publicité. En trois ans, il lui obtint des rôles dans neuf films et l'établit dans l'esprit des cinéphiles comme une femme-enfant tout à fait amorale. Insatisfait des progrès de sa vedette et des siens, il résolut de la diriger lui-même dans une production qui ferait d'elle « le rêve inaccessible de tous les hommes ».

Dans « Et Dieu créa la femme », Vadim concrétisa cette image de Brigitte Bardot et réalisa ses propres ambitions du même coup. Cependant le film ruina son mariage. Pour le tournage de la principale scène d'amour, le cinéaste avait ordonné à Jean-Louis Trintignant, le partenaire de sa jeune femme, de jouer avec beaucoup de conviction. L'acteur fit ce qu'on lui demandait et Brigitte Bardot se prit au jeu elle aussi.

Les procédures du divorce engagées, Vadim réalisa « Sait-on jamais ? » toujours avec Bardot. Durant le filmage, la nouvelle flamme du réalisateur, un mannequin danois du nom d'Annette Stroyberg, l'accompagnait partout. D'après les rumeurs, Vadim traitait sa femme comme si elle avait été sa jeune soeur et Annette comme sa maîtresse. Les trois protagonistes paraissaient enchantés de cet arrangement et lorsque la presse eut vent de l'affaire, elle salua en eux les représentants d'une nouvelle liberté morale.

En décembre 1957, le lendemain du jour où Brigitte Bardot obtenait son divorce, Vadim devenait père d'une fille, Nathalie, née d'Annette Stroyberg, dont c'était justement le vingt et unième anniversaire. « Qu'y a-t-il de honteux à ça ? » demanda la jeune mère lorsqu'elle sut que la nouvelle avait fait scandale. « J'aime Roger. » Brigitte Bardot s'offrit à être la marraine du poupon mais sa proposition fut aimablement déclinée.

Annette Stroyberg et Vadim s'épousèrent finalement en juin 1958. Le cinéaste annonça ensuite son projet de transformer le mannequin danois en une nouvelle Bardot. Il lui fit prendre le nom d'Annette Vadim au cinéma et lui donna la vedette dans un film de vampire qui, malgré tout, fut bâclé. Vers cette époque, les journaux français dévoilèrent un nouveau scandale, une liaison entre Annette et le chanteur et guitariste Sacha Distel, lequel avait bénéficié d'une brève notoriété comme amant de Brigitte Bardot alors que le mariage de celle-ci avec Vadim tirait à sa fin. Une correspondance entre les deux hommes fut divulguée à la presse, supposément par le réalisateur lui-même, et le film fit salle comble à sa sortie.

Dans la production suivante, Vadim se donna beaucoup de peine pour assurer à Annette la succession de Bardot. Il la déshabilla et en fit l'héroïne des « Liaisons dangereuses », où elle donne la réplique à Jean-Louis Trintignant. La première du film fut retardée de deux ans à cause de problèmes financiers et de censure, mais sa présentation consolida la réputation de Pygmalion effronté et licencieux que Vadim s'était acquise. Entre-temps, il divorça d'Annette en 1960, clamant que Distel rôdait toujours autour de sa femme. « Je veux éviter de me retrouver dans la situation ridicule d'un cocu. » En France, où un tel affront est pris très au sérieux, le public sympathisa avec lui; Vadim réussit même à obtenir la garde de sa fille.

Lorsque le cinéaste se rendit aux États-Unis en décembre 1961 pour la sortie des « Liaisons dangereuses » (qui fut en général mal accueilli par la critique), il se fit accompagner de sa nouvelle maîtresse et protégée, Catherine Deneuve, une blonde et frêle Parisienne de dix-huit ans, dont il s'était juré de faire une aussi grande vedette que Bardot et Stroyberg. « C'est ma fiancée », annonça-t-il. « Et lorsque j'ai une fiancée, je l'épouse. » Pourtant, il ne s'était pas encore exécuté au moment où elle lui donna un fils, mais elle ne s'en formalisait pas, déclarant aux journalistes : « Je suis contre le mariage. » Le couple vécut ensemble une autre année environ puis se sépara, Deneuve pour promouvoir sa carrière par ses propres moyens et Vadim pour se chercher une nouvelle Galatée.

Grand et les épaules voûtées, Vadim possédait le charme et le magnétisme d'un jeune premier même s'il n'en avait pas la beauté. Un visage allongé et triste, un nez imposant et des dents longues lui prêtaient une ressemblance frappante avec l'acteur comique Jacques Tati. Il exerçait néanmoins un ascendant indéniable sur les jeunes femmes impressionnables et s'était acquis une renommée comme amant accompli. Son assurance tranquille s'alliait avec bonheur à une vulnérabilité timide de jeune garçon et lui avait gagné l'affection de la plupart des gens qui le connaissaient, sauf de ceux qui faisaient affaire avec lui. Les journalistes avaient certainement exagéré sa réputation d'homme doté d'un appétit sexuel insatiable; il avait, tout de même, un besoin constant de relations régulières et variées avec les femmes et prenait plaisir, de toute évidence, à jouer les éducateurs auprès d'une quantité d'élèves toutes belles et complaisantes. En 1963, il était, en quelque sorte, un héros envié en France et lorsque la nouvelle se répandit qu'il avait jeté son dévolu sur Jane Fonda, la nation entière, par le truchement de la presse, retint son souffle.

« J'ai rencontré Vadim à mon premier séjour à Paris, quand j'étudiais la peinture. J'ai entendu sur lui des choses à faire dresser les cheveux sur la tête. On le prétendait sadique, vicieux, cynique, pervers; il se servait des femmes, et quoi encore. Je l'ai revu quelques années plus tard à Hollywood. Il m'a invitée à venir le rejoindre pour prendre un verre et pour discuter d'un film. J'ai accepté mais j'étais morte de peur. Pour un peu, j'aurais cru qu'il allait me violer au beau milieu du Polo Lounge. Mais il a été extrêmement calme et poli. Alors, je me suis dit : « Qu'est-ce qu'il est rusé ! » À mon deuxième séjour à Paris, il m'a proposé « La Ronde ». J'étais plus sérieuse qu'avant, j'ai pensé : « Après tout, je ne lui ai jamais donné sa chance. » Cette fois-là, j'ai été abasourdie. Il était tout le contraire de ce qu'on m'avait affirmé. Je l'ai trouvé timide... »

Bon vivant, Vadim avait un côté « petit-bourgeois »[1], qui amusait ses amis. Rien ne lui plaisait autant que de vivre en ménage avec femme et enfants, de recevoir des amis dans sa maison et à sa table. Brillant causeur, homme intelligent — il s'exprimait en plusieurs langues dont le russe —, il endurait patiemment les imbéciles et se montrait aimable avec tous ceux qui recherchaient sa compagnie. À l'époque où il fit la connaissance de Jane, il se contentait d'observer avec ironie l'existence libre menée par son entourage plutôt que d'y participer. Il se

---

(1) En français dans le texte.

comportait en toutes circonstances — même sur les questions sexuelles — avec une dignité détachée qui démentait l'opinion du public à son sujet. Au physique et sur bien d'autres plans, il ressemblait de façon saisissante à Henry Fonda.

Peut-être est-ce parce que le rôle qui lui était offert dans « La Ronde » lui paraissait exceptionnel, à moins que ce ne soit tout simplement parce que l'insecte ne peut pas résister à l'attrait de la flamme; quoi qu'il en soit, Jane accepta la proposition de Vadim. L'autorité naturelle, l'élégance aristocratique et l'assurance du réalisateur qu'il mêlait, en alchimiste expérimenté, à une vulnérabilité trahie par son regard, captivèrent l'imagination de la jeune femme dès le début du tournage. « En commençant le film, je suis tombée amoureuse de lui. Et j'étais terrifiée parce que je me disais : « Seigneur ! Il va me mettre en pièces. Il va me briser le coeur : je vais le retrouver en petits morceaux... Mais je n'ai plus le choix. » Et j'ai découvert un homme très gentil. Chez nous, tant d'hommes... se conduisent en mâles; il faut sans cesse qu'ils démontrent leur force et leur virilité. Vadim n'avait pas peur d'être vulnérable, féminin même, d'une certaine façon. C'est moi qui étais inquiète de ma vulnérabilité. »

Leur liaison s'inscrivait dans l'ordre des choses. Le cinéaste français considérait comme dépassées et hypocrites les conventions de la société moderne, surtout en ce qui avait trait à la sexualité et au mariage. Il avait prôné ses convictions à travers son oeuvre et sa vie, à tel point qu'elles en étaient devenues inséparables dans l'esprit du public. Par ailleurs, il comptait sur la générosité des autres; n'étant pas fortuné, il avait recours à ses amis, des femmes le plus souvent, lorsqu'il éprouvait des difficultés financières. Enfin, aucun homme, à l'approche de ses quarante ans, marié à deux reprises, père de deux enfants et ayant une quantité impressionnante de liaisons à son actif, ne tombe inconsidérément amoureux. Il y a toujours une tactique, un but derrière sa réaction à l'attrait qu'une femme exerce sur lui. Sa carrière ayant été mise en veilleuse par une série d'échecs, Vadim vit en Jane une occasion de la revigorer; et il n'avait pas l'intention de s'en tenir à « La Ronde ».

De son côté, Jane continuait à remettre en question les valeurs qui lui avaient été inculquées. Dans les propos de Vadim sur la décadence de la société — provoquée selon lui par le conformisme et non pas par la liberté et la sensualité — la jeune femme trouvait une explication à son besoin constant de révolte contre ce qu'elle appelait l'hypocrisie sociale. En outre, elle cherchait un homme qui ne réprimerait pas tous ses élans comme le faisait son père mais exercerait sur elle une influence bénéfique, lui servant de guide tout en l'encourageant à développer son esprit et à s'affranchir de la culpabilité et du besoin de se justifier avec lesquels elle avait vécu jusqu'alors.

Dans « La Ronde », Jane passait le plus clair de son temps au lit, tantôt en compagnie du mari, tantôt en compagnie de l'amant de son personnage. Pour ce film tourné en France (puis doublé en anglais en vue de sa sortie aux États-Unis), Vadim consacra une bonne partie de ses loisirs à aider Jane à atténuer son accent. Comme l'aspect érotique de l'intrigue était important, il lui enseigna également les techniques et les subtilités de l'amour. Les gens du studio ont affirmé qu'ils avaient pu voir la liaison Fonda-Vadim évoluer sous leurs yeux et que la jeune actrice s'était révélée une élève docile et appliquée.

Jane se prit un appartement luxueux dans une maison du dix-septième siècle, rue Séguier, près de la Seine, sur la Rive gauche et Vadim ne tarda pas à venir l'y rejoindre. Après le tournage de « La Ronde », terminé en janvier 1964, le couple se retrancha dans la plus stricte intimité, à la grande consternation de la presse. Les deux amants disparaissaient fréquemment pendant plusieurs jours et les conjectures allaient bon train. De temps à autre, les journaux étaient en mesure de confirmer — avec photographies à l'appui — qu'ils avaient passé quelques semaines à skier dans un village perdu de la Savoie, ou qu'ils avaient séjourné chez des amis sur la côte Atlantique, mais le plus souvent, il était question de leur vie privée qu'ils préservaient jalousement. Ce n'était pas dans les habitudes de Vadim, prétendait-on; il devait agir ainsi par déférence pour « la B.B. américaine » (les Américains, c'est bien connu, étaient plus étroits d'esprit que les Français !)

Chacun des deux amants semblait séduit par la vulnérabilité de l'autre. Commentant les premiers temps de son idylle avec Jane, Vadim a déclaré plus tard : « Comme toutes les femmes que j'ai connues, elle était... vulnérable. Rien n'est plus attirant chez une femme. Elle se voudrait belle mais n'est pas certaine de l'être. Elle veut être heureuse mais s'arrange toujours pour se rendre malheureuse. Jane s'imaginait que pour obtenir le bonheur il faut élever des murs qui puissent protéger du malheur. Si je lui ai appris quelque chose, ç'aura été de ne pas craindre d'être elle-même. Plus tard, elle est devenue plus communicative, mais au début... Vous demandez à quoi ressemblaient ces murs ? À une vraie forteresse ! La muraille de Chine ! Elle avait très peur de moi, mais en même temps je l'attirais. Alors elle s'est dit : « Très bien, je ferai ce dont j'ai envie et ensuite, je partirai; je ne le reverrai plus jamais. Le problème sera réglé. » D'abord, la partie a été facile. Elle combattait l'ennemi en courant hors de la citadelle et en se jetant dans ses bras. Mais ensuite, quand elle a découvert que ça ne s'arrêtait pas là, elle s'est retirée de nouveau dans son château fort.

« Ça n'a pas été simple de vivre avec elle, au début. On tombe facilement amoureux mais il faut un certain temps pour savoir si on peut vivre avec la personne qu'on aime. Elle avait beaucoup de... Comment dit-on ? — des habitudes de célibataire. Chez elle, tout est trop bien organisé; le temps est son pire ennemi. Elle ne se détend pour ainsi dire jamais : elle a toujours quelque chose à faire : travail, rendez-vous, appels téléphoniques. Elle est incapable de dire : « Tant pis, je le ferai demain ». C'est une des faiblesses de son caractère.

« Son point fort ? Jane a une aptitude fantastique à se débrouiller en toutes circonstances. Elle s'est familiarisée très jeune avec la solitude. Elle peut être extrêmement... en français on dirait « solide »[1]. Ce qui m'a attiré chez elle, c'est l'attention

---

(1) En français dans le texte.

qu'elle porte aux gens. Elle sait écouter et c'est une qualité rare, surtout chez une femme. Elle a l'esprit ouvert et tâche de comprendre son interlocuteur. D'autres essayeraient de changer l'homme qu'elles aiment; Jane l'accepte tel qu'il est. »

15

La liaison dangereuse

Laissant Vadim s'occuper des derniers détails techniques de « La Ronde », Jane regagna les États-Unis à la mi-février pour se prêter à la campagne publicitaire qui devait précéder la sortie de « Sunday in New York ». Malgré l'amour qu'elle éprouvait pour le cinéaste français, elle évita soigneusement de parler de lui à qui que ce soit, sauf à ses amis intimes. Elle voulait prendre le temps de s'assurer de la profondeur de ses sentiments avant de les proclamer en public. D'ailleurs, elle se doutait déjà de ce que serait la réaction de la presse américaine à l'annonce de sa liaison. Il était encore question dans les journaux de son idylle avec Delon et Jane ne fit rien pour démentir les rumeurs d'après lesquelles elle se languissait du bel acteur français.

Les critiques louèrent unanimement son interprétation dans « Sunday in New York ». Elle accorda des séries d'entrevues au cours desquelles elle soutint qu'elle ne se dénuderait jamais au grand écran, (« Personnellement, je ne pourrais pas jouer nue; je suis trop timide »); elle commenta quelques-unes des histoires qui avaient été racontées sur son compte pendant son absence, (« Je ne suis pas surprise de la malveillance des gens et ça ne m'étonne pas non plus d'avoir été trahie par des amis »); elle admit que Voutsinas et elle s'étaient séparés mais ajouta qu'ils étaient restés en bons termes. Enfin, elle exprima son point de vue sur les moeurs sexuelles, le mariage et la vie en général, révélant inconsciemment l'influence que sa liaison secrète avec Vadim avait eue sur sa pensée.

Jane rassura également Hollywood au sujet du cinéma européen. « Après avoir vécu quelque temps en France, je me suis rendu compte que nous n'estimions pas nos films à leur juste valeur. Les Français, eux, les connaissent et les apprécient. Ils sont emballés par une série de réalisateurs américains : Hitchcock, Cukor, Stevens, Kazan, Sturges... J'ai trouvé ça incroyable. Et ce n'est pas un jugement superficiel : ils discutent de nos films en détail. Il y a des productions qui, ici, ne tiennent pas l'affiche une semaine et qui, là-bas, sont considérées comme des chefs-d'oeuvre. Notre cinéma possède un certain caractère, une certaine qualité qui leur paraît unique : la plupart de nos réalisateurs impriment à leurs oeuvres un cachet de virilité, or les Européens aiment cette impression de force et de masculinité qui se dégage de nos Westerns. D'ailleurs, le genre lui-même fait l'objet de débats artistiques et intellectuels, tout ce qu'il y a de plus sérieux ! C'est tout de même drôle : pendant des années, les Européens ont voulu faire du cinéma comme nous et maintenant, ce sont les gens de Hollywood qui cherchent à les imiter. »

Elle était néanmoins contente que l'activité du cinéma américain ne se concentre pas uniquement à Hollywood. « J'aime faire des films à l'étranger, mais je ne voudrais pas quitter mon pays pour aller faire carrière ailleurs. New York est ma patrie. »

Lorsqu'on lui demanda si elle aimerait jouer dans une production théâtrale ou cinématographique aux côtés de son père et de son frère, lequel avait déjà quatre films à son actif, elle répondit : « Seigneur, non ! Ce serait désastreux. Ça ne serait pas supportable ni pour moi, ni pour eux. D'abord, Peter n'a pas encore découvert son identité comme acteur; je pense que ce serait dur pour lui d'avoir à travailler avec nous deux, en même temps. Peut-être que papa et moi... à la télévision; mais je dis bien « peut-être ». Si le filmage se faisait en deux semaines, pas plus, je suppose que nous pourrions nous tolérer tout ce temps-là. »

Après un mois passé aux États-Unis, Jane avait hâte de retrouver Paris et Vadim. En arrivant là-bas, elle s'occupa d'enregistrer la bande sonore en anglais de « La Ronde », qui s'intitulerait « Circle of Love », et de doubler « Joy House » en français. Ensuite, le couple se rendit à Moscou. Vadim, comme Jane, en était à son premier séjour en Union soviétique; il rêvait depuis longtemps de voir la terre de ses ancêtres paternels et son amour lui insuffla l'énergie nécessaire pour réaliser ce vieux projet.

Jane se montra d'abord réticente à l'idée d'entreprendre ce voyage; elle ne s'était pas débarrassée de ses préjugés typiquement américains à l'endroit de la Russie. Cependant, une fois sur les lieux, elle fut on ne peut plus surprise. La capitale soviétique était totalement différente de ce qu'elle avait imaginé et ses habitants, tout le contraire de ce qu'on lui avait laissé croire. « Je n'en suis pas revenue; toute ma vie, on m'a affirmé que les Russes étaient des gens étranges, hostiles, qui n'attendaient que l'occasion d'envahir les États-Unis. Rien n'est plus faux. J'ai été étonnée de voir combien ils sont sympathiques, affables et serviables. Je me suis vraiment rendu compte du genre de propagande à laquelle nous sommes soumis ici. Tous les Américains devraient aller en Russie pour voir par eux-mêmes ce qui se passe là-bas. Ils en reviendraient avec une opinion bien différente. »

Dans les entrevues qu'elle accorda, au cours des quelques mois qui suivirent, elle ne manqua jamais de parler de sa découverte, mais peu de journalistes en faisaient mention dans leurs articles. Comme le remarquait un rédacteur : « Qui s'intéresse à ce que Jane Fonda pense de la Russie ? Nous lui rendons service en ne publiant pas ça. Le public américain veut être renseigné sur sa vie sentimentale; il n'a que faire de ses idées sur la grandeur d'âme des Russes. Si on publiait ce genre d'histoires, les tirages en souffriraient. »

Cet été-là, tous ceux qui rendirent visite à Jane, en France, eurent droit à un sermon bien senti sur la manière dont le peuple américain était induit en erreur par son gouvernement, ses écoles et ses médias d'information. La jeune femme, qui en était à sa première incursion dans le domaine du commentaire politique, condamnait fiévreusement l'ignorance des États-Unis en ce qui avait trait à la Russie et en imputait la faute à l'État dont le seul but était de maintenir au pouvoir militaires et politiciens en place. À son avis, la paranoïa américaine, concernant la Russie et le communisme, paranoïa dont elle reconnaissait avoir longtemps souffert elle-même, était basée sur une gigantesque mystification : les Russes n'étaient pas le moins du monde agressifs. Certes, leur gouvernement était aussi fautif que celui des États-Unis en laissant s'instaurer une tension et une méfiance internationale. Mais après tout, ils avaient de bonnes raisons de succomber à la méfiance après ce qui leur était arrivé au cours des deux dernières guerres mondiales. Si seulement c'était le peuple qui, à la place de ses représentants, décidait de ses rapports avec les autres nations !

Le même été survint le célèbre incident du Golfe de Tonkin, en Extrême-Orient. En mai 1964, le président Johnson avait reçu, de ses conseillers, un scénario secret, proposant une offensive militaire, échelonnée sur trente jours, contre le Viêt-nam du Nord, qui se terminerait par des bombardements intensifs. Le document contenait également l'ébauche d'une résolution dont l'adoption, par les deux Chambres réunies, investirait le président de tous les pouvoirs nécessaires pour agir comme il l'entendait dans le conflit vietnamien. Cette mesure, connue sous le nom de « Résolution du Golfe du Tonkin », fut aprouvée par une majorité écrasante au Congrès américain. C'était donner au conflit des proportions considérables et concrètement, au Président, le pouvoir de mener la guerre sans consulter davantage les représentants du peuple.

Jane qui rentrait de Russie avec une ferveur de néophyte, si l'on peut dire, était quotidiennement en butte au cynisme des

Français, pour qui les luttes en Extrême-Orient n'avaient rien de nouveau et qui se moquaient de l'incapacité des Américains à envisager l'ampleur du problème. La résolution du Golfe du Tonkin fut pour elle un véritable écueil. Jusque-là, elle n'était pas « politisée » : si elle éprouvait une compassion instinctive pour les opprimés et entretenait un vieux rêve idéaliste de justice et d'égalité, jamais auparavant ses pensées et ses actions n'avaient été motivées par la politique. Or brusquement, elle sentit sa conscience sociale s'éveiller mais étant ignorante des événements contemporains et mal informée sur le sujet, elle ne savait pas quelle attitude adopter.

Jane et Vadim passèrent la plus grande partie de l'été 1964 à St-Tropez, le vieux port de pêcheurs devenu le rendez-vous à la mode des célébrités françaises du cinéma. La jeune femme dut apprendre à surmonter son naturel possessif, diverses ex-femmes et maîtresses du cinéaste s'étant établies dans la ville et ses alentours; elle devint même la seconde mère de Nathalie Vadim, qui avait alors presque sept ans. Elle fut rapidement acceptée par la faune de l'hôtel Tahiti, composée de vedettes du cinéma international. Elle admirait l'aisance avec laquelle ces gens liaient et déliaient leurs destinées et leur absence totale de honte ou de gêne au chapitre des questions sexuelles. Pour une jeune femme dont l'éducation avait été fortement teintée de puritanisme, ce fut une révélation. Pouvoir s'exprimer sur quelque sujet que ce soit, sans craindre les rebuffades, voilà le genre de liberté auquel elle aspirait depuis toujours. L'honnêteté et la franchise de cette vie, quelque névrotique ou maniaque qu'elle puisse devenir parfois, l'impressionnaient. La plupart des dix commandements étaient relégués aux oubliettes à St-Tropez, mais la vieille galanterie française restait à l'honneur. Si quelqu'un convoitait le ou la partenaire d'un autre, le plus souvent, cet autre s'effaçait avec une civilité gracieuse et bien typique.

« Je suis extrêmement détendue auprès de Vadim », disait Jane à l'époque (Elle parlait toujours du réalisateur en le désignant par son nom de famille). « Il n'a pas besoin de prouver quoi que ce soit avec les femmes. Il les connaît bien et celles qu'il a épousées comptaient parmi les plus belles. Je ne me sentirais pas en confiance avec un homme qui aurait à prouver ce qu'il est, qui serait sans cesse sur le qui-vive et se tracasserait pour les choses qu'il n'a pas faites. »

La presse française était en effervescence au sujet de ce qu'elle appelait spirituellement, « la liaison dangereuse ». Bientôt, les journalistes voulurent savoir quand Vadim et Jane allaient se marier. Cette dernière était revenue sur la déclaration qu'elle avait faite trois ans auparavant, d'après laquelle « le mariage était désuet ». Maintenant, elle admettait avoir l'intention de se marier un jour, mais elle niait toute envie d'épouser le cinéaste français. « J'aime Vadim. C'est extrêmement agréable de vivre avec lui; il m'a appris beaucoup de choses. Mais pourquoi est-ce que je l'épouserais ? Ses deux expériences précédentes ont été des échecs. Et puis je ne suis pas sûre qu'il soit fait pour la vie de famille; je ne sais pas si j'en ai envie moi-même, pour le moment du moins. Pourquoi gâcher des rapports presque parfaits en y introduisant un élément nouveau, comme les liens officiels du mariage ? »

Les amis de Jane étaient convaincus de sa sincérité, mais la presse restait sceptique. « La Ronde » devait sortir prochainement dans les cinémas; or la première de chaque film de Vadim avait été précédé jusque-là d'un éclat publicitaire et les limiers de l'information avaient l'intuition que, cette fois, cela prendrait la forme d'une union officielle Fonda-Vadim. En fait, le cinéaste voulait épouser Jane mais celle-ci, se méfiant de ses sentiments envers lui, préférait réfléchir encore. Il dut donc s'armer de patience.

Commentant le début de leur liaison, Vadim a déclaré : « J'ai averti Jane que je ne saurais me contenter d'une seule femme dans ma vie. Si j'ai une aventure amoureuse, lui ai-je dit, je ne te le cacherai pas. Mais je peux te promettre une chose, ce sera sans importance; je n'irais pas jusqu'à prendre une maîtresse. Et puis, je ne me comporterai jamais en public d'une manière qui puisse être embarrassante pour toi, parce que ça ne serait pas élégant de ma part. »

La jeune femme approuva son attitude et lui fit la même promesse. Motivé par son besoin constant de variété en matière sexuelle et par son approche professorale et légèrement blasée de ce genre d'expérimentation, Vadim chercha à la libérer de ses préoccupations typiquement américaines concernant la signification et le sens profond de l'acte sexuel et à lui apprendre à en jouir par pur plaisir. Pour un homme raffiné comme lui, qui aimait les plats savamment préparés et savourés à loisir, une relation physique se comparait à un dîner fin qu'on anticipe et dont on se délecte. Jane, toujours enthousiaste à l'idée d'extirper de sa conscience toutes les inhibitions qui s'y trouvaient encore, ne tarda pas à adopter sa philosophie hédoniste.

Malgré son refus d'épouser Vadim, elle était suffisamment amoureuse de lui pour tolérer ses particularités : son irresponsabilité financière et son libertinage, en échange de la sécurité émotive qu'il lui apportait et de l'ascendant qu'il exerçait sur elle. Elle ressentait que leur union durerait longtemps, sinon toujours, et ne voyait aucun inconvénient à cohabiter avec lui. En outre, une fois sûre de ses sentiments, elle se découvrit des instincts domestiques. Comme toute jeune femme qui croit avoir enfin trouvé le premier grand amour de sa vie, Jane ressentit le besoin d'abriter son bonheur. Il lui fallait donc une maison, un endroit où Vadim et elle pourraient vivre, non pas comme deux amants qui ont une aventure passagère, mais comme des compagnons qui s'engagent ensemble dans une relation durable. Il leur fallait quelque chose de grand : une maison pourvue d'un surplus de chambres pour recevoir amis et parents, et de l'espace autour qui les isolerait du reste du monde.

Comme tous deux aimaient les animaux, Jane n'eut aucune peine à persuader le cinéaste de s'installer à la campagne. En août, elle découvrit une petite ferme abandonnée à la limite de la localité de St-Ouen-Marchefoy, à l'ouest de Paris. La maison négligée mais encore charmante avec ses murs de pierre et son toit de tuiles, était située sur un terrain d'environ deux hectares. Le décor plut tout de suite à Jane avec son petit village pittoresque à proximité et elle acheta la propriété sur-le-champ. Elle s'occupa ensuite de faire restaurer l'habitation à son goût et de faire aménager le parc environnant. Elle y déploya l'énergie et l'impatience qui la caractérisaient, venant de Paris presque tous les jours pour superviser le labeur des ouvriers et même les assister à l'occasion.

« La maison datait de 1830, mais ce qui m'a vraiment emballée, c'est la couleur des murs, une teinte beige miel comme dans les dessins d'Andrew Wyeth. Je les ai laissés debout mais j'ai fait démolir l'intérieur pour qu'il soit modernisé. Je devais être constamment sur les lieux pour m'assurer que le travail était bien exécuté. Mais parfois ça demeurait frustrant quand il fallait expliquer aux ouvriers, dans un français cahoteux, comment rénover la maison tout en lui conservant sa beauté originale. Le parc était absolument plat; j'ai dû faire venir un bulldozer pour remuer la terre et lui donner du relief. Il n'y avait aucun arbre; j'en ai fait transporter de Paris des douzaines qui avaient déjà atteint leur taille normale. C'était démentiel — chaque matin on pouvait apercevoir ces rangées d'arbres s'avancer sur la route, comme Birnam Wood s'approchant de Dunsinane. »[1]

La restauration de la ferme fut interrompue en novembre par une sommation de Hollywood : Jane s'était engagée auprès de Columbia Pictures à jouer dans une adaptation cinématographique d'un roman humoristique peu connu de Roy Chanslor, « Cat Ballou ». Le tournage allait commencer; la jeune femme, délaissant ses projets à St-Ouen, partit en compagnie de Vadim pour la Californie.

On se souvient de « Cat Ballou » d'abord à cause de l'impact que ce film a eu sur la carrière de Lee Marvin qui, malgré son talent, n'avait interprété jusque-là que des brigands de second plan au cinéma. Mais ce fut également le premier triomphe de Jane Fonda. « Cat Ballou » était un western non conventionnel, caustique même, qui tournait en plaisanterie tous les

---

(1) « Macbeth »

clichés du genre auxquels ses auteurs avaient pu songer. Marvin y incarnait le plus sinistre des « méchants », un hors-la-loi ivrogne au nez d'argent (le sien lui ayant été arraché lors d'une bagarre) propriétaire d'un cheval alcoolique lui aussi. Grâce à son interprétation de Kid Shelleen, tireur redoutable devenu une loque, l'acteur se hissa au rang de vedette et se vit attribuer un Oscar. Jane prêtait ses traits à Cat Ballou, l'image même de la modeste héroïne de l'Ouest. Mais la douce institutrice se montre aussi habile avec ses pistolets que n'importe quel Wyatt Earp, lorsqu'elle se range aux côtés de Kid pour venger le meurtre de son père assassiné par des spéculateurs locaux.

Jane acheta une maison à Malibu et s'y installa avec Vadim pendant le tournage. Et c'est ensemble qu'ils se rendirent au Colorado où l'équipe devait filmer les séquences extérieures. Le milieu cinématographique découvrit avec stupéfaction que la jeune actrice cohabitait avec le réalisateur français et se mit à bourdonner de curiosité. « Jane Fonda et Roger Vadim font les manchettes », écrivait Hedda Hopper, avec un peu de retard. « Les Britanniques feraient allusion à eux par un discret « Jane Fonda et un ami », mais Hollywood traite Vadim de « petit ami de Jane Fonda ». » Tous les commentaires n'étaient pas aussi anodins et les mentalités étroites se rappelaient les étranges rapports de la jeune actrice avec Andreas Voutsinas pendant son long séjour en Californie. Des rumeurs commençaient à circuler, on décrivait d'étranges comportements, on racontait que la nuit...

À Hollywood, la plupart des gens croyaient que Jane avait amené Vadim avec elle pour le présenter au milieu du cinéma et pour tâcher de lui trouver du travail comme réalisateur. « Joy House », le film de René Clément auquel elle avait participé quelque temps auparavant, venait de sortir aux États-Unis et les critiques s'étaient montrés sévères envers elle. Un certain ressentiment contre la jeune actrice commençait à se manifester à Hollywood; la jeune génération attribuait la rapidité de son triomphe à sa parenté avec Henry Fonda et ses aînés lui reprochaient sa farouche indépendance et ses jugement sévères sur son père. Ses quelques succès étaient relégués dans l'ombre, tandis que ses échecs, plus fréquents, étaient montés en épingle avec une secrète satisfaction. Le désastre de « Joy House » donna raison à ses détracteurs. Parce que l'oeuvre était française et chargée d'un érotisme trouble, les natures cancanières faisaient mine de croire que Jane s'était laissée entraîner à mener une existence aussi aberrante que celle qui y était présentée. La jeune femme toujours sensible aux calomnies, s'irrita de plus en plus et chercha à se défendre en proclamant que ses relations avec Vadim « ne regardent personne d'autre que moi. »

Ceux qui côtoyaient Jane à ce moment-là, pour la plupart des acteurs qu'elle avait rencontrés à l'époque des cours chez Strasberg et qui faisaient dorénavant carrière au cinéma, proposaient une autre version des faits. « Jane et Vadim étaient vraiment amoureux l'un de l'autre », se rappelait quelqu'un qui leur avait rendu visite. « Lui la traitait avec déférence et affection et elle, se rengorgeait dès qu'il était question de lui. Après les histoires que j'avais entendues, je m'attendais à assister à une orgie et, pour dire vrai, j'ai été un peu déçue de trouver leur maison paisible et aussi ordonnée. Jane s'était mise à la cuisine — française, en plus — et je lui enviais ce climat de détente — à l'européenne — qu'elle avait créé chez elle. Vadim était adorable, un homme tranquille mais débordant de charme et de personnalité. »

« Je n'avais pas revu Jane depuis un certain temps, précisait un autre, et j'ai été surpris de constater à quel point elle avait changé. Elle était encore tendue et nerveuse, avec ce frémissement dans la voix... mais elle était plus expansive et certainement plus sereine qu'autrefois. Je pense que si elle a été remarquable dans « Cat Ballou », c'est à cause de ses sentiments pour Vadim. Elle s'enthousiasmait en parlant du film; elle faisait même des projets cinématographiques avec Vadim. Tout l'exaltait finalement. »

Un autre acteur de « Cat Ballou » a raconté : « Nous étions dans les montagnes du Colorado et il y avait ce Français avec nous, installé dans son coin, assis sur une chaise pliante, à flanc de collines, ses lunettes à monture d'écaille sur le nez, en train de lire le magazine « Mad », pendant que Jane tournait ses scènes. Ces deux-là n'étaient pas distants, absolument pas. Entre les prises de vues, au dîner, ils s'amusaient avec tout le monde. Vadim est un gars très cordial. »

Le séjour de Jane en Californie se déroula sans incident. Elle accorda peu d'entrevues et passa la majeure partie de son temps libre à montrer à Vadim le Hollywood qui lui était familier et qu'elle aimait bien. À son arrivée en octobre, elle avait été surprise de voir combien le milieu cinématographique s'était transformé depuis son dernier passage, affichant un regain de jeunesse. Par ailleurs, la ville était en passe de devenir le point de ralliement sur la côte ouest du mouvement de musique pop américain. Une multitude de jeunes interprètes et musiciens, fervents de musique rock, avaient attiré des milliers d'autres jeunes adeptes qui s'étaient rassemblés à Los Angeles au cours de l'année précédente. Une sous-culture encore informe, à la base d'un futur mouvement de paix, d'amour et de psychédélisme, commençait à s'élaborer à la fin de 1964. Et ce phénomène fascinait Jane et Vadim.

16

Nue sur Broadway

Le tournage de « Cat Ballou » s'étant terminé en décembre, peu de temps avant son vingt-septième anniversaire, Jane regagna la France avec Vadim pour aller superviser la bonne marche des travaux effectués sur sa maison de St-Ouen, tandis que lui s'attaquait au projet d'un nouveau film qu'il espérait réaliser avec elle sous les auspices de MGM. Installés dans l'appartement de la jeune femme à Paris — la ferme ne serait prête à être occupée qu'au printemps, selon les plans de Jane — le couple entama paisiblement la nouvelle année. Vadim observait avec amusement l'énergie que déployait sa compagne pour hâter le parachèvement des rénovations. Il s'intéressait peu aux questions de maisons, d'environnement et de propriétés en général. Où qu'il fût, bon vin, bonne chère et plaisante compagnie faisaient son bonheur. Mais il laissait la jeune femme donner libre cours à son perfectionnisme impatient et organiser leur nouvelle demeure comme elle l'entendait, tout en s'émerveillant de son inlassable activité.

Malgré son début tranquille, 1965 allait se révéler une année extrêmement tumultueuse pour Jane. Les producteurs français de Vadim avaient trouvé un distributeur américain, Walter Reade-Sterling, Inc., pour « La Ronde » qui prendrait l'affiche aux États-Unis à la fin de mars, sous le titre de « Circle of Love ». En février, Jane fut rappelée à Hollywood pour discuter de sa participation à un film aux côtés de Marlon Brando. Elle n'aurait probablement pas hésité à décliner toute autre proposition mais, depuis le début de sa carrière, elle souhaitait jouer avec l'imprévisible Brando. Lorsque son impresario, Dick Clayton, qui avait succédé à Ray Powers, la mit au courant de l'occasion qui s'offrait à elle d'obtenir un rôle important dans la prochaine production mettant Brando en vedette, elle retourna précipitamment en Californie pour solliciter du producteur Sam Spiegel le rôle en question. Ce dernier venait d'annoncer qu'il comptait produire un film intitulé « The Chase » (« La poursuite impitoyable ») avec le célèbre acteur en tête de distribution et par une habile manoeuvre publicitaire, il prétendait chercher à travers tout le pays l'actrice idéale, connue ou non, qui lui donnerait la réplique. Entre temps, à New York, la maison Reade-Sterling organisait la sortie de « Circle of Love ». La première devait avoir lieu le 24 mars au DeMille Theater sur Broadway et, au début du mois, les distributeurs, en guise de réclame, installèrent une affiche haute de huit étages sur la façade du cinéma. Il s'agissait d'une représentation gigantesque et très réaliste de Jane : la jeune femme allongée sur un lit, cheveux épars et entièrement nue, jetait des regards aguichants sur un second panneau annonçant, de l'autre côté de la rue, le film « The Bible ».

Journaux et revues s'empressèrent d'en informer leurs lecteurs. Des articles et des éditoriaux empreints d'humour ou d'indignation, souvent accompagnés d'illustrations, parurent par tous les États-Unis. L'échotier Earl Wilson adopta un ton particulièrement offusqué pour rendre compte de l'incident. « On entend rarement un habitué de Broadway s'écrier : « C'EST SCANDALEUX ! » Pourtant, un de mes bons vieux amis... n'a pu s'empêcher de protester en ces termes lorsqu'il a vu la peinture de Jane Fonda, le derrière nu, — croyez-le ou non — couvrant la façade du cinéma DeMille... Un grand nombre de personnes, des femmes surtout, ont téléphoné pour s'en plaindre. »

Wilson continuait en se demandant « ce que Henry Fonda, un homme du Mid-West, penserait de la nudité de sa fille ainsi étalée au vu et au su de tous. Fonda est parti pour l'Espagne l'autre jour... juste à temps pour ne pas être mêlé à cette histoire. De toute façon, la rumeur court que les films qui abusent de l'érotisme ont peine à survivre; au cinéma du moins, la SEXUALITÉ ne fera pas long feu. »

Si Wilson avait un don contestable pour la prophétie, par contre, il procurait à Reade-Sterling le genre de publicité qui ne s'obtient normalement qu'en échange de millions de dollars. Et Jane, en entendant parler de l'affiche, jeta encore de l'huile sur le feu en annonçant qu'elle intenterait une poursuite contre la maison de distribution.

Dorothy Kilgallen, une autre échotière, accusa la jeune actrice d'être de connivence avec ses agents dans cette affaire et manifesta clairement sa désapprobation envers ce qu'elle appelait de la complaisance pour les exhibitions de mauvais goût. En fait, Jane fut véritablement choquée par ce panneau, non pas tellement parce qu'elle y était représentée nue, mais parce que les distributeurs faisaient de « Circle of Love », une oeuvre à propos exclusivement érotique. S'il est vrai que dans ce film, elle se mettait au lit et en sortait plus souvent qu'à son tour et que certaines séquences étaient extrêmement suggestives, par contre, elle n'apparaissait jamais entièrement dénudée.

« Pour moi, « La Ronde » a été l'occasion de jouer dans une comédie d'une qualité visuelle remarquable. Il s'agissait de mon premier film d'époque. Ils ont tout gâché ici ; d'abord, le doublage en anglais qui est affreux, et puis, cette histoire d'affiche ! Il n'y a rien de semblable dans le film; en fait, à aucun moment on ne me voit déshabillée. Je m'insurge contre ce genre de publicité malhonnête et trompeuse. D'ailleurs, dans le temps, Vadim était du même avis que moi. »

Jane fit appel aux services de la prestigieuse firme Paul, Weiss, Rifkind, Wharton et Garrison pour intenter une poursuite contre Reade-Sterling. Le même bureau représenterait plus tard Jacqueline Kennedy dans ses démêlés au sujet de la publication d'un livre sur l'assassinat de John F. Kennedy. La cause de Jane se régla plus rapidement que celle de l'épouse de l'ancien Président, mais captiva presque autant l'intérêt du public. Ses avoués affirmèrent que l'affiche avait provoqué chez la jeune femme, « une angoisse et une honte » très vives et réclamaient une sentence exemplaire sous la forme de dédommagements atteignant une somme de 3 000 000 $. Lorsque Walter Reade Jr. le président de Reade-Sterling en fut informé, il déclara ne pas comprendre « le motif de toute cette agitation. »

Profitant au maximum de cette aubaine publicitaire, il annonça qu' « en dépit du différend juridique qui s'était élevé entre Jane Fonda et Reade-Sterling », il comptait donner une réception au champagne en l'honneur de l'actrice tout de suite après la projection de « Circle of Love » pour les journalistes et les invita elle et Vadim à venir à New York pour l'occasion. Il faisait allusion à la poursuite intentée par Jane en termes de « prérogative féminine » et qualifiait le panneau « d'effort pour illustrer une partie du contenu « pour adulte » du film. Nous considérons « Circle of Love » comme une production brillante qui s'adresse aux cinéphiles de plus de dix-huit ans et nous avons cherché à faire passer ce message dans notre affiche publicitaire. »

Dans une tentative pour anticiper les effets de la poursuite judiciaire, et pour extraire, non sans humour, tout le suc de l'incident, Reade fit poser sur le portrait un large carré de toile destiné à couvrir le derrière de Jane, lequel se trouvait ainsi à attirer davantage l'attention du public, rapportant à ses concepteurs le bénéfice d'une nouvelle série de photographies dans les journaux.

Jane n'y vit pas matière à rire : « C'est plus ridicule que jamais, avec ce Band-Aid ! » Il n'y avait plus qu'à décrocher le panneau définitivement, ce que Reade savait pertinemment qu'il aurait dû faire dès le début. L'affiche enlevée, le différend finit par se régler et le film disparut des salles de cinéma peu après sa sortie. Les critiques ne se montrèrent pas plus favorables envers Jane qu'ils ne l'avaient été pour « Joy House ». « Circle of Love » n'attira au plus que quelques centaines de milliers de spectateurs et ceux qui achetèrent un billet avec l'espoir de voir la jeune actrice en costume d'Ève, furent amèrement déçus. Pourtant, le panneau publicitaire hanta encore longtemps les esprits et c'est grâce à lui surtout que Jane devint le nouveau sex-symbol des États-Unis.

Cependant, la jeune femme était toujours à Hollywood, en quête d'un rôle dans « The Chase ». Après la sortie de « Circle of Love », sa renommée ternie par deux fours consécutifs, ratifiés par la critique et le public, et dont on rejetait en grande partie le blâme sur elle, on aurait pu croire que la cote de Jane était à la baisse. Mais l'intérêt de Spiegel fut aiguisé par la publicité qui entourait le différend Reade-Fonda; il avait un faible pour les acteurs de réputation controversée, même les plus coriaces. Il ferma donc les yeux sur les commentaires sévères que la jeune actrice s'était valus pour « Joy House » et « Circle of Love », prétendant qu'elle avait été mal employée et mal conseillée par ses amis français. Lorsqu'il vit son interprétation dans un extrait du futur « Cat Ballou », il fut convaincu qu'il avait trouvé l'actrice toute désignée pour « The Chase » et il lui offrit un contrat au début d'avril. Enchantée, Jane téléphona sur-le-champ à Hedda Hopper pour lui annoncer qu'elle venait de décrocher le rôle de sa carrière.

À Hollywood, Spiegel avait la réputation d'entreprendre peu de productions mais de ne rien ménager lorsqu'il se mettait à la tâche. Le scénario de « The Chase », composé par Lillian Hellman, était basé sur une série de nouvelles et une pièce de théâtre écrites par Horton Foote, qui portaient sur l'intolérance et le provincialisme régnant au Texas. Outre ces deux écrivains de grande envergure, Spiegel avait fait appel à Arthur Penn, dont le goût était sûr, pour réaliser le film et comptait sur Brando pour incarner le personnage principal. Enfin, il bénéficierait d'un gros budget qui garantirait la rentabilité de la production. Maintenant, il avait engagé Jane Fonda qui était, selon ses propres termes : « exactement la personne qui convient ».

« C'est le rôle le plus enthousiasmant et le plus aguicheur qu'une actrice ait jamais décroché », déclara-t-il lors de la conférence de presse qu'il avait organisée pour rendre public son accord avec Jane. « Lillian Hellman a créé un grand nombre de personnages féminins remarquables mais elle est convaincue que cette fois-ci, elle s'est surpassée. » Peu de projets de films à Hollywood semblaient aussi prometteurs.

Le filmage ne devant pas débuter avant un mois, Jane retourna à New York avec Vadim pour consulter ses avocats au sujet de l'affaire Reade-Sterling et pour procéder à la vente de son appartement de la 55th Street. Elle avait décidé de s'établir en France et de ne garder aux États-Unis que la maison de Malibu qu'elle occuperait lorsqu'elle serait de passage à Hollywood. Pendant leur séjour à Manhattan, Vadim, la petite Nathalie, venue de France pour les visiter, et elle, s'étaient installés dans la maison de Henry Fonda, lequel se trouvait à ce moment-là en Europe pour le tournage de « The Battle of the Bulge ».

Soucieuse de contrebalancer l'effet désastreux du panneau publicitaire, Jane accorda quelques entrevues à des journalistes triés sur le volet. La jeune femme se montra sous un jour nouveau et parut plus réfléchie qu'elle ne l'était auparavant. Interrogée sur ses relations avec Vadim, elle s'enferma dans un mutisme opiniâtre, mais un reporter parvint à la mettre en colère en insinuant que Marlon Brando pourrait prendre ombrage de la présence du réalisateur français dans les environs du plateau de tournage de « The Chase ». « C'est un maudit mensonge ! » s'exclama-t-elle, faisant montre d'une grossièreté qui ne lui était pas coutumière. « D'abord, Vadim ne viendrait pas sur un plateau de tournage pendant que je travaille à moins que je ne le lui demande. Et puis, il s'entend très bien avec Marlon.

— Nous ne considérez pas Vadim comme votre répétiteur alors ? Comme l'était Andreas Voutsinas, par exemple ?
— Non, répliqua-t-elle sèchement.

— Nous direz-vous quelque chose de vos relations avec Vadim ?

— Non.

— Vous ne voulez pas en parler ?

— Non. »

Quand les journalistes voulurent savoir si elle comptait se marier, elle répondit :

« Non, pas pour l'instant. Mais je ne sais pas si demain je serai du même avis. » En fait, à ce moment-là, Vadim insistait justement pour que Jane l'épouse et cette dernière commençait à être moins ferme dans sa résolution de rester célibataire.

Ils l'interrogèrent sur ses opinions, sur ce qu'il était advenu de la libre penseuse qui, autrefois, n'hésitait pas à choquer les gens. « Il y a eu une époque où j'essayais délibérément de scandaliser, parce que je me révoltais contre mon sort, contre le fait d'être la fille de mon père et parce que je voulais être appréciée à ma juste valeur. Mais je pense que maintenant, je suis jugée d'après mes propres mérites. Je ne ressens plus le besoin de lancer des remarques explosives. Je me sens plus détendue, plus sereine qu'il y a deux ans.

« Je ne suis pas libre penseuse. Je n'ai jamais été particulièrement marquée par la mentalité bourgeoise, je n'ai donc pas eu à m'en libérer. C'est-à-dire que... Je suppose que j'en subis tout de même l'influence, du moins en ce qui concerne l'argent. Je préférerais qu'il en soit autrement. Je n'aime pas cette attitude de respect qu'ont les Américains pour la richesse. Ça ressemble à une maladie et c'est une chose qui me tracasse chez moi. »

Ces propos reflétaient la pensée de Vadim, bien que son interviewer ne s'en soit pas rendu compte. Le cinéaste français n'était pas l'homme des fortes convictions politiques. Ses préoccupations semblaient davantage culturelles : il méprisait les sociétés obsédées par l'argent et, à son avis, les États-Unis en étaient un exemple typique. Il s'était souvent exprimé sur le sujet dans ses entretiens avec Jane. Il reconnaissait la nécessité d'un luxe modéré et de loisirs mais croyait qu'ils pouvaient s'obtenir autrement qu'en faisant de la richesse l'idéal de toute une population. C'est la raison pour laquelle l'antimatéria-lisme croissant de la jeunesse américaine l'intéressait.

Pressée de définir l'élément le plus important pour une femme dans ses relations avec un homme, elle réfléchit lon-guement avant de répondre. « Je pense que l'honnêteté est extrêmement importante, très rare et très difficile à pratiquer aussi. Trop souvent, les relations entre hommes et femmes s'établissent sur des mensonges; j'en ai fait l'expérience et j'ai observé le même phénomène autour de moi. C'est fatal pour un couple.

« Ce qui compte, poursuivait-elle décrivant inconsciemment ses rapports avec Vadim, c'est d'être capable, dès le début, de tout dire à un homme, de pouvoir écouter et discuter sans préjugés. Si on ne communique pas, si on n'échange pas d'idées, si on garde pour soi son mécontentement, on se met à en vouloir à l'autre. Et puis, les petites contrariétés s'accumu-lent et toute la relation en est faussée. Je connais des tas de gens qui vivent encore ensemble sans s'aimer; il n'y a plus la moin-dre étincelle de communication entre eux, à quelque niveau que ce soit. Je trouve ça aberrant. »

Justifiant sa réticence à se marier, elle ajoutait : « Je pense que les femmes sont responsables d'une bonne partie du pro-blème... Elles s'arrogent des droits sur leur compagnon, sur-tout dans le mariage. C'est une des principales raisons pour lesquelles je ne me marie pas. Je ne veux posséder personne... et je ne veux appartenir à personne.

« Je crois que la différence qui existe entre l'homme et la femme se compare à la distance qui sépare deux étoiles très éloignées, rattachées à deux galaxies distinctes. Les préoccupa-tions des femmes diffèrent totalement de celles des hommes qui sont davantage portés vers l'abstrait, à tout point de vue. C'est ce qui explique qu'il y ait tant d'animosité à l'intérieur des couples. C'est toute une tâche que d'essayer de rapprocher ces deux galaxies. L'idéal serait de reconnaître qu'on ne peut rien changer.

« La femme désire ce rapprochement... elle veut que tout soit ramené à elle. Je pense que c'est instinctif. Elle donne naissance à l'homme et elle souhaite qu'il lui revienne. Elle n'a pas les mêmes ambitions que lui; lorsqu'elle s'aperçoit que l'homme lui échappe, elle panique et tente de le reprendre. À ce moment-là, lui se sent pris au piège et elle, frustrée. Ils s'éloignent l'un de l'autre, tout en se débattant pour se rapprocher. Pourtant, je suis sûre que l'intimité entre deux êtres peut s'accroître grâce justement à cette distance naturelle qui existe entre eux, mais il faut savoir bien s'y prendre. Je trouve ça difficile parce que, moi aussi, j'ai cet instinct de possession. Mais je suis toujours plus heureuse quand j'arrive vraiment, et non pas simplement en théorie, à respecter cette différence chez l'homme que j'aime, sans me sentir lésée. »

Cette philosophie de Jane, qui pour certains, pouvait paraître déjà vue et mal assimilée, impressionna pourtant beaucoup de gens lorsqu'ils en prirent connaissance dans les journaux. Cela les rendit perplexes, brouillant l'image qu'ils avaient de Jane, enjôleuse irresponsable et extravagante.

En dépit du quotient intellectuel fabuleux qui lui était attribué par ses agents de publicité — un petit tour de passe-passe auquel ceux-ci ont recours pour donner à leurs clients prestigieux un aspect surhumain — Jane n'était pas tant portée à développer des idées originales qu'à faire des déclarations inattendues. Elle s'exprimait en particulier sur ce qu'elle avait découvert par introspection et par expérience. Elle était certainement intelligente, mais ses pensées, comme c'est le cas pour la majorité des mortels, lui venaient davantage de ce qu'elle apprenait des autres, que d'un génie naturel. Elle avait un esprit vif et pragmatique et une sensibilité qui la rendait compatissante aux malheurs des autres. Elle ne croyait ni à Dieu, ni à la religion et se procurait toute la nourriture spirituelle dont elle avait besoin dans l'interprétation rationnelle de l'univers. Elle s'intéressait presque exclusivement à l'aspect temporel des choses et sa principale préoccupation consistait à dominer ses mystérieuses et insaisissables émotions.

Sa curiosité était insatiable. Mais si expérience et savoir égalent connaissance et si expérience et connaissance mènent à la sagesse, à vingt-sept ans, Jane piochait encore sur la première partie de l'équation.

Reconnaissant s'être épanouie sur le tard et avoir négligé son instruction, elle absorbait avidement toute nouvelle information théorique ou pratique, faisant preuve d'une curiosité vive et extrêmement développée. Cependant, profondément attachée à ses instincts et se fiant plus souvent à son enthousiasme qu'à sa raison, Jane avait tendance à faire siennes les opinions de ceux à qui elle était sentimentalement liée. C'était devenu une constante dans sa vie; déjà plus jeune, elle avait adopté ce comportement avec son père, puis avec Strasberg, Everett, ses psychiatres, Voutsinas et les autres. Cette attitude atteindrait un paroxysme avec Vadim qui semblait posséder quelques-uns des traits caractérisant chacun des hommes qui avaient exercé une influence sur elle.

Ironie du sort, dans une vie remplie d'ironies, cette même curiosité qui l'avait rendue dépendante du cinéaste français sur le plan intellectuel et émotif, libérerait plus tard la jeune femme de cette emprise. Mais il lui fallait d'abord se soumettre à un pénible apprentissage des mécanismes de la connaissance de soi.

17

Pieds nus à Malibu

La population établie sur la plage de Malibu est à une demi-heure et à plusieurs années-lumière des splendeurs banlieusardes de Beverly Hills. En 1965, dans ce St-Tropez de la Californie, on vivait avec une insouciance débraillée et vaguement bohème, caractéristique de ce genre de lieux à la mode à travers le monde. La ville est située à proximité de la Pacific Coast Highway, autoroute à la circulation intense dont une bretelle, contournant un petit centre commercial, mène jusqu'à la plage elle-même. Sur le bord de cette route, qui suit de près les sinuosités de la côte, se trouve l'agglomération de Malibu — une longue rangée de petites résidences alignées les une près des autres, bâties dans des styles et des modèles variés et qui, installées sur leur étroite bande de sable, contemplent l'horizon. C'est là qu'en mai, à leur retour de New York, Jane, Vadim et sa fille Nathalie, s'installèrent dans la petite maison de l'actrice.

Ayant décroché « le rôle de sa carrière » et devant s'illustrer au milieu d'une distribution de grands professionnels, Jane savait qu'il lui fallait se surpasser dans « The Chase ». L'idée de jouer aux côtés de Brando la fascinait autant qu'elle la terrifiait. Elle le considérait comme « l'homme probablement le plus séduisant de tous les temps », mais se doutait bien que lui donner la réplique pouvait se révéler à la fois difficile et dangereux pour une actrice : il avait le don d'occuper tout l'écran et de rendre ses partenaires quels qu'ils soient, en apparence raides et insignifiants. L'immobilité chez lui atteignait aux proportions de l'art; là où les autres se démenaient, il se contentait d'exister, présence monumentale, absolument fascinante aux yeux du public. Sa faculté d'exprimer les moindres nuances de ses émotions était sans égale; s'y ajoutaient un magnétisme saisissant et une personnalité impressionnante. Non seulement Jane devait jouer à ses côtés, mais il lui fallait rivaliser avec lui.

Brando était l'un des acteurs les plus admirés du cinéma américain, mais en 1965, sa carrière déclinait. Après ses premiers triomphes, il avait participé à une série de films que sa présence seule empêchait d'être totalement insignifiants. À l'écran, la réaction d'un acteur au jeu de ses partenaires constitue la meilleure part de son interprétation; or celle de Brando était souvent affadie par le fait que personne ne lui allait à la cheville. Ses évocations de chagrin, d'angoisse, de désespoir, d'amusement et de violence, semblaient souvent isolées et sans référence aucune hors de son propre personnage. Son jeu réaliste se répercutant dans le vide, devenait creux et narcissique.

Il n'avait pourtant rien perdu de son pouvoir électrisant et de sa séduction; aussi, cette année-là, cherchait-il désespérément un rôle qui relancerait sa carrière. Il crut l'avoir trouvé dans le shérif texan, malheureux idéaliste, de « The Chase », dont le caractère correspondait au sien. Il était résolu à en tirer le maximum de sorte que son perfectionnisme excentrique eut ses effets sur la préparation et le tournage du film.

La première fois que la distribution fut réunie pour discuter de « The Chase », Jane fut éblouie par l'assurance et l'autorité de Brando. « J'étais là quand il est venu s'entretenir du scénario, le premier jour. C'est un homme qui ne veut rien de moins que la vérité. Il tient à aller au fond des choses, non seulement en ce qui concerne son rôle, comme la plupart des acteurs, mais aussi en ce qui a trait à tout le texte. S'il sent que quelque chose cloche, il s'y oppose. Les gens disent qu'il est trop exigeant; je suppose qu'il l'est parfois, mais il n'accepte rien qui ne soit pas tout à fait juste, à son avis. J'ai beaucoup d'admiration pour lui, parce que moi, je n'ai pas ce genre de courage. »

Elle l'admirait certainement, cependant elle ne pouvait s'empêcher d'être en proie à un sentiment d'impuissance lorsqu'elle jouait à ses côtés. Cet été-là, à mesure que le tournage progressait, elle se sentait non seulement insatisfaite de son personnage, mais terriblement perturbée par une vague de découragement qui s'élevait en elle. Loin des caméras, Brando se montrait aimable et Jane était vivement intéressée par ses prises de position en matières sociales — il était déjà engagé dans un mouvement en faveur du rétablissement des droits civils des Indiens américains. Mais sur le plateau de tournage, à cause de sa manière tatillonne et compliquée d'aborder leurs scènes communes, il ne lui était d'aucun secours.

« The Chase » est une allégorie, lourdement chargée de symbolisme, sur la cupidité et l'hypocrisie de la société américaine telle qu'une petite ville du Texas contemporain peut la refléter. Le personnage central, incarné par Brando, est un shérif, en fonction contre son gré, qui s'est fixé pour but de ramener vivant un prisonnier de l'endroit (Robert Redford), en dépit du fanatisme des citadins résolus à le lyncher. L'homme en question s'est évadé après avoir été accusé à tort de meurtre. Sa femme, Anne Reeves, interprétée par Jane, a une liaison avec un ancien compagnon de classe de son mari, le fils un peu veule (James Fox) d'un riche notable de la ville. Au cours de l'intrigue, Anne Reeves et son amant s'engagent, sur les instances du shérif, à convaincre le fugitif de se livrer à la justice sans résistance. Par la suite, dans un grand déploiement de violence sanglante, magnifiée par un holocauste symbolique (l'Amérique consumée par les flammes de son étroite convoitise), la jeune femme perd à la fois son amant, mort dans l'incendie, et son mari, abattu de sang-froid par un fanatique local, à la porte de la prison où Brando, éclopé mais héroïque, le conduisait.

Malgré ses promesses, le film, qui devait être un classique à l'exemple du « Ox-Bow Incident » (« L'étrange incident »), auquel avait participé Henry Fonda, s'enlisa dans le mélodrame littéraire, comptant même une variation moderne des choeurs du théâtre grec de l'antiquité. Du point de vue de la production, l'oeuvre se révélait de qualité et riche jusque dans ses détails, mais ses efforts maladroits pour éveiller des sympathies libérales étaient aussi transparents et prévisibles que ses personnages étaient stéréotypés. Le rôle de Jane, moins important qu'il n'y paraissait à la signature du contrat, se résumait, en fait, à de la figuration, sauf pour quelques brèves scènes avec Brando.

En juin, pendant le tournage de « The Chase », « Cat Ballou » prit l'affiche. Jamais auparavant on n'avait produit un long métrage aussi caustique et aussi irrévérencieux, de sorte que Jane, comme tous ceux qui avaient participé à sa réalisation, craignaient que ce traitement à la Tom Jones du mythe de l'Ouest ne soit mal reçu par les critiques et le public. Le concert de louanges qui accueillit le film mit fin à leurs inquiétudes. « Cat Ballou » fut acclamé comme un chef-d'oeuvre du cinéma satirique. Lee Marvin eut droit à des commentaires dithyrambiques pour sa composition du personnage de Kid Shelleen et Jane obtint une part à peu près aussi enthousiaste de compliments.

« Son interprétation la classe définitivement parmi les actrices qui galvanisent le public », pouvait-on lire dans le magazine « Time ». « Miss Fonda exécute toutes les absurdités qui lui sont demandées avec une sincérité étourdie qui est à la fois séduisante, émouvante et drôle. » Des neuf films auxquels Jane avait participé, c'était le premier à lui valoir, pour son jeu, l'entière approbation du « Time ». Même Judith Crist, qui jusque-là avait été l'une de ses critiques les plus sévères, fut conquise. « Il est temps de sortir nos vieux superlatifs, écrivait-elle dans le « Herald Tribune » de New York. Jane Fonda est absolument merveilleuse dans la peau de cette Cat naïve, dont le moindre mouvement dégage une douceur et un charme bien féminins. « Cat Ballou » est un petit bijou ! »

Les impresarios de la jeune actrice étaient enchantés : « Cat Ballou » la propulsait au rang de vedette qui faisait courir les foules, haussant sa cote jusqu'à 300 000 $ par production. Vadim était ravi, par affection pour sa compagne et parce que ce succès lui ouvrirait des portes à MGM, à qui il voulait proposer de financer un film, avec Jane dans le rôle principal. Sam Spiegel et Columbia Pictures eux aussi se réjouissaient, puisque Jane Fonda attirerait presque autant de spectateurs que Marlon Brando à la sortie de « The Chase ».

Mais pour Jane, qui tâchait toujours de s'affirmer aux côtés de Brando et dans son personnage d'Anne Reeves, ces félicitations paraissaient incongrues. Elle savait déjà qu'elle était une actrice de cinéma de premier ordre et elle exerçait ce métier depuis trop longtemps pour être exagérément impressionnée par les éloges dont on la comblait. Elle se considérait comme une véritable professionnelle et éprouvait le détachement caractéristique des vétérans à l'égard de leur travail. Elle avait décelé des faiblesses dans son interprétation de « Cat Ballou » et elle y faisait plus souvent allusion qu'à ses bons points.

Lorsqu'en mai, elle s'établit à Malibu avec son compagnon, leur vie commune fut d'abord relativement paisible. Néanmoins, en peu de temps, ils se virent pleinement adoptés par leur entourage. Au début, Vadim piquait la curiosité générale : ses relations avec Bardot, Stroyberg et Deneuve étaient passées à la légende et sa réputation excitait davantage d'intérêt que la gloire plutôt conventionnelle des nombreuses célébrités du cinéma installées dans les environs. Tous souhaitaient le connaître et lui, en retour, se montrait sociable, voire amical. Il était, de nature, plus communicatif que Jane et comme il prenait plaisir à s'entourer d'une compagnie nombreuse et agréable, la jeune femme se trouva bientôt l'hôtesse d'une maison toujours pleine d'invités à l'instar, se rappelait-elle, de ce qu'elle avait vu sept ans plus tôt, chez les Strasberg. Vers le mois de juillet, leur demeure était un des centres de la vie mondaine à Malibu et, avant peu, ce coin de plage devint le rendez-vous du milieu cinématographique international. Jane et Vadim accueillaient un flot incessant de connaissances venues des environs ou de l'étranger et les fins de semaine, leur logis débordait de visiteurs.

Henry Fonda venait, lui aussi, de temps à autre, les voir. De passage à Hollywood pour le tournage d'un nouveau film, il avait été contrarié par les rumeurs malicieuses qui circulaient dans son entourage au sujet des relations de Jane avec Vadim. Père et fille n'avaient que très rarement communiqué au cours des dernières années. L'acteur avait tâché d'ignorer les sarcasmes dont il était l'objet de la part de ses enfants et avait cessé d'y faire allusion devant les journalistes. Mais cette fois, en apprenant que Peter s'était converti publiquement à la marijuana et que Jane avait une aventure avec un cinéaste français, il se sentit de nouveau agacé... et curieux.

« Un jour, le téléphone sonne. C'était mon père qui m'annonçait qu'il voulait passer chez moi. Il n'avait jamais rencontré Vadim mais il était tout disposé à le détester. Il est arrivé à la maison s'attendant à trouver Dieu sait quoi, une orgie, je suppose, après tout ce qu'on lui avait raconté. Il nous a surpris, moi flânant en jeans et Vadim, installé sur le quai, en train de pêcher; or la pêche, c'est justement une des passions de mon père. » Fonda fut aussi étonné que tout le monde de trouver Vadim aimable et engageant. Mais il appartenait à une autre génération et ne pouvait pas admettre la cohabitation sans le mariage.

Grâce, en bonne partie, à l'influence de Vadim, Jane était enfin parvenue à un certain compromis avec la vie, du moins en ce qui avait trait à ses sentiments envers son père. Elle ne ressentait plus le besoin de riposter lorsqu'elle encourait sa désapprobation et commençait même à éprouver de la sympathie pour lui. « On devient adulte quand on se rend compte clairement des différentes étapes qui jalonnent les rapports qu'on entretient avec ses parents. D'abord, on admire sans conditions, on croit tout ce que son père dit. Après, on s'aperçoit qu'il commet des erreurs, tellement d'erreurs, et on est porté à le blâmer pour tout ce qu'on endure. Et puis, il faut traverser une phase — du moins, moi je l'ai vécue — de condamnation sévère et absolue, qui se justifie par le fait qu'on cherche désespérément sa propre identité. Enfin, la maturité vient et on peut considérer ses relations avec son père d'une manière objective. Il a commis des erreurs, oui mais, après tout, personne n'est parfait. »

Pendant l'été, Jane fut de plus en plus sensible aux efforts de son compagnon pour comprendre Henry Fonda et le rapprocher d'elle. Père lui-même, Vadim, qui admirait l'acteur, s'attristait du malentendu qui le séparait de ses enfants. Il en parlait avec tant de mélancolie que la jeune femme commença à se reconnaître des torts. Elle se mit à juger son père différemment et découvrit qu'elle l'aimait beaucoup plus qu'elle n'avait voulu l'admettre jusqu'ici; sans même s'en apercevoir, elle s'était défait d'une partie de sa rancœur et de son ressentiment d'autrefois envers lui.

Jane n'avait pas cessé ses traitements psychanalytiques, cependant, elle n'en ressentait plus le besoin comme auparavant et ne se rendait chez son psychiatre à Los Angeles, que de temps à autre. Elle avait acquis une certaine confiance en elle-même, une certaine assurance (ce que la plupart des gens réclament de la psychothérapie) et ses relations avec Vadim avaient eu un meilleur effet sur son état d'esprit que toutes les investigations cliniques auxquelles elle s'était soumise. Elle avait pris de façon régulière et sur prescription, au cours des années précédentes, des médicaments susceptibles de créer une dépendance — amphétamines comme source d'énergie et pour l'aider à maintenir son poids et antidépressifs pour soutenir son moral — mais elle s'en déshabituait peu à peu.

À l'été de 1965, une fois le tournage de « The Chase » terminé, sa sérénité et la découverte de ses nouveaux sentiments à l'égard de son père, rendirent Jane plus favorable à l'idée d'épouser Vadim. Cependant, elle s'y décida davantage sous le coup d'une impulsion qu'après y avoir réfléchi longuement. À la fin de juillet, le cinéaste, la laissant en Californie, regagna la France où elle devait le rejoindre un mois plus tard, lorsque la post-production de « The Chase » serait achevée.

Mais après quelques jours de séparation, non seulement elle se sentait triste et abattue, mais elle s'ennuyait terriblement de lui.

Avant de partir, Vadim lui avait reparlé de mariage. Au bout d'une semaine de solitude, la jeune femme lui téléphona à Paris pour lui annoncer qu'elle acquiesçait à sa demande. Cependant, elle tenait à ce que la célébration ait lieu aux États-Unis afin que certains de leurs amis puissent y participer. Vadim revint sur-le-champ en Californie, en compagnie de sa mère. Le samedi 15 août, Jane et lui nolisèrent un avion privé et se rendirent avec un contingent d'invités à Las Vegas. À bord de l'appareil se trouvaient, outre la mère de Vadim : Peter Fonda, Brooke Hayward, Dennis Hopper, l'acteur français et ami intime du cinéaste, Christian Marquand avec sa femme, Tina Aumont, la fille de Jean-Pierre Aumont. Il y avait également Robert Walker Jr et sa femme, des voisins de Jane, l'acteur James Fox, un de ses partenaires dans « The Chase », son cousin George Seymour, son impresario, Dick Clayton et la journaliste italienne d'allégeance gauchiste, Oriana Fallaci.

La cérémonie fut présidée par le juge de paix James Brennan qui avait uni Cary Grant et Dyan Cannon quelques semaines auparavant. Les noces eurent lieu dans une suite somptueuse, de six pièces, située au vingtième étage de l'hôtel Dunes. Marquand servit de témoin au mari, tandis que Tina Aumont et Brooke Hopper faisaient office de demoiselles d'honneur. De son côté, Peter joua de la guitare. Quant à Henry Fonda, il s'était excusé de ne pouvoir assister à la cérémonie, étant retenu à New York par les répétitions d'une nouvelle production théâtrale.

D'après le magazine « Look », l'atmosphère était empreinte d'une ironie qui convenait bien au décor. « Il ne s'agissait pas d'un mariage conventionnel. Un orchestre composé de violonistes — exclusivement des femmes qui ondulaient dans leur étroite robe bleue pailletée — a joué l'hymne nuptial. Le juge était si déçu en apprenant que le marié n'avait pas acheté d'anneau, que Vadim dut emprunter celui de Christian Marquand et Jane s'est vue contrainte de garder la main en l'air pour éviter que la bague ne lui glisse du doigt. La mère de Vadim, qui est passionnée de photographie, a passé tant de temps à fixer Las Vegas sur pellicule qu'elle a raté l'événement. »

Après la célébration, les invités assistèrent à une version « strip-tease » de la Révolution française dans laquelle une femme nue faisait mine d'être guillotinée au son du « Bolero » de Ravel. Ils passèrent tous la nuit dans les salles de jeu après quoi, ils allèrent observer le lever du soleil au-dessus du désert, à travers un brouillard de fumée de marijuana, d'après Peter Fonda.

Pour les journaux qui firent beaucoup de bruit autour de ce mariage — « Jane épouse l'ex-mari de B.B. » titrait l'un d'eux — la jeune femme attribua sa décision au fait qu'il serait désormais plus facile de voyager avec les enfants de Vadim, de s'inscrire dans les hôtels et enfin « à cause de mon père aussi, je suppose. Ma situation lui déplaisait. » Plus récemment, elle a ajouté qu'elle se sentait faible et désemparée à l'époque. « Je me souviens très bien de ce jour-là. Je ne me sentais pas dans mon élément. J'avais toujours pensé que je ne me marierais jamais et puis voilà, ça y était, et je me disais : « Je ne sais franchement pas pourquoi je le fais. » Il fallait que je sois endormie ! »

Les nouveaux mariés regagnèrent Malibu le lendemain des noces. Pendant la semaine qui suivit, Jane termina son travail dans « The Chase » et au début de septembre, elle et Vadim plièrent bagage et rentrèrent en France. Ils s'installèrent dans leur ferme restaurée de St-Ouen, où ils se remirent à la préparation d'un nouveau film, une adaptation du roman d'Émile Zola, « La Curée ».

Intitulé « The Game is Over » en anglais, cette oeuvre trace un portrait minutieux de l'épouse d'un homme d'affaires français entre deux âges. Cette jeune femme choyée mais égoïste tombe amoureuse de son beau-fils, un jeune homme à peu près de son âge. Pour Vadim, c'était l'occasion de créer sa première oeuvre profonde et il consacra beaucoup de temps à perfectionner son scénario. Il prévoyait en faire un film riche en couleurs, somptueux dans ses décors et, comme toujours, débordant de sensualité. Pour une fois dans sa carrière, il n'allait pas se contenter d'érotisme et de scènes de nu : il tenait à se tailler une réputation de réalisateur sérieux.

Son destin lié à celui de Vadim par le mariage, Jane aborda « La Curée » avec plus de ferveur qu'elle n'en avait manifestée pour ses précédents films. Il s'agissait d'une affaire de famille. Le cinéaste prit en considération ses remarques lors de la rédaction du scénario et la convainquit que le personnage de Renée Saccard, tel qu'il l'envisageait, l'imposerait aux yeux du public comme la très grande actrice qu'elle avait toujours rêvé d'être.

Le rôle comblait toutes les aspirations de Jane. S'étant illustrée comme interprète comique, il lui restait encore à se distinguer dans le genre dramatique. Or, incarner Renée Saccard lui permettrait de rompre avec les héroïnes banales — la prostituée tapageuse ou l'épouse frigide — qu'elle avait personnifiées au cinéma américain, et de s'offrir un personnage original, une femme amoureuse, montrée dans toute la profondeur et l'intensité de sa passion et représentée avec toutes ses joies, ses peines, ses espoirs et ses angoisses.

Cependant, le film devait contenir quelques scènes de nu intégral. Au début, Jane redoutait cette idée, non pas par manque de confiance envers son mari, mais parce que cela irait à l'encontre de ses principes, proclamés publiquement. Dans une brève séquence de « The Chase », elle apparaissait à demi nue, mais la caméra l'avait prise de dos et les images restaient plus suggestives que révélatrices; de toute façon, à Hollywood, en 1965, il n'aurait pu en être autrement. D'ailleurs, Jane avait éprouvé des réticences à ce moment-là, mais sur les instances de Vadim, elle s'y était résignée. Par contre, pour certaines prises de vue de « La Curée », l'une près d'une piscine, l'autre dans une chambre à coucher, pour une rencontre amoureuse entre Renée et son beau-fils, elle devait être entièrement dénudée.

Au moment du tournage de la séquence près de la piscine, Vadim, à la demande de la jeune femme, interdit le libre accès du plateau. Cependant, un photographe français était dissimulé sur une passerelle au-dessus du décor et, lorsque la jeune actrice se déshabilla pour répéter la scène avec le réalisateur et Peter McEnery, il se mit à prendre des instantanés. Personne ne sut jamais s'il s'était perché là avec l'assentiment de Vadim, comme il le prétendait. Mais quand Jane découvrit la supercherie, elle se mit en colère et fut encore plus courroucée en apprenant que le magazine « Playboy » s'était emparé de ces photos et comptait les faire paraître.

D'après ce qu'ont affirmé certains de ses amis plus tard, Vadim n'était pas homme à refuser de se prêter à un tel procédé; en apprenant ce qu'il était advenu des photos, il décida d'exploiter l'incident à fond pour assurer de la publicité à « La Curée ». De sorte que, d'après eux, il feignit l'indignation; lui et Jane prirent conseil des avocats de la jeune femme et adressèrent sans tarder une lettre à la revue avertissant ses directeurs de ne pas publier les photos. Jane y déclarait qu'elles avaient été prises sans son consentement et qu'en cas de publication, elle réclamerait une injonction contre « Playboy » et le tiendrait responsable des dommages.

18

« Que vienne la nuit »

Pendant son séjour en France pour le tournage de « La Curée », Jane devint de plus en plus consciente du mécontentement social et politique qui fermentait dans tout l'Occident. Avec l'effritement de l'empire français en Afrique et en Extrême-Orient, les idées de l'intelligentsia prolétarienne, menée par les marxistes pro-soviétiques auxquels s'était jointe la jeunesse étudiante qui s'inspirait de la révolution communiste chinoise, étaient accueillies favorablement par la population. Au début des années soixante, communistes et socialistes s'étaient attribué une bonne part du mérite de l'effondrement du colonianisme. Après s'être posés en représentants de la conscience nationale, ils étendirent bientôt leur champ d'action — surtout ceux qui appartenaient à la nouvelle génération — à toutes les puissances de l'Ouest, dénonçant violemment l'impérialisme, le racisme et l'oppression qui, affirmaient-ils, rongeaient la civilisation occidentale. Ils prônaient une révolution à l'échelle internationale et réclamaient la libération de tous les peuples asservis aux liens anti-démocratiques du capitalisme dont le but avoué consiste à combler quelques élus tout en exploitant la majorité et en la réduisant en servitude. Cet amalgame de radicalisme politique et d'opportunisme donna naissance à la nouvelle gauche française dont les champions idéologiques étaient, outre les Chinois, les Cubains, les Nord-Vietnamiens et les Vietcongs, les Noirs révolutionnaires d'Amérique septentrionale et les Palestiniens apatrides du Moyen-Orient. Cette pensée radicale se refléta dans le milieu du cinéma français, alors que de plus en plus de réalisateurs cherchaient à associer le pathos et la violence d'une révolution sociale à leurs propres visions romantiques. Au cours des années soixante, ils concentrèrent leur attention sur ce qu'ils appelaient « la lutte »[1].

Grâce à Vadim, Jane Fonda avait fait la connaissance de nombreuses grandes personnalités du cinéma français, qui avaient adhéré à la gauche, comme Simone Signoret et Yves Montand, lesquels comptaient parmi les amis intimes du couple. Tout en admirant leur ardeur et la conviction dont ils faisaient preuve en militant pour la justice sociale, elle n'oubliait pas ses origines et pouvait difficilement concilier leur idéalisme politique avec l'anti-américanisme virulent qu'ils affichaient. Leur propension à accuser les États-Unis de tous les maux de la terre la troublait, mais les raisons qu'elle invoquait à la défense de sa patrie étaient sans poids devant leurs objections complexes et bien étayées. Elle reconnaissait les défauts et les injustices du système américain mais tâchait d'en faire admettre les qualités; cependant, ses arguments étaient réfutés par des salves de démonstrations logiques. Jane fut accusée d'entretenir des illusions sur son propre pays; il lui manquait la perspicacité nécessaire pour discerner — en dépit du patriotisme qui lui avait été enseigné — les préjudices que le système américain causait au reste du monde. Blessée par la condescendance de ses visiteurs, la jeune femme préféra écouter leurs longues discussions enflammées plutôt que d'y prendre part. Lorsqu'elle se retrouvait seule, elle lisait certains livres d'auteurs qui avaient été vantés devant elle.

_____

(1) En français dans le texte.

Dans la deuxième moitié de 1966, les États-Unis connurent leurs premières grandes manifestations contre la guerre au Viêt-nam. Inspirée par l'éclosion, à la fin des années cinquante, de l'enthousiasme de la jeunesse pour le respect des droits civils, une nouvelle gauche américaine avait émergé au début des années soixante. En 1962, un groupe d'étudiants radicaux, venus de différents collèges et universités à travers le pays, se réunirent à Port Huron, au Michigan. À ce congrès, un organisme fut créé, le « Students for a Democratic Society », abrégé en SDS. Récemment diplômé de l'Université du Michigan, Thomas Hayden était l'un des fondateurs du SDS et le principal auteur du Manifeste de Port Huron, dans lequel le groupe proclamait ses opinions et démontrait la relation de cause à effet entre le capitalisme et les malaises de la société. Hayden, élu premier président du SDS, devint rapidement un des plus importants théoriciens de la nouvelle gauche, en plus d'être un activiste et un manifestant infatigable. À ses débuts, le mouvement, qui avait pour mot d'ordre : la réforme plutôt que la révolution, cherchait à conscientiser les classes économiquement opprimées et les minorités raciales.

Cependant, au cours de l'été 1963, à Saïgon, deux moines bouddhistes périrent en mettant le feu à leurs vêtements, pour attirer l'attention sur la résistance locale aux politiques répressives du régime Diem. Des images de ces moines assis stoïquement au coeur du foyer qu'ils avaient eux-mêmes allumé, horrifièrent une bonne partie des Américains et firent dévier l'intérêt de la nouvelle gauche vers l'immixtion des États-Unis dans le conflit au Viêt-nam. Peu après, Diem imposa la loi martiale dans tout le sud du pays et des centaines d'étudiants vietnamiens qui protestaient contre cette mesure furent battus. Cette répression intensifia encore la colère des jeunes réformistes américains. Pendant l'année qui suivit l'assassinat de Kennedy et alors qu'autour d'eux, la société menaçait de s'effriter, ils concentrèrent leur attention sur la situation au Viêtnam et se radicalisèrent de plus en plus. Voyant que le président Johnson, qui promettait de freiner l'intervention américaine dans cette guerre, la favorisait secrètement, instaurant ainsi une atmosphère de dissimulation au sein du pouvoir, la gauche s'érigea en porte-parole de la vérité et de la conscience nationales.

L'été précédent, avant de retourner en France pour le tournage de « La Curée », Jane avait été témoin de la montée de cette vague de protestation et de mécontentement lors de son séjour en Californie, grâce surtout à son frère et aux amis de celui-ci. En novembre, deux jeunes pacifistes américains, imitant les moines bouddhistes de Saïgon, s'étaient tués par autodafé sous les yeux du public, devant le Pentagone et les Nations Unies. Au même moment, la première grande marche antimilitariste avait lieu à Washington.

Lorsque ces événements furent connus en France, l'entourage de Jane se montra moins sévère à l'égard des États-Unis, du moins à l'endroit de la jeune génération. Un sentiment de réjouissance imprégnait l'atmosphère des débats de ses amis gauchistes : les derniers incidents ne signifiaient pas qu'une révolution allait éclater, mais il s'agissait d'un début prometteur. Brusquement, Jane se vit félicitée d'être américaine. Enchantée, elle se mit à sympathiser avec cette conscience politique sur laquelle elle s'était renseignée et qui se répandait comme une traînée de poudre sur le continent américain. S'identifiant à ce mouvement, elle avait hâte de retourner chez elle au printemps pour y faire un nouveau film et observer de près cette évolution.

Ce nouveau film, ce fut « Any Wednesday » (« Chaque mercredi »), une autre comédie de boulevard qui avait tenu l'affiche à Broadway. Jane y incarnait la jeune maîtresse d'un directeur d'entreprise new-yorkais sur le retour, coureur de jupons invétéré; ce genre de rôle ne possédait plus de secrets pour elle. Le tournage eut lieu à Manhattan et à Hollywood et à son arrivée en Californie, la jeune femme fut surprise par les changements rapides qui s'y étaient produits pendant ses six mois d'absence. La musique pop faisait fureur; dans le milieu du cinéma, tous ceux — ou presque — qui n'avaient pas quarante ans se laissaient allonger les cheveux et essayaient des drogues. Enfin Sunset Boulevard ressemblait à la rue principale d'une immense communauté hippie.

Invitée à comparer le nouveau mode de vie de la jeunesse américaine avec celui des Français, Jane déclara : « Une situation comme celle-ci serait inconcevable chez eux. C'est trop éloigné de leur culture et de leur style de vie. Ce qui se passe à Paris a toujours un caractère intellectuel plutôt que public. Là-bas, la bourgeoisie est prédominante et les gens sont essentiellement individualistes. Ce qui se produit ici découle naturellement d'une culture commerciale. La France ne pourrait pas et ne voudrait pas emboîter le pas à ce qui se fait chez nous. C'est peut-être une question de langue. Je reviens ici après une courte absence et tout le monde parle différemment. Avant, tout était « dans le vent », maintenant, tout est « dans le sac », les choses sont « sensass ». Pouvez-vous imaginer un Français s'habituant à de tels changements ? En français, l'argot, c'est l'argot, c'est définitif. »

Jane laissa clairement entendre qu'elle approuvait ce qui se passait en Californie; le phénomène était jeune, énergique et bouillonnant de révolte, des qualités qui lui plaisaient. Elle et Vadim ne tardèrent pas à explorer ce nouveau monde, guidés principalement par le frère de la jeune femme.

Depuis sa dernière rencontre avec Jane, Peter Fonda avait subi une métamorphose étonnante. Quelques années auparavant, il s'était établi à Los Angeles, dans le but d'entreprendre une carrière d'acteur. Il avait épousé Susan Brewers, la belle-fille d'un homme d'affaires, associé de Howard Hughes, Noah Dietrich, et avait mené une existence style Beverly Hills, à l'imitation de son riche beau-père — complets trois pièces assortis, pelouses bien ratissées, voitures luxueuses. Mais, en 1966, ayant pris conscience des bouleversements sociaux en cours, il avait définitivement tourné le dos à tout cela. Désormais, il jouait dans des films à petit budget, prônant l'usage du LSD, de la mescaline et du psilocybin. Il soutenait que les hallucinogènes lui avaient permis de se débarrasser de ses hantises et lui avaient fourni le moyen de s'épanouir. « Au cours de mon premier « voyage » au LSD, commentait-il plus tard, j'ai pensé à mon père et à mes relations avec lui, avec ma mère et ma soeur. Et tout à coup, j'ai dépassé tout ça; j'ai tout compris. Je ne ressentais plus d'inquiétudes en pensant à eux.

Je me sentais détaché de mes problèmes. Je n'étais plus lié au passé : je m'en étais débarrassé. »

La pitié que Jane avait toujours éprouvée pour Peter, se mua en une admiration qui frisait l'envie; son frère s'était défait de sa culpabilité et de son angoisse plus radicalement qu'elle ne l'aurait cru possible et il poursuivait sa démarche avec un acharnement qui excitait sa curiosité. Elle, qui autrefois méprisait sa faiblesse, le félicitait maintenant d'être plus fort et plus brave qu'elle. L'initiative, le leadership et l'autorité désinvolte dont il faisait preuve au milieu de ses amis lui inspiraient une grande fierté. Il était en train de devenir l'un des chefs de file du nouvel Hollywood, à présent que la jeunesse y était idolâtrée. Entre eux, les rôles étaient renversés : il devenait le professeur et elle, l'élève.

En 1964, Peter avait eu un premier enfant de Susan, une petite fille prénommée Bridget, en souvenir de la jeune Hayward qui s'était suicidée en 1960. Au printemps 1966, Susan Fonda se trouvait de nouveau enceinte. Elle s'adaptait résolument à la nouvelle personnalité de son mari et lui restait profondément attachée. Le seul membre de la famille à ne pas se réjouir de la situation de Peter, c'était, évidemment, son père.

En mai, après le tournage de « Any Wednesday », Jane et Vadim comptaient, tout en se reposant, prendre le pouls du nouvel Hollywood, mais leurs plans furent chambardés par une offre d'Otto Preminger. Le réalisateur s'apprêtait à porter à l'écran un best-seller, « Hurry Sundown » et avait songé à Jane pour le rôle principal. Cet énorme roman, à multiples personnages, opposant de pauvres métayers noirs à de riches propriétaires blancs paternalistes de la Géorgie traitait de conflits raciaux et de droits civils dans un Sud en pleine évolution. Preminger avait vu Jane dans « The Chase », dont les visées différaient très peu de celles de « Hurry Sundown », et il y avait aimé son accent sudiste. La jeune femme sauta sur l'occasion de travailler avec ce cinéaste dont la réputation suscitait les controverses, convaincue de participer à un film marquant. Vadim ne se montrait pas moins enthousiaste.

« Nous considérons tous les deux Preminger comme un réalisateur plein de talents, dynamique et sympathique. Il est une des rares personnes qui aient réussi à être à la fois metteur en scène et artiste. » Jane accepta le rôle de Julie Ann Warren, l'épouse insatisfaite, obsédée sexuelle, d'un riche propriétaire qui, par une erreur typique chez le cinéaste, devait être interprété par l'acteur anglais Michael Caine.

Après avoir eu quelques difficultés à trouver, dans le Sud, un lieu où tourner ses scènes d'extérieur, Preminger jeta son dévolu sur un emplacement près de Baton Rouge et en juin, en pleine canicule, toute l'équipe se rendit dans la capitale de la Louisiane. Plus d'une centaine de personnes s'établirent dans les chambres et les bureaux du « Bellemont », un hôtel de style colonial, au-dessus de la porte duquel flottait, dans la chaleur miroitante du jour, le drapeau des confédérés. L'endroit avait la réputation de bien accueillir les gens du cinéma. Mais « Hurry Sundown » était le premier film tourné dans le Sud avec des interprètes noirs dans les rôles principaux (entre autres Robert Hooks et Diahann Carroll). En peu de temps, la rumeur se répandit que Preminger était venu réaliser un long métrage « sur des nègres qui ont le dessus sur nous, les blancs », selon les termes d'un Louisianais. Les ennuis ne tardèrent pas à se multiplier : les pneus des voitures de la compagnie furent lacérés, plusieurs membres de la distribution reçurent des menaces par téléphone. L'aile du bâtiment qui les abritait ressemblait à une place forte gardée nuit et jour par des soldats armés jusqu'aux dents. Les acteurs, noirs et blancs, se sentaient comme les parents pauvres d'une famille noble, confinées dans un recoin d'une plantation, dans la solitude et la honte. Diahann Carroll, qui n'osait pas s'aventurer dehors, le soir tombé, a dit : « L'hostilité était à couper au couteau. Je ne suis pas de nature belliqueuse. En général, je me contente de sourire et j'attends d'être enfermée dans ma chambre pour laisser libre cours à mes larmes. Mais là-bas, la terreur que j'éprouvais m'enlevait le goût d'aller où que ce soit. Tout devait être arrangé avant qu'on ne se rende sur les lieux. C'était la responsabilité de la compagnie. Mais ils n'ont rien fichu. »

À proximité de là, St. Francisville fut choisie comme « la ville sudiste typique » pour le tournage. La population comptait moins de mille habitants et les dames arboraient encore un bouquet de gardénias à leur corsage en se rendant à la pharmacie du coin tandis que les hommes, en complets aux couleurs pâles, buvaient leur whisky installés sur leur véranda au coucher du soleil. Il fallait être établi là depuis des générations pour se voir accorder la moindre considération. Ce vieux bastion des traditions blanches, protestantes et conservatrices qui n'avait pas changé depuis la guerre et qui se désagrégeait lentement, était également le centre des activités du Ku Klux Klan en Louisiane.

C'est dans cette petite ville que Preminger résolut de filmer l'histoire d'une oligarchie blanche sudiste qui, peu après la deuxième guerre mondiale, est déjouée par des Noirs pauvres mais honnêtes. Le sujet n'était certes pas pour plaire à la majorité de la population blanche, dont les attitudes allaient de l'antipathie à la violence. Généralement, à proximité des lieux extérieurs de tournage, des policiers sont postés pour retenir les curieux. Ce n'était pas le cas pour « Hurry Sundown ». « Il n'y avait pas un chat », a déclaré Robert Hooks, qui tenait un journal des événements. « Pourtant, on pouvait les sentir nous suivre des yeux derrière leurs rideaux de dentelle. Comme si leur regard pouvait nous poignarder. »

Pour Jane, l'expérience fut révélatrice. Elle avait déjà participé à un film traitant du fanatisme sudiste; elle en avait beaucoup entendu parler aussi, mais jamais auparavant elle n'en avait été témoin. Vadim n'étant venu la voir qu'à deux reprises, elle passa deux mois dans une atmosphère d'isolement et de tension à Baton Rouge, et sa conscience politique déjà éveillée, s'aiguisa davantage. « J'ai embrassé un petit Noir dans la rue, devant la cour de justice et le shérif est venu nous dire de finir notre scène, de nous en aller et de ne plus jamais revenir. »

La nervosité des acteurs était encore aggravée par les manières autocratiques de Preminger qui les traitait comme de simples soldats engagés dans quelque grande bataille. Son comportement tyrannique était célèbre dans le milieu du cinéma, malheureusement ses techniques n'étaient pas à la hauteur de sa réputation. Ses films se reconnaissaient à son insupportable manie de souligner idées et subtilités du scénario au moyen de juxtapositions visuelles maladroites et de symboles trop appuyés. Comme le faisait remarquer un critique : « Il fait des films dans un style allemand alambiqué qui rappelle celui des traités philosophiques de Kant. »

Malgré des conditions de tournage difficiles, « Hurry Sundown » représentait un défi intéressant pour Jane. On aurait dit que son destin prenait un malin plaisir à lui imposer des personnages sensuels d'une grande intensité dramatique, pour lesquels elle s'était dépensée sans succès jusqu'ici, comme dans « A Walk on the Wild Side ». Sous la direction lourde et sans humour de Preminger, elle s'aperçut rapidement que Julie Ann Warren serait aussi stéréotypée et banale que toutes les héroïnes qu'elle avait incarnées auparavant aux États-Unis, si elle n'y ajoutait pas de touches personnelles. Elle entreprit donc de travailler son rôle, téléphonant à Vadim à Hollywood presque chaque soir, pour lui demander conseil, et mit au point une interprétation qui réussit, du moins partiellement, à transcender le style indigeste de Preminger. Profitant de l'expérience acquise lors de « La Curée », elle rendit Julie Warren plus crédible que la plupart des autres personnages du film.

Même si sa principale scène, celle qui assurerait au film sa notoriété, était une rencontre lascive entre elle et Michael Caine, au cours de laquelle elle simulait une fellation sur un saxophone phallique entre les jambes de son mari (un bel exemple du symbolisme simpliste à la Preminger), Jane insuffla à son personnage une sympathique vraisemblance qui apportait une certaine unité à cette production par ailleurs morcelée et mal conçue. C'était une des meilleures interprétations de la jeune actrice, en exceptant celle de Renée Saccard dans « La Curée », et elle en attribua le mérite à ce que Vadim lui avait fait découvrir en elle.

Pendant que Jane était en Louisiane, le magazine « Playboy » faisait paraître dans son édition d'août 1966, six pages de photographies la représentant revêtue uniquement d'une culotte de bikini, couleur chair, en train de gambader autour d'une piscine en compagnie de Peter McEnery qui, lui, était tout habillé. De toute évidence, les photos en noir et blanc avaient été prises sur le vif, lors du tournage de « La Curée ». La colère de la jeune femme fut largement rapportée par la presse, mais sa sincérité fut mise en doute à cause de l'insertion dans ce même reportage d'une photo en couleur pour laquelle elle avait posé nue et qui pouvait bien provenir des dossiers de Vadim. Jane était furieuse. À la mi-août, sitôt le tournage de « Hurry Sundown » terminé, elle quitta précipitamment la Louisiane et rentra à Los Angeles pour régler cette question.

Son indignation provenait du fait que, dans « La Curée », lors de la séquence de la piscine, elle ne devait être vue que de dos, tandis que le magazine la montrait de face. Elle engagea des poursuites de plusieurs millions de dollars contre l'éditeur de « Playboy », Hugh Hefner. Selon ses avocats, l'actrice « n'a jamais exhibé son corps nu ou toute photographie de celui-ci à la curiosité publique et elle interdit la publication de toute photo la représentant dénudée. » Ils soutenaient qu'il s'agissait d'une atteinte aux droits de la personne. Jane ajouta qu'une actrice apparaissant nue sur un écran n'est qu'un personnage fictif. Il en va tout autrement lorsque cette même actrice est représentée sans vêtements et contre son gré dans une revue. Le procès allait traîner en cour pendant des mois, aux États-Unis comme en France, assurant à Vadim un excellent battage publicitaire pour la sortie de son prochain film.

19

La fièvre
antimilitariste

Jane et Vadim durent s'attarder à Los Angeles pour entreprendre des procédures judiciaires. Ils en profitèrent pour préparer un nouveau projet ensemble : un des trois scénarios d'un film à sketches français, basé sur les « Histoires extraordinaires » d'Edgar Allan Poe. Ils tâchèrent également d'intéresser des studios de Hollywood à une adaptation cinématographique de « Barbarella », une bande dessinée populaire et impudemment érotique.

Jane avait hâte de retourner à sa ferme en France. Épuisée moralement par son séjour en Louisiane et par le litige au sujet des photos de « Playboy », elle aspirait à « la joie de ne faire absolument rien jusqu'après le premier de l'an ».

Son père, de passage en Californie avec sa nouvelle épouse, participait au tournage d'un autre western, « Welcome to Hard Times ». L'année précédente, au mois de décembre, Henry Fonda s'était remarié pour la cinquième fois et comme ses deux précédentes épouses, sa compagne, la jolie Shirlee

Adams était à peine plus âgée que Jane. Jeune femme sans complication, originaire du Mid-West, elle était, aux dires d'un ami de la famille « absolument dépourvue de la bizarrerie habituelle à la plupart des femmes d'acteurs ». Lorsqu'elle et sa belle-fille firent plus ample connaissance, Jane en vint à la conclusion que son père avait enfin trouvé la compagne idéale. Hôtesse de l'air et mannequin, Shirlee faisait preuve d'une grande aisance en société et, après huit mois de mariage, elle avait réussi à communiquer un peu de sa sociabilité à son mari, au point que celui-ci assistait de plus en plus fréquemment à des réceptions et autres événements mondains du même genre.

Cependant, la félicité de Henry Fonda fut bientôt mise à rude épreuve. Le 22 août, peu après le retour de Jane en Californie, Peter Fonda fut arrêté avec trois amis pour possession d'environ 3,5 kg et de neuf plants de marijuana découverts au cours d'une rafle effectuée dans une maison qu'il avait louée à Tarzana. En attendant de passer en cour, il fut relâché sur versement d'une caution de 2 000 $. Jane faisait déjà les manchettes avec son histoire de photos de nu et les journaux s'empressèrent de rapporter les démêlés de son frère avec la justice. Encore une fois, les deux enfants de Henry Fonda faisaient les frais des conversations du Tout-Hollywood.

Peter subit son procès avec trois autres accusés. Pour sa défense, il affirma ignorer qu'il y ait eu de la drogue dans la maison que les policiers avaient fouillée. Dans son cas, le jugement fut suspendu, bien qu'un de ses amis, John B. Haeberlin, ait été condamné. Au cours des séances du tribunal, Peter garda ses cheveux longs, porta des habits fantaisistes et des lunettes noires, toutes choses que son avocat lui avait déconseillé de faire. « Je savais que je n'étais pas coupable, mais tous mes principes étaient en jeu », assura-t-il plus tard.

Deux jurées l'ayant déclaré coupable, il ne fut pas acquitté, car dans le cas d'une accusation de félonie, le jury doit être unanime dans son verdict. Il aurait pu subir un deuxième procès mais, vu la disparition d'un témoin essentiel, le juge, tout en refusant de reconnaître le jeune homme innocent, décida qu'il serait téméraire d'entreprendre de nouvelles poursuites.

À l'automne 1966, les ennuis judiciaires des deux jeunes Fonda, Jane au civil et Peter au criminel, découragèrent d'abord leur père. Mais, grâce à l'aide de sa jeune femme, Henry Fonda comprit qu'il avait sa part de responsabilité dans les problèmes de ses enfants. Il se rendit compte que leur révolte n'était ni dénuée de motifs, ni l'effet d'une aberration quelconque, mais plutôt une manifestation de leur caractère et donc une réplique du sien. Il se mit à reconnaître publiquement qu'il n'avait pas su être un bon père et, sans déroger pour autant à ses principes, commença à interpréter les attitudes et les actes de son fils et de sa fille, en tenant compte de l'influence qu'il avait eue sur eux. Son mariage avec Shirlee l'avait profondément transformé, le rendant plus humain et il surprit ses enfants aussi bien que lui-même, en prenant leur parti quand ils se trouvèrent en difficulté.

Malgré leur gravité, les ennuis de Peter eurent un effet bénéfique sur les Fonda qui se sentirent plus unis qu'ils ne l'avaient été depuis l'époque de Brentwood. Henry Fonda assista au procès de Peter : « Je suis venu apporter à mon fils un encouragement moral et toute autre forme de soutien nécessaire. » Et il était sincère. Certes, il continuait de désapprouver le mode de vie du jeune homme, mais il espérait que son passage en cour lui serve de leçon et le ramène dans la bonne voie. Quant à Peter, même s'il ne pouvait pas encore communiquer avec son père d'une manière significative, il comprenait que son appui marquait le début d'une ère nouvelle dans leurs relations.

Surtout, il se réjouissait du rapprochement survenu entre lui et sa sœur, lors du procès. Jane l'avait farouchement défendu auprès des journalistes. Proclamant sa conviction qu'il était innocent, elle s'était déclarée prête à l'aider financièrement si de nouvelles poursuites judiciaires étaient entreprises. « J'ai plus d'affection pour ma sœur qu'elle n'en a pour moi », déclara-t-il quelque temps après les événements. « Et il est clair qu'elle m'aime. »

Durant toutes ces tribulations, Jane fit la navette entre l'Europe et l'Amérique. En septembre, elle et Vadim découvrirent que leur union n'était pas valide en France parce que le cinéaste avait omis de la faire enregistrer dans un consulat français aux États-Unis. Ils projetèrent donc de se remarier là-bas, au printemps. « Any Wednesday » sortit en salles alors que Jane était absorbée par sa poursuite contre le magazine « Playboy ». Une fois encore les critiques louèrent ses talents d'interprète. Le film consolida sa réputation de brillante actrice de comédie et elle se vit tout de suite offrir un rôle principal dans une adaptation cinématographique de « Barefoot in the Park », comédie de Neil Simon qui avait reçu un accueil triomphal à Broadway.

À la fin de l'automne, lorsque Jane revint en Californie pour le tournage de la pièce de Simon aux studios Paramount, « The Game is Over » prit l'affiche dans les cinémas américains. Les critiques s'enthousiasmèrent pour son interprétation de Renée Saccard et le travail de Vadim ne fut pas moins applaudi. « C'est une des meilleures « performances » de Jane Fonda », écrivit Archer Winsten dans le « New York Post ». « "The Game is Over" est sans contredit une oeuvre d'art et un modèle d'originalité », ajoutait Dale Monroe dans le « Citizen News » de Hollywood. « C'est le meilleur film que Vadim ait réalisé jusqu'ici et sans aucun doute le plus beau portrait que Miss Fonda ait réussi. La jeune actrice avait démontré dernièrement son aisance à incarner des personnages de comédies légères; pour la première fois, dans « The Game is Over », elle a pu... mettre en valeur ses remarquables aptitudes dans une interprétation intelligente et profonde... » « Miss Fonda... n'a jamais paru si belle, ni joué si bien, et sans même avoir eu besoin d'être doublée en français », fit observer Gene Youngblood dans le « Herald Examiner » de Los Angeles.

La redoutable Judith Crist fut une des rares critiques à n'être pas du même avis : « Roger Vadim a fait de Jane Fonda l'actrice nue par excellence pour 1967, tout en reculant de quarante ans la cause intellectuelle du cinéma. Rarement jusqu'ici un tel déploiement d'insipidité et de sensiblerie a bénéficié d'une telle prodigalité et d'un tel luxe de paysages, de décors, de chair et de photographie... »

Vadim avait promis à Jane que le rôle de Renée Saccard lui assurerait une réputation de grande actrice dramatique et, malgré les propos acerbes de Miss Crist, il semblait avoir tenu parole. Cependant, le triomphe de Jane fut gâté par les séquences de nu : elle découvrit bientôt que c'étaient ses charmes physiques et non pas ses talents qui attiraient les spectateurs et elle manifesta un certain cynisme en parlant de l'intelligence du public des cinémas américains. En conséquence, elle reconnut avec Vadim l'utilité d'offrir aux gens des images provocantes et des thèmes hédonistes. De sorte que, tout en participant à « Barefoot in the Park » (« Pieds nus dans le parc »), elle se remit avec lui à la préparation d'une adaptation cinématographique du très érotique « Barbarella ».

Pour la presse, Jane était devenue une énigme. Reporters et échotiers conciliaient difficilement la Jane Fonda du cinéma américain et celle du cinéma français, comme le reflète un article de Gerald Jonas dans le « New York Times » du 22 janvier 1967. « Jane Fonda est parvenue à maintenir simultanément deux images publiques totalement différentes, en France et aux États-Unis. Ici, elle joue dans des films comme « Barefoot in the Parc » et « Any Wednesday »; elle s'habille et se comporte comme la jolie compagne de votre petite amie de collège et la plupart des gens la considèrent encore comme la fille de Henry Fonda. En Europe, elle est la vedette de films comme « The Circle of Love » et le tout nouveau « The Game is Over ». Elle ressemble à cette fille dont on écoute indiscrètement la conversation dans un café de Paris. Elle se déshabille comme Brigitte Bardot, et pour tout le monde, elle est la dernière femme... de Roger Vadim. »

Entretemps, Peter Fonda était devenu le symbole du nouvel Hollywood; une affiche le représentant sur une motocyclette illustrait avec succès ce phénomène tout neuf. Les sentiments de culpabilité et de honte jusque-là inébranlables étaient peu à peu délaissés et remplacés par une curiosité insatiable concernant les drogues et une sexualité effrénée. Le moment était propice, selon Jane et Vadim, pour réaliser un film qui romprait avec le sens chrétien du péché et célébrerait, en le justifiant, le nouvel érotisme; il décrirait une nouvelle morale qui rendrait absurde l'étroitesse des préoccupations de l'ancienne. Il s'agissait de « Barbarella », et, considérant les critiques élogieuses que Jane et Vadim s'étaient méritées pour « The Game is Over », Paramount Pictures accepta d'en assurer le financement. Dino de Laurentiis en serait le producteur et le tournage commencerait à l'automne, en France et en Italie.

En 1967, le conflit au Viêt-nam était devenu le grand sujet d'actualité. La jeune génération avait durci ses positions; sa colère et sa frustration se communiquaient rapidement à toute la société américaine, la divisant en factions. Jane, comme la plupart de ses amis de l'industrie du cinéma à Malibu, avait commencé à adopter les opinions antimilitaristes de l'heure. De retour en Europe, après le tournage de « Barefoot in the Park », elle voyageait presque chaque jour entre St-Ouen et Paris pour ses leçons de ballet et ses réunions de production pour « Barbarella » et elle s'aperçut que l'opposition à la guerre n'était pas un phénomène circonscrit aux États-Unis; en fait, il était aussi développé en France. Dans la capitale, la gauche orchestrait des manifestations étudiantes pour protester contre l'attitude des États-Unis après chaque nouvelle flambée des hostilités. Des comités, pour venir en aide aux déserteurs de l'armée américaine, furent mis sur pied; des manifestations en faveur de la paix et des assemblées politiques organisées : les sentiments anti-américains allaient croissant. À l'audition de tous ces discours, débats et diatribes, Jane se mit à considérer son pays d'un oeil plus critique qu'auparavant.

« La bataille d'Alger », un film à tendance gauchiste, célébrant la victoire de l'Algérie sur l'impérialisme français et réalisé quelques années auparavant, servait d'ouvrage didactique sur la révolution. Il ralliait tous ceux qui considéraient le colonialisme comme un système corrompu, anachronique et asservissant. Jean-Luc Godard et plusieurs autres personnalités du cinéma français, participaient aux rassemblements et tournaient des films de propagande en faveur de divers mouvements de libération. Une grande partie du monde artistique et littéraire de Paris était saisi d'ardeur révolutionnaire.

Cet état d'esprit s'était répandu un peu partout en Europe. En Angleterre, l'actrice Vanessa Redgrave dénonça publiquement l'impérialisme américain et se joignit à la foule qui prit d'assaut l'ambassade des États-Unis à Londres, au Grosvenor Square. Jane qui admirait depuis longtemps le talent de l'actrice britannique et son indépendance en tant que femme, fut vivement impressionnée par son militantisme et son activisme déclarés. Vanessa Redgrave, également issue d'une famille d'illustres acteurs, lui servit de modèle lors de ses premières incursions dans le domaine de la contestation. Contestation qui, au début, se réduisait à peu de choses : participer à quelques rassemblements à Paris et écouter des litanies de statistiques sur le nombre de Vietnamiens tués, brûlés ou mutilés par les troupes américaines.

Vadim et Jane s'entretenaient longuement de la guerre avec des amis comme Oriana Fallaci, journaliste socialiste qui avait assisté à leur mariage, et Elisabeth Vailland, écrivain français, gagnée au communisme. Le cinéaste avait attrapé la fièvre antimilitariste française et condamnait sévèrement l'attitude des États-Unis. D'abord, Jane tâchait d'atténuer ses critiques. Mais plus tard, comme elle le faisait remarquer elle-même : « Il a attiré mon attention sur certains faits. Par exemple, quand les Américains ont évacué le village de Ben Suc et envoyé les gens dans un camp de concentration pour ensuite détruire complètement la ville, Vadim m'a dit : « Regarde ce qu'ils sont en train de faire. » Moi j'ai répondu : « S'ils le font, c'est qu'ils ont de bonnes raisons. » Alors il m'a fait lire un livre sur Ben Suc et ça m'a terriblement bouleversée. »

Jane et Vadim se remarièrent lors d'une cérémonie civile française, à la mairie de St-Ouen, le 18 mai 1967. La jeune actrice déclina des offres pour « Bonnie and Clyde » et « Rosemary's Baby » (« Le bébé de Rosemary »), de Polanski pour rester en France et préparer « Barbarella ».

Cependant, les nouvelles qui lui parvenaient de chez elle étaient déconcertantes. Son père avait participé à une tournée de spectacles organisés par la U.S.O. pour divertir les troupes cantonnées au Viêt-nam du Sud. À son retour, il déclara à un reporter : « Avant de partir, je n'avais rien contre le Viêt-nam, même si je m'opposais au brûlage de drapeaux et de cartes de conscription. À mon avis, la plupart des énergumènes qui courent les manifestations le font pour le seul plaisir de protester. Jusque-là, j'étais apathique, mais mes yeux se sont dessillés. Je me suis aperçu que c'était mon moral et celui des États-Unis qui avaient besoin d'être remontés, pas celui des troupes. Je suis bien d'accord avec ce qu'on a dit : chaque manifestation et chaque rassemblement pour la paix organisés dans ce pays rallonge la guerre parce que rien de tout ça n'échappe à l'attention de Ho Chi Minh. Je suis toujours libéral. Je n'ai pas l'impression d'être un belliciste parce que j'approuve notre ingérence dans le conflit vietnamien et je ne suis pas d'avis qu'il faut les bombarder à outrance. Mais on ne peut pas aller là-bas sans se rendre compte que, de toute évidence, il faut faire quelque chose. Or, justement, les troupes s'en chargent et font du bon travail. »

Lorsque Jane lut les remarques de son père dans le journal, elle se sentit désemparée. Elle avait tenté de s'entretenir avec lui de la situation au Viêt-nam lors de son dernier séjour en Californie, mais il avait refusé de l'entendre, convaincu que, cette fois encore, elle ne savait pas de quoi elle parlait. Il croyait que la sympathie croissante de sa fille pour le mouvement antimilitariste lui était inspiré par sa nature rebelle. Elle avait essayé de le renseigner sur ce qui se passait en France et sur les sentiments qu'inspirait là-bas l'attitude des États-Unis concernant la guerre. Non seulement il n'avait pas voulu l'écouter, mais il lui avait lancé : « Tu ne sais même pas de quoi tu parles ! » En prenant connaissance de ses commentaires à la presse — et ils étaient bien de lui, à n'en pas douter — elle décida d'en apprendre davantage sur la situation dans le Sud-Est asiatique pour pouvoir en discuter en connaissance de cause, la prochaine fois qu'elle le verrait.

Si, pour les journalistes, Jane l'actrice, l'amusante et tendre jeune fille des films américains, qui jouait les sex-symbols provocants au cinéma français, semblait une énigme, la femme était tout aussi surprenante. Son mariage avec Vadim paraissait accaparer toute son énergie; la jeune fille inquiète et étourdie s'était transformée en une jeune femme sereine, raffinée et européanisée. Quoique habituée à l'inconstance sexuelle de Vadim et de son entourage, elle restait fondamentalement la compagne d'un seul homme et retirait peu de plaisir d'une existence faite de liaisons extra-conjugales, s'il en faut croire les allusions de Vadim à la presse. « Il y a des femmes qui peuvent faire l'amour le soir et tout oublier le lendemain matin, mais pas Jane. Elle est trop... sentimentale. »

Sa maison de St-Ouen lui apportait un grand réconfort. Là, comme à Malibu, elle recevait des personnalités du milieu cinématographique international et se plaisait à jouer les hôtesses débordées. Les visiteurs étaient accueillis bruyamment par des chiens, des chats en quantité, un poney et une multitude de canards et de lapins. Lorsque la jeune femme rentrait de voyage, les chiens bondissaient autour d'elle, formant un tableau qui, selon les termes d'un ami, « aurait attendri Albert Payson Terhune[1] jusqu'aux larmes. »

Jane avait transformé la vieille ferme en une demeure moderne, élégante mais avec une touche d'insolite : une verrière séparait la chambre à coucher principale de la salle de bains et permettait aux occupants de chaque pièce de voir dans l'autre. « J'ai failli me noyer dans mon bain un jour : Vadim est arrivé en courant, vêtu d'une de mes mini-jupes; c'était terrible ! »

Esprit satirique qui se délectait des incongruités, Vadim se divertissait particulièrement lorsque Jane faisait les honneurs du logis à Brigitte Bardot, à Annette Stroyberg et à Catherine Deneuve. Sa jeune femme appréciait elle aussi l'ironie de la situation et affirmait se plaire en leur compagnie. « Je connais toutes les femmes de Vadim. J'aime Annette et Bardot et surtout Catherine. Son petit garçon vient nous visiter, souvent en même temps que Nathalie. C'est merveilleux de les voir ensemble. »

---

(1) Terhune, Albert Payson (1872-1942) écrivain américain, auteur de romans et de nouvelles dont les protagonistes sont souvent des chiens.

L'idée lui vint bientôt d'avoir un enfant bien à elle. La ferme, qui lui rappelait la propriété de Brentwood où elle avait grandi, lui semblait l'endroit idéal pour l'élever. Elle et Vadim avaient jugé, au début de leur liaison, qu'elle n'était pas faite pour la maternité mais la présence fréquente des petits Vadim la fit revenir sur cette impression. « J'avais toujours été terrifiée à l'idée d'être mère. Ma psychanalyse m'avait rendue très consciente des erreurs que les parents peuvent commettre et j'avais peur d'en faire à mon tour. Ensuite, je me suis dit qu'à quarante ans, je pourrais bien regretter de ne pas avoir vécu cette expérience. »

À l'été 1967, Jane était résolue à avoir un enfant et Vadim, qui avait le sens de la famille, était entièrement d'accord, mais il fallait d'abord tourner « Barbarella ».

20

« Barbarella »

Les films basés sur des bandes dessinées américaines ont rarement autant de succès et suscitent moins d'intérêt que leurs modèles. D'abord parce que leurs héros perdent du charme lorsqu'ils sont personnifiés, et ensuite parce qu'il y manque cette touche d'érotisme indispensable pour attirer les foules — exception faite peut-être des regards enjôleurs mais pas très redoutables d'Appassionata von Climax dans « Li'l Abner ».

Par contre, les allusions grivoises sont monnaie courante dans les bandes dessinées européennes. En 1967, l'une d'elles avait traversé l'océan et les Américains pouvaient suivre dans un magazine d'avant-garde new-yorkais, l' « Evergreen Review », les aventures de « Barbarella », un amalgame brillant de science-fiction et de pornographie très suggestive.

Jane Fonda répondait aux questions qu'on lui posait sur son statut de sex-symbol en niant être le moins du monde intéressée par l'emploi ou même s'y être jamais considérée éligible. « Cette manie de m'assimiler à un sex-symbol est passablement idiote. Je ne suis pas une séductrice; je crois tout simplement qu'il faut aborder tout ce qui concerne le corps et la sexualité avec franchise. La plupart des femmes considérées comme des sex-symbols avaient des problèmes dans leur vie amoureuse. Elles étaient plutôt des travesties que des femmes : des caricatures, même. Prenez Marilyn Monroe, elle parodiait la féminité. Je détesterais penser que l'attrait que j'exerce puisse être dû à une telle anomalie ! Selon moi, toute cette obsession au sujet de la sexualité et de la dimension des poitrines est de la perversion et un triste constat sur la virilité des Américains. Les vrais homosexuels, ce sont ces gros gars rudes qui se croient si virils. Tout ce qu'ils font, c'est se cacher derrière leurs phobies; ils veulent tout simplement retourner dans le sein de leur mère. À mon avis, toute cette affaire de sexualité est malsaine parce que malhonnête. Les gens rêvent de choses qu'ils n'oseraient pas faire en réalité. Pas de ça pour moi ! »

« Barbarella » était une occasion d'exploiter les fantasmes sexuels du public américain et de les parodier. Selon Vadim, Jane y incarnerait « une sorte d'Alice au pays de merveilles érotique et futuriste. » Le film allait leur permettre de philosopher sur le ridicule des préoccupations morales et sexuelles de la société contemporaine. Et le réalisateur comptait en profiter pour glorifier en son interprète « le sex-symbol par excellence » et pour « imaginer de façon fantaisiste et poétique la sexualité en l'an 40 000 ap. J-C. »

Vadim réunit une brochette d'acteurs de différentes nationalités et commença le tournage à Rome, pendant l'été. Un voisin de Malibu, John Phillip Law, jeune acteur américain à l'air éthéré qui avait joué dans « Hurry Sundown », incarnait le pur Ange gardien aveugle qui veille sur Barbarella pendant qu'elle batifole d'une galaxie à l'autre à la recherche du vrai plaisir. Avec son histoire abracadabrante et son décor extravagant, la production exigeait de nombreux effets techniques compliqués et coûteux, dont le moindre n'était certes pas la scène du début au cours de laquelle Jane devait se déshabiller longuement dans l'espace intersidéral pendant la présentation du générique.

« J'étais complètement nue sous les titres. Il y a une anecdote amusante à ce sujet-là. Nous étions censés avoir un costume, mais il n'était pas arrivé. Nous avons attendu et puis Vadim a dit : « Écoutez, tous les gens qui ont lu « Barbarella » s'attendent à la voir nue du début jusqu'à la fin. Puisqu'il s'agit d'une parodie du genre de film que les gens croient que je réalise, commençons-le nu ! » J'ai accepté de le faire et Vadim m'a promis qu'il me couvrirait avec les titres. Quand je les ai vus, je lui ai dit : « Ça ne me couvre pas suffisamment », et il a recommencé. »

Il s'agissait de la production la plus difficile et la plus compliquée à laquelle Jane ait participé jusque-là. Plutôt que de traiter son personnage d'une manière surréaliste, elle le joua en Jane Fonda, aussi américaine que la tarte aux pommes, si l'on peut dire. Elle en souligna l'aspect caricatural en l'interprétant avec sérieux plutôt qu'en essayant de le rendre comique. La contradiction entre son inaltérable et rafraîchissante naïveté et l'univers futuriste obscène dans lequel elle évoluait, prêtait à Barbarella elle-même un caractère érotique inattendu qui aurait été de la lubricité chez toute autre actrice moins subtile.

Pour Jane, la tâche se révéla simple mais le tournage lui-même ne fut pas sans risques : les décors étaient compliqués et les dispositifs qui servaient aux trucages se brisaient fréquemment à des moments critiques, voire dangereux. Dans une scène, 2,000 roitelets devaient être refoulés par d'énormes ventilateurs vers une cage où Barbarella se trouvait prisonnière; les oiseaux, excités par le vent, étaient censés lui arracher ses vêtements. Pendant quatre jours, les ventilateurs fonctionnèrent, les oiseaux suivirent le courant d'air et Jane simula la frayeur, mais il ne se passait rien. En désespoir de cause, Vadim inséra des graines dans les quelques vêtements de l'actrice et tira des coups de fusil en l'air. Le procédé demeura sans effet, sauf que Jane dut être hospitalisée pour hypertension, fièvre et violentes nausées. Après trois jours de repos, elle put reprendre son rôle et la scène fut enfin complétée, grâce à des ventilateurs plus puissants et à une volée de tourterelles, enclines à jouer du bec.

Par un phénomène étrange, les films résolument esthétiques ou novateurs attirent peu le public, mais valent à leurs auteurs des « succès d'estime »[1]. « Barbarella » eut le destin contraire : à sa sortie les spectateurs s'y précipitèrent, tandis que les critiques le fustigèrent, à part quelques exceptions qui le considérèrent comme une manifestation de ce goût du scandale qui caractérisait l'époque. « Le film aurait pu être sous-titré " 2 001, une ineptie spatiale " », écrivait Charles Champlin dans le « Times » de Los Angeles. « Miss Fonda y joue les Flesh Gordon. » D'autres traitèrent la production de « pacotille rutilante » ou de « rebut magnifiquement photographié ». À leur avis, seules la nudité de Jane et une scène humoristique de copulation futuriste entre elle et l'acteur David Hemmings sauvaient l'oeuvre. « Vadim est le grand-prêtre du mauvais goût érotique, signalait Pauline Kael, il a l'habitude scandaleuse de faire de chacune de ses femmes une reproduction de la première et de la mettre en valeur pour la caméra... « Barbarella » est décevant même pour ceux qui comptaient se divertir avec un bon film cochon; c'est de la cochonnerie à n'en pas douter, mais ça n'a rien de bon... »

Au cours d'une entrevue qu'elle accorda après la sortie de « Barbarella » et à laquelle Vadim assistait, Jane se vit demander si elle était exhibitionniste. Son mari s'interposa : « Vous êtes tellement puritains et tellement pudibonds, vous les Américains. Vous jetez les hauts cris dès qu'il est question de montrer un corps. Tous les acteurs sont exhibitionnistes. Je le sais, j'ai été acteur et je souffrais le martyre parce que je ne suis pas exhibitionniste de nature. Un voyeur peut-être, mais pas un exhibitionniste. »

Jane l'interrompit et l'interviewer continua d'enregistrer leur conversation.

« Vadim, je ne crois pas qu'il fasse allusion au plan physique. En fait, il veut savoir si j'éprouve le besoin d'attirer l'attention.

— Ah oui ! C'est vrai que tu t'affiches; pour toi, c'est comme... une expérience. Tu n'en aurais pas besoin si tu savais

---

(1) En français dans le texte.

230

vraiment qui tu es. Mais comme tu ne le sais pas, tu fais des expériences, comme en chimie, pour le découvrir. »

Le commentaire de son mari sembla être une révélation pour Jane : « Wow ! Tu as tout à fait raison. Je ne m'en étais pas rendu compte jusqu'ici. J'agis dans la vie exactement comme sur une scène. Je traverse cette période d'exhibitionnisme, comme une expérience : je parle comme mon personnage et tout. »

Elle ajouta à l'intention du journaliste : « ...Mon identité d'actrice est infiniment importante pour moi. Oh, je me sens mille fois mieux dans ma peau depuis que j'ai rencontré Vadim, mais si je n'avais pas trouvé cette identité d'abord, ça n'aurait peut-être pas marché entre nous. Je suis convaincue qu'au fond, je manque encore de confiance en moi-même. Sérieusement, ce n'est pas une exagération. Quand une situation s'amorce mal, si je sens que je suis ennuyeuse ou que je ne parais pas à mon avantage, je m'effondre. On a envie de se cacher, mais on en est empêché par son ego. Alors on choisit le théâtre ou le cinéma et on se dissimule derrière le masque d'un personnage. On s'y sent en sécurité quoique toujours poursuivi par le regard du public. Mon père est comme ça. C'est la motivation profonde de tous les acteurs, ce besoin de s'exprimer par la fiction, en quelque sorte par manque de confiance en soi. Et puis, à cause d'un certain exhibitionnisme. »

Exhibitionnisme sur le plan physique ?

« Je ne suis pas une exhibitionniste de ce type-là. »

Que dire alors des scènes de nu qu'elle a jouées ?

« Je ne le fais certainement pas par plaisir. Là-dessus, je suis d'accord avec Vadim. Mais dans chaque film où j'ai joué nue, c'était indispensable pour obtenir l'effet dramatique escompté. »

Ce sujet prenait une place essentielle dans la vie de Jane. En novembre, alors qu'elle tournait encore « Barbarella » en Europe, un nouvel incident fit des remous aux États-Unis, discréditant ses déclarations quant à son absence d'exhibi-

231

tionnisme. Le « Newsweek » fit paraître un article sur le nu et l'érotisme au cinéma, avec en page couverture une photographie de Jane à demi nue, même si dans le texte son nom était à peine mentionné. Cette couverture engendra une réaction massive, en particulier dans les commissions scolaires publiques qui approuvaient l'achat de la revue pour les cours de sciences sociales. Des clameurs d'outrage retentirent à travers les États-Unis; on éleva des protestations contre ces atteintes à l'innocence des enfants d'école et le magazine fut banni de nombre de bibliothèques scolaires. Même si Jane n'était en rien responsable de cette affaire, cet épisode renforça son image de sex-symbol, tout en montrant bien jusqu'à quel point le pays était en proie à l'agitation.

En fait, il était plus divisé que jamais. Le meurtre de Martin Luther King avait embrasé l'esprit réformiste et antimilitariste de la jeunesse américaine, blanche et noire. Une grande marche sur le Pentagone en octobre 1967, organisée et orchestrée par les leaders de la nouvelle gauche, fut la première manifestation publique contre la guerre à réunir des citoyens de toutes les tendances. Des hippies drogués côtoyaient des maîtresses de maison vêtues avec recherche; des médecins et des hommes d'affaires en habits et cravates se mêlaient à des chanteurs de folk débraillés. Les médias couvrirent l'événement et, à partir de ce moment-là, le mouvement antimilitariste s'attira des sympathies dans toutes les couches de la société. Et l'opposition à la guerre s'intensifia, ralliant de plus en plus de gens, surtout après la mise en accusation, en janvier 1968, de Benjamin Spock. Le pédiatre bien connu, dont les théories sur l'éducation des enfants étaient appliquées par des millions de parents, avait conseillé la résistance à l'incorporation dans l'armée.

En février, après « Barbarella », Jane s'aperçut qu'elle était enceinte d'un mois et s'en montra à la fois enchantée et effrayée. En mars, elle annula deux engagements cinématographiques à Hollywood, acheta des traités du Dr Spock et autres ouvrages du même genre et s'installa à sa ferme pour préparer la naissance de son enfant, en septembre.

Si, pour la plupart des futures mères le temps semble s'étirer, pour Jane il parut au contraire se resserrer et s'accélérer. Ne participant à aucun tournage, elle eut davantage le loisir d'observer ce qui se passait dans le monde. Au début de 1968, l'agitation étudiante à la Sorbonne et dans les autres universités faisait la une des journaux français. Nombre de ses amis s'étaient engagés activement dans la lutte contre la répression que le gouvernement exerçait sur la gauche et les étudiants en général, concernant entre autres la question des manifestations contre la politique américaine au Viêt-nam. La brutalité policière dont elle entendit parler ou qu'elle constata par elle-même indigna vivement la jeune femme.

« Je me suis mise à lire les journaux avec plus d'attention et à écouter les informations à la télévision française. J'ai vu les bombardiers B-52 larguer les bombes qui leur restaient sur des villages. J'ai commencé à suivre les séances du tribunal Bertrand Russell et à comprendre l'écart entre ce que nous faisions et ce que nous prétendions faire. Il se passait bien des choses en moi. »

Peter Fonda, de passage à Paris, la renseignait sur la violence qu'y déchaînait le sujet de la guerre. Tout en sympathisant avec le mouvement pacifiste, il avait dépassé le stade de la protestation. Imbu de la ferveur antimatérialiste de la culture hollywoodienne, il imaginait l'Amérique sous la forme d'une société de paix et d'amour, fondée sur la magie révélatrice des hallucinogènes.

Il parlait inlassablement d'un film à petit budget qu'il comptait tourner avec Dennis Hopper sur deux hippies, adeptes des drogues, voyageant en motocyclettes à travers les États-Unis. Bien que ce projet laissât Jane passablement indifférente, elle se réjouissait de la nouvelle ambition et de la profonde motivation qu'elle observait chez son frère. Si elle considérait comme irréalistes ses notions concernant une métamorphose de la société américaine, elle partageait son ardeur lorsqu'il incorporait à ce rêve ses enfants à lui et le sien encore à naître. L'audace et les espoirs de Peter semblaient à la fois insensés et grandioses en comparaison des craintes de la jeune femme et elle lui enviait sa détermination de pionnier un peu démentielle.

Ses instincts maternels s'éveillant, Jane fut horrifiée par la vague de violence qui s'abattait sur les États-Unis et la France. Robert Kennedy avait été assassiné; à Chicago, le congrès du parti démocrate s'était transformé en combat sanglant lorsque Hubert Humphrey avait été choisi pour se mesurer à Richard Nixon. À Paris, les étudiants affrontaient les policiers dans des batailles rangées pour défendre leur droit de manifestation. La jeune femme se senti déprimée à l'idée d'avoir un enfant dans un monde où le désordre régnait et où une haine farouche entre les générations semblait s'établir de façon permanente. Elle éprouva même un sentiment de culpabilité pour avoir souhaité la venue de ce bébé.

Cependant, son entourage continuait à critiquer violemment, quoique de façon rationnelle, l'attitude des États-Unis. « J'ai rencontré des déserteurs américains et des Vietnamiens du Front National de Libération qui m'ont parlé de faits que j'ignorais. Et puis, j'ai vu un documentaire montrant la marche sur Washington, avec ces jeunes gens aux cheveux longs, ces professeurs et ces radicaux qui mettaient des fleurs dans les fusils des gardes postés devant le Pentagone. Des tas de choses se passaient et j'apprenais... »

Jane se mit à réfléchir sérieusement sur les contradictions qu'elle entrevoyait dans le système américain. À l'instar de la plupart de ses jeunes compatriotes, elle s'opposait à la guerre et entreprit de venir en aide financièrement et moralement aux organisations qui, à Paris, soutenaient les déserteurs de son pays. En s'entretenant avec certains d'entre eux, elle entendit des récits horrifiants sur les atrocités commises au Viêt-nam et sur les armes secrètes employées là-bas contre la population civile. Elle fut bouleversée en s'apercevant que la situation qu'on lui décrivait était un démenti manifeste des rapports officiels émis par Washington. Pour la première fois, elle commença à soupçonner que, sur la question de la guerre comme en matière de politique étrangère, le Pentagone dissimulait la vérité à la nation. Et c'est son contact avec ces déserteurs qui éveilla d'abord sa colère contre le système américain.

Pendant sa grossesse, Jane se lia intimement avec une Française aux opinions radicales, l'écrivain Elisabeth Vailland. Roger Vailland, qui s'était illustré durant la Résistance, puis avait été champion de la cause communiste en France, venait de mourir. Sa veuve, d'origine italienne, était alors âgée de cinquante ans. Elle avait adhéré au mouvement communiste au moment de la deuxième guerre mondiale, participant à une organisation secrète qui combattait le fascisme de Mussolini et l'occupation nazie, en Italie. Ayant épousé Roger Vailland au début des années cinquante, elle avait milité politiquement en France, à ses côtés et poursuivait son travail maintenant qu'il était décédé. C'est à cette époque-là qu'elle se prit d'amitié pour Jane.

Même si cette dernière s'était montrée enchantée de son voyage en Russie quelques années auparavant, surtout parce qu'elle avait été surprise de découvrir que les gens n'y étaient pas aussi malveillants qu'elle se l'imaginait jusque-là, elle n'éprouvait aucune attirance pour le communisme d'allégeance soviétique. En dépit du fait qu'en 1967-68, elle était de plus en plus désillusionnée sur le compte de son pays, elle continuait à croire en l'idéal démocratique américain, totalement opposé au communisme, et restait insensible aux arguments de ses amis français de la gauche. Néanmoins, elle trouvait un certain charme à leur idéalisme, à leurs luttes continuelles, à leurs sacrifices personnels et à leur militantisme. Elle comprit qu'ils ne prônaient pas la violence — les femmes tout particulièrement — mais préconisaient une transformation de l'humanité, l'instauration d'un nouveau mode de vie à l'intérieur duquel les richesses de la terre seraient partagées également. Les principes du communisme ne pouvaient pas être considérés comme mauvais en eux-mêmes. Si leur application engendrait parfois la violence et la répression, c'était dû au comportement réactionnaire du monde capitaliste qui les battait constamment en brèche et au tempérament belliqueux des mâles qui les avaient conçus et les mettaient en oeuvre.

Elisabeth Vailland n'était pas une communiste comme les autres; militante et pacifiste, elle faisait preuve d'une compassion bien féminine pour tous les démunis de la terre. Intellectuelle aguerrie, ses connaissances étaient étendues et son sens de la justice profond et ardent. Par ailleurs, elle se retrouvait seule au monde, affligée par la mort récente de son mari. En Jane, elle découvrit une élève désorientée mais assidue et se montra pour elle un professeur sympathique et compréhensif. La jeune femme écoutait avec une admiration croissante le récit teinté d'amertume mais exaltant des trente années d'engagement politique de l'écrivain, apprenant qu'une femme peut s'occuper d'autres choses que de tenir maison ou faire des films.

21

« On achève bien les chevaux »

Au fur et à mesure que sa grossesse progressait, Jane ralentit son rythme de vie. Pendant plus d'un mois, elle dut garder le lit pour avoir attrapé les oreillons. Une fois guérie, elle prit soin d'elle-même, d'une manière presque obsessive, craignant que cette affection virale n'ait pu nuire au bébé. Avec son mari, elle passa la plus grande partie de l'été à St-Tropez, prenant de longues marches solitaires sur la plage et, de façon générale, se repliant sur elle-même.

Pourtant, elle ne menait pas une existence tout à fait retirée; un bon nombre d'amis continuaient à fréquenter la villa des Vadim. Brigitte Bardot, qui habitait dans les environs, se montra pleine de sollicitude pour la future mère et lui prédisait, pour le 28 septembre, date de son propre anniversaire, la naissance d'une fille. Jane et Vadim protestaient que ce serait un garçon et tous discutaient avec animation du nom à lui donner. Catherine Deneuve, de son côté, conseillait vivement à la jeune femme d'accoucher à l'hôpital où elle-même avait mis au monde le fils du cinéaste.

À la mi-septembre, le couple rentra à Paris. Jane fut tourmentée par des cauchemars, rêvant que le nouveau-né était une parfaite réplique de Brigitte Bardot à dix ans. Vadim a raconté plus tard que, le soir du 28 septembre, il avait posé, pour rire, ses mains sur le ventre de Jane et, jouant les sorciers, lui avait annoncé que le bébé venait. « Quarante minutes après, le travail a commencé. J'ai pensé à tout, j'avais même pris des ciseaux et de la ficelle au cas où l'enfant naîtrait en chemin et nous sommes partis pour l'hôpital. À 50 mètres de notre destination, la voiture s'est arrêtée : j'avais pensé à tout, sauf à l'essence ! Alors, j'ai pris Jane dans mes bras et je l'ai portée jusqu'à l'entrée. Croyez-moi, c'était toute une scène ! Une heure plus tard, elle accouchait. »

Jane avait espéré un garçon plutôt qu'une fille mais sa déception fut de courte durée, d'autant plus que l'enfant ne ressemblait en rien à Bardot. Elle fut prénommée Vanessa, en partie en l'honneur de Vanessa Redgrave et en partie parce que les deux parents aimaient ce nom qui convenait bien à celui de Vadim. « C'est la future V.V. ! » s'exclamait son père, fier comme un paon. Le bébé qui n'avait pas été affecté par les oreillons de sa mère, avait hérité des yeux et de la tête de Vadim, mais le bas du visage lui venait des Fonda.

Pour Jane, cette naissance fut une véritable révélation. « Je voulais tant cet enfant et depuis si longtemps... Il m'est arrivé quelque chose pendant qu'elle se développait en moi. Pour la première fois de ma vie, j'éprouvais une certaine assurance comme être humain et comme femme. Je suis convaincue que c'est dû au fait que je devenais mère. Je me sentais très près des gens; je commençais à les aimer. Je comprenais qu'on ne donne pas la vie à un être humain pour qu'il se fasse tuer par une bombe B-52, emprisonner par des fascistes ou démolir par l'injustice sociale. Quand elle est née — quand ma fille est née — c'est comme si le soleil s'était mis à briller pour moi. J'éprouvais un sentiment de plénitude; je suis devenue libre. »

Quelques semaines après la naissance de Vanessa, « Barbarella » sortait dans les cinémas aux États-Unis, consolidant la réputation de Jane comme séductrice invétérée dans l'esprit du public. Cependant, les spectateurs ne savaient pas que, pendant que son personnage nu ou à peine habillé folâtrait avec un abandon érotique à travers le monde éthéré de « Barbarella », l'actrice, installée à sa ferme de St-Ouen, prenait soin de son enfant, ne se sentant pas le moins du monde séduisante et tâchant de mettre de l'ordre dans le fouillis de ses nouvelles émotions.

Cette maternité devint rapidement le noyau de son existence. « Ma vie en a été transformée. Je suis encore bouleversée par le miracle de donner naissance à un être. Je me sens épanouie, complète. Les petites choses qui m'embêtaient autrefois, me paraissent futiles maintenant. Je veux d'autres enfants; j'ai envie d'être encore enceinte. Je n'ai jamais été aussi heureuse. Le plaisir et la douleur ont été si extraordinaires que j'essaie de conserver le souvenir de chaque détail. »

À la sortie de « Barbarella », il y avait presque un an que Jane n'avait été vue à l'écran. Le film s'étant révélé un succès international, la jeune actrice reçut un lot de scénarios en provenance des États-Unis parmi lesquels se trouvait une adaptation cinématographique d'un roman du regretté Horace McCoy, un scénariste peu connu de Hollywood. Son livre, paru en 1935 et qui venait de refaire surface en Europe, était un des ouvrages de prédilection de la gauche française. Il avait été vanté par des piliers de l'intelligentsia comme Simone de Beauvoir, Jean-Paul Sartre et Albert Camus qui l'avaient salué comme le « premier roman existentialiste d'Amérique ». Tout révolutionnaire bien informé qui se respectait devait avoir lu « They Shoot Horses, Don't They ? », ne fût-ce que comme témoignage contre le système capitaliste américain. Lorsque Jane l'eut parcouru, ainsi que le scénario, conforme à son modèle, elle voulut en faire son prochain film.

Elle devait y incarner le personnage de Gloria, une jeune Américaine du début des années trente, opprimée, vaincue d'avance, qui, à cause de sa situation désespérée sur les plans moral et financier, s'engage dans un marathon de danse. McCoy fait de ce phénomène populaire à l'époque, avec son cortège de douleurs et de souffrances, une métaphore de la grande dépression en Amérique et des malaises sociaux internes qui l'ont causée. L'adaptation rendait à la perfection le désespoir corrosif du roman et les producteurs espéraient que le film serve à dénoncer les pièges politiques que dissimulait l'expérience du Viêt-nam. D'après le réalisateur, Sidney Pollack : « Les jeunes ne veulent plus être divertis, de nos jours ; ils sont plutôt cyniques. Ils devraient être intéressés d'apprendre que les États-Unis ont connu une autre mauvaise période, encore pire que celle-ci. »

Pour Jane, cette production possédait trois qualités qui représentaient autant de défis. D'abord, elle pressentait que le personnage de Gloria, participante à un marathon de danse, serait pour elle l'occasion de se distinguer dans un rôle dramatique comme jamais elle n'en avait tenu auparavant. Ensuite, le scénario, par son illustration réaliste et sans complaisance d'une tranche de la vie américaine et par sa condamnation sévère des maux du capitalisme, faisait écho à son insatisfaction politique croissante ; le texte était extrêmement significatif, sans être pour autant pédant ou alourdi des discours et des longs dialogues appuyés qui rendent d'ordinaire ce genre d'oeuvres ennuyant. Enfin, « j'en avais plein le dos d'être considérée comme un sex-symbol. Je sentais qu'il fallait que je fasse quelque chose de plus sérieux que « Barbarella ». »

Jane regagna les États-Unis à la fin de l'année pour se préparer à « They Shoot Horses, Don't They ? » (« On achève bien les chevaux ») et en janvier 1969, elle se réinstallait avec Vadim et Vanessa à Malibu. Après un séjour d'un an et demi en France, elle se réjouissait d'être de retour. « Quand on revient, la gentillesse envahissante des Américains surprend après la froideur des Français. Mais ça fait plaisir de se retrouver chez soi. La vie là-bas est renfermée, gelée, arthritique même ! J'adore être ici ; il s'y passe tant de choses ! » Si la jeune femme paraissait éprouver moins d'enthousiasme pour la France, c'est probablement parce que ses sentiments envers Vadim se modifiaient.

Jane avait trente et un ans. Après la naissance de Vanessa, elle s'était mise au régime ; elle n'avait jamais été aussi mince et elle était particulièrement satisfaite de sa nouvelle apparence plus mûre qu'auparavant. Par ailleurs, sa maternité lui procurait un grand bonheur et elle sentait sa force intérieure et son assurance s'accroître chaque jour. Elle prenait plaisir à exhiber sa fille à tous ses amis de Californie. Enfin, le fait que son père semblait enclin à une plus grande indulgence à son égard, la comblait d'aise.

Henry Fonda s'était acheté une maison dans le quartier chic de Bel Air, à Los Angeles, et il passait le plus clair de son temps en compagnie de sa femme, à soigner ses plates-bandes de fleurs. Il était fier de sa nouvelle petite-fille et plus encore, de l'effet positif que la maternité exerçait sur Jane. « Nous sommes plus près l'un de l'autre que nous ne l'avons jamais été », déclara-t-il, non sans vanité, à un reporter. « Elle ne parle plus de moi comme elle le faisait autrefois. Elle est mariée avec Vadim maintenant, elle a son bébé et bon sang ! cette fille-là possède plus d'instinct maternel qu'elle ne le croyait. Elle est devenue extrêmement belle et extrêmement intelligente; démonstrative aussi, pas du tout comme moi... Regardez le foyer qu'elle s'est créé, et la vie qu'elle mène là-bas, à Malibu. Les gens entrent et sortent à longueur de journée : la porte leur est toujours ouverte et Jane se débrouille d'une manière splendide; elle sait mettre ses invités à l'aise... »

L'acteur affichait également une plus grande tolérance à l'égard de son fils, même s'il désapprouvait le genre d'occupations auxquelles ce dernier s'adonnait et les gens qu'il fréquentait. Lorsque Amy, sa fille adoptive, à l'époque une adolescente de quinze ans dotée d'une grande sensibilité, venait lui rendre visite à Bel Air, il ne lui laissait voir aucun des films dans lesquels Peter avait joué et où drogues et motocyclettes étaient à l'honneur. Il détestait les amis du jeune homme et en particulier Dennis Hopper avec qui Peter avait fait un film à petit budget, le futur « Easy Rider », qui l'avait entraîné dans une équipée à travers le pays. « C'est un imbécile », affirmait Henry Fonda. « Un véritable dément qui passe son temps dopé jusqu'à en perdre la tête. »

Il semble que la moitié de Hollywood ait été dopée jusqu'à en perdre la tête, tout le temps. À part ses tranquillisants, ses pilules pour maigrir et de la marijuana ou du haschisch, à l'occasion, Jane évitait les drogues. Les hallucinogènes et même la cocaïne étaient pourtant fort en vogue au royaume du cinéma et, dans son entourage, on y avait recours de façon régulière, au point d'en être souvent dépendant. C'est du moins ce que constatait la jeune femme, mais fidèle à son sens de l'indépendance, elle résista aux instances de ceux qui lui recommandaient d'en prendre. Tout en admettant les allégations de son frère sur sa « libération » par le LSD, elle répugnait à emprunter la même voie. « Je pense que ceux qui cherchent à convertir les autres sont aussi crédules que ceux qu'ils convertissent. Pourquoi tout ce prosélytisme chez les adeptes du LSD ? Un alcoolique boit sans passer son temps à dire : « Allez ! Sois donc alcoolique toi aussi. » Évidemment, j'ai essayé la marijuana mais je préfère encore prendre un verre. »

Pourtant, son image de toxicomane allait rapporter des millions de dollars au jeune Fonda, grâce à « Easy Rider », l'histoire de deux hippies, trafiquants de drogues, assassinés sans raison au cours de leur « quête de l'Amérique ». La fin plutôt lugubre du film reflétait bien le désarroi et la violence qui régnaient à l'époque, comme d'ailleurs le personnage de Peter qui exprimait éloquemment le mode de désillusion contemporain par des répliques du genre de : « J'ai toujours songé au suicide. J'ai englouti des pilules et conduit ma voiture à plus de 160 km à l'heure dans un pont. » Cet attrait de la mort correspondait beaucoup mieux aux sentiments de la jeunesse hollywoodienne que le mythe naïf du « love-and-flower » auquel tant de gens en Californie continuaient à se cramponner.

Le personnage de Jane dans « They Shoot Horses, Don't They ? » deviendrait un autre symbole de cette fascination pour la violence et le désespoir. En vue de concrétiser cet état d'esprit, la jeune actrice fit couper ses longs cheveux blonds et les fit onduler à la mode des années trente. « Une des raisons pour lesquelles j'ai accepté ce rôle, c'est que je veux jouer quelque chose de totalement différent, qui ne soit pas nécessairement sympathique au sens traditionnel du terme. » Elle avait résolu de fuir les écervelées de comédies légères qui lui avaient fait une réputation en Amérique. Afin de se renforcer pour le rôle épuisant de Gloria, elle se mit à faire du jogging quotidiennement sur la plage, nagea le plus souvent possible dans l'eau glaciale du Pacifique et suivit avec rigueur un régime à forte teneur en protéines. Elle lut tout ce qui lui tombait sous la main concernant la grande dépression et alla même s'informer auprès de son père des souvenirs qu'il avait conservés de cette période. Vingt-cinq ans auparavant, il avait incarné une autre victime de cette crise, Tom Joad. Selon Jane, « They Shoot Horses, Don't They ? » avait le potentiel nécessaire pour devenir un équivalent moderne de « Grapes of Wrath ».

« C'est la plus belle histoire que j'aie lue depuis que je suis actrice. J'incarne une véritable perdante; une jeune fille que les hommes traitent mal, qui est incapable de réussir quoi que ce soit et qui s'abandonne à l'amertume et au pessimisme. Je veux la rendre très vivante.

« Nous avons la guerre en ce moment... notre pays n'a jamais traversé une épreuve aussi longue, aussi pénible, à part l'époque de la dépression. Jamais auparavant les Etats-Unis n'ont été si près du désastre national; c'est le genre de conjoncture qui unit les gens et ramène tout à des questions essentielles : manger ou non, vivre ou mourir. Le public, les jeunes surtout, pourra peut-être en sortant de « They Shoot Horses », pressentir que si nous nous sommes tirés de la dépression, nous saurons nous dégager du chaos actuel. Le film aura probablement sur les spectateurs le même effet que les marathons, c'est-à-dire leur permettre de voir qu'il y a des gens qui souffrent plus qu'eux.

« Une autre chose que j'aime du scénario, c'est qu'il est question de gens aux prises avec des problèmes créés par la société plutôt que par eux-mêmes. Ils essaient d'y faire face le mieux possible, mais ils sont condamnés pour leurs solutions. »

Le tournage de « They Shoot Horses, Don't They ? », au printemps 1969, fut précurseur d'une série d'événements qui ébranlèrent les dernières opinions préconçues de Jane concernant son pays et lui ouvrirent de nouveaux horizons. Il fut également long et pénible. La jeune actrice, en s'imprégnant de plus en plus du personnage de Gloria et en s'identifiant à elle, se laissa pénétrer par son découragement et son désespoir. Son rôle l'absorba si profondément qu'elle finit par emménager dans une loge au studio plutôt que d'habiter sa maison de Malibu avec Vadim. « Je me suis aperçue qu'il m'était impossible de laisser mon bonheur de côté chaque matin pour entrer dans la peau de mon personnage. Gloria est tellement désespérée, pessimiste et dépressive. Peu à peu, je me suis mise à lui ressembler. Comment aurais-je pu revenir chez moi dans cet état-là ? J'arrivais à la porte et... Alors je me suis tenue loin. Évidemment, Vanessa passait la nuit avec moi de temps à autre. Ça m'a pris des mois à m'en remettre. »

Jane s'en remit mais ce rôle, dans ce film, à ce moment particulier, eut une profonde influence sur elle. Lorsqu'elle regardait la société américaine à travers le prisme de l'univers fictif habité par Gloria, toutes les différences s'estompaient. Comme dans les années trente, les États-Unis traversaient une crise aussi grave quoique moins facile à cerner que la précédente.

Susannah York, qui faisait également partie de la distribution, s'est rappelée que Jane était devenue de plus en plus sombre en cours de tournage et visiblement troublée. « Elle prenait son rôle à coeur et y travaillait très fort. Dans les quelques occasions où nous avons conversé ensemble, j'ai remarqué qu'elle avait un problème avec son personnage. Moi aussi d'ailleurs, mais Jane y mettait beaucoup d'intensité et semblait inquiète la plupart du temps. »

Un autre participant ajoutait : « Jane a travaillé son personnage comme une forcenée. J'ai collaboré à des tas de films et jamais je n'ai vu quelqu'un se donner autant de peine pour une interprétation. Parfois, c'était littéralement effrayant de la voir quand elle quittait le plateau après une scène. Elle s'accrochait à son personnage comme à quelque chose d'inestimable... non, c'était plutôt comme si elle avait été possédée, comme si Gloria avait pris toute la place en elle et avait entièrement délogé Jane Fonda. »

Un troisième a précisé que la jeune femme se montrait « fanatique au sujet de Gloria. Comme un acteur qui siffle un litre de vodka avant d'aller jouer un rôle d'ivrogne et qui n'est pas dégrisé une fois la séquence terminée. Jane ne se défaisait jamais de son personnage; c'est à peine si elle s'en libérait les fins de semaine. Le reste du temps, on distinguait difficilement Jane de Gloria. Hors du plateau, elle marchait comme Gloria, parlait et marmonnait comme elle. Elle avait l'air perpétuellement fatiguée, vidée et elle se tenait le corps courbé comme un jeune arbre au grand vent. Elle devenait plus mince; elle maigrissait à vue d'oeil ! Au bout de quelque temps, tous les gens de la production se demandaient si elle pourrait tenir le coup. »

Ce tournage épuisant dura jusqu'en mai et eut lieu en grande partie à l'intérieur, dans une réplique exacte de la célèbre salle de danse Aragon, sur le Lick Pier d'Ocean Park, un parc d'attractions situé au sud de Santa Monica. Pour l'occasion, Jane logeait dans une remorque adjacente à la jetée.

« Bon sang ! ce rôle-là a été pénible. C'était comme de marcher constamment sur une corde raide au-dessus des chutes du Niagara... Quand nous avions terminé les séquences de course d'endurance, tout le monde s'effondrait en sanglotant... C'est la chose la plus difficile que j'aie jamais faite.

« À mon avis, mieux vaut ne pas traîner ses préoccupations professionnelles chez soi. C'est pour ça que plus j'entrais dans la peau de Gloria, plus je me tenais loin de la maison... Je suis devenue Gloria. Elle était sans éducation, vulgaire, désabusée, cynique. Ça m'a pris du temps à cesser de parler aussi mal qu'elle, dans un mauvais anglais et tout; je me suis longtemps sentie aussi cruelle, âpre et intransigeante qu'elle... J'étais tellement démoralisée ! Je ne sais pas comment Vadim a pu rester avec moi. J'ai découvert un côté sombre de mon caractère que je ne connaissais pas... Gloria est un être désespéré, à tendances suicidaires et, à la fin, elle meurt. Dans mon jeu, il ne pouvait pas y avoir un soupçon, une lueur d'espoir. Il fallait que ce soit comme ça, sinon personne n'y aurait cru. »

Lorsque « They Shoot Horses, Don't They ? » sortit dans les cinémas, six mois plus tard, il fut bien accueilli et les critiques prédirent un Oscar à Jane. Son interprétation, supérieure à tout ce qu'elle avait fait auparavant, était à la fois nerveuse et solide, sensible et intelligente, tout en étant totalement dénuée des aspects érotiques, exhibitionnistes et grivois attachés jusque-là à sa réputation. Si elle s'en montrait enchantée, le film, par contre, ne la satisfaisait pas entièrement.

Elle était convaincue que « They Shoot Horses » possédait tous les atouts d'un grand film, d'un classique, mais entre le tournage et le montage, quelque chose avait été perdu. Elle n'aimait pas, au moment du générique, la séquence floue pendant laquelle on voyait galoper un cheval noir; à son avis, il s'agissait d'un compromis regrettable, d'une touche romantique trompeuse qui amortissait l'impact du film. De même, elle demanda que soit retranché un plan filmé au ralenti pendant lequel elle s'effondrait dans un pré; le détail, un simple effet technique, affadissait l'honnêteté sans détour de l'oeuvre. En outre, elle était particulièrement malheureuse de la suppression d'une scène qui permettait de comprendre pourquoi Gloria avait abandonné le marathon; il lui semblait que le destin tragique de son personnage perdait ainsi de sa crédibilité.

Jane avait raison, mais tous ses efforts pour persuader le réalisateur, Sidney Pollack, et les producteurs d'effectuer les changements qu'elle souhaitait dès la première ébauche, n'eurent aucun effet sur le produit final. Et, en décembre, à la sortie du film, elle n'y était plus si attachée du point de vue émotif, se voyant accaparée par une multitude d'autres préoccupations plus importantes.

22

« Sympathy For the Devil »

Hollywood a toujours été le royaume de la chimère, mais en 1969, cette propension à fuir la réalité prenait de nouvelles dimensions. La culture hippie empruntait une tangeante plutôt sinistre. L'atmosphère hallucinatoire, créée par la drogue, qui envahissait les maisons tape-à-l'oeil de la plage de Malibu, les demeures plus imposantes de Beverly Hills, les habitations perchées sur la corniche surplombant Hollywood et les simples bungalows égrenés dans la morne vallée de San Fernando, était accentuée par un cynisme croissant qui se muait chez certains en une obsession du jugement dernier. La capitale du cinéma, devançant le reste du pays, devenait schizophrène.

La candeur et l'optimisme de la phase hippie précédente cédait la place à une fascination systématique pour le démonisme et la violence. Et le cinéaste polonais, Roman Polanski, aiguisait l'appétit de l'Amérique pour les films où se côtoyaient l'horreur et l'érotisme.

Polanski et sa femme, la starlette Sharon Tate, fréquentaient assidûment les Vadim à Malibu. Sharon venait de découvrir qu'elle était enceinte et attendait avec impatience la naissance, vers la fin de l'été, de l'enfant de Polanski.

Quant au cinéaste, européen d'origine, combatif de nature, grand enfant imbu de lui-même et doté d'un appétit sexuel insatiable, il connaissait une carrière florissante comme réalisateur-auteur-producteur, grâce au succès de « Rosemary's Baby ». Il semble que la plupart des anecdotes racontées sur l'étrange existence qu'il menait à Hollywood n'étaient pas exagérées. Lui et sa femme, par l'entremise de certaines de leurs connaissances, étaient liés au « Mondo Hollywood », pour employer les termes d'un écrivain, parlant du milieu du cinéma. Compte tenu de leurs relations avec Jane et Vadim et à cause de la réputation de ce dernier, une bonne part des rumeurs qui circulaient sur eux rejaillissaient sur les Vadim.

Au cours d'une entrevue accordée au début du printemps 1969, Jane déclarait : « Vous savez, depuis que Vadim et moi sommes ensemble, ce que je dis aux journalistes n'a pas la moindre importance. Ils s'imaginent que nous vivons dans une débauche perpétuelle. Pourtant nous n'allons même pas chez Denise Minelli, encore moins à des orgies ! Et le délire hollywoodien actuel ne nous intéresse pas du tout. Bon, les gens passent nous voir : Peter et sa femme, Dennis Hopper, Christian Marquand, Roman Polanski... Ici, sur la plage, c'est très détendu, sans façons, quoi ! Nous avons reçu Simone Signoret l'autre soir et nous avons visionné le « Nude Restaurant and Flesh » (d'Andy Warhol). Est-ce une orgie, ça ? »

Pour envenimer encore les potins, Viva Superstar, une des plus célèbres interprètes de Warhol, publia un livre intitulé « Superstar ». Il s'agissait d'un récit, constitué d'un journal fictif et de morceaux choisis, où évoluaient différentes célébrités qui avaient été de près ou de loin mêlées à l'existence de Viva. Deux d'entre elles empruntent à Jane Fonda (appelée Jean La Fonce dans le livre) et à Roger Vadim (Robert) des traits de leur personnalité et quelques-unes de leurs pseudo-activités privées. Inutile de dire que la description d'une fin de semaine chez La Fonce foisonne de détails piquants sur des pratiques licencieuses et inusitées.

Lorsque j'ai demandé à Viva si le personnage de Jean La Fonce avait été inspiré par Jane Fonda, elle s'est bornée à me dire : « C'est entièrement fictif ». En fait, elle a répondu à toutes mes questions concernant « Superstar » par « C'est entièrement fictif » et... un clin d'oeil.

Il est possible qu'au début de 1969, Jane n'ait pas dédaigné le genre de divertissements décrits par Viva, mais il est fort peu probable qu'elle se soit adonnée à des orgies continuelles comme le prétendaient l'auteur et les échotiers en général. En fait, dans « Superstar », Jean La Fonce, l'air chagrin, s'avoue trop timorée pour soutenir la réputation qu'on lui prête.

Entretemps avait lieu la première du « Easy Rider » de Peter Fonda et de Dennis Hopper. Aucun acteur de cinéma, depuis James Dean dans « Rebel Without a Cause » (« La Fureur de vivre ») ou Marlon Brando dans « The Wild One » (« L'équipée sauvage »), n'avait enflammé l'imagination de la jeunesse ni suscité son admiration comme le fit Peter Fonda en Captain America. Sa représentation des tendances schizoïdes de la jeune Amérique possédait une force telle qu'elle estompa les défauts du film. « Easy Rider » connut un succès immédiat auprès du public et Peter Fonda devint non seulement une vedette mais un homme avec lequel il fallait compter dans les hautes sphères de l'industrie cinématographique. Les directeurs de studios ne tardèrent pas à s'intéresser aux jeunes cinéastes qui, espéraient-ils, sauraient comme lui convertir leurs productions en argent sonnant et trébuchant.

Le triomphe de « Easy Rider » rapprocha les deux enfants de Henry Fonda, au cours de l'été 1969. Ils se louangeaient mutuellement dans la presse. Peter déclara qu'il avait cessé de prendre du LSD et d'autres hallucinogènes, se contentant presque exclusivement de la marijuana, comme Jane d'ailleurs, précisait-il. Il voulait mettre à profit sa nouvelle célébrité pour s'ériger en porte-parole des mouvements antimilitaristes et écologiques; déjà, il dénonçait publiquement le gaspillage et l'hypocrisie de la société américaine, et préconisait un changement radical.

Cet été-là, malgré le plaisir que lui procurait la réussite de son frère, Jane se sentait morose et déprimée. Une bonne partie de sa tristesse n'était en réalité qu'une séquelle des sentiments qu'elle avait éprouvés lorsqu'elle incarnait Gloria dans « They Shoot Horses, Don't They ? ». Elle semblait incapable de se défaire de ce pessimisme profond qui l'avait envahie pendant qu'elle jouait son personnage et qu'elle se plongeait dans la sombre période qui servait de cadre au film. Gloria n'avait trouvé de solution à sa détresse que dans la mort, tandis que Jane, une fois le tournage terminé, restait aux prises avec le désarroi intérieur de la jeune héroïne, sans pouvoir y remédier.

Elle était surtout démoralisée par l'escalade américaine au Viêt-nam et par la répression, souvent brutale, dont étaient victimes les pacifistes. Après avoir pris le pouvoir, le président Nixon avait annoncé un retrait progressif des troupes en territoire vietnamien, mais il avait immédiatement contrebalancé les effets positifs de sa déclaration en intensifiant les bombardements américains.

Le mouvement antimilitariste avait réagi avec force mais, plus la révolte était bruyante et active, plus l'administration Nixon s'appliquait à l'étouffer. Des militants qui mettaient leur corps, leur carrière, leur avenir et parfois même leur vie en jeu étaient traînés devant les tribunaux fédéraux, à travers tout le pays. Des « conspirations » étaient dévoilées presque chaque semaine par le gouvernement. Le FBI, la CIA, l'Army Counterintelligence Corps et autres organismes du même genre formaient une gigantesque force policière et politique qui n'épargnait personne. Ils espionnaient et allaient même jusqu'à orchestrer les activités de ces « conspirateurs qui cherchent à miner le système américain » comme les appelait un haut fonctionnaire gouvernemental. Une paranoïa belliciste répondait à l'hystérie antimilitariste et les concepts traditionnels de patriotisme et de responsabilité morale étaient rendus méconnaissables par des interprétations extrêmement contradictoires.

Retranchée dans le confort de sa maison de Malibu, Jane observait cette agitation croissante avec un certain sentiment de malaise, teinté de frustration et de culpabilité. S'étant défaite d'une bonne part de ses illusions sur le système américain, son cynisme la portait à mettre en doute les bonnes intentions des politiciens qui faisaient étalage de leurs convictions patriotiques. Des images de femmes et d'enfants vietnamiens, consumés par le napalm, lui revenaient de plus en plus souvent à la mémoire et elle se sentait plus irritée et plus angoissée que jamais. Elle se rendait compte que pendant trente-deux ans, tout en s'imaginant être au fait de bien des choses, elle avait vécu dans une tour d'ivoire. Comme nombre de gens des classes privilégiées, élevés dans un esprit libéral, elle était tourmentée par sa conscience pour s'être accrochée pendant si longtemps à des idées préconçues que les événements contredisaient chaque jour.

Donald et Shirley Sutherland étaient des voisins de Jane à Malibu. Lui, un obscur acteur canadien allait atteindre la gloire, grâce à son rôle dans « M*A*S*H », un film satirique et antimilitariste; sa femme, Shirley, était la fille d'un important socialiste canadien et elle dénonçait depuis longtemps la guerre au Viêt-nam, comme tout ce qu'elle qualifiait de corruption du système, y compris le racisme et le sexisme. Elle était non seulement le cerveau politique et féministe de Malibu mais également la principale organisatrice des appuis locaux en faveur des Amérindiens, des pacifistes, des résistants à la conscription, des féministes, des Panthères noires et autres composants du mouvement radical américain. Elle parcourait la plage, convertissant ses voisins à une cause ou à une autre et trouva bientôt en Jane une auditrice attentive. Cette dernière avait justement peine à entrevoir son rôle dans le cours des événements et cherchait anxieusement à se défaire de son sentiment de culpabilité et à se redéfinir.

Un des succès musicaux les plus retentissants de 1969 fut la chanson des Rolling Stones, « Sympathy For the Devil » une célébration vibrante et sardonique des forces sataniques à l'oeuvre dans le monde, sinon une vision démoniaque de l'histoire. Le diable, selon le compositeur-interprète Mick Jagger, est responsable de la violence et des cataclysmes qui ont eu lieu dans le passé, mais il compte sur notre sympathie parce que nous sommes tous des incarnations de Satan. « They shouted out Who killed the Kennedys ? » (Ils ont crié Qui a tué les

Kennedy ?), chantait le célèbre rocker, « Well, after all It was you and me » (Mais, après tout C'était vous et moi)... Par une étrange ironie du sort, Roman Polanski avait dîné en compagnie de Robert Kennedy, le soir où ce dernier fut assassiné. Le meurtrier, Sirhan Sirhan, à l'instar de Polanski, était un étranger, engagé dans des recherches occultes et lucifériennes dans les environs de Los Angeles, comme un autre personnage local d'ailleurs, Charles Manson. « Sympathy For the Devil » et d'autres oeuvres populaires de rock, traduisaient en leitmotiv le caractère assombri de la jeune Amérique. Plus exactement, cette musique, avec ses accents rauques et ses rythmes violents, d'abord simple reflet d'une époque, devint prophétique et la contre-culture fut influencée par son obsession croissante du jugement dernier.

Au début de l'été 1969, Jane se lia d'amitié avec les Sutherland. Elle était particulièrement attirée par la clarté et la logique dont Shirley faisait preuve dans l'expression de ses opinions politiques. À la fin de juin, elle se rendit en France avec Vadim et Vanessa et y séjourna un mois par affaire avant de regagner la Californie à la fin de juillet. Au cours de la première semaine d'août, elle assista à une petite fête donnée par Sharon Tate, enceinte à ce moment-là. Quelques jours plus tard, la nouvelle se répandait à Hollywood et dans le monde entier que la jeune starlette et trois de ses hôtes avaient été assassinés. Le jour du Jugement était bel et bien arrivé.

Ces meurtres démoralisèrent Jane encore davantage. Les choses qu'elle avait découvertes sur elle-même en jouant dans « They Shoot Horses » avaient ouvert une brèche dans sa sensibilité d'où s'échappait un flot neuf de stimuli. Sa maternité, la violence qui, sous ses yeux, agitait le pays, enfin le meurtre brutal et injustifiable de Sharon Tate, eurent pour effet de soulever en elle une tempête d'indignation, d'angoisse, de culpabilité et de terreur.

Elle avait déjà commencé à s'interroger sur le sens de ses rapports avec Vadim. En se pénétrant du personnage de Gloria, au début de l'année, elle s'était sentie de plus en plus désemparée par les préoccupations essentiellement hédonistes de son mari. Pour lui, la vie se résumait presque exclusivement à une quête sybaritique d'argent et de plaisirs érotiques; or, elle s'apercevait qu'il obtenait trop souvent ces plaisirs aux dépens des autres et que, somme toute, il ne prenait ni sa vie, ni son oeuvre au sérieux. À fréquenter des gens comme Shirley Sutherland, qui préconisaient des réformes sociales et à s'identifier à un personnage comme Gloria, une femme que les hommes exploitaient et maltraitaient, Jane devenait consciente de sa propre situation. En réfléchissant sur son mariage, elle s'aperçut avec irritation qu'elle s'était souvent laissé exploiter par son mari qui tirait d'elle plaisir ou profit. Pendant quatre ans, elle avait tâché de se conformer à l'image qu'il se faisait de la compagne idéale; et, en dépit de moments heureux, elle se sentait maintenant privée de son identité propre. Le meurtre de Sharon Tate lui démontrait la futilité de son mode de vie libertin. Ce crime résultait indirectement du fait que la belle actrice avait laissé les hommes profiter d'elle, ressentant même le besoin d'être dominée par eux. Ces considérations bouleversèrent Jane qui reconnut être, elle aussi, susceptible de succomber à ce genre d'exploitation. Et lorsqu'elle apprit, plus tard, que Charles Manson et son fidèle groupe de tueurs, tous déséquilibrés par la drogue, avaient rôdé autour des maisons de la plage de Malibu cet été-là, elle fut atterrée et glacée d'horreur à l'idée qu'elle aurait fort bien pu subir le même sort que Sharon Tate.

23

Initiation
au radicalisme

En septembre, Jane, profondément troublée, retourna à sa ferme en France avec Vanessa. Elle s'était remise de l'épuisement physique que lui avait causé le tournage de « They Shoot Horses » mais restait empêtrée dans des émotions contradictoires. Pendant un certain temps, elle se consacra à différents projets de perfectionnement : un cours de lecture rapide pour pouvoir parcourir rapidement les nombreux ouvrages de science politique qu'elle n'avait pas encore lus, des leçons d'autohypnose en vue de se libérer de son habitude de fumer. Mais rien ne parvenait à la distraire de son malaise moral grandissant.

Le meurtre de Sharon Tate continuait à la hanter. Elle entrevoyait maintenant le côté futile et même sinistre du mode de vie qu'elle et Sharon avaient partagé. Vadim, plus fasciné qu'horrifié par le drame, ne lui procurait qu'un bien piètre réconfort. Il n'avait pas changé d'attitude devant la vie et il s'irritait des questions qu'elle soulevait sur le sens de leurs relations. En fait, comme il réagissait avec amertume et indignation aux préoccupations dont lui faisait part sa jeune femme, cette dernière pressentait que leurs rapports s'étaient modifiés, tout en ignorant encore jusqu'à quel point.

Depuis le début de sa carrière, Jane s'engageait en tout avec une grande passion. Elle s'était consacrée à chaque tâche — que ce fût la préparation d'un rôle, la réussite de son mariage, la naissance de son enfant ou la restauration de sa ferme — avec une détermination qui l'avait généralement laissée à la fois satisfaite d'elle-même et avide de réaliser de nouveaux projets. Mais, à présent, tout ce à quoi elle avait dépensé son énergie jusque-là lui paraissait insignifiant; il lui fallait à tout prix se libérer de son désarroi.

« J'avais besoin de m'en aller, de me plonger dans un environnement complètement différent pour pouvoir me comprendre et comprendre ce qui se passait en moi. » L'année précédente, elle avait entendu son frère parler des transformations qui s'étaient opérées en lui à la suite de ses rapports avec un philosophe indien, Krishnamurti. Pour Peter l'expérience avait été « comme une rencontre avec le Christ. Il tient à ce que les gens s'interrogent eux-mêmes plutôt que de s'adresser à lui ».

Jane résolut d'en apprendre davantage sur l'Inde et sa philosophie. Nombre de jeunes gens dans son entourage s'y étaient rendus et en étaient revenus métamorphosés. À Hollywood même, son amie, Mia Farrow, avait fait un pèlerinage là-bas et y avait gagné une merveilleuse aura de sérénité et d'estime pour elle-même. La jeune femme crut qu'elle découvrirait là, la solution à ses incertitudes.

« J'ai choisi l'Inde parce que je ne savais rien de ce pays. Mais j'étais sûre que là-bas, je pourrais être totalement isolée. » Elle quitta donc Paris, peu après l'anniversaire de Vanessa, mais arrivée à destination, plutôt que de trouver la lumière qu'elle cherchait, elle ne fit qu'accroître sa perplexité et son irritation.

Ce voyage, à travers un territoire surpeuplé, bouleversa Jane. Jusque-là, la pauvreté n'était qu'un mot pour elle. « Je n'avais jamais vu de gens mourir de faim; je n'avais jamais rencontré de jeunes garçons mendiant avec le cadavre de leur petit frère dans les bras. » Ces visions, ces odeurs perpétuelles de mort et de maladie la remplirent d'horreur et de dégoût. Elle ne pouvait pas comprendre que ses amis soient revenus de l'Inde en chantant les louanges de ce pays.

« J'ai croisé des tas de jeunes Américains là-bas, des hippies, issus de riches familles bourgeoises, qui cherchaient une expérience métaphysique individualiste. Ils acceptaient cette misère. Ils essayaient même de me l'expliquer, prétendant que c'était une question de religion. Moi, je leur répondais : « Que le diable vous emporte ! Ne voyez-vous pas que le problème de ces gens-là vient justement de la religion ? Que leur religion est en train de les balayer de la carte ? » Tous ces Américains-là s'appliquaient à rejeter des valeurs matérialistes mais ils étaient incapables de faire un pas de plus et de relier le malheur du peuple indien à sa véritable cause, la religion. »

Plus Jane parcourait le pays, plus les conditions de vie qu'elle y observait l'indignaient. Elle fut frappée par la paralysie morale et sociale que peuvent engendrer les croyances religieuses et fut scandalisée par son premier contact avec les effets du colonialisme. À l'époque, l'Inde était une nation indépendante depuis déjà vingt ans mais après deux siècles de domination anglaise et d'exploitation raciale, une grande partie de la population autochtone était restée enlisée dans la misère et le désespoir. Si la jeune femme possédait jusque-là une notion intellectuelle et abstraite de l'oppression politique et sociale due au colonialisme, cette fois elle en avait sous les yeux un exemple éloquent.

Sa révolte contre cette injustice s'intensifia encore au cours de sa visite du Népal et du Sikkim où elle fut reçue par le roi et la reine, une Américaine à peu près de l'âge de Jane. La jeune actrice, tout en admirant la beauté et l'isolement du Sikkim, estima que le palais impérial n'était qu'un symbole de la corruption, des inégalités et des abus qui sévissaient dans toute la contrée. Si Hope Cooke, issue d'un même milieu social et ayant bénéficié d'une éducation semblable à la sienne, jouissait de tous les privilèges que lui conférait son statut au sein du royaume montagneux de son mari, elle n'était, en fait, rien de plus qu'une captive. Et, entretemps, des millions de gens croupissaient dans les basses terres. Le voyage de retour en jeep sur les routes étroites et pleines d'ornières entre le Sikkim et l'Inde dura cinq heures mais Jane y trouva son chemin de Damas. Elle sut qu'elle ne serait plus jamais la même.

Elle avait promis de revenir en Californie à la mi-novembre pour participer à une campagne de publicité avant la sortie de « They Shoot Horses, Don't They ? ». Elle regagna Los Angeles encore profondément déprimée par son séjour en Inde, mais également animée par le besoin croissant de faire quelque chose pour apaiser le sentiment de culpabilité qu'elle avait éprouvé en voyant le sort misérable du peuple indien. Et une nouvelle révélation allait la confirmer dans sa résolution.

À Los Angeles, elle descendit à l'hôtel Beverly Wilshire. « En me réveillant le matin, je voyais encore la foule de Bombay, j'en respirais l'odeur, j'entendais la rumeur de la ville. Dès mon arrivée, j'ai été frappée par les maisons de Beverly Hills, avec leurs parterres impeccables; par la propreté, le silence des rues où les gens riches se promènent en grosses voitures, envoient leurs enfants chez le psychanalyste et engagent des jardiniers mexicains et des serviteurs noirs qu'ils exploitent sans scrupule. » Le contraste était accablant. « J'ai grandi ici, mais jamais je n'avais vu les choses sous cet angle-là. L'Inde, c'était l'urine, le bruit, la bigarrure, la misère, la maladie et des foules de gens entassés les uns sur les autres. Beverly Hills, en comparaison, paraissait aussi silencieux, aussi vide et aussi aseptique qu'une église et je me demandais toujours où était passé tout le monde. »

Le retour de Jane en Californie coïncida avec deux événements importants auxquels les médias accordèrent une grande attention, en novembre 1969. D'abord, un moratoire contre la guerre attira une foule considérable à Washington durant la fin de semaine du 14-15. Le président Nixon déclara qu'il serait trop occupé à suivre des matches de football à la télévision pour s'intéresser à cette manifestation. Mais par ce témoignage de mépris pour les opinions contraires à la sienne, il rendit service aux organisateurs de la manifestation, accentuant ainsi la polarisation entre le gouvernement et les forces sans cesse croissantes de ses adversaires. En fait, nombre d'indécis, rebutés par l'insensibilité de Nixon, apportèrent leur soutien aux manifestants.

Le second événement eut lieu dans la Baie de San Francisco où, le 21 novembre, un groupe d'Amérindiens, menés par Richard Oakes, un Mohawk, envahit la prison fédérale alors déserte, de l'Île d'Alcatraz, qu'il déclara territoire indien. Au cours des années précédentes les Amérindiens avaient été gagnés par la fièvre militantiste qui enflammait les mouvements en faveur du respect des droits civils et de la paix. Cette occupation, à laquelle personne ne s'attendait, fut déclarée un acte révolutionnaire symbolique par ses auteurs qui voulaient dénoncer publiquement la duplicité avec laquelle le gouvernement des États-Unis avait toujours traité les Indiens en matière de droits territoriaux et autres. Pendant les premiers mois du mandat de Nixon, les radicaux s'étaient tenus relativement tranquilles mais il ne s'agissait que d'une trêve.

Les « Panthères noires », les « Panthères blanches », les féministes et des douzaines d'autres organisations d'activistes, sans cesse harcelées par les forces de l'ordre, s'étaient intégrées à la contre-culture. Par la prise d'Alcatraz, le mouvement amérindien devint, malgré lui, membre à part entière de cette résistance organisée. Et même si un tel honneur ne comportait pas que des avantages, un de ses effets immédiats fut que le gouvernement, ayant mauvaise presse à travers le pays, demeura inactif, à cette occasion.

Pour Jane, ce fut tout autre chose. Encore bouleversée par les conditions de vie qu'elle avait observées en Inde et qui juraient tant avec le luxe raffiné de Beverly Hills et aiguillonnée par son sentiment de culpabilité, elle s'enthousiasma tout de suite en apprenant la nouvelle. Vaguement consciente que les Amérindiens du Nord-Est, entre autres les Mohawks, avaient été privés de leurs droits sociaux et politiques en partie à cause de ses ancêtres, elle sympathisait déjà avec eux dans la lutte pour l'autodétermination, à cause de ses relations avec Marlon Brando et avec certaines personnalités de Hollywood qui leur avaient apporté un appui. Ainsi, lorsqu'elle sut qu'un des meneurs dans l'affaire d'Alcatraz était un Mohawk, sa curiosité fut éveillée.

Elle obtint de Shirley Sutherland un exemplaire de « Remparts ». Cet ancien magazine libéral catholique s'était transformé, au milieu des années soixante, en un mensuel de gauche qui s'appliquait à dénoncer la corruption du système. Jane y lut un article de Peter Collier sur les occupants d'Alcatraz. Intéressée par ce qu'elle découvrait, elle décida de rester en Californie pour se renseigner davantage plutôt que de retourner en France, immédiatement après la sortie de « They Shoot Horses, Don't They ? ».

Le film, dont la première eut lieu à la mi-décembre, à temps pour entrer dans la compétition des Oscars, fut diversement accueilli. D'aucuns le trouvèrent insupportablement déprimant mais certains des critiques les plus sérieux le rangèrent parmi les chefs-d'oeuvre de 1969. Jane fut généreusement complimentée pour avoir donné la « performance » de sa carrière et peut-être même, la meilleure interprétation féminine de l'année. La critique Pauline Kael, jusque-là réservée dans ses commentaires sur le talent de Jane, approuva cette fois inconditionnellement son travail et se permit même une prophétie. « Fort heureusement, Gloria, qui est l'âme du film, est jouée par Jane Fonda. Cette Gloria vulgaire... c'est le rôle le plus solide qu'une actrice américaine ait tenu à l'écran cette année. Miss Fonda va jusqu'au coeur de son personnage, comme peu d'interprètes le font au cinéma lorsqu'elles sont devenues vedettes... Et parce qu'elle a ce don propre aux stars de fasciner les spectateurs, quelque rébarbatifs que soient les personnages qu'elles interprètent, sa Gloria est une de ces créations complexes qui échappent à l'usure du temps. Jane Fonda pourrait bien incarner les tensions de notre société et dominer le cinéma américain des années soixante-dix... »

Vadim et Vanessa rejoignirent Jane au Beverly Wilshire. Vadim s'attendait à trouver sa femme de meilleure humeur après son séjour en Inde; il fut déçu de constater qu'elle était plus agitée et plus insatisfaite que jamais. Lorsqu'elle lui an-

nonça qu'elle comptait demeurer en Californie pour se renseigner sur la cause des Amérindiens, il prit la nouvelle avec
indifférence.

Le 30 décembre 1969, Jane se vit décerner le New York Film
Critics Award pour son rôle dans « They Shoot Horses, Don't
They ? ». Elle l'apprit à sa descente d'avion à New York où elle
venait passer les fêtes du Nouvel An avec sa fille, chez Henry
Fonda. « C'est le plus grand honneur qu'on m'ait jamais fait.
On essaie toujours de se montrer blasé mais maintenant que ça
m'est arrivé, j'en suis ravie. » Ce prix est généralement précurseur d'un Oscar. « Vous ne pouvez pas imaginer l'impact qu'un
Oscar peut avoir sur une carrière. J'aimerais en obtenir un
mais j'ai peur de penser au Film Critics Award comme à un
présage; ça risque de me porter malchance. »

Interrogée sur ses relations avec son père, elle reconnut
qu'elles s'amélioraient, surtout grâce à Vanessa mais que l'acteur tolérait mal ses nouvelles opinions politiques. Jane se
rappelait ce qu'elle lui avait raconté au sujet de son voyage en
Russie; elle avait trouvé le peuple russe paisible, nonchalant,
profondément humain et adorablement inefficace. Ensuite elle
s'était déclarée enchantée que sa fille ait du sang slave dans les
veines. « Et mon père s'est exclamé : « Pourquoi ? Tu viens tout
juste d'expliquer que les Russes sont inefficaces ! » « Parce que
c'est merveilleux ! lui ai-je répondu. Toi, tu t'es fait enfon-
cer dans la tête cette idée typiquement américaine d'efficacité et à cause de ça, tu négliges l'aspect humain. » Il n'a pas
compris. Et je me suis rendu compte, pour la première fois, de
l'incroyable fossé qui existe entre moi et les gens qui m'ont
élevée. Pas seulement mon père, mais tout le système qu'il
représente. »

Le 31 décembre, Jane accorda à Rex Reed du « New York
Times » une entrevue dont la parution, trois semaines plus
tard, souleva de violentes polémiques. Reed citait la jeune
femme disant : « Vous n'avez pas d'objections à ce que je
prenne un euphorisant ? » Il ajouta qu'elle « retira soigneusement le tabac contenu dans une Winston, ouvrit une délicate
tabatière posée sur une table à café et remplaça le produit

usuel, bon seulement à donner le cancer, par une substance grise qu'elle avait rapportée de l'Inde ou du Maroc ? Elle ne s'en souvenait pas. Tout ce qu'elle savait, c'est qu'il ne s'agissait pas de cette camelote un peu poisseuse qui, à Tijuana, contient du foin. C'était de la marijuana de qualité. » Reed émailla son article de descriptions de Jane aspirant à pleins poumons la fumée de son « joint » et le « Times » fut gratifié d'une avalanche de lettres de protestation écrites par des lecteurs que le comportement de la jeune femme indignait.

En cette veille du Jour de l'An, Jane parut songeuse. Elle évoqua la décennie qui s'achevait et exprima son admiration pour l'engagement politique de la jeunesse. Elle se décrivit comme appartenant à la « génération indolente des années cinquante qui avalait les somnifères d'Eisenhower. » Elle avoua envier ceux qui « participaient à la vie du pays tout en tâchant d'en améliorer la qualité. » Elle laissait entendre qu'elle avait l'impression d'avoir gaspillé une partie de son existence et précisa qu'elle souhaitait faire quelque chose pour rattraper le temps perdu. Elle fit l'éloge de son mari, un peu comme si elle s'apprêtait à le quitter. « Vadim est bon vivant, avec tous les défauts que ça comporte. Il commet de graves erreurs parce qu'il est vulnérable. Il n'a jamais renoncé à la démence qu'il a en lui... Il m'a appris à jouir de la vie et quoi qu'il advienne de notre mariage, il restera toujours mon ami. » De toute évidence, il se passait quelque chose entre eux.

Elle retourna en Californie au début de janvier et se réinstalla dans sa maison de Malibu. Pendant que Vadim préparait un nouveau projet de film, elle se consacrait à des lectures sur les problèmes amérindiens et cherchait des gens qui puissent la renseigner sur le sujet. Shirley et Donald Sutherland lui rendaient fréquemment visite; pour être précis, Donald revenait plus souvent que sa femme.

Jane entra en contact avec Peter Collier dont elle avait lu l'article sur les Amérindiens dans « Ramparts » et lui demanda de l'accompagner à Alcatraz pour qu'elle puisse se rendre compte par elle-même de la tournure des événements. Là-bas, elle s'entretint avec plusieurs leaders du mouvement et fut impressionnée par leur engagement inconditionnel et par la dignité triste dont ils voilaient leur frustration. La prise d'Alcatraz, deux mois auparavant, avait fait la une des journaux mais, depuis, les médias l'avaient en grande partie oubliée. Le gouvernement continuait à simuler l'indifférence, évitant ainsi tout affrontement et la nouvelle de « cet acte révolutionnaire symbolique » fut bientôt éculée. Les rebelles restaient sur l'île mais les journalistes s'en étaient allés depuis longtemps. Cependant, la visite de Jane raviva leur intérêt.

La jeune femme, elle, éprouva des sentiments de culpabilité et d'indignation plus violents que jamais en constatant la situation des autochtones, privés de leurs droits par les Blancs. « J'ai entendu parler du génocide qui a eu lieu et qui dure encore, des ignominies que nous avons commises contre les Indiens, au nom de l'efficacité et dans l'intérêt des fermiers blancs. Je sais maintenant que les sénateurs qui sont censés défendre les droits de ces pauvres gens n'en font rien. »

Les Indiens des États-Unis appartenaient sûrement à la minorité la plus cruellement opprimée en Amérique du Nord. Les Blancs les ont traités longtemps de la façon la plus déshonorante qui soit, et ce, avec l'approbation et la coopération du gouvernement fédéral. Dans les années soixante, l'espoir d'une justice sociale et raciale se répandit comme une traînée de poudre chez les Amérindiens. Leur cause avait été reléguée dans l'ombre des grands événements radicaux et ce n'est qu'avec l'incident d'Alcatraz, qu'une petite bande d'envahisseurs avait juré de défendre jusqu'au bout, que leurs revendications commencèrent à attirer l'attention générale. Mais cette occupation devint bientôt de l'histoire ancienne et les Américains n'y songèrent plus. Sauf Jane qui, après sa visite là-bas, était prête à agir, et dont le premier geste fut de se rendre aux locaux du magazine « Ramparts ».

Ce périodique était l'oeuvre d'un seul homme, Warren Hinckle III. Hinckle s'était emparé de la direction du magazine qui appartenait jusque-là à un catholique, Edward Keating, pour en faire une publication radicale bien cotée s'adressant à la classe libérale américaine. Une de ses marottes consistait en la recherche du véritable assassin de John F. Kennedy, ce qui l'avait amené à se lier avec un gauchiste excentrique, Mark Lane. Dès les débuts de l'affaire, en 1963, Lane, un avocat new-yorkais, était intervenu en se désignant d'office conseiller à la défense de Lee Harvey Oswald, puis défenseur posthume du malheureux lorsque celui-ci fut abattu par Jack Ruby. Plus tard, il comptait parmi les auteurs qui critiquèrent les conclusions de la commission Warren et proposèrent leurs propres théories sur les raisons du meurtre et la manière dont le président Kennedy avait été assassiné.*

Pour bien des gens, Hinckle et Lane étaient simplement avides de publicité. Ils avaient un flair remarquable et une juste vision de la crédulité du public américain et de sa fascination pour l'insolite et le scandaleux. Tous deux se posaient en champions de la gauche, l'ancienne comme la moderne, et avaient participé à divers événements de la contre-culture, y compris l 'interminable procès des sept à Chicago qui traînait déjà depuis cinq mois au début de 1970.

Lane, homme autoritaire, bourru mais sympathique, d'une quarantaine d'années, possédait un esprit objectif et caustique de même qu'un talent d'avocat aux ressources inépuisables. Il aurait amassé des millions comme avoué à Wall Street, s'il l'avait voulu. Mais ses dispositions ne le portaient en rien à servir l'Amérique des grandes entreprises et le système capitaliste. À la fin des années soixante, il s'était défait du vieux socialisme éculé de sa jeunesse et prônait une révolution radicale et marxiste. Ceux qui le connaissaient et qui avaient observé le durcissement progressif de ses positions politiques, ne pouvaient préciser jusqu'à quel point son ardeur révolutionnaire découlait d'une conviction sincère ou d'un besoin évident d'attirer sans cesse l'attention publique. En 1970, Lane militait dans différents mouvements anarchistes; il fut l'un des premiers radicaux blancs à soutenir les Amérindiens qui enva-

---

* Récemment, Lane est réapparu sur la scène publique à cause de ses relations avec le Révérend Jim Jones, le leader religieux, qui, en 1979, organisa le suicide collectif de ses disciples, en Guyane.

hirent Alcatraz. Et lorsque Jane s'offrit à aider leur cause, il devint son mentor.

Sous sa direction, le besoin d'agir que la jeune femme éprouvait l'année précédente se concrétisa. Elle assista à des réunions, à des assemblées et à des manifestations où elle rencontra des représentants de différents groupes de gauche et entendit des anecdotes effrayantes sur les actes de répression et de persécution commis par le gouvernement. Elle qui, quelques mois plus tôt, se laissait imprégner par la culture hollywoodienne où drogues et érotisme étaient en vogue, devint, en quelques semaines, une disciple du mouvement pour la paix et la liberté.

24

Fred Gardner

À son retour d'Alcatraz, Jane se trouva très vite engagée dans le tourbillon des mouvements contestataires. Marlon Brando, l'un des premiers acteurs à défendre, dès le début des années soixante, la cause amérindienne, s'était récemment associé à la lutte des radicaux noirs. Il était devenu un sympathisant des « Panthères noires » et militait activement en leur faveur. Jane se sentit obligée de l'imiter; et, en réalité, elle n'avait guère le choix puisque le mouvement des Indiens aux États-Unis s'était presque calqué sur les différentes organisations noires, formées suite à l'agitation que la revendication des droits civils avait provoquée dans le Sud, au cours de la dernière décennie.

En 1969, de tous les groupes de radicaux interreliés celui des « Panthères noires » était probablement l'ennemi numéro un des forces de l'ordre locales et fédérales. Ses membres s'étaient peu à peu dissociés, trois ans auparavant, du Student Nonviolent Coordinating Committee (abrégé en SNCC, prononcé « Snick »), en désaccord avec les opinions de son leader, Stokely

Carmichael, sur la lutte contre le racisme. La nouvelle association avait été fondée à Oakland, en Californie, par un ancien étudiant en droit, Huey P. Newton et par un vétéran des forces de l'air, Bobby Seale. Ce dernier avait appartenu au Revolutionary Action Movement, un groupe extrémiste noir qui, d'après J. Edgar Hoover, avait inspiré à Stokely Carmichael une bonne part de sa philosophie marxiste-léniniste et communiste chinoise.

Cette année-là, les forces policières se montrèrent plus acharnées que jamais dans leur campagne contre les antimilitaristes et les extrémistes noirs. Elles intensifièrent leurs tactiques de harcèlement et de provocation à travers le pays, abattant les Panthères noires comme des pigeons d'argile. Membres et leaders du groupe furent tués à New York, New Haven, Washington, Détroit, Oakland et Chicago. À l'aube du 8 décembre 1969, à Los Angeles, un affrontement sanglant eut lieu entre une armée de policiers locaux et treize d'entre eux au quartier général de l'organisation dans le centre-sud de la ville.

Jane vit des images de cette fusillade à la télévision alors qu'elle se renseignait encore sur les Indiens d'Alcatraz. Elle avait déjà entendu parler des Panthères par Shirley Sutherland et par d'autres radicaux de Hollywood. Comme beaucoup de Blancs, elle était effrayée par la violence systématique qu'ils semblaient préconiser. En outre, elle ne comprenait pas leur idéologie, n'ayant pas lu Marx, Lénine, Mao, Fanon, ni aucun théoricien de la révolution communiste. Cependant, elle sympathisait depuis longtemps avec la lutte des Noirs pour leurs droits civils et avait été horrifiée par l'assassinat de Martin Luther King Jr., l'année précédente. Mais, à cause de ses longs séjours en France, elle saisissait mal la notion du « Black Power » et du « Pouvoir au peuple » qui avait émergé du mouvement de libération noir. Elle possédait pourtant tous les éléments de ce que la droite américaine se plaît à appeler « le libéralisme au coeur saignant », réagissant à des impulsions plus sentimentales qu'intellectuelles (ce à quoi les tenants du conservatisme n'échappent pas non plus). Ainsi, à l'occasion de ce règlement de comptes à Los Angeles, le mépris instinctif de Jane pour l'autorité, représentée dans ce cas par la police, l'incita à se ranger du côté des Panthères. Et elle admira d'autant plus Shirley Sutherland qui, à ce moment-là, était harcelée par le FBI parce qu'elle défendait leur cause.

Lorsque la jeune femme apprit par Mark Lane les relations tactiques qui existaient entre les révolutionnaires d'Alcatraz, les Panthères et le mouvement radical, elle se montra encore plus intéressée par ces différentes organisations. « Je me rendais compte que les Panthères étaient la cible de toutes les attaques et je me demandais pourquoi. Alors, après les Indiens, j'ai décidé d'entrer en contact avec eux. J'ai été impressionnée. Ils n'étaient pas du tout comme je les imaginais. C'était la première fois que je rencontrais des militants noirs ayant une idéologie et une discipline politiques; en fait, des gens qui vont directement au fond du problème. »

Elle les entendit parler d'actes d'oppression politique et économique, de persécution et de provocation par les forces de l'ordre qui l'indignèrent. Elle vit des photographies de policiers debout devant des cadavres de Panthères, arborant ce sourire qu'ont les soldats nazis devant les corps de leurs victimes juives. L'autorité se muait rapidement en autoritarisme, d'après ce que Jane pouvait constater, et cette découverte la mit en colère. Ses rapports avec les Amérindiens et les Panthères la tirèrent de sa période d'engourdissement, d'indécision et d'introspection. Elle ressentait le besoin de se consacrer à une cause; il lui fallait un nouveau défi à relever, une nouvelle ambition. Et qu'y a-t-il de plus satisfaisant et de plus utile que la recherche de la justice sociale ?

Depuis qu'elle avait atteint l'âge adulte, Jane s'était laissé influencer en ce qui concerne ses engagements personnels et ses convictions par les hommes auxquels elle avait été intimement liée, de Tim Everett à Roger Vadim. Il était donc peu probable que son existence prenne une nouvelle tangeante sans cet élément catalyseur et ce n'est pas un hasard si son désir soudain de redresser les torts du système coïncida avec l'arrivée dans sa vie d'une nouvelle et forte personnalité. Il ne s'agissait pas de Mark Lane, lequel n'éveillait aucune ardeur romantique chez elle, mais plutôt d'un être qui l'attirait d'une façon viscérale : Fred Gardner.

Gardner, d'après un de ses amis, était « un communiste brillant, dévoué à la cause, qui aurait pu faire perdre les pédales à Martha Mitchell elle-même. » Originaire de San Francisco, cet homme dynamique avait adhéré au radicalisme très tôt mais, même s'il s'était engagé dans le mouvement antimilitariste dès ses débuts, il avait plutôt tendance à n'en faire qu'à sa tête. Critique sévère de la gauche, il n'hésitait pas à distinguer les révolutionnaires sérieux de ceux qui ne l'étaient pas; il reprochait à ces derniers de chercher à accaparer les manchettes des journaux sans pour autant contribuer à la propagation des idées marxistes. Marié, à l'époque, Gardner n'avait pas encore trente ans mais se montrait déjà non seulement un écrivain prolifique et un orateur éloquent, mais aussi un organisateur audacieux et infatigable.

En 1967, exaspéré par l'attitude désinvolte du mouvement envers les militaires qui, à son avis, étaient prêts à endosser les idées radicales, il se mit à solliciter de différents groupes de l'argent et de l'aide pour seconder les G.I. dans l'organisation d'un courant de dissension au sein de l'armée. Les leaders auxquels il s'adressa rejetèrent sa proposition et l'admonestèrent pour s'être imaginé qu'il pouvait convertir les soldats, qui représentaient « l'ennemi » à leurs yeux. Gardner se rendit pourtant à Columbia, ville adjacente à la base militaire de Fort Jackson en Caroline du Sud, pour y mettre ses théories à l'essai. Il loua un magasin, rue principale, à un pâté de maisons du USO, le baptisa UFO et en fit le premier « café clandestin pour G.I. ». En janvier 1968, des soldats du Fort Jackson, surtout des conscrits, fréquentaient l'UFO où ils se procuraient de quoi manger, boire, se divertir et où leur étaient fournis des rudiments d'instruction politique.

Les lieux n'étaient pas inconnus du public. C'était là que le capitaine Howard Levy, un médecin new-yorkais de l'armée, était passé en cour martiale et avait été condamné à une peine d'emprisonnement à Leavenworth pour avoir refusé de se charger de l'entraînement de certaines catégories de militaires.

En février 1968, ce fut le premier poste à être le théâtre d'une manifestation pacifiste menée par des G.I. en stage. Du jour au lendemain, Fred Gardner se vit félicité par les mêmes leaders radicaux qui, six mois plus tôt, s'étaient opposés à son projet et ne lui avaient accordé aucun appui.

Il laissa son UFO aux soins de ses associés et se rendit à Fort Hood, au Texas, à Fort Leonard Wood, au Missouri, cafés semblables au premier. Il fut bientôt qualifié de père du mouvement G.I..

Ses multiples occupations n'empêchaient pas Gardner d'écrire pour le cinéma. Il avait été engagé par Michelangelo Antonioni pour travailler au scénario de « Zabriskie Point ». Le célèbre réalisateur italien, d'allégeance communiste se préparait à tourner son premier film aux États-Unis : une étude des tactiques naïves et autodestructrices de la jeunesse radicale américaine.

Jane, qui continuait de s'informer sur les Amérindiens et les Panthères noires, assista à une réception donnée à Hollywood en l'honneur d'Antonioni. À cette occasion, elle fit la connaissance de Fred Gardner. Celui-ci m'a raconté qu'ayant entamé une vive discussion avec quelques invités sur la question des cafés de G.I., il avait entrevu, du coin de l'oeil, Jane qui l'écoutait et l'observait avec intérêt, non loin de là. Plus tard, alors qu'il s'était réfugié à la cuisine pour se reposer du vacarme de la fête, Jane apparut à ses côtés et engagea la conversation.

D'après Gardner, ils ne s'attardèrent pas à échanger des banalités. « Elle me racontait qu'elle se renseignait sur le mouvement et qu'elle voulait faire sa part. Je n'étais pas en forme, ce soir-là, et toutes ces vedettes qui éprouvaient le besoin de s'identifier avec ce que nous faisions ne m'impressionnaient pas tellement. J'ai souvent tâché d'intéresser les gens à la cause mais je n'avais pas envie de m'évertuer à convaincre Jane Fonda. Je me sentais plutôt d'humeur à lui dire : « Fichez-moi la paix ! » Je lui ai laissé entendre que je ne comprenais pas pourquoi, si elle était vraiment désireuse d'apprendre et d'aider, elle traînait encore à Hollywood, s'affichant avec toutes ces stars pour qui c'était chic d'être radicales.

« Si vous étiez sérieuse, lui ai-je dit, vous iriez visiter les bases militaires, les réserves indiennes, les ghettos noirs et tout le reste. »

« J'ai cru que ça s'arrêterait là; j'avais été condescendant et passablement impoli avec elle. Mais elle m'a surpris en répondant qu'elle allait le faire. Puis elle m'a demandé de lui envoyer tout ce que j'avais écrit sur le sujet. »

C'est ce que fit Gardner lorsque, quelques jours plus tard, il regagna San Francisco. Peu de temps après, quand elle se présenta chez lui, avide d'en savoir davantage, il la confia aux bons soins de sa compagne, une féministe de gauche. « À cette époque, j'essayais de me détacher de l'organisation », a-t-il dit. « J'en avais assez d'être exploité et d'entendre les calomnies qui circulaient. Jane s'est mise à discuter avec ma femme et ses camarades féministes. Nous avons à peine échangé quelques mots. Ce dont je me souviens surtout, c'est d'avoir fait de la place dans notre réfrigérateur pour toute la provision de yaourt « naturel » qu'elle trimbalait avec elle. »

Certains amis de Jane ont affirmé qu'elle avait été fascinée par Fred Gardner et l'indifférence du jeune homme la désappointant, elle s'était mise en tête, d'après eux, de l'en débarrasser. Au cours des mois qui suivirent, presque partout et devant presque tout le monde, elle imputa à Gardner sa conversion au militantisme politique radical. « À tel point, soulignait un proche, que tous et chacun étaient persuadés que Jane et Freddie avaient une liaison. »

Rien de plus faux, m'a déclaré Gardner. En fait, il était stupéfait de voir que Jane mentionnait fréquemment son nom à la presse. « Nous nous étions rencontrés seulement deux fois ! »

Un an plus tard, divorcé et de passage à New York pour quelques semaines, Gardner revit Jane et eut, à ce moment-là, une brève idylle avec elle. C'est alors qu'il a deviné les motifs qui dictaient sa conduite. « Je lui ai demandé tout de suite pourquoi elle prétendait que je l'avais tant influencée puisque ce n'était pas vrai. Je lui ai rappelé qu'il était clair par les questions qu'elle m'avait posées dès le premier jour, qu'elle s'était déjà formé une opinion. « Pourquoi ce besoin d'en attribuer le mérite à un homme ? » lui ai-je fait remarquer.

« Elle a d'abord donné libre cours à son émerveillement d'entendre un homme s'exprimer comme ça, et puis elle a recommencé : elle a dit qu'elle avait confiance en moi, et que, si j'avais un conseil à lui donner, elle le suivrait. À l'époque, je ne pouvais lui faire qu'une vague mise en garde. Je lui ai recommandé d'être prudente. Le mouvement s'était littéralement servi de moi; je n'avais pas abandonné, j'en avais été chassé. Chassé par toutes les Barbara Dane et leur genre de pseudo-gauchistes, plus imposteurs les uns que les autres avec lesquels Jane continuait à frayer d'ailleurs. Et tout ce temps-là, elle racontait qu'elle agissait selon mes directives ! J'ai fini par comprendre qu'en attribuant, à moi ou à d'autres, une influence sur ses actes, elle cherchait simplement à minimiser ses responsabilités. Elle se gardait une porte de sortie et, quand il serait temps de changer de cap, elle n'aurait qu'à dire : « En fait, c'était l'idée d'un tel; j'en ai fini avec ça maintenant. » »

Sur la suggestion de Gardner qui lui avait recommandé de visiter les endroits « stratégiques », Jane se rendit, au début de mars 1970, à Seattle en compagnie de Mark Lane pour assister à une manifestation organisée devant le Fort Lawton. Les Amérindiens se rassemblaient pour protester contre la violation des promesses que le gouvernement fédéral s'était engagé à respecter par traités. Ils comptaient occuper le Fort Lawton, une base militaire de réserve rarement utilisée et peu populeuse, en faire un territoire à eux et y établir un centre culturel.

Le dimanche 8 mars, Jane se joignit à Lane et à quelque cent cinquante Indiens pour marcher sur le Fort. À la grille principale, les manifestants se heurtèrent à un détachement de police militaire venu du Fort Lewis, situé à proximité. Une partie des assiégeants se lancèrent à l'assaut des grilles, pendant que les autres exécutaient des manoeuvres de diversion. Le gros de la troupe escalada une clôture et parvint à ériger un wigwam dans une petite clairière, au milieu d'un bois derrière les baraquements. Un des leaders du mouvement lut une proclamation.

« Nous, Américains autochtones, réclamons ce territoire appelé Fort Lawton, au nom des nôtres, par droit de découverte. »

Jane et son compagnon se trouvaient avec le groupe resté à la porte centrale. Dans l'affrontement qui eut lieu, près d'une centaine d'Indiens furent arrêtés, ainsi que l'immanquable Lane, tandis que la jeune femme était repoussée rudement par des policiers. Après quelques heures de détention, l'avocat fut relâché avec un ordre d'expulsion; il était profondément agité lorsqu'il déclara aux reporters qui couvraient l'incident que la police militaire rouait de coups les Indiens encore emprisonnés. De Fort Lawton, il conduisit Jane et un groupe de manifestants à Fort Lewis pour protester contre ces « traitements barbares ». Exhibitionniste et tapageur par tempérament, il prit la tête de la petite filée de voitures qui pénétra dans l'enceinte. La caravane fut poursuivie et ses membres, y compris Jane, appréhendés pour s'être introduits sans permission dans la base militaire et pour avoir enfreint l'ordre qui leur avait été signifié de quitter les lieux. Ils furent détenus pendant quelque temps, interrogés, puis escortés hors des grilles.

Jane n'avait jamais été témoin de la violence à laquelle étaient en butte les groupes contestataires et, en voyant des policiers costauds matraquer des Indiens désarmés, son sang ne fit qu'un tour. Leur assaut contre le fort qui, en d'autres temps, aurait à peine attiré l'attention de la presse locale, fit la une de tous les journaux du pays le lendemain parce que Jane Fonda y avait participé et avait été arrêtée. Ce jour-là, à la conférence de presse que Mark Lane convoqua prétendument pour annoncer l'intention des Indiens de manifester devant Fort Lawton, Jane devint le centre d'intérêt. Involontairement, elle éclipsa ceux qu'elle était venue appuyer et causa parmi eux une réaction de mécontentement. Elle proclama qu'elle avait résolu de parcourir le pays en voiture pour visiter des réserves indiennes et des bases militaires, et de s'associer à leurs mouvements de protestation. « Les G.I. à qui j'ai parlé revendiquent une déclaration des droits des G.I. et les Indiens veulent aussi la leur. J'ai toujours cru que le Bill of Rights s'appliquait à tout le monde mais je m'aperçois que je me trompais. »

Faisant allusion avec amertume à son arrestation à Fort Lewis, elle déclara : « Bob Hope est accueilli bien différemment par les troupes locales. Évidemment, je n'y suis pas allée pour glorifier la guerre ou inciter des jeunes gens à se battre... Je milite pour la cause des êtres humains, qu'ils soient Indiens, soldats ou autres. » Elle mentionna les projets de Fred Gardner concernant les militaires, affirmant que ces derniers étaient privés de leurs droits au point « d'être embarqués dans des avions à la pointe du fusil et envoyés au Viêt-nam quand ils sont pris à contester. » Quant aux autorités militaires, ajoutait-elle en concluant, « si ma présence dans une base de l'armée les inquiète à ce point-là, c'est qu'elles n'ont pas la conscience tranquille, et pour cause ! »

Bien que le mouvement en faveur des G.I. fût l'oeuvre de Fred Gardner, il en avait transmis l'administration à un organisme de gauche qui se chargeait de recueillir des fonds. Établi à New York et à Cambridge, au Massachusetts, le United States Servicemen's Fund diffusait à l'échelle nationale le concept de protestation antimilitariste au sein de l'armée élaboré par Gardner, en subventionnant des cafés clandestins dans des douzaines de villes, situées à proximité de camps militaires et en y assignant des équipes de jeunes gens imbus des principes fondamentaux du radicalisme. Gardner était devenu directeur du USSF, mais il se sentait de moins en moins à l'aise dans la voie que le mouvement G.I. empruntait sous l'égide du groupe et de certains de ses dirigeants.

Dans la région de Seattle-Tacoma, le USSF parrainait le Shelter Half, un café installé à proximité du Fort Lewis et dont le personnel se composait en majorité de jeunes révolutionnaires membres du Socialist Workers Party, du SDS et des Panthères noires. Son objectif principal consistait à perturber les activités militaires du Fort avoisinant et de la base militaire aérienne de McCord, non loin de là, en incitant les soldats à déserter et en leur suggérant des actes de sabotage et d'autres pratiques anti-militaires du même genre. Ces procédés, même s'ils correspondaient aux tactiques traditionnelles du scénario révolutionnaire marxiste-léniniste, dépassaient les intentions initiales de Fred Gardner qui entretenait des doutes sur le bien-fondé de ces stratégies. Il s'inquiétait surtout du fait que les soldats, déjà victimes du système militaire, risquaient de tomber sous la coupe de la nouvelle gauche assoiffée de pouvoir et de ses méthodes profondément subversives. Néanmoins, il demeura au sein du USSF et tâcha d'en tempérer l'ardeur terroriste, en insistant pour que soit maintenu l'objectif original du projet : la protection des droits civils des G.I. contre les excès anticonstitutionnels de la loi militaire.

Mark Lane, plus âgé que Gardner, possédait cependant plus d'initiative que lui lorsqu'il s'agissait d'attirer l'attention publique. Une fois engagé dans le mouvement en faveur des G.I., il manifesta un peu de cet opportunisme politique et de cet égocentrisme que le jeune communiste réprouvait. Toutefois, devenu une sorte de vedette nationale, Lane produisait un certain impact sur la presse et, malgré ses manières tapageuses, ses talents d'avocat s'avéraient précieux pour la cause. Son exemple galvanisait Jane qui se sentait de plus en plus exaltée à l'idée de prêter son nom, sa présence et son soutien financier au mouvement.

Un des leaders du groupe, Howard Levy, jouissait lui aussi d'une réputation de héros aux États-Unis lorsque Jane fit sa connaissance. Ce jeune médecin de l'armée avait été emprisonné durant plus de deux ans pour avoir refusé de donner une formation médicale aux Bérets verts qui devaient être envoyés au Viêt-nam. Son geste avait eu une grande influence sur le mouvement G.I., à l'époque où Fred Gardner avait établi son premier café à Fort Jackson, en 1967. Levy avait été libéré sur parole l'été précédent sur un ordre du juge William O. Douglas de la Cour Suprême. Il avait accepté sur-le-champ de collaborer au USSF, devenant un des administrateurs du bureau de New York.

« Lorsque j'ai rencontré Jane, rappelait-il, j'ai été vraiment impressionné. Elle débordait d'énergie et voulait s'engager à fond. Elle s'était renseignée auprès de tous les gens qu'elle côtoyait; je dirais même qu'à ce moment-là, elle était passablement au courant des objectifs et des projets concernant les soldats.

« J'ai lié conversation avec elle pour la première fois à une réunion avec Freddy Gardner; je crois que c'était à l'hôtel Essex House. Il y avait quelques autres personnes du USSF, un avocat, etc. Jane m'a interrogé avec avidité et nous avons eu un entretien sérieux. Elle était très intéressée, curieuse, pas le moins du monde emphatique; aimable aussi et très chaleureuse. Au début, être en présence d'une grande vedette de cinéma me gênait un peu, mais elle m'a très vite mis à l'aise. Elle avait l'esprit pratique, très ouvert, comme n'importe quel camarade, et j'ai eu tôt fait d'oublier que je m'adressais à une actrice. Comme personne, elle était remarquable. »

Jane fit un saut à New York peu après son arrestation à Seattle, pour prendre contact avec le USSF, faire une apparition au « Dick Cavett Show » et accueillir son amie française, Elisabeth Vailland qui, se rendant à son invitation allait l'accompagner dans son voyage à travers les États-Unis.

Elisabeth Vailland fut surprise par les changements qu'elle constata chez la jeune femme, lorsque celle-ci vint la chercher à l'aéroport Kennedy, au cours de la deuxième semaine de mars. « C'était mon premier séjour en Amérique, mais pendant le trajet, en revenant de l'aéroport, je n'ai rien vu autour de moi tant j'étais absorbée par la voix de ma jeune amie qui me faisait part de son engagement et de ses préoccupations concernant l'éveil de la conscience politique aux États-Unis. »

Quelques heures à peine après l'arrivée de Madame Vailland, Jane l'entraîna à une réunion avec Gardner, Levy et d'autres représentants du USSF. Le lendemain, La Nada Means, une jeune Amérindienne que l'actrice avait rencontrée à Alcatraz et avait ramenée à New York pour qu'elle participe avec elle au « Dick Cavett Show », les rejoignit. Le même soir, alors que Jane quittait la salle où l'émission avait été enregistrée et au cours de laquelle elle avait dénoncé avec fougue quoique maladroitement les injustices subies par les Indiens, un homme de l'assistance cracha sur elle.

Le 15 mars, Elisabeth Vailland et elle se rendirent à Seattle où elles furent accueillies par Mark Lane. Ce dernier avait persuadé Jane, après son arrestation, d'engager une poursuite contre l'armée. Pendant l'absence de la jeune femme, il s'était chargé avec un groupe de jeunes avocats radicaux de la ville de réunir les documents nécessaires à la cause. Jane passa une journée bien remplie : elle visita d'abord le « Shelter Half » pour témoigner son appui au personnel, ensuite, en compagnie de Lane qui se déclarait son avocat, elle alla déposer sa plainte au tribunal fédéral de l'endroit; enfin, elle participa à la manifestation devant Fort Lawton.

Cependant, sa présence suscita une vive tension chez les leaders indiens. À une réunion, l'un d'eux l'accusa de se servir de leur cause à des fins de publicité personnelle. Les Amérindiens ne faisaient aucune confiance aux Blancs, pas même à ceux qui prenaient leur défense, et plusieurs d'entre eux considéraient que l'intervention de Jane au « Cavett Show » leur avait nui puisque maintenant ils se verraient associés à une vedette de Hollywood qui paraissait ne chercher qu'à se faire valoir.

Jane accepta ces reproches calmement, assurant qu'elle voulait simplement se rendre utile et non pas tirer profit de la situation. Elle s'expliquait mal leur hostilité jusqu'à ce qu'un peu plus tard, un leader bienveillant lui en signale les motifs. À leur point de vue, elle avait fait une piètre impression au « Cavett Show » mais, ajoutait-il, elle pouvait leur être utile en se joignant à leurs manifestations plus qu'en s'érigeant en porte-parole du mouvement. C'était une chose que d'adhérer publiquement à la juste cause des Amérindiens et c'en était une autre que d'essayer de les représenter aux yeux de la nation. Elle n'en savait pas encore suffisamment sur la longue histoire de l'oppression blanche pour prétendre les défendre efficacement. Forte de ces remontrances, la jeune femme n'en fut que plus désireuse de commencer sa tournée des réserves indiennes.

Le lendemain, Jane amena Elisabeth Vailland à Los Angeles pour qu'elle y fasse la connaissance de Henry Fonda. La jeune femme tenait à faire partager à ce dernier l'indignation qu'avait soulevée en elle tout ce que Fred Gardner, Mark Lane et les autres lui avaient appris sur les atrocités commises par les Américains au Viêt-nam. « Lorsque l'histoire de My Lai a été dévoilée, je n'ai pas été surprise.. Les soldats m'avaient déjà tellement parlé de ces choses-là, des généraux qui offraient des transistors en échange d'organes génitaux ou d'oreilles de Vietcongs et des prisonniers qu'on jetait hors des hélicoptères. »

Jane ajoutait qu'elle avait été élevée à croire en la perfection morale des États-Unis et que malgré les événements qui ébranlaient cette foi et en dépit du cynisme critique de ses amis communistes de France, elle avait longtemps continué à s'accrocher à ses illusions. Mais maintenant, horrifiée par les récits qu'elle avait entendus et par les images qu'elle avait vues, son mépris instinctif du système militaire s'était mué en révolte. « J'ai mis mon père au courant de ce que j'avais appris et il s'est emporté. « Tu racontes n'importe quoi ! Nous ne faisons pas ce genre de choses; nous sommes Américains ! Et même si les soldats le faisaient, ils n'en diraient rien. » Alors je lui ai expliqué qu'une fois qu'ils se sont mis à parler, ils ne peuvent plus s'arrêter. Il m'a répondu : « Si tu peux me prouver que c'est vrai, j'organise une marche sur la Maison Blanche et je demande des explications à Nixon. »

Jane invita donc à Bel Air, Donald Duncan, un ancien sergent rencontré grâce à Mark Lane, et un autre vétéran de la guerre du Viêt-nam, ex-officier celui-là. « Ils ont informé mon père des massacres, des tortures, de tout. Il les écoutait en silence, visiblement ému, mais il n'est jamais allé voir Nixon pour lui demander des explications. Il a dit tristement : « Je ne sais pas ce que je peux faire de plus que ce que je fais déjà, c'est-à-dire, appuyer les candidats en faveur de la paix. » »

L'acteur, comme plusieurs de ses concitoyens libéraux, avait rallié les rangs des opposants à la guerre. Mais comme la plupart d'entre eux, il continuait à défendre le système américain, croyant fermement que les problèmes des États-Unis ne pouvaient être réglés par des théories étrangères, absolutistes et radicales.

25

Odyssée à travers le pays

Henry Fonda était trop réfléchi pour céder au genre de propagande simpliste auquel il voyait Jane succomber. Mais il ne se rendait pas compte que chaque fois qu'il lui avait refusé l'approbation qu'elle lui demandait, il l'avait involontairement précipitée dans une nouvelle rébellion et que chaque fois, il avait eu l'occasion de s'en mordre les doigts. Il tâcha, à sa manière, de discuter avec elle de « ces histoires de protestation dans lesquelles elle se laissait entraîner ». Mais, comme d'habitude, plus ils discutaient, plus ils se retranchaient dans des positions idéologiques opposées.

Au cours de la semaine suivante, tout en préparant son voyage en automobile à travers le pays en compagnie d'Elisabeth Vailland, Jane assista à une série de meetings et de rassemblements en faveur des Panthères noires, des Amérindiens et des militaires. Le 20 mars, elle se joignit à la communiste noire Angela Davis, au dramaturge français, Jean Genet et à l'avocat des Panthères, Luke McKissick, pour discuter des sommes d'argent à recueillir pour les cautions des Panthères appréhendés lors de l'affrontement qui avait eu lieu trois mois plus tôt. À cette réunion, elle retrouva son mari venu en compagnie de Shirley et de Donald Sutherland.

Jane vivait encore avec Vadim à Malibu mais s'éloignait de plus en plus de lui. Interrogée sur l'attitude du cinéaste à l'égard de ses nouvelles activités, elle avait répondu : « Il accepte de me laisser faire à ma guise, même s'il n'est pas d'accord avec tout. C'est très difficile pour un Français... Par exemple, je lui dis que la caution d'une Panthère noire s'élève à 100 000 $ et il répond : « De quoi parles-tu ? En France, il n'y a pas de caution. » Quand je fais allusion à une arrestation sans mandat, il réplique « La police ne s'annonce pas quand elle arrive chez quelqu'un en France. » C'est difficile de lui expliquer ces choses-là... Ce que je fais le préoccupe beaucoup, mais il sait qu'il ne peut pas m'empêcher d'agir comme je l'entends. » On ne peut imaginer sans sourire, le tableau formé par Henry Fonda et Roger Vadim se consolant l'un l'autre de ce qu'ils considéraient comme la dernière lubie de Jane.

Entretemps, le 22 mars, la jeune femme visita le quartier général des Panthères noires à Los Angeles où avait eu lieu, quatre mois auparavant, un affrontement avec la police et s'y entretint avec quelques-uns de ceux qui avaient été incarcérés. Ils lui racontèrent comment, à la prison du comté, les Noirs, et particulièrement les Panthères, étaient sans cesse provoqués et harcelés dans l'espoir qu'ils réagissent violemment, faisant ainsi augmenter le montant de leur cautionnement. Ensuite, avec un des survivants de la fusillade, le premier des détenus à être relâché sous caution, Jane se rendit à San Diego, à la Green Machine, un café clandestin, établi pour les Marines cantonnés à Pendleton, non loin de là. Elle y assista à des séances d'endoctrinement, où la solidarité entre militaires, Noirs et Amérindiens opprimés , fut de nouveau proclamée. La jeune femme se sentait de plus en plus impressionnée par l'attitude calme et détachée des Panthères et elle résolut de s'engager davantage dans leur cause.

Le 23 mars, de retour à Los Angeles, elle passa une partie de la journée à courir les studios dans le but d'amasser des fonds pour obtenir la libération provisoire des Panthères emprisonnés. Elle alla rencontrer Angela Davis qui venait de perdre son poste de professeur à l'Université de Californie, à cause de ses opinions communistes. Elle fit également un saut chez Donald Duncan, dans la vallée de San Fernando. Elle s'entretint avec lui du voyage qu'elle s'apprêtait à entreprendre et l'ancien sergent lui fournit une liste des bases militaires à visiter.

Le surlendemain au soir, devant la maison de Henry Fonda, Jane et Elisabeth Vailland s'occupaient des derniers préparatifs du départ. Le jeune femme s'était acheté une « station wagon » Mercury pour l'occasion et pendant qu'elle et sa compagne finissaient de charger la voiture, la petite Vanessa âgée d'un an et demi, courait autour d'elles en criant : Bye-Bye... tandis que son grand-père prenait des photos. À 18 h, elles étaient sur la route avec Jane au volant.

Leur premier objectif fut la réserve de Pyramid Lake dans le nord du Nevada. Pyramid Lake était depuis longtemps une source de conflit entre les Amérindiens et le gouvernement. Les autochtones protestaient avec véhémence devant le Bureau of Reclamation des États-Unis contre le détournement de la rivière Truckee, au profit d'un projet d'irrigation non indien. Le lac qui s'approvisionnait en eau presque exclusivement à cette rivière et qui occupait à peu près toute la superficie de la réserve, commençait à s'assécher. En conséquence de quoi, l'industrie de la pêche, principal moyen de subsistance de la tribu locale, les Paiutes, périclitait. Pour les Amérindiens, il était évident que le gouvernement comptait servir les intérêts des fermiers blancs en violant ses traités et en détruisant encore davantage la culture indienne.

Pyramid Lake n'était pas le seul exemple d'usurpation des ressources autochtones par les Blancs. Ailleurs, des Amérindiens s'élevaient contre l'implantation de mines à ciel ouvert et de centrales électriques, sur le Black Mesa sacré des Hopis en Arizona, sur les terres des Navahos en Arizona et au Nouveau-Mexique, et sur les réserves des Cheyennes Crow et de ceux du nord, au Montana. D'autres combattaient des entreprises d'aménagements immobiliers dans les réserves du Sud-Ouest.

Les incursions des Blancs en territoires indiens donnaient lieu à des frictions qui envenimaient encore les relations entre les deux groupes raciaux. Les droits des autochtones sur les eaux leur avaient été extorqués par fraude et tromperie; des traités dont certaines clauses étaient manifestement injustes n'étaient souvent, ni respectées, ni même mises en application par les autorités concernées.

En outre, les Indiens trouvaient révoltante la façon dont leurs ressources étaient concédées. Traditionnellement, ils étaient gouvernés, soit par des conseils de chefs, sages et estimés, désignés par la tribu, soit par des leaders qui se transmettaient héréditairement le pouvoir selon les règles religieuses ou claniques. Cependant, en 1934, l'État fédéral avait imposé à presque toute la population amérindienne un système unique de gouvernement, calqué sur le sien et dans lequel les dirigeants devaient être élus démocratiquement par le peuple. Mais en pratique, ce nouveau procédé paraissait si étrange à la plupart des Indiens qu'ils refusaient systématiquement de voter et considéraient les conseils choisis comme des institutions imposées par l'homme blanc, plutôt que comme des organismes représentatifs.

Par ailleurs, nombre d'entre eux tenaient les nouvelles administrations responsables des spoliations dont les Blancs se rendaient coupables, les accusant, non sans raison, d'y coopérer. Ainsi, les Amérindiens, tout en s'insurgeant contre les usurpateurs, étaient profondément divisés entre eux. Les plus résolus avaient fondé un mouvement visant à rétablir non seulement les méthodes traditionnelles de gouvernement, mais aussi les coutumes et les religions tribales et à rendre enfin aux Indiens l'administration de leurs propres affaires.

Jane n'ignorait rien de tout cela lorsqu'elle et sa compagne arrivèrent à Pyramid Lake, mais elle ne s'attendait pas à ce qu'elle allait y trouver. Des Indiens, qu'elle avait rencontrés à Alcatraz, l'avaient précédée pour venir prendre la tête d'une manifestation de Paiutes. Selon Elisabeth Vailland, elle et Jane furent stupéfaites de voir la différence entre ces militants et les habitants de la réserve. Autant les premiers se montraient dynamiques, exaltés, unis, autant les derniers étaient apathiques, démoralisés même et menés par un leader nettement trop gros. La pauvreté du campement et la découverte incongrue qu'une bonne part de sa population souffrait d'un embonpoint exagéré, découragèrent Jane.

Cette obésité hantait l'esprit de la jeune femme lorsqu'elle et son amie française reprirent leur route. Leur prochaine escale fut la réserve de Blackfoot dans l'Idaho où elles devaient retrouver La Nada Means, la jeune fille d'Alcatraz dont le frère, Russell Means, s'affirmait comme un des leaders les plus combatifs du mouvement. « Partout où nous sommes passées, disait Elisabeth Vailland, les Indiens étaient presque tous extrêmement corpulents, à cause de la bière qu'ils buvaient. Ils en consommaient de façon ininterrompue. Au début, Jane croyait à un problème de malnutrition, mais elle a été obligée de reconnaître que leur condition était due à la bière qu'ils ingurgitaient. » Il lui fallut se rendre à l'évidence : les images de l'Indien agile, à la démarche feutrée qu'elle avait conservées de sa visite à Alcatraz ou des films visionnés dans son enfance, ne coïncidaient pas avec la réalité.

Elle fut déçue également par l'attitude des Amérindiens, des militants surtout, lesquels étaient convaincus que pour se réunifier, il leur fallait raviver la religion de leurs ancêtres. D'après leur théorie, le christianisme blanc, auquel tant de leurs semblables s'étaient convertis au cours des années, avait contribué à les maintenir en esclavage. Le seul moyen pour eux de se libérer était de se débarrasser de ce culte et de ré-instaurer leurs croyances et leurs rites traditionnels. Son athéisme portait Jane à juger cette solution « négative, conservatrice et antirévolutionnaire » et elle débattit vivement la question avec des amis Indiens.

Après Blackfoot, Jane et Elisabeth gagnèrent Salt Lake City. Comme prévu, son interprétation dans « They Shoot Horses, Don't They ? » avait valu à la jeune actrice d'être mise en nomination pour un Oscar. Elle résolut donc de rentrer à Los Angeles pour assister à la cérémonie de remise des trophées. À son arrivée là-bas, elle découvrit que la publicité suscitée par son arrestation à Seattle et par ses activités des deux derniers mois, faisait l'objet d'une controverse dans le milieu du cinéma. On s'y demandait avec intérêt si elle avait détruit ses chances de gagner l'Oscar que, sans aucun doute, elle méritait. Le soir de la réception, lorsqu'elle se présenta à l'auditorium de Santa Monica, elle fut accueillie par la traditionnelle foule d'admirateurs massés sur les gradins en face de l'entrée. Quand ils l'eurent reconnue, nombre d'entre eux crièrent des slogans radicaux et firent des signes de V ou levèrent le poing à la manière des Panthères noires. Jane s'arrêta un moment, leur jeta un coup d'oeil, sourit puis brandit le poing à son tour.

L'Oscar échut à une autre actrice; Jane accepta sa défaite avec calme, mais plusieurs de ses amis bouillonnaient de colère : « C'est un exemple de préjugé politique ! » « Tout le pays s'attendait à ce qu'elle l'obtienne ! » « Il n'y avait pas de concurrence. Ils ont tout simplement eu peur qu'elle ne prononce un discours radical. » La jeune femme, elle, affichait son indifférence. Trois mois plus tôt, elle tenait à cet Oscar; maintenant, elle n'y attachait plus d'importance mais son mépris pour les institutions du système s'en accrut.

Jane regagna Salt Lake City avec Elisabeth Vailland, y retrouva sa voiture et reprit son voyage. Les deux femmes se rendirent à Denver où elles prirent part à un jeûne de trente-six heures, organisé par différents groupes antimilitaristes de la ville. Les participants, parmi lesquels se trouvaient également le docteur Benjamin Spock et quelques Panthères noires de l'endroit, s'étaient établis sur un îlot de verdure à une intersection achalandée du centre-ville de Denver. Jane accorda des entrevues à la télévision et aux journaux au cours desquelles elle vanta l'esprit révolutionnaire américian et se déclara solidaire du mouvement pour la paix. À la fin de ce jeûne, elle débordait d'ardeur radicale.

Elle passa ensuite par Colorado Springs, site du Fort Carson où elle accepta de se joindre à une manifestation pacifiste mise sur pied par le personnel du café local, le Home Front. À Denver et aux environs, elle fut suivie dans tous ses déplacements par des reporters, des photographes et des équipes de télévision. De toute évidence, pour les médias, la présence de Jane Fonda était la plus grande attraction du mouvement pour la paix, depuis les Yippies et les Crazies de Jerry Rubin et de Abbie Hoffman en 1968.

Jane s'alloua deux jours pour aller à New York incognito, discuter de stratégies à suivre avec Howard Levy et d'autres représentants du USSF. Ensuite, elle se rendit à Los Angeles en vue de conférer avec Donald Duncan. Pendant son passage à Fort Carson, elle avait demandé à visiter la prison militaire où trois soldats noirs sympathisants des Panthères étaient incarcérés. Elle voulait y retourner et organiser une manifestation en faveur des détenus qui, croyait-elle, avaient été arrêtés d'abord et avant tout à cause de leurs relations avec des extrémistes noirs. Duncan lui expliqua comment mettre sur pied un mouvement de protestation efficace et l'aida à rédiger un discours. Plus tard, elle fit un saut à Malibu pour voir Vanessa et chez les Sutherland qui donnaient une fête afin de recueillir des contributions pour une cause quelconque.

Depuis que Jane s'était engagée dans le mouvement radical, le militantisme politique s'était intensifié à Hollywood. Le passage, de l'exhibitionnisme hippie des années soixante à la sobriété d'une politisation véritable, était accompli; acteurs, écrivains, metteurs en scène et producteurs, jeunes et vieux indistinctement avaient subi cette transformation à la mode. Marlon Brando étant accaparé par des préoccupations personnelles, c'est Jane qui devint la figure de proue de ces néophytes. Et lorsque tous se rendirent compte de l'ardeur de ses convictions, ils lui emboîtèrent le pas.

Selon Howard Levy, « quand Jane est venue à New York demander comment elle pouvait nous aider, elle doutait encore de son rôle au sein du mouvement. Elle répétait sans cesse : « Je ne veux pas simplement être Jane Fonda, l'actrice. Je veux faire plus que ça. » Il lui tardait de s'engager à fond mais je lui ai dit : « Notre but, c'est de regrouper des sympathisants. Moi, je suis médecin et, entre autres choses, j'essaie de regrouper les gens de ma profession, d'obtenir d'eux, argent et appui pour la réalisation de nos objectifs. Si vous étiez avocate, je vous chargerais d'aller sensibiliser vos confrères à notre cause. Mais vous êtes actrice. Alors retournez à Hollywood et travaillez auprès du milieu cinématographique. » Elle a accepté et c'est ce qu'elle s'est mise à faire. Elle détestait solliciter des fonds et téléphoner à des étrangers, mais elle a pris son courage à deux mains et elle s'est attelée à la tâche. Elle s'y est dévouée corps et âme; c'était admirable. Évidemment, à l'époque, elle était très liée avec Freddie Gardner. C'est un gars passablement exigeant et je suppose qu'une bonne partie du dynamisme de Jane venait de sa volonté de lui plaire. Mais elle y a mis beaucoup de coeur. »

Le 20 avril, Jane regagna Denver, chargée de manuels de doctrine politique pour les prisonniers de Fort Carson. L'entrée de la base lui ayant été refusée, comme elle s'y attendait, elle se rendit au café des G.I. afin de mettre au point un plan qui lui permette de pénétrer illégalement dans l'enceinte avec l'aide de quelques soldats dissidents. Déguisée, elle passa la grille centrale dans la voiture de l'un d'eux et se faufila jusqu'à un club de militaires. Une fois à l'intérieur, elle se débarrassa de son déguisement et s'adressa aux G.I. rassemblés, leur distribuant les livres qu'elle avait apportés de Los Angeles. Les soldats stupéfaits, formèrent un cercle autour d'elle et lorsqu'ils la reconnurent, il y eut un chahut indescriptible.

La police militaire fut dépêchée sur les lieux et Jane fut appréhendée alors qu'elle tentait de repartir. Après avoir été retenue quelque temps, elle fut relâchée sur les ordres du général en chef. « Il a sans nul doute voulu éviter un scandale », a déclaré Elisabeth Vailland qui avait partagé le sort de Jane. « Les jeunes militaires qui nous accompagnaient ont été déçus; ils espéraient être arrêtés. »

Après Colorado Springs, Jane et sa compagne se dirigèrent vers le Sud pour visiter une réserve d'Indiens Navahos dans le Nouveau Mexique. Durant la semaine suivante, elles parcoururent les territoires amérindiens du Sud-Ouest pour arriver à Santa Fe le 30 avril, quelques minutes avant que le président

Nixon n'annonce à la télévision qu'il avait ordonné l'invasion du Cambodge par les troupes américaines.

Pour le mouvement pacifiste, Nixon trahissait impudemment la promesse qu'il avait faite, lors des élections, de mettre fin à la guerre. Cette mesure qui allait le discréditer à jamais souleva une nouvelle vague de protestation et de violence dans le pays. Jane fut d'abord estomaquée, puis démoralisée. Les leaders radicaux qui s'étaient imaginés que leurs années de sacrifices allaient enfin commencer à porter fruit et que l'escalade américaine au Viêt-nam était bel et bien terminée, voyaient leurs illusions s'envoler en fumée et une chape de désespoir s'abattit sur le mouvement, suivie bientôt par une violente réaction.

En ce soir du 30 avril, Jane rencontra son frère à Santa Fe; il y tournait des scènes pour un nouveau film : « The Hired Hand ». Tous deux désenchantés, ils s'entretinrent de la tournure des événements. Le 1er mai, la jeune femme accorda une entrevue télévisée au cours de laquelle elle parla froidement, cyniquement même, du président et accusa son gouvernement d'avoir abusé de la confiance de la nation d'une façon impardonnable en ordonnant l'invasion du Cambodge. Même Elisabeth Vailland fut surprise par son ton amer et désillusionné. « Jamais je n'avais entendu Jane parler comme ça auparavant. Son indignation et son sens du tragique de la situation étaient bouleversants. Le geste de Nixon l'a accablée. Elle se sentait terriblement déçue et éprouvait une grande colère, pourtant elle a fait part de ses commentaires aux journalistes avec larté et précision. »

Jane et Elisabeth Vailland passèrent les deux jours suivants dans la région de Taos, mettant des communes hippies isolées au courant des dernières nouvelles. Ensuite, elles gagnèrent Albuquerque et le campus de l'Université du Nouveau Mexique, lequel était en pleine effervescence. Les étudiants manifestaient contre l'invasion du Cambodge et le meurtre, par la garde nationale, de quatre de leurs camarades de l'Université de Kent State dans l'Ohio. Jane qui fut invitée à prendre la parole lors d'un rassemblement, ne s'était jamais adressée à une foule aussi considérable. Les protestataires, exaspérés au point de faire redouter une émeute, étaient entretenus dans cet état d'esprit par les orateurs. Lorsque Jane prit la parole, elle déclara d'une voix froide et tranchante qu'elle était venue non pas en tant qu'actrice mais comme participante à un acte politique, afin de rassembler ses concitoyens dans la lutte contre l'ignominie commise par les États-Unis. Après avoir reçu une ovation enthousiaste, elle se joignit à une marche sur la demeure du doyen de l'université à qui les étudiants réclamèrent la fermeture de l'institution afin de protester contre les dernières mesures de la Maison Blanche et les meurtres à Kent State.

Jane regagna Los Angeles le lendemain pour assister à une conférence de presse où fut proclamée la tenue de manifestations populaires contre l'escalade américaine dans le Sud-Est asiatique. La jeune femme, alors profondément engagée dans le mouvement radical mit son nom et sa personne au service de la cause, où et quand il serait nécessaire d'attirer l'attention des médias. Donald Duncan qui présidait cette conférence, dévoila les activités prévues pour le 16 mai, journée de l'armée, dans les camps militaires à travers le pays et annonça la formation du Cambodia Crisis Coalition, qui regroupait quelque soixante organismes pacifistes. Les reporters assaillirent Jane de questions sur ses faits et gestes au Colorado et au Nouveau Mexique. « Les journalistes ont été agressifs et sarcastiques », a affirmé Elisabeth Vailland. « Ils essayaient d'amener Jane à se contredire et l'atmosphère devenait orageuse. À la fin de la session, tout le monde était d'une humeur massacrante. Ça n'a pas très bien été. »

Jane passa la soirée et la nuit à Malibu avec sa fille; elle dîna en compagnie de Donald Sutherland qui lui apprit que sa femme, Shirley, l'avait quitté. Le lendemain, elle retourna à l'Université du Nouveau Mexique où elle avait promis de participer à d'autres manifestations. À son arrivée là-bas, elle trouva le campus encerclé par la police; dans les journaux d'Albuquerque, elle était traitée de « dangereuse agitatrice ». Pendant sa courte absence, des bagarres avaient éclaté entre étudiants radicaux et conservateurs et l'institution s'était vue obligée de fermer ses portes. N'ayant plus rien à faire là, Jane et sa compagne partirent pour Killeen, au Texas, où elles comptaient visiter l'Oleo Strut, le café clandestin qu'y avait établi Fred Gardner en 1968.

L'Oleo Strut, à l'origine un centre destiné à informer les G.I. de leurs droits, était devenu, en 1970, une véritable cellule révolutionnaire. Dirigé par un jeune radical, Joshua Gould, le personnel ne s'entendait pas sur les objectifs de l'entreprise. Les disciples de Gardner, de tendances modérées, préféraient s'en tenir à renseigner les soldats et à tenter de leur éviter le service au Viêt-nam. De leur côté, ceux qu'on qualifiait d'extrémistes trotskystes encourageaient la garnison de Fort Hood à perpétrer des actes de sabotage et de terrorisme. Gould avait été traîné en cour sous différents chefs d'accusation, y compris possession de marijuana. Le 7 mai, lors du passage de Jane, il venait d'être relâché sous caution et s'empressait de préparer une manifestation dans l'enceinte du Fort pour la semaine suivante.

Jane n'était pas sitôt arrivée, qu'elle reçut un coup de fil de Donald Duncan la priant de se rendre le lendemain dans la capitale américaine pour prononcer un discours à l'occasion d'un grand rassemblement et d'une marche sur la Maison Blanche. Elle et sa compagne prirent donc l'avion pour Washington qu'elles trouvèrent occupée par les manifestants, la police et les troupes armées. Devant la foule réunie, Jane commença sa harangue en s'écriant : « Salut, camarades minables ! », parodiant les termes dont le président Nixon s'était servi pour désigner les protestataires quelques jours plus tôt. Ensuite, avec des douzaines d'autres célébrités, dont Shirley MacLaine, elle se joignit à la tête de la marche, le poing brandi à la manière des Panthères noires.

Le même soir, elle regagna Fort Hood, pour participer avec le personnel de l'Oleo Strut à une série de réunions et de débats, qui devaient avoir lieu le jour suivant. À ce moment-là, le mouvement G.I. était perturbé par de vifs désaccords sur le rôle qu'y jouaient les femmes et par diverses luttes intestines. Nombre de jeunes radicales qui se voyaient assigner des tâches traditionnellement féminines, s'insurgeaient contre cet état de fait et revendiquaient avec acharnement une plus grande participation aux prises de décisions et à l'élaboration des stratégies. Partout où elle allait, Jane devait écouter les doléances de ces femmes qui accusaient les leaders de les maintenir en situation d'infériorité alors qu'ils s'évertuaient à redresser toutes les autres inégalités. Les jeunes employées de l'Oleo Strut se montraient particulièrement virulentes dans leurs récriminations et Jane, d'accord avec elles, promit d'intervenir en leur faveur.

Le lendemain, elle se rendit au Fort Hood même pour distribuer des tracts invitant les soldats à une manifestation, le Jour de l'armée. Le personnel de l'Oleo Strut s'étant vu interdire l'accès à la base, elle y entra accompagnée seulement de son amie française. Elles furent appréhendées sur-le-champ et conduites au quartier général de la police militaire. Là un officier leur fit la lecture des règlements prohibant la distribution de tracts et autres brochures. Jane protesta de son droit d'aller et de venir dans le camp, ce sur quoi elle fut déclarée en état d'arrestation. Les policiers prirent ses empreintes digitales et la photographièrent, puis après trois heures de détention, elle fut escortée hors de la base. Elle regagna l'Oleo Strut où l'attendaient des journalistes et des équipes de télévision; elle accorda ce qui était en passe de devenir son entrevue-type et au cours de laquelle elle attaquait avec indignation le système militaire pour violation des droits des soldats.

Le 12 mai, Jane et Elisabeth Vailland quittèrent le Texas à destination de Fayetteville, en Caroline du Nord, où elles devaient rencontrer Mark Lane et participer aux activités du Jour de l'armée au Fort Bragg. Pendant les deux jours que dura leur voyage à travers le Sud, elles discutèrent de ce qu'elles avaient accompli jusque-là et de ce qu'elles projetaient de faire.

Elisabeth Vailland était une marxiste expérimentée et bien informée tandis que Jane n'était qu'une novice, du moins en termes de principes et de théories mais elle tenait à se renseigner davantage sur l'histoire du socialisme et du communisme.

Elles examinèrent ensemble les différentes applications du communisme à travers le monde et débattirent les qualités et les défauts de chacune. Elisabeth Vailland se rattachait à la doctrine traditionnaliste; elle était convaincue que la révolution ne pouvait avoir lieu que grâce à une politisation des travailleurs, surtout des ouvriers, et elle avait consacré presque toute sa vie à cet objectif. Moins orthodoxe, Jane avait appris à détester le nationalisme et n'admirait pas autant le communisme russe que sa compagne. Néanmoins, les Soviétiques se trouvaient en tête du mouvement, affirmait cette dernière; et même s'ils avaient échoué dans leur recherche d'un marxisme pur, ils l'avaient tout de même rendu possible.

En route vers Fort Bragg, les deux femmes s'arrêtèrent à Columbia, en Caroline du Sud, où elles se trouvèrent mêlées à une manifestation à l'Université de l'État. Jane y expérimenta l'effet des bombes lacrymogènes auxquelles les policiers avaient recours pour disperser les étudiants. Elle se réfugia avec son amie française chez la vieille tante libérale d'une des employées du café G.I. de Jackson. Plus tard, lorsque cette dame apprit que sa nièce avait été appréhendée au cours d'une assemblée de protestation, elle reprocha à ses deux invitées d'avoir incité la jeune fille à la violence et d'avoir mis sa vie en péril, après quoi, elle leur enjoignit de quitter sa maison. Jane la remercia de son hospitalité et alla s'installer avec sa compagne dans un hôtel. Le lendemain, pendant le trajet entre Jackson et Fayetteville, elle critiqua l'attitude de la vieille dame, affirmant qu'elle illustrait bien l'hypocrisie des libéraux américains. « Ils n'arrêtent pas d'ergoter lorsqu'il s'agit de soutenir des causes progressistes mais dans les moments cruciaux, quand leur petit monde bien ordonné et bien confortable est menacé, ils se dérobent. »

Jane et Elisabeth Vailland rejoignirent Mark Lane au Quaker House de Fayetteville. Ce dernier était arrivé la veille au soir en compagnie de Rennie Davis, un leader radical qui avait été parmi les accusés au procès des sept à Chicago. Les deux hommes s'étaient consacrés à l'organisation des activités du jour dont le slogan serait : « Le pouvoir au peuple ». La manifestation débuta à midi dans un parc local, sous un soleil de plomb; les orateurs se succédèrent les uns aux autres, répétant ce slogan que la foule, électrisée, scandait après eux. Ensuite, les manifestants marchèrent sur le Fort Bragg; Jane, Elisabeth Vailland, Lane et quelques autres passèrent les grilles et se mirent à distribuer des tracts sur les droits des G.I.

Ils furent rapidement appréhendés en dépit des protestations véhémentes de Lane qui clamait son titre d'avocat et ses connaissances juridiques. Pendant qu'on les photographiait et qu'on prenait leurs empreintes, chaque contestataire chantait, battait des mains au son des chants révolutionnaires et brandissait le poing. Ils furent ensuite escortés hors de la base.

Après avoir passé quelques jours à Washington pour rencontrer des membres du Congrès sympathiques au mouvement pacifiste, le quatuor se rendit au campus de l'Université du Maryland, situé un peu à l'extérieur de Washington et où Lane avait accepté de prendre la parole à un rassemblement étudiant. Quelque 2 000 personnes les attendaient, la plupart assises tranquillement dans l'herbe, au soleil, à fumer de la marijuana. Jane se tenait au milieu du petit groupe réuni derrière Lane alors que celui-ci décrivait la situation au Viêtnam. Pendant son discours, des chuchotements parcoururent l'assistance et les étudiants commencèrent à s'approcher et à dévisager Jane. Certains essayèrent d'engager la conversation mais elle leur répondit sèchement; elle suivait les propos de Lane. Quand vint son tour de s'adresser à la foule, sa voix, d'abord nerveuse et hésitante, devint vibrante de passion; les bavards se turent, les flâneurs s'immobilisèrent.

« Qui profite de la situation ? » cria-t-elle dans le microphone. « À la fin de la seconde guerre mondiale, le Département de la défense possédait l'équivalent de cent soixante milliards de dollars. Ce chiffre a doublé depuis... » Dans ses plaidoyers en faveur du radicalisme, Jane avait systématiquement recours aux statistiques. Cette technique oratoire avait déjà fait ses preuves et Jane apprenait à s'en servir comme un vétéran de la politique. Néanmoins, le procédé se retournait souvent contre elle, à son grand embarras. mais ce jour-là, rien ne pouvait l'arrêter.

« Certains d'entre vous sont ici seulement pour s'amuser et se faire bronzer. En fin de semaine, vous irez probablement à la plage vous gorger de bière. » La foule cligna de l'oeil et sourit. Le mouvement en faveur des G.I., cette tentative pour amener les soldats à s'opposer à la guerre, sapait la stratégie militaire dans ses fondements, continuait-elle. « Dans l'armée, les gens s'habituent à la violence; à mon avis, c'est une attitude intolérable. Pour eux, c'est normal de jeter des prisonniers hors des hélicoptères parce que c'est la seule manière de les faire parler. Je trouve ça tragique. » Il était essentiel, ajoutait-elle, que les militaires se joignent au parti des antimilitaristes et que leur geste soit appuyé, parce qu'un soldat risquait davantage en portant un macaron pour la paix, qu'un étudiant en manifestant. Elle invita ses auditeurs à seconder le mouvement des G.I. en distribuant des tracts pacifistes aux bases militaires, en souscrivant à leurs journaux, en invitant certains d'entre eux à prendre la parole à des rassemblements et en contribuant aux fonds pour la défense de leurs droits.

Lorsqu'elle eut terminé, un groupe de jeunes gens s'empressa autour d'elle pour l'interroger. Un étudiant en théâtre désirait savoir pourquoi elle était encore actrice et pourquoi elle restait dans les rouages du système. « Je ne mets pas en doute vos motifs, naturellement », précisa-t-il.

« Justement, c'est ce que vous faites », répondit Jane abruptement. Lane s'interposa : « Pensez-vous que Jane, comme actrice, fasse davantage partie du système que vous, en tant qu'étudiant ? »

« Dites-moi », lui demanda un homme d'âge moyen, aux cheveux courts, « pourquoi faites-vous ça ? Pour de la publicité personnelle ? Ou pour vos films ? »

« La publicité ? » riposta Jane. « Qu'est-ce que vous voulez dire ? Je ne comprends pas. »

« Ça doit vous rapporter quelque chose, tout ça ».

Elle lui jeta un regard furibond. « Croyez-vous que ce soit amusant de s'adresser à une bande d'étudiants apathiques par une chaleur pareille quand je pourrais être étendue sur le bord d'une piscine à Beverly Hills à bronzer ? Vous vous imaginez peut-être que je me donne tout ce mal pour le plaisir ? »

L'homme s'éloigna et un autre s'enquit auprès de la jeune femme de ce qu'elle comptait faire ensuite. Elle grommela : « Ce que je compte faire ? Et vous, qu'est-ce que vous comptez faire ? Tout le monde s'interroge toujours sur nos projets. Pourquoi ne pas cesser de vous inquiéter de nous et commencer à agir vous-mêmes ? » Elle avait appris de Lane cette tactique qui consistait à retourner les questions hostiles, de façon à désarçonner ses adversaires sans se laisser démonter. C'était un vieux stratagème en usage dans les débats et l'avocat était passé maître dans cet art. Jane, quant à elle, en était à ses premières armes, mais faisait preuve d'une certaine habileté.

Du campus, le groupe se rendit avec quelques étudiants au Fort Meade, non loin de là, pour s'essayer encore une fois à enfreindre les règlements militaires interdisant la distribution de tracts pacifistes et de pétitions. Les journalistes arrivèrent juste à temps au magasin de l'armée pour voir Jane, Lane et Elisabeth Vailland être poussés sans cérémonie dans des jeeps de la police. « Nous n'avons même pas pu faire signer nos pétitions », lança Jane avant que les jeeps ne quittent le terrain de stationnement devant le groupe des nouveaux arrivants. Les policiers imperturbables se dirigèrent vers la douzaine d'étudiants qui s'étaient faufilés dans l'enceinte.

Le trio fut conduit au bureau du directeur de la police militaire. D'après Madame Vailland, « c'était la première fois, en trois mois de visites à des bases militaires, que nous étions traités avec brutalité par les policiers. » Ils furent bousculés et malmenés. Un agent arracha des mains de Mark Lane l'appareil avec lequel il enregistrait la scène et le fracassa contre un mur. Tout en protestant énergiquement, ce dernier se proclamait l'avocat de Jane. Ses deux compagnes furent séparées de lui, enfermées dans une pièce et fouillées par deux femmes policiers. Lorsque Jane aperçut, par une petite fenêtre, les reporters assemblés à l'extérieur, elle se précipita de leur côté et se mit à crier, décrivant les mauvais traitements qu'on leur infligeait.

Relâchés une heure plus tard, ils se rendirent dans un snack bar, situé sur la grand'route, à proximité de la base. Jane exhiba fièrement ses contusions aux photographes de la presse; elle leur rappela en outre qu'elle en était à sa quatrième arrestation pour la cause pacifiste.

Elle se proposait de passer par Baltimore avant d'atteindre New York, terme de son odyssée à travers le pays. Peu après l'incident de Fort Meade, elle téléphona à son père à Los Angeles, pour solliciter la permission de s'installer chez lui avec ses amis. Henry Fonda s'apprêtait à accorder une entrevue à Guy Flatley du « New York Times », au moment de l'appel. « Je regrette de vous avoir fait attendre, dit-il au journaliste, mais je viens de recevoir un interurbain de Washington. C'était ma — comment devrais-je dire ? — mon ancienne, ma supposée fille... Elle voulait savoir si j'avais des objections à ce qu'elle loge chez moi à New York et y amène tout son monde, pour une semaine ! J'aurais bien aimé pouvoir lui dire : « Désolé, la maison est pleine à craquer », mais je n'ai pas pu. »

Combien étaient-ils ? lui demanda Flatley.

« Oh, ce n'est pas une question de nombre », répondit l'acteur avec lassitude. « C'est le fait qu'ils aient l'air si rébarbatifs ! »

26

« Klute »

Durant l'été 1970, Jane parcourut le pays en avion, assistant à des rassemblements et à des manifestations, où elle prenait parfois la parole, amassant de l'argent, faisant des dons personnels à diverses organisations radicales; ses activités se multipliaient à mesure qu'elle adhérait à de nouveaux mouvements. Quand on lui demandait si elle savait que plusieurs des groupes qu'elle appuyait prônaient le communisme, elle haussait les épaules. « Je soutiens tout organisme intéressé à nous dépêtrer du conflit dans le Sud-Est asiatique. » Elle annonça également qu'elle quittait son mari; elle n'avait pas le choix, prétendait-elle, ne pouvant supporter davantage son sexisme intransigeant.

Peu de gens connaissaient l'existence de la liaison qui s'amorçait entre elle et Donald Sutherland. Cependant, de l'avis même des amis de la jeune femme et pour citer l'un d'eux : « Jane n'aimait pas vraiment Don, mais elle avait confiance en lui. C'était sa manière de rompre son mariage sexuellement sans avoir à partir avec un inconnu : elle gardait ça en famille, quoi ! Elle avait même l'approbation de Shirley (l'ex-femme de Sutherland) ».

Lorsqu'on voulut connaître la réaction de Vadim à leur rupture, Jane répondit qu'au début, il ne voulait rien entendre. « Mais je pense qu'il commence à comprendre maintenant. Il est intelligent et respecte l'opinion des autres, mais il ne s'attendait pas à ce qui s'est passé. Il admettrait plus facilement qu'une femme le quitte pour un autre homme que pour son propre épanouissement. » Elle affirma que sa conception de l'amour avait changé et que son affection pour l'humanité en général et pour les opprimés en particulier, l'empêchait de se contenter d'un sentiment égoïste comme celui qui existe entre un homme et une femme. Le seul être pour lequel elle éprouvait un amour exclusif était sa fille. « Je ne pourrais pas vivre sans elle. Je ne savais pas qu'un enfant pouvait procurer tant de joie. »

Interrogé sur les activités de Jane, Vadim soupira et fit tristement allusion à Jeanne d'Arc. Il s'afficha par la suite avec des starlettes de Hollywood qui se succédaient rapidement les unes aux autres. Il conserva la maison de Malibu tandis que Jane louait un logis à 1 000 $ par mois pour elle et Vanessa, à Los Angeles; mais comme la jeune femme voyageait sans cesse, la petite demeurait le plus souvent avec son père. « Vadim a eu très peur que nous nous quittions en mauvais termes; il craignait que je ne lui enlève Vanessa. Mais il sait maintenant que je ne ferais jamais une chose pareille... »

En juillet 1970, elle aida Donald Duncan et Mark Lane à amasser des fonds pour les militaires. Tous trois projetaient d'ouvrir un bureau à Washington dont Duncan et sa compagne, Marilyn Morehead, se chargeraient. Ils comptaient réunir des données sur les persécutions subies par les soldats et faire pression sur le gouvernement pour obtenir un traitement plus équitable des G.I..

En août, les Panthères noires monopolisèrent à leur tour le temps et l'attention de Jane. Accusé de meurtre, Huey Newton avait été mis en liberté contre une caution de 50 000 $ en attendant son procès. Lorsque la jeune actrice fit sa connaissance, elle fut profondément émue. « Huey Newton est un homme extraordinaire, très doux. Il est le seul être que j'aie jamais rencontré qui approche de la sainteté. »

Quand on lui demanda si elle abandonnait sa carrière au cinéma, Jane répondit par la négative, tout en précisant qu'elle ne s'intéressait qu'aux films ayant une portée sociale et politique; elle ne jouerait plus « de rôles qui perpétuent l'exploitation des femmes. » S'étant remise à lire des scénarios, elle accepta, en juin, de partager la vedette avec Sutherland dans une production d'Alan Pakila, chez Warner Brothers, intitulé « Klute ». Elle devait y incarner une prostituée chic et cynique qui s'entiche d'un policier venu à New York pour chercher un client à elle, mystérieusement disparu. Il ne s'agissait pas précisément d'une oeuvre à caractère politique ou social — en fait, ce n'était qu'un thriller ordinaire — mais Jane voyait la chose d'un autre oeil. « Le film met en scène une prostituée; or les prostituées sont le produit inévitable d'une société qui met l'emphase sur l'argent, les possessions et la concurrence. »

Le tournage de « Klute » devait débuter à la fin de l'été à New York et durer une partie de l'automne. La jeune actrice loua donc, en août, un appartement meublé dans l'Est de Manhattan, pas très loin de chez son père, et en fit le quartier général de différents organismes auxquels elle était associée. Au début du mois, à son retour de Washington où elle, Lane et Duncan avaient annoncé au cours d'une conférence de presse, l'ouverture de leur bureau pour G.I., elle emménagea dans son logis avec Sutherland, Vanessa et une bonne d'enfants et se prépara au tournage de « Klute ».

L'été de 1970 correspondit à une période tumultueuse dans la vie de Jane. Elle se prodigua pour la cause du radicalisme et souhaitait plus ardemment que jamais transformer la société américaine. « Quand on a trouvé la lumière... » déclara-t-elle lors d'une entrevue accordée peu après son installation à New York. « Les gens ont besoin d'aimer et d'être aimés. Pourquoi ne pas leur permettre de bénéficier du fruit de leur labeur ? Pourquoi ne pas les laisser s'amuser, s'épanouir en tant qu'êtres humains et s'accorder entre eux ? Mais en ce moment, dans le monde occidental, il est impossible de ne pas être cupides et agressifs; le système dresse les gens les uns contre les autres. »

La solution ? Une véritable révolution, répondait-elle, laissant entendre qu'elle comptait bien être en tête du mouvement. « Je lutterai aussi longtemps qu'il y aura de l'exploitation et de la répression, aussi longtemps que le capitalisme et la notion d'efficacité prédomineront. Parce que c'est le genre de système dans lequel nous vivons : la vie humaine n'y est pas respectée, les gens y sont asservis et c'est mal. Regardez ce qui arrive aux femmes, regardez-les à la télévision... Elles rivalisent les unes avec les autres. C'est comme une maladie, un cancer. Quatre-vingt-quinze pour cent des Américaines se font endoctriner : elles s'imaginent n'exister qu'en fonction de leur apparence, de leurs vêtements, du genre d'hommes qu'elles fréquentent. La société les traite d'une manière révoltante. »

Comme la plupart des gens saisis d'une grande ardeur révolutionnaire, Jane commençait à afficher involontairement cette même psychologie totalitariste qu'elle prétendait mépriser. Ce serait l'ultime ironie de sa période de militantisme. En histoire, il est reconnu que dans toute situation de révolution, les opprimés ont tendance à devenir les oppresseurs. En fait, il semble que l'attrait du pouvoir anime davantage l'esprit révolutionnaire que la recherche de la justice. Jane était relativement bien renseignée sur les défauts du système américain mais ses connaissances sur l'évolution politique, sociale et économique de l'humanité et son sens de l'histoire restaient superficiels et subjectifs, basés plutôt sur des conceptions généreuses mais illusoires que sur des faits. Et comme nombre d'idéalistes, elle réagissait aux événements d'une façon presque exclusivement émotive. L'influence bénéfique d'une logique, étayée par le savoir, qui lui aurait permis d'envisager l'histoire comme un processus continu plutôt que comme une série de bonds radicaux d'un idéalisme à l'autre, lui faisait défaut. Évidemment, sensibilité et perception possèdent leur logique propre et engendrent généralement l'altruisme, mais elles ne fonctionnent pas, ne peuvent pas fonctionner, dans le vide.

Jane, en dépit de sa vive intelligence et de sa facilité à s'exprimer, trahissait sans cesse son ignorance de l'équilibre des forces qui, au cours des années, avaient fait du monde ce qu'il était en 1970. Son engagement radical partait d'un bon naturel mais elle manquait de discernement. Elle était victime de l'impétuosité de ses sentiments et de leur intransigeance et adhérait involontairement à un point de vue totalitaire d'après lequel il n'y avait qu'un modèle de société juste.

À l'époque, les convictions politiques de la jeune femme étaient connues de tous les Américains. En conséquence, elle s'était attiré la haine de tous ceux qui ne partageaient pas sa ferveur. Il n'y avait pas que les conservateurs qui la détestaient; elle s'était également fait des ennemis implacables au sein du mouvement radical, en particulier chez les intellectuels. Elle dévoilait trop souvent son manque de perspective et de connaissances historiques, et même les leaders les plus imperturbables souhaitaient rentrer sous terre lorsqu'elle apparaissait au « Dick Cavett Show », son forum préféré, et mettait à nu son ignorance devant des millions de téléspectateurs.

Ainsi, au cours d'un débat sur la guerre au Viêt-nam, un adversaire lui demanda si, après tout, les colonies américaines n'avaient pas sollicité une aide étrangère pour se libérer de la domination britannique. « Pas que je sache », avait-elle répondu nerveuse et sur la défensive. Plus tard, après que son interlocuteur lui eut fait perdre la face, elle avoua : « La comparaison était merveilleusement claire dans mon esprit mais j'avais complètement oublié Lafayette et les Français. Je n'ai pas essayé de me rattraper, j'ai simplement reconnu mon erreur. Évidemment, tout le monde m'est tombé dessus. « Comment ose-t-elle venir discuter à la télévision... Elle ne connaît même pas l'histoire de la révolution américaine ! »

« Des tas de gens ont ri de moi ! » Elle enviait « ces gars qui ont pensé à tout. Mon ignorance en matière politique me donne des complexes. » Empressée de combler les lacunes de son instruction, elle puisait ses informations à une seule source, la propagande gauchiste.

Aucun de ceux qui connaissaient bien Jane n'a douté de la sincérité de son militantisme ou ne l'a détestée pour autant. C'était une personne naturellement aimable; elle réussissait très vite à établir un contact chaleureux avec les gens et traitait tout le monde sur le même pied. Son honnêteté, sa candeur et sa simplicité se remarquaient de prime abord tandis que son énergie et son altruisme inspiraient l'admiration. En privé, même après son engagement, elle restait affable et courtoise envers ceux qui ne partageaient pas son point de vue.

Cependant, plus elle devenait intransigeante dans ses convictions, plus elle se montrait irritable en public. À en juger par ses dispositions naturelles, on peut supposer que ses déclarations incendiaires correspondaient à un effort pour compenser son inexpérience et pour se faire accepter de ceux qui, au sein du mouvement, minimisaient l'importance de son rôle. Elle serait peut-être parvenue à convertir plus d'Américains à sa cause si elle ne s'était pas appliquée à détruire l'image qu'ils avaient d'elle. Si, tout en restant en apparence la Jane Fonda que tous aimaient bien, elle leur avait calmement fait part des injustices qu'elle constatait dans le système, l'effet en aurait été plus saisissant. En actrice chevronnée, elle aurait dû s'en rendre compte.

Elle choisit toutefois d'agir autrement : elle se sentait militante et préférait se comporter comme telle. Mais en adoptant cette attitude et en prenant exemple sur les nombreux radicaux qu'elle avait fréquentés au cours de sa politisation, elle perdit une bonne part de l'influence qu'elle aurait pu exercer. Ainsi, paradoxalement, en étant honnête avec elle-même, elle diminuait son impact comme porte-parole du mouvement. Et ses erreurs sur des questions de faits ou de statistiques (et lorsqu'elle s'aventurait sur ce terrain, elle était souvent forcée de battre en retraite devant plus habile qu'elle) portaient les gens à mettre en doute la profondeur de son engagement.

Nombre de ceux qui, dès le début, militaient aux côtés de Jane, ont critiqué plus tard ses fautes tactiques. Certains, malgré l'admiration qu'ils professaient à son égard, ont prétendu qu'elle avait fait plus de tort au mouvement, surtout pendant la phase antimilitariste, en lui aliénant l'opinion publique, que de bien en amassant des fonds. Peut-être lui a-t-on donné des conseils, sur le plan des relations publiques, dont elle n'a pas tenu compte. À moins qu'elle n'ait reçu de mauvaises directives auxquelles elle s'est conformée. Plusieurs militants qui ont côtoyé Jane, à l'époque, entre autres Fred Gardner et Howard Levy, ont affirmé que cette dernière hypothèse est la plus exacte.

Le 22 août, Huey Newton, à sa sortie de San Quentin, se rendit à New York où l'attendaient Jane, Donald Sutherland et Mark Lane. Ceux-ci l'accueillirent à l'aéroport Kennedy et le ramenèrent à l'appartement de la jeune femme pour une conférence de presse. La scène semblait particulièrement incongrue, comme les reporters présents ne manquèrent pas de le signaler dans leurs articles. Voir Huey Newton, une Panthère noire, un criminel sans scrupules (de l'avis de la plupart des gens) installé dans un appartement luxueux, tape-à-l'oeil et baroque d'un quartier chic de Manhattan, au milieu d'une opulence qui était la concrétisation même du système raciste qu'il avait juré d'anéantir, donnait un aspect à la fois comique et grinçant à toute l'affaire. Jane et Newton ressemblaient à des révolutionnaires d'opérettes. Et entendre des partisans noirs et blancs, massés dans le salon au mobilier somptueux, s'écrier : « Continuons le combat » et « le pouvoir au peuple » ajoutait au ridicule de la situation.

Jane, en chandail et en jeans, ne prit aucune part à la conférence de presse, si ce n'est pour répondre à la porte, aider des techniciens débordés à tenir leur équipement de télévision, fournir des rafraîchissements et lancer de temps à autre un « Continuons le combat ! ». Pourtant, longtemps après le départ de Newton, elle subit les contrecoups désagréables de cet événement. Non seulement les journalistes, entre autres ceux de la télévision et les échotiers de New York, tournèrent en dérision l'aspect insolite du meeting mais, en outre, un de ses numéros de téléphone et son adresse furent publiés, de sorte que la jeune femme fut importunée par des menaces sous forme d'appels obscènes et de lettres anonymes.

Le tournage de « Klute » dura tout septembre et octobre. Pour se familiariser avec son rôle de prostituée, Jane en accompagna une dans sa tournée des bars et observa son comportement sur le vif. D'après ce que certaines personnes, qui ont collaboré à la production, prétendent, elle aurait travaillé quelques nuits comme fille publique pour une luxueuse maison de prostitution de la ville, afin de donner plus de réalisme à son interprétation de Bree Daniels.

Accaparée par le film, Jane mit en veilleuse ses activités radicales mais trouva tout de même le temps d'assister à des rassemblements de Panthères noires, de solliciter des fonds pour le bureau des G.I. de Washington et même de parrainer une nouvelle cause, les Young Lords, une organisation portoricaine, calquée sur celle des extrémistes noirs. « Il y a un an, l'idée d'appeler qui que ce soit en dehors des gens que je connaissais très intimement, me traumatisait. Je détestais le téléphone. Je n'y répondais jamais, c'est Vadim qui s'en chargeait. Si je pouvais lui demander de donner un coup de fil pour moi, je n'hésitais pas. Parfois, je devenais littéralement couverte de sueur à la pensée d'appeler un inconnu. Aujourd'hui, je téléphone quarante fois par jour à des gens que je ne connais même pas... Je leur demande des faveurs, de l'argent. Parfois, je me dis : « Mais qu'est-ce qui m'arrive ? » Comment peut-on changer à ce point-là ? Vadim est venu, il y a deux fins de semaine et quand il m'a vu faire tous ces appels, il s'est écrié : ' C'est inouï ! Tous ces changements en toi, ça me dépasse ! ' »

Jane, qui avait transmis à la Gloria de « They Shoot Horses, Don't They ? » toute la tension et l'intransigeance de son caractère, agit de même avec Bree Daniels. Elle s'était déjà signalée dans des rôles qui reflétaient un monde trouble et parce qu'elle était convaincue que « Klute » illustrait « la décadence et l'effondrement de notre société », elle se consacra à son personnage avec une ardeur impétueuse. Elle lui communiqua la densité de ses émotions contradictoires et en fit son alter ego pendant deux mois. À la fin du tournage, la Bree Daniels emprisonnée sur pellicule possédait l'intelligence vive de Jane, son sens de l'humour insolite et sa vulnérabilité attachante sous les dehors de cynisme froid que prescrivait le scénario. En échange, Jane Fonda acquit un peu de la dureté, de l'invulnérabilité et de la ténacité de la jeune prostituée. Il s'agissait moins d'un rôle que d'une extension de l'actrice dans une autre personne; de sorte qu'elle garda Bree en elle pendant plusieurs mois, comme elle l'avait fait avec Gloria, l'année précédente.

Une fois « Klute » terminé, Jane qui s'était remise aux discours et aux campagnes de financement, allait vivre une expérience qui radicaliserait davantage ses opinions et anéantirait le moindre espoir que sa famille et certains de ses amis pouvaient entretenir de la voir se lasser de l'action politique.

27

Cleveland

Pendant le tournage de « Klute », Jane avait ajouté le Vietnam Veterans Against the War (VVAW) au nombre croissant des organismes qu'elle appuyait. Le VVAW qui avait émergé à la fin des années soixante et s'était intégré au mouvement radical en 1970, regroupait des associations de vétérans antimilitaristes. Après la révélation dans les journaux du massacre de My Lai, qui confirmait les déclarations faites par Donald Duncan et d'autres anciens militaires dissidents sur les atrocités commises par les troupes américaines du Viêt-nam, la crédibilité et l'importance du VVAW s'accrurent considérablement.

Pour mieux informer le public, le VVAW conçut le projet de réaliser une série d'audiences au cours desquelles des vétérans témoigneraient des crimes qu'ils avaient perpétrés ou dont ils avaient été témoins. Pour en renforcer l'impact, leurs concepteurs qualifièrent ces séances d' « enquête du soldat d'hiver », un titre ironique qui dérivait d'un commentaire fait par Thomas Paine lors de la révolution américaine : « Voici des temps où le courage des hommes est mis à l'épreuve. Le soldat d'été et le patriote du beau temps se dérobent au service de leur pays, au moment crucial. Mais celui qui reste maintenant se méritera l'affection et la gratitude de ses concitoyens ». En s'inspirant de ces vrais patriotes, de ces « soldats d'hiver », le VVAW tenait à souligner la pureté de ses intentions.

Ces audiences devaient avoir lieu aux mois de janvier et de février, à Détroit. Cette ville étant située à proximité de Windsor (au Canada), les membres de l'organisme espéraient que des déserteurs américains et des civils vietnamiens accepteraient d'y témoigner devant des caméras de télévision à circuit fermé. Mais comme dans toute entreprise antimilitariste, il fallait de l'argent. Jane, tout de suite enthousiasmée par le projet, s'offrit à parcourir le pays pour amasser les fonds nécessaires et sitôt « Klute » terminé, elle se mit à l'oeuvre.

Quelques minutes après minuit, le 3 novembre 1970, jour d'élections aux États-Unis, un avion d'Air Canada atterrit à l'aéroport international Hopkins, à Cleveland. Jane, qui revenait du collège canadien de Fanshaw, où elle avait pris la parole, et qui devait se rendre ensuite à l'Université de Bowling Green en Ohio, se trouvait à bord de l'appareil. Elle était seule et se sentait exténuée par sa tournée presque ininterrompue des campus. Elle comptait passer la nuit dans un hôtel non loin de l'aéroport avant de repartir le lendemain pour Toledo et Bowling Green. En descendant de l'avion, elle suivit les seize autres passagers aux douanes américaines.

Elle passa d'abord à l'immigration, puis fut envoyée au guichet d'inspection des bagages à l'autre extrémité de la salle. Elle s'y rendit, posa sa valise sur le comptoir et attendit en file. Elle a déclaré par la suite que, son tour venu, l'inspecteur des douanes, Lawrence Troiano, lui ordonna de s'asseoir pendant qu'il communiquait avec un supérieur à Cleveland. Il était 00 h 15.

Épuisée, la jeune femme fit ce qu'on lui disait, sans prêter attention à l'aspect insolite de la situation. Quelques minutes plus tard, elle s'aperçut que personne n'avait même inspecté sa valise. Elle se leva et demanda à Troiano pourquoi il lui avait ordonné d'attendre; pour toute réponse il lui enjoignit de se taire. Lorsqu'il ouvrit enfin son sac, il se saisit d'abord de son carnet d'adresses.

Il trouva ensuite 102 contenants de vitamines; Jane, qui prenait rarement des repas réguliers à ce moment-là, s'en nourrissait presque exclusivement. Le couvercle de chaque bouteille portait une lettre distinguant le petit déjeuner du déjeuner et du dîner. Quand l'inspecteur les vit, ses yeux s'allumèrent, aux dires de la jeune actrice. Elle lui expliqua le sens des lettres, l'informant qu'il s'agissait de vitamines et non pas de drogues, du genre LSD. Mais il lui signifia qu'elle devrait encore patienter jusqu'à l'arrivée de son supérieur de Cleveland et fit signe à un policier municipal, posté dans le hall, de surveiller la sortie.

Le supérieur de Troiano, l'agent Edward Matuszak, se rendit à l'aéroport, à l'appel de son subalterne, vers 00 h 45. À son arrivée aux bureaux des douanes, il découvrit Jane dans une boîte téléphonique, en grande conversation avec Mark Lane qui se trouvait à Boston et à qui elle racontait tout ce qui s'était passé. Il lui intima l'ordre de raccrocher immédiatement et de l'accompagner au comptoir de l'inspection des bagages.

Jane obtempéra. Ensuite, d'après elle, Matuszak l'obligea à entrer dans le bureau des douanes, en attendant qu'il ait conféré par téléphone avec son supérieur des services douaniers, section Cleveland. La jeune femme, qui avait alors ses règles, se sentait extrêmement incommodée. Elle prévint Matuszak qu'elle voulait aller aux toilettes. Il s'y opposa prétextant qu'elle devait d'abord être fouillée par deux femmes policiers qui seraient là d'un moment à l'autre. Jane s'indigna et réitéra sa demande, mais Matuszak se montra inflexible; il justifia plus tard sa conduite en prétendant qu'il la soupçonnait de chercher à « détruire des preuves : des drogues de contrebande qu'elle aurait pu dissimuler sur sa personne. »

Entretemps, Mark Lane qui savait que Jane avait été forcée de couper court à leur conversation, rejoignit à Cleveland un avocat de ses connaissances, Irwin Barnett qu'il tira de son lit et lui expliqua la situation. Barnett qui n'avait jamais rencontré Jane, s'empressa néanmoins de téléphoner à l'aéroport Hopkins.

À 1 h 35, l'agent Matuszak héla le policier municipal en faction à la porte de la salle et lui enjoignit de surveiller Jane pendant qu'il allait téléphoner dans la pièce voisine. Quelques instants plus tard, il aperçut la jeune femme qui sortait du bureau où elle était détenue, escortée du policier, s'écria : « Où va-t-elle ? » et voyant qu'elle se dirigeait vers les toilettes, il courut lui barrer le chemin. Jane le supplia de la laisser passer mais il lui ordonna de réintégrer le bureau des douanes, lui répétant qu'il lui fallait attendre la venue des femmes policiers. D'après Matuszak, Jane, furieuse, aurait répliqué : « Qu'est-ce que vous voulez que je fasse ? Que je vous pisse sur les pieds ? » Puis, ils se seraient disputés un moment et elle aurait essayé de lui porter un coup qu'il aurait paré tout de suite. Il l'avertit alors qu'elle était « en état d'arrestation pour avoir frappé un agent fédéral. »

« Je ne vous ai pas frappé », lui répondit-elle.

Matuszak se tourna vers l'inspecteur Troiano et le policier et leur demanda s'ils avaient vu le geste de la jeune femme. Les deux hommes firent de la tête un signe d'assentiment.

Jane se mit à crier et à jurer. À ce moment-là, deux autres policiers, qui avaient appris l'arrestation de l'actrice, se présentèrent sur les lieux. Comme celle-ci se débattait pour atteindre la porte des toilettes, l'un d'eux, Robert Peiper, d'un mouvement vif, tenta de la saisir. Elle fit volte-face et lui allongea un coup de pied. Tous ensemble, ils parvinrent à la maîtriser et à la ramener au bureau des douanes où elle fut jetée sur une chaise, menottes aux poings, et instruite de ses droits. Elle était maintenant accusée d'agression contre Peiper, un policier de Cleveland.

Entretemps, Irwin Barnett avait pris contact avec Matuszak par téléphone. Après s'être déclaré l'avocat de Jane, il demanda à s'entretenir avec sa cliente. Son interlocuteur lui en refusa la permission avant que la jeune femme n'ait été fouillée. Il conseilla à Barnett de patienter quelques instants et posa le récepteur sur le bureau. Jane protesta hautement du fait qu'on l'empêchait de conférer avec son avocat. Croyant que Mark Lane était à l'autre bout du fil, elle se mit à chanter « La Marseillaise » pour qu'il sache qu'on s'opposait à ce qu'elle lui parle. Si Lane n'entendit rien, Barnett, en revanche, n'en perdit pas un mot.

Jane a affirmé avoir attendu encore vingt minutes avant la fouille. « Une des femmes policiers est arrivée avec une serviette hygiénique. Ensuite, elle m'a déshabillée et a examiné le contenu de mon sac à main; elle a trouvé des tranquillisants et une vieille bouteille dans laquelle il restait quelques comprimés de Dexedrine. La Dexedrine n'est pas une drogue, c'est un médicament qui aide à rester éveillé quand on n'a pas dormi depuis deux nuits. Je l'avais achetée aux États-Unis sur prescription. »

Cette formalité accomplie, les pilules découvertes furent apportées à Matuszak qui ajouta à la liste des délits une nouvelle contravention aux lois fédérales : « entrée illégale de marchandise dans le pays, en violation des lois. » Il prévint ensuite Barnett qui attendait toujours au bout du fil, qu'il allait conduire la jeune femme en prison à Cleveland pour voies de fait sur un policier et importation illégale de drogues. Il était tenu, par la loi, de s'enquérir, auprès de Jane, si elle possédait une prescription pour ses pilules, qui étaient d'ailleurs clairement étiquetées, mais il omit de le faire.

C'est au poste de police central de Cleveland, situé dans une vieille section de la ville, à l'est du quartier des affaires, que Jane fut d'abord amenée, à 3 h avant d'être transférée dans l'édifice en briques rouges attenant, la prison du district de Cuyahoga. Incarcérée dans la section des femmes, elle devait y attendre une audience et sa mise en liberté sous caution, le lendemain. En vertu d'un accord avec le gouvernement fédéral, le bureau du shérif de Cuyahoga était en marge à la fois des prisonniers locaux et fédéraux. Or la jeune femme appartenait à cette dernière catégorie bien qu'elle eût également à répondre à des accusations de voies de fait sur un agent municipal.

Jane passa une nuit blanche en cellule. Une fois enfermée et débarrassée de ses menottes, elle se trouva au milieu d'à peu près une douzaine d'autres détenues. Deux Noires avaient été inculpées du meurtre d'un homme et soupçonnées d'avoir disséminé les différentes parties du cadavre un peu partout à travers la ville. Il y avait aussi une jeune Blanche maoïste du nom de Barbara Cahn, qui avait été appréhendée à plusieurs reprises et encore dernièrement, pour s'être attaquée à un policier au cours d'un affrontement entre antimilitaristes et ouvriers. Les trois femmes soutirèrent sur le champ à Jane la promesse de dénoncer les sévices que leur infligeaient constamment leurs gardiens.

D'après le shérif adjoint, Albert Brockhurst, un gros homme bourru, qui avait l'air d'avoir tout vu et tout entendu, Irwin Barnett se présenta à 7 h à son bureau. « Aussitôt que j'ai su que Jane Fonda avait été arrêtée, je suis parti de chez moi pour me rendre à la prison. On m'a dit qu'à son arrivée, elle se débattait, jurant et sacrant, traitant tout le monde de « porcs » et de choses semblables. Remarquez que mon travail n'était pas de juger si son arrestation était justifiée ou non. Je devais simplement m'assurer qu'elle était mise sous les verrous comme n'importe quel autre prévenu et que la routine était respectée. De toute façon, M. Barnett s'est pointé vers les 7 h, le genre très tranquille, très professionnel. Il m'a expliqué la situation, m'a dit qu'il n'avait pas pu s'entretenir avec Miss Fonda à l'aéroport. Alors, je lui ai proposé un marché. S'il pouvait voir à ce que sa cliente se calme et cesse de faire du ravaud, je le laisserais monter lui parler. Rien ne m'obligeait à le faire; j'aurais pu la garder en haut jusqu'aux heures régulières de visite. Mais M. Barnett m'a dit qu'il essaierait de la tranquilliser, alors je l'ai laissé aller. »

À ce moment-là, la rumeur s'était répandue que la jeune actrice avait été appréhendée. Reporters et photographes des journaux de Cleveland s'étaient attroupés près de la porte du rez-de-chaussée. Brockhurst a ajouté que Barnett après sa visite à Jane, lui avait assuré qu'elle se conduirait plus sagement. « Il m'a annoncé que ce type, Lane, viendrait la voir. Mais il ne m'avait rien dit de ce qui m'attendait. »

Mark Lane arriva de Boston un peu plus tard dans la matirée, alors que Jane était encore dans la cellule commune et, la barbe longue, pénétra en trombe dans la prison. Prévenu que la jeune femme devait passer devant le commissaire Clifford Bruce, à 13 h pour une audience préliminaire, il exigea de la voir en dépit du fait qu'il n'avait pas de permis pour exercer sa profession dans l'État d'Ohio et que, pour la circonstance, Barnett était l'avocat attitré de la jeune actrice. Brockhurst a déclaré que, sur les instances de ce dernier, il accéda à la demande de Lane et s'arrangea pour qu'il ait une entrevue avec Jane dans son bureau. « Elle est entrée », se rappelait le shérif adjoint, « et aussitôt qu'elle a aperçu Lane, ils se sont tous les deux mis à crier à tue-tête, se plaignant de brutalités policières. Elle utilisait un langage grossier et prétendait qu'elle allait poursuivre tout le monde à Cleveland, y compris moi, à cause des conditions de vie des détenues et de prétendus mauvais traitements qu'on leur aurait infligés. Si vous voulez mon avis, ce Lane avait l'air de surexciter Miss Fonda. De toute façon, je les ai laissé dire, ensuite je l'ai renvoyée à la cellule des femmes. »

Lane, de son côté se rendit immédiatement dans la salle d'admission et y donna une conférence de presse improvisée. Il répéta les accusations de Jane concernant la situation des prisonnières et les sévices qu'elles subissaient. Il affirma que l'arrestation de l'actrice était illégale et faisait partie d'un programme mis en oeuvre par le gouvernement pour harceler les pacifistes. « C'est une mesure de répression pure et simple. Un acte de violence... Nous vivons sous un régime de terreur : le régime Nixon-Agnew ! »

Le bouillant avocat n'avait pas la réputation d'être modéré dans ses propos; personne ne fut donc trop impressionné par cette sortie. Cependant, la suite des événements allait démontrer que, fondamentalement, il n'avait pas tort : l'arrestation et la détention de Jane à l'aéroport semblaient en effet une forme d'intimidation et de harcèlement de la part du gouvernement. L'administration Nixon avait été accusée à maintes reprises d'avoir favorisé l'instauration d'un état policier dans le pays, en employant les forces de l'ordre fédérales à des fins politiques. L'affaire Jane Fonda témoignait éloquemment de la justesse de cette accusation. Les derniers doutes ayant pu subsister sur le fait que la jeune femme avait été victime de persécution gouvernementale à cause de ses opinions politiques, ont été dissipés plus tard par les révélations faites à l'enquête du Sénat sur l'affaire du Watergate. Les Américains apprirent alors que, comme bon nombre de célébrités, Jane Fonda était considérée comme une « ennemie publique » et qu'à la Maison Blanche, son nom figurait sur une liste secrète de gens à harceler et à intimider. Une arrestation sans motif aux douanes ou à l'immigration n'était qu'un des moyens de répression politique utilisés. S'y ajoutaient l'écoute téléphonique, la surveillance policière, l'interception du courrier, les vérifications spéciales d'impôt et diverses tactiques d'intimidation. Jane a affirmé plus tard avoir été en butte à la plupart de ces vexations et, connaissant aujourd'hui le programme de « sécurité nationale » du gouvernement Nixon, il y a peu de raisons de mettre sa parole en doute.

Jane comparut, menottes aux poings, devant le commissaire Clifford Bruce de la cour fédérale du district de Cleveland, dix heures après avoir été emprisonnée. Elle fut relâchée contre une caution de 5 000 $ et sommée de se présenter de nouveau le lundi suivant, 9 novembre, alors que le juge procéderait à l'audition des témoins afin de déterminer si la cause devait être référée à un grand jury pour une mise en accusation formelle. En général, advenant que les preuves de délit soient insuffisantes, les accusations sont abandonnées. Dans le cas contraire, un jury fédéral est saisi de l'affaire, reprend l'enquête et entame des poursuites judiciaires, s'il y a lieu. Avec les divers chefs d'accusation retenus contre elle, si Jane était reconnue coupable, elle risquait une peine maximale, excédant dix ans et quelque 10 000 $ d'amendes.

Ayant recouvré sa liberté, elle tint une conférence de presse en compagnie de Mark Lane. L'avocat souligna l'aspect politique de l'arrestation de Jane affirmant que son nom apparaissait sur une liste spéciale aux douanes et qu'elle se voyait condamnée à être arrêtée et fouillée chaque fois qu'elle entrait au pays. Il ajouta que ses biens personnels, son carnet d'adres-

ses, ses enregistrements, ses notes de discours, ses tracts
— toutes choses n'ayant aucun rapport avec les accusations
portées contre elle — lui avaient été enlevés par les autorités
fédérales et étaient, au moment même, photographiés par le
FBI.

Jane donna sa version de l'incident : « Je ne fais pas de
contrebande. Je suis une fanatique de l'alimentation naturelle
et les pilules qui se trouvaient dans ma valise sont des vitamines qu'on peut se procurer dans tous les magasins natu-
ristes. » Elle fit remarquer qu'elle voyageait avec le même type
de tranquillisants depuis six ans. « Jamais je n'avais été embê-
tée avant de me mettre à dénoncer la guerre... C'est une arrestation politique. » Commentant les accusations de voies de fait
portées contre elle, elle nia avoir frappé Peiper et Matuszak.
Elle avait simplement « poussé » ce dernier lorsqu'il lui avait
barré le passage des toilettes. Par contre, elle avait été tenue au
secret pendant près de trois heures à l'aéroport, fouillée et
humiliée. Elle plaisanta sur sa nuit en prison, mais conclut avec
un accent de défi : « Quand je pense à ceux qu'on emprisonne
en ce moment à travers le pays, je ne m'en fais pas. »

Le lendemain, on pouvait lire en manchettes : « Jane Fonda
arrêtée pour contrebande de drogues et voies de fait sur un
policier. » Ce matin-là, elle fut conduite au sinistre tribunal du
poste pour répondre à la seconde de ces accusations. Son
emprisonnement ayant fait la une des journaux de Cleveland,
la salle était bondée de curieux. C'était la principale attraction
du moment dans la ville et un nombre considérable de personnes avaient fait la queue toute la nuit, transis par le vent
glacial qui soufflait du lac Érié, pour pouvoir jeter un coup
d'oeil sur la fameuse vedette dont on parlait tant. « Je l'avais
vue dans « Playboy », il y a quelques années », de déclarer Fred
Jarek, un avocat local, venu observer quelques instants les
procédures. « Hier soir, j'ai ressorti mon magazine pour voir
encore de quoi elle avait l'air. Mais maintenant qu'elle fréquente tous ces hippies, elle paraît nettement moins bien. »

Jane, furieuse, mais en possession de tous ses moyens, plaida
non coupable à l'accusation de voies de fait sur le policier

317

Peiper et réclama un procès avec jury. Le juge Edward Coleman de la cour municipale se rendit à sa demande et fixa sa comparution au 6 janvier. La jeune femme tenait à se disculper et ne voulait rien de moins qu'un procès public.

Le spectacle se poursuivit au tribunal du district de Cuyahoga où Jane et Mark Lane déposèrent une plainte concernant les sévices subis par Barbara Cahn, la maoïste, aux mains de ses gardiens. À sa sortie, l'actrice fut accueillie par une foule de reporters qui s'attachait maintenant à ses pas. Elle leur décrivit les blessures infligées à Barbara Cahn et promit de suivre la cause jusqu'à ce que soit stigmatisée la brutalité qu'elle avait constatée en prison. Un shérif adjoint — ce n'était pas Brockhurst — éleva le bras, parodiant le salut des Panthères et s'écria : « Continue le combat, poupée ! » Au poignet, remarqua un observateur, il portait une montre à l'effigie de Spiro Agnew.

Jane quitta Cleveland cet après-midi-là pour se rendre à l'université Central Michigan, où elle devait aller sensibiliser les étudiants au mouvement G.I. et au projet du VVAW. À Hopkins, au moment de partir, elle apprit que Peiper intentait une action contre elle pour coups et blessures. Elle fut d'abord exaspérée par ce nouveau tracas mais ne tarda pas à s'en féliciter puisqu'il allait permettre à ses avocats de réduire à néant les accusations de contrebande portées contre elle par le gouvernement. À son retour du Michigan, elle passa quelques jours à Cleveland pour préparer avec Barnett et Lane sa comparution du lundi suivant.

Barnett, l'avocat en titre de Jane, fit la plus grande partie des recherches, mais Lane tenait à assurer sa défense au tribunal. Le procès qui débuta à 10 h 40, le 9 novembre, fut inscrit au registre n° 8, cause n° 3684 et intitulée officiellement « Les États-Unis, demandeur, c. Jane Fonda, défenderesse, sous la présidence du commissaire Clifford E. Brown » (sic). Le gouvernement était représenté par Edward F. Marek et deux assistants procureurs, tandis que Lane et Barnett assumaient la défense. Jane se présenta en cour vêtue d'un des costumes bigarrés qu'elle portait dans « Klute ».

La séance dura plus de trois heures, beaucoup de temps ayant été gaspillé à une discussion entre un Marek flegmatique et un Lane indigné, concernant le droit de ce dernier à représenter Jane, attendu qu'il n'était pas habilité à exercer sa profession dans l'Ohio. Le débat s'éternisant, Jane poussa un long soupir de dégoût, tourna sa chaise et s'assit dos à la cour, en guise de protestation contre cette tentative du gouvernement de la priver du « droit de choisir mon avocat ».

Le différend fut réglé à l'avantage de la jeune femme et Lane put contre-interroger les témoins mais ce fut la seule victoire de la défense. Barnett demanda le rejet immédiat des accusations alléguant qu'elles n'indiquaient pas qu'un délit avait été commis. Bruce déclina la requête de façon sommaire et présida ensuite la séance en s'en tenant strictement aux procédures et en faisant avorter toutes les tentatives de Lane pour mener le contre-interrogatoire hors des limites strictement juridiques. Il rejetait souvent ses questions avant même que le procureur Marek n'ait eu le temps d'émettre une objection. Le procès rappela à Jane celui de Chicago, l'année précédente, alors que le juge protégeait systématiquement le demandeur et sapait les efforts de la défense pour prouver le caractère politique des accusations portées par le gouvernement.

Le seul témoin à charge était Edward Matuszak, l'agent des douanes qui avait appréhendé Jane. Lane s'attaqua à lui, déployant toutes les astuces légales qu'il connaissait pour l'amener à se contredire et lui soutirer l'aveu des manoeuvres illicites du gouvernement. Mais chaque fois qu'il s'aventurait sur un terrain glissant pour le demandeur, Marek émettait une objection et Bruce le rappelait à l'ordre, le priant de s'en tenir aux simples chefs d'accusation en cause. Lane affirmait être en droit de chercher à démontrer que l'incarcération de Jane était un acte d'intimidation politique; que les faits et gestes qui lui avaient valu d'être appréhendée pour agression découlaient de sa détention illégale par les agents de la douane. En outre, les comprimés qu'elle était censée avoir introduits en fraude au pays, lui avaient été prescrits et lui appartenaient en propre (ce qui suffisait à invalider ce chef d'accusation) et son arrestation pour contrebande était irrégulière parce que Matuszak avait omis de vérifier si elle avait une prescription pour les pilules qu'il avait découvertes dans son sac à main.

Le temps passait et Lane n'arrivait à rien. Jane s'irritait de plus en plus de la partialité évidente du magistrat et ponctuait ses décisions en faveur de la partie adverse par des exclamations de dégoût, s'attirant chaque fois l'approbation des spectateurs assemblés dans la salle.

Enfin, se voyant dans une impasse, Lane, exaspéré, changea de tactique. Il lui était interdit de poser des questions sur des sujets que n'avait pas abordés Marek au cours de l'interrogatoire du témoin. Cependant, à force de presser Matuszak, il parvint à lui faire admettre qu'il avait téléphoné à Washington peu après l'arrestation de Jane. Avant que le juge ne puisse l'interrompre, Lane fit inscrire sur les registres officiels la suggestion que le bureau local du procureur des États-Unis poursuivait la jeune actrice sur les ordres d'un membre de l'administration Nixon. Marek s'y opposa tout de suite avec véhémence.

Lane comprit qu'il avait touché le point sensible de la cause. Il tentait d'amener Matuszak à convenir du fait que Jane avait été appréhendée d'abord et avant tout parce que son nom figurait sur une liste gouvernementale secrète de personnes à surveiller. Un tel aveu aurait non seulement anéanti les accusations portées contre la jeune femme mais aurait également permis de dévoiler, dans un coup d'éclat, le fait alors peu connu que l'administration Nixon employait les forces policières pour harceler et intimider ses adversaires politiques et les opposants au régime, en général.

Les tentatives de Lane échouèrent, mais la violence des objections de Marek lui fournit ainsi qu'à Barnett, l'indice de la stratégie à suivre. Après trois heures de brillantes manoeuvres de la part de Lane, le commissaire Bruce, s'en tenant à son interprétation étroite de la procédure, maintint les deux chefs d'accusation et référa la cause à un grand jury fédéral.

Ce soir-là, Jane assista à un cocktail donné chez un important commerçant de l'endroit pour amasser des fonds. Le lendemain, elle se rendit à l'université Case Western Reserve, non loin de là, où elle parla en faveur de la cause pacifiste, lors d'un rassemblement étudiant. Un journal conservateur rapporta que ses propos avaient été accueillis avec apathie par une foule clairsemée qui l'avait huée et conspuée. Un avocat qui était présent à la réunion a affirmé le contraire : « La foule était considérable — peut-être six cents étudiants et professeurs. Il y avait une bande d'ultra-radicaux installés en avant et, au début, ils chahutaient le conservatisme de Jane, mais je dirais qu'elle a conquis très vite tous ses auditeurs. Et ils étaient loin d'être apathiques; en fait, ils se montraient joliment enthousiastes ! »

La presse allait cependant commencer à adopter une attitude négative à l'égard de Jane. Pendant les mois qui suivirent, la jeune femme poursuivit ses démarches politiques mais l'accusation de contrebande de drogues restait fraîche dans la mémoire du public. La presse conservatrice en général et même quelques publications libérales dénaturaient ses faits et gestes et dépréciaient ses efforts dans leurs éditoriaux. Plusieurs journalistes des nouvelles télévisées réprimaient difficilement un sourire narquois lorsqu'ils répétaient ses plus récentes déclarations en faveur de la paix ou des Panthères noires. Et tous les médias de « l'Establishment » se contentèrent de mentionner au passage le fait que les deux accusations de voies de fait portées contre elle, de même que celle de contrebande de drogues, avaient été rejetées.

Cet heureux dénouement était dû surtout à l'habileté d'Irwin Barnett. Lorsque Jane avait su que Robert Peiper la poursuivait pour coups et blessures, elle s'était sentie profondément irritée et démoralisée par ce qu'elle considérait comme une tentative hypocrite de la part du policier d'exploiter une situation déjà pénible. Le procureur Marek, mis au courant de l'affaire, fut désarçonné mais Barnett, lui, ne pouvait que se réjouir et il s'empressa de faire partager sa satisfaction à Jane.

Une des règles fondamentales de procédure des poursuites au criminel prescrit que l'accusé ne peut connaître avant le procès les preuves que le procureur — dans le cas qui nous occupe, le gouvernement — possède contre lui. Cependant, ce droit de « découverte » est en vigueur au civil. En d'autres termes, le défendeur dans une poursuite au civil a le droit d'être informé avant son procès de toutes les particularités des témoignages que le demandeur a accumulés contre lui. Et si une cause civile se rattache à une cause criminelle, le principe s'applique automatiquement aux preuves de cette dernière; le procureur se voit obligé de dévoiler ses batteries. C'est sur ce détail technique que la poursuite contre Jane achoppa. En déposant sa plainte, Peiper avait involontairement déjoué les plans du gouvernement et, ironiquement, fait échouer sa propre cause.

Une fois le droit de « découverte » obtenu, Barnett s'attaqua aux positions de la partie adverse, pour que soient dévoilés les motifs premiers de l'arrestation de Jane. Pour fournir cette information, le gouvernement allait se voir contraint d'expliquer comment et pourquoi le nom de la jeune femme — ou même celui de n'importe quel autre citoyen américain — apparaissait sur une liste spéciale d'arrestations automatiques aux douanes et surtout serait obligé d'admettre l'existence d'une telle liste. Or Barnett avait l'intuition que la Maison Blanche préférerait abandonner les poursuites, précaires de toute façon, plutôt que de révéler de semblables renseignements. Ce en quoi, il avait raison; après six mois de tergiversations durant lesquels le procureur retardait toujours la présentation de ses preuves, les accusations contre Jane furent finalement retirées et l'affaire classée, le 28 mai 1971.

Barnett expédia l'accusation de voies de fait portée par l'État d'Ohio avec autant de brio mais en employant une technique différente. En vertu du droit de « découverte », il apprit bientôt que l'agent Peiper n'était pas en service le 3 novembre; il avait été engagé comme gardien privé par une compagnie aérienne, suite à un appel à la bombe à l'aéroport de Cleveland. Il n'exerçait donc pas ses fonctions officielles de policier, lorsqu'il avait prêté main forte à l'agent Matuszak pour maîtriser Jane à la porte des toilettes.

Mais cette information elle-même se révéla superflue pour faire annuler l'accusation. En invoquant quelques-uns des innombrables précédents en droit, Barnett pouvait démontrer que Peiper comme agent municipal, n'avait pas le pouvoir d'arrêter Jane dans les circonstances. La police de Cleveland est chargée de l'application de la loi à l'aéroport Hopkins, cependant les douanes étant de juridiction fédérale sont considérées comme territoire fédéral. Compte tenu des précédents, Peiper n'avait ni autorité, ni juridiction pour y procéder à une arrestation.

Barnett présenta une requête à cet effet au tribunal de police de Cleveland. Le 25 juin 1971, le juge Edward Feighan de la cour municipale ordonna le retrait de l'accusation portée contre Jane. Et peu après, la poursuite intentée par le policier Robert Peiper contre la jeune femme fut abandonnée.

28

Le FTA

Malgré la profonde indignation qu'avait soulevée en elle son expérience de la répression gouvernementale, l'aventure de Cleveland, somme toute, procura à Jane un vif sentiment de satisfaction, son arrestation inopinée ayant pris à ses yeux la valeur d'un exploit. Si le fait d'être appréhendée aux douanes l'avait d'abord effrayée, elle avait très vite saisi l'aspect positif de l'incident. C'était l'occasion rêvée de se gagner l'estime de ses camarades du mouvement radical et de faire savoir à tout le monde — radicaux, modérés et réactionnaires — que son militantisme n'était pas un jeu.

La jeune femme se trouvait dans une situation financière difficile. Elle avait dépensé sa fortune personnelle en frais de déplacements et en appuis à diverses organisations, en particulier le bureau des G.I. à Washington, dont elle avait assumé les coûts de fonctionnement pendant un an. La plus grande partie du cachet qu'elle avait touché pour son rôle dans « Klute » s'étant déjà envolée, elle commença à se défaire de ses possessions, y compris de sa propriété de St-Ouen, afin de disposer de plus de capital. En d'autres circonstances, la vente de sa chère ferme lui aurait brisé le coeur mais, à ce moment-là, elle s'y résolut avec un pragmatisme dénué de sentimentalité. De toute façon, disait-elle, « Je n'ai plus l'intention de vivre en France. Le combat a lieu ici et c'est ici que je veux être. »

Jane quitta également sa luxueuse maison pour une autre plus petite dans un quartier de HLM délabré, à proximité de l'autoroute de Hollywood. Elle le meubla dans le style Armée du salut où les matelas sur le plancher tiennent lieu de lits et elle en fit à la fois un quartier général et un asile pour camarades radicaux. « Comme vous pouvez le constater », disait-elle à un visiteur, « c'est sans prétention. Tout ce que je possède et tout ce que je gagne passe à mes différentes causes. » Elle ne se permettait qu'un seul luxe, une bonne d'enfants pour Vanessa.

Jane n'était pas tracassée par sa « pauvreté »; en fait, elle en était plutôt fière. « À présent, tout ce qu'il me faut, c'est un billet d'avion, deux jeans et deux chandails. » Plus exaltée que jamais après l'affaire de Cleveland, elle ne tarda pas à reprendre ses activités, voyageant d'une ville à l'autre pour prendre la parole lors de rassemblements en faveur de la paix, pour manifester en faveur des Amérindiens, des Panthères noires, des travailleurs migrants, des mères réduites à l'assistance publique et surtout pour amasser de l'argent en vue de financer le projet du VVAW et le bureau des G.I.

Elle prétendait avoir besoin de s'astreindre à ce rythme de travail démentiel : « J'ai tant de temps à rattraper, tant de culpabilité dont il faut que je me débarrasse ! Je dois encore m'instruire et la meilleure manière de le faire c'est de m'engager dans le plus grand nombre de causes possible. Comme on dit, quand on ne participe pas à la solution, on participe à aggraver le problème. Je préfère être du côté de la solution. »

Quelle était cette solution ? « Tout ce que je peux dire, c'est que je me suis aperçue, grâce aux gens que j'ai rencontrés, aux expériences que j'ai vécues et aux lectures que j'ai faites, que le système américain doit être changé. Il existe une autre manière, moins traditionnelle que la nôtre, de vivre en société. Pour y arriver, il faut transformer radicalement nos structures et nos institutions par le socialisme. Évidemment, je suis socialiste, mais sans théories, ni idéologie. »

Si elle n'avait « ni théories, ni idéologie », qu'entendait-elle par socialisme ? « Je veux dire un mode de vie où personne ne peut exploiter son prochain, où les leaders se préoccupent du peuple et où il n'y a pas de concurrence. » Jane reconnaissait que sa façon d'envisager les choses était utopique mais elle soutenait que des changements radicaux pouvaient et devaient être accomplis. Se référait-elle au modèle russe du socialisme ? « Non, ... ça va aussi mal en Russie qu'aux États-Unis. » Mais elle était impressionnée par ce qu'elle avait appris sur la Chine. « Vous savez, la délégation qui est allée là-bas... Ils m'ont tous dit : « C'est difficile d'en parler parce que nous avons l'air naïfs; et pourtant nous avons vraiment cherché des défauts au système... » Ils ont affirmé n'avoir rien trouvé. « Ils mangent tous à leur faim, là-bas, ils ont un toit pour s'abriter, des vêtements et des souliers pour tout le monde. » Ils avaient l'impression que chacun participait à la vie commune, qu'ils travaillaient tous ensemble. Et pas de mesures de coercition... Et puis, ils sont tous habillés de la même façon. Je trouve ça extraordinaire : les dirigeants portent les mêmes vêtements que les paysans. Il n'y a pas de différence, pas de distinction de classes... »

L'idéalisme de Jane prenait le dessus sur son sens commun et, dans ses propos enflammés, elle ne tenait aucun compte des données historiques; or, depuis son arrestation à Cleveland, elle était intarissable, mais plus elle exprimait ouvertement ses opinions, plus les critiques et le mépris du public s'intensifiaient. Elle devait s'y attendre de la part de ses ennemis, qui pullulaient, mais elle fut surprise de la manière dont la traitaient ceux qu'elle croyait représenter.

Son ardeur pour la cause amérindienne se refroidit considérablement, surtout après l'intervention, au cours d'un programme télévisé auquel elle participait, d'un chef indien qui, dans l'assistance, se leva et l'incita à « ne plus se mêler des affaires des Indiens ». Buffy Ste-Marie, la chanteuse de folk qui militait en faveur de ses frères de sang, déclara à la presse que

Jane « tout en essayant très sincèrement d'expliquer aux gens ce qui se passe, a involontairement tout gâché parce qu'elle ne comprend pas nos problèmes fondamentaux. »

Malgré l'affaire de Cleveland, nombre de leaders radicaux expérimentés considéraient que la jeune actrice nuisait au parti antimilitariste plus qu'elle ne le servait, par ses explications naïves sur les objectifs du mouvement. Quelque temps avant sa mort, Saul Alinsky, un vétéran du radicalisme la qualifiait d' « auto-stoppeuse sur l'autoroute des causes. J'en ai plein le dos de ces jeunes révolutionnaires qui s'imaginent avoir découvert « la solution » et qui parlent de la révolution comme Billy Graham de la Bible. Vous savez, « Allez à Jésus et vous serez sauvés. » C'est de la foutaise ! Ce sont de faux prophètes, des imposteurs qui se raccrochent à des illusions neurotico-romantiques. Ils ne savent pas plus organiser une révolution que moi faire une meringue glacée. Ils retardent de cinquante ans la possibilité d'obtenir des réformes politiques et sociales dans le pays avec leurs histoires d'actes révolutionnaires. Ils ne reconnaîtraient pas un acte révolutionnaire même s'ils en avaient un sous le nez ! »

Cette constatation amère d'Alinsky reflétait les dissensions profondes qui existaient au sein de la formation radicale à l'époque où Jane y avait adhéré. Ce n'était pas simplement une réaction de dépit chez les militants de la vieille garde; des divergences d'opinions quant aux stratégies et aux tactiques divisaient le mouvement. Il ne s'agissait pas d'une opposition entre jeunes et vieux mais entre radicaux expérimentés et naïfs, quel que soit leur âge. Les organisateurs patients et altruistes se dressaient contre les champions de l'action immédiate.

Et Jane, encore imparfaitement politisée et surexcitée par sa récente arrestation, appartenait au second camp. D'abord influencée par Fred Gardner, elle s'était vite lassée de sa conception traditionaliste de la révolution. Le jeune communiste croyait que pour effectuer un changement social, il fallait s'astreindre à la tâche ingrate de sensibiliser les groupes économiquement exploités à leurs problèmes. Mais, pour entretenir son ardeur révolutionnaire, la jeune femme cherchait des résultats immédiats. Rebutée par les théories du jeune homme, elle ne conserva aucun lien sentimental avec lui. « J'étais amoureuse mais j'ai dû rompre avec Fred Gardner parce que je ne le comprenais plus. Et c'est très important pour moi maintenant de partager les opinions politiques de l'homme que j'aime. »

Parce que Jane éprouvait le besoin de se dépenser sans compter, son militantisme attirait de plus en plus l'attention des Américains et devenait la cible de leurs quolibets. Mais elle s'attendait à cette réaction et l'acceptait de bonne grâce se sentant confirmée dans sa vocation radicale et justifiée de s'y être engagée. Toutefois, si les attaques des tenants du système contrebalançaient les reproches de ses camarades radicaux, certaines critiques continuaient à l'irriter et à la blesser.

Elle ne semblait pas accorder trop d'importance aux récriminations de son père. « Je n'ai jamais reçu de lettres de menaces avant que Jane ne s'emballe pour la révolution », confiait avec amertume Henry Fonda à un reporter. « C'est une fille intelligente, mais elle ne sait pas se servir de sa tête. On lui rapporte une opinion sur une quelconque injustice, et tout de suite elle réclame l'abolition du système. Malheureusement, comme je suis son père, il y en a qui s'imaginent que je partage ses opinions... Je reçois des lettres de gens qui me traitent de ' maudit communiste ', parce que je m'appelle Fonda. »

« Je pense qu'elle commet des tas d'erreurs », disait-il à une autre occasion. « D'après moi, elle fait plus de tort que de bien à ses causes. Elle ne sait pas s'y prendre : elle rebute des gens qu'en fait elle devrait convaincre. Les seules personnes sur lesquelles elle a de l'influence ce sont les révolutionnaires. »

Même si les commentaires publics de son père l'agaçaient, Jane se contentait en général d'y répondre en plaisantant. Cependant, lorsque son frère y ajouta ses propres sarcasmes, elle se hérissa. « J'ai été peinée qu'il dise à un journaliste que je m'engageais dans des causes sans vraiment les comprendre. Après tout, c'est lui qui m'a amenée à penser aux autres. Maintenant, il raconte partout que je manque de maturité et qu'il faut que mes idées s'élargissent. »

Après son départ de Cleveland, Jane consacra d'abord ses énergies à venir en aide aux Panthères noires. Mais ses efforts allaient encore lui attirer les reproches des militants gauchistes. Elle se rendit à La Nouvelle Orléans à la fin de novembre pour apporter son appui à un groupe d'extrémistes qui occupaient des immeubles en construction depuis six semaines et que la police tentait en vain de déloger. Le conflit était au point mort. Entretemps, le parti national des Panthères noires avait annoncé un « congrès pour rédiger une nouvelle constitution des États-Unis » qui aurait lieu à Washington le 28 novembre. Pour permettre aux membres de l'organisation retranchés dans les édifices qu'ils disputaient aux forces de l'ordre d'y assister, Jane loua quatre voitures à son nom et les fit stationner près du lotissement. Le 25 novembre, les protestataires, qui croyaient s'enfuir secrètement, furent appréhendés à un barrage policier et arrêtés sous divers chefs d'accusation se rattachant à leur occupation du chantier. Le chef de police de la ville, Clarence Giarusso, déclara lors d'une conférence de presse le lendemain, que « grâce à Jane Fonda, nous savions que les anarchistes allaient essayer de filer. » Il expliqua qu'en louant quatre voitures la veille, pendant son passage à La Nouvelle Orléans, la jeune actrice avait involontairement fourni aux policiers l'information dont ils avaient besoin pour réussir leur coup de filet. « Elle ne sait probablement pas encore qu'elle nous a aidés », ajoutait Giarusso, « mais nous voulons lui dire qu'elle a droit à tous nos remerciements. »

Après avoir assisté au Congrès des Panthères à Washington, Jane prit l'avion pour Détroit, ensuite pour Atlanta, Chicago, New York, le Texas et la Caroline du Nord, afin de participer à des rassemblements et à des réunions, le tout en quelques jours. En décembre, elle sillonna surtout le sud de la Californie, prononçant des discours et ramassant des fonds pour le projet de VVAW. Elle rendit également visite à Vanessa qui vivait avec son père à Malibu, pendant qu'elle-même parcourait le pays. Vadim cohabitait à ce moment-là avec une starlette de Hollywood, Gwen Welles et des amis ont affirmé que Jane s'accommodait très bien de cet arrangement.

Les audiences de « L'enquête du soldat d'hiver » eurent lieu durant la première semaine de février 1971 et passèrent à peu près inaperçues, sauf dans la presse parallèle radicale. Présidées, entre autres, par Donald Duncan, elles consistaient en témoignages de vétérans du Viêt-nam qui reconnaissaient avoir participé aux atrocités commises contre des civils et des prisonniers vietnamiens. Cette succession de récits d'horreur bouleversants visait à dévoiler les pratiques des dirigeants militaires américains, pratique que le gouvernement tolérait, et à prouver que la responsabilité de ces crimes de guerre incombait aux hauts conseils de l'État. Mais ces conclusions ne furent pas davantage rapportées dans les journaux de l'« Establishment ».

Les États-Unis étaient las de la guerre, comme de l'antimilitarisme et après « l'enquête du soldat d'hiver », le mouvement pacifiste se mit à péricliter rapidement. Le président Nixon commençait à rappeler un bon nombre de troupes cantonnées au Viêt-nam, portant le public à croire que la paix était imminente. Mais Jane n'allait pas s'accorder de répit pour autant; elle avait d'autres préoccupations. « En tant que révolutionnaire, je suis prête à soutenir toutes les luttes radicales. »

Au lendemain de son trente-troisième anniversaire, la jeune actrice bouillonnait de zèle réformateur et entendait se dévouer à une nouvelle cause, le féminisme. Au début de 1971, elle annonça la mise sur pied d'une troupe d'artistes qui « ferait la tournée des bases militaires et divertirait les soldats avec le genre de Matériel qu'ils veulent voir. »

Selon Fred Gardner, l'idée venait de Howard Levy, ce que ce dernier a reconnu bien volontiers. « J'ai rencontré Jane à New York. « L'enquête du soldat d'hiver » terminée, elle n'avait plus de projet et se demandait quoi faire, à part organiser des campagnes de financement pour le USSF. Je lui ai suggéré de monter un spectacle, vous savez, de faire le tour des camps et de donner aux troupes une revue à tendances radicales, en contrepartie de celle de Bob Hope. »

Jane fut enthousiasmée par l'idée et s'attela à la tâche. Bientôt, elle obtint le concours d'un bon nombre d'interprètes de ses amis, parmi lesquels figuraient Sutherland, toujours à ses côtés, Elliott Gould, Peter Boyle et le comédien Dick Gregory. Le 17 février, Jane expliqua leur projet à une conférence de presse. « Bob Hope et compagnie semblent avoir un monopole sur le public militaire. Il est temps que des artistes qui ont une vision différente de la guerre, offrent aux G.I. quelque chose de différent. Ce sont des revues antimilitaristes que les soldats veulent aujourd'hui ! » Elle ajouta que la USSF financerait le spectacle qui porterait le nom de FTA et dont la première aurait lieu au Fort Bragg, une base de 35 000 hommes située à Fayetteville, en Caroline du Nord. Comme le « SNAFU » de la deuxième guerre mondiale, le FTA était un acronyme argotique utilisé par les G.I. pour « Fuck the Army ».

Les répétitions durèrent tout le mois de février et une partie de mars; plusieurs vedettes abandonnèrent la partie et furent remplacées par des interprètes moins connus. Les scénarios, rédigés par Jules Feiffer, Barbara Garson, Fred Gardner et quelques autres, consistaient en des séries de sketches satiriques qui raillaient la guerre, l'armée, le gouvernement et les autres institutions américaines mais manquaient de profondeur. Les membres de la troupe débordaient d'ardeur et de bonnes intentions, mais selon Gardner et Levy, une fois la production organisée, le moral baissa en flèche. La tournée eut lieu au printemps et à l'été. Comme l'armée interdisait ces représentations dans ses bases, la troupe dut se contenter de jouer dans des auditoriums d'écoles ou sur des scènes de fortune dans les cafés G.I..

Au début, Gardner était la figure de proue du spectacle. Il a rapporté, plus tard, dans un bulletin radical intitulé « Second Page » que l'enthousiasme de Jane pour le FTA venait du fait qu'elle était actrice. Elle s'était rendu compte « que le mouvement l'exploitait sans qu'elle n'y gagne rien. Les radicaux s'étaient servis d'elle en l'envoyant à des entrevues télévisées où elle s'était couverte de ridicule; ils obtenaient, grâce à elle, des sommes d'argent considérables. Elle a supposé, très justement, que la seule manière de rester dans le mouvement sans être dépouillée de tout, c'était d'y exercer son métier. Comme elle l'a indiqué dans la brochure publicitaire du spectacle : " Le plus important pour moi, c'est de combiner mes activités politiques et ma profession. " »

En dépit des bonnes intentions de la troupe, la revue suscita des dissensions politiques et trahit les visées opportunistes de plusieurs de ses artisans. D'après Gardner, la production attirait deux types de gens, des radicaux de carrière et des assoiffés de publicité qui espéraient les uns et les autres tirer profit de leur association avec Jane.

Et le jeune homme, que les changements apportés au mouvement qu'il avait lui-même conçu exaspéraient, cherchait en vain le moindre aspect révolutionnaire ou même radical, dans le projet du FTA. Selon lui, Jane et les commanditaires soutenaient que leur spectacle « politisait » les G.I. dissidents et leur donnait un sentiment de solidarité en les réunissant pour applaudir des sketches tournant le système en dérision. Mais cela se passait en 1971 et non en 1967. « Le fait que la plupart des soldats détestaient la guerre et les autorités militaires était bien connu. Les G.I. n'avaient pas besoin d'être politisés par des missionnaires de Hollywood. Le spectacle a été monté tout simplement pour servir les intérêts d'une bande de bureaucrates et d'opportunistes du mouvement, la distribution incluse ! »

Pour Gardner, la production du FTA fut la goutte d'eau qui fait déborder le vase. Après quelques représentations, il comprit que la plupart des interprètes s'intéressaient moins à la cause antimilitariste qu'à l'avancement de leur propre carrière. Il décida de quitter la troupe et d'offrir son poste et ses responsabilités à quelqu'un d'autre.

Le plus récent cheval de bataille de Jane, le féminisme, se rattachait directement à son engagement dans le mouvement G.I.. Elle s'était longuement entretenue avec ses camarades radicales de l'oppression subie par les femmes, mais avant la mise en oeuvre du FTA, jamais elle n'avait songé à s'y attaquer. En faisant le tour des villes militaires, au moment de la préparation du spectacle, elle s'était rendu compte de la manière dont les femmes se voyaient exploitées par les militaires et les radicaux, indistinctement. Elle résolut donc d'éveiller la conscience des G.I. non seulement sur la question de la guerre, mais sur la situation des femmes. Les revues à la Bob Hope affichaient un sexisme des plus révoltants; des starlettes se pavanaient sur scène sous les regards concupiscents des soldats tandis que Bob Hope leur débitait des plaisanteries grivoises. « Nous ne ferons pas ce genre de spectacles sexistes avec des danseuses à demi nues et des seins à revendre. Si c'est le seul divertissement offert aux soldats, ils s'en contenteront. Mais rien d'étonnant ensuite à ce que les militaires et les Américains en général, considèrent les femmes comme des objets sexuels à leur disposition. Ces productions contribuent à engendrer la violence dont les Vietnamiennes sont victimes. »

Elle admettait sa propre contribution passée à la représentation des femmes comme objets sexuels. « J'ai été coupable comme n'importe qui d'autre; je l'ai fait par ignorance. Mais c'est fini. »

Pourquoi alors ce rôle dans « Klute » où elle apparaissait nue ? « J'ai fait " Klute " pour dénoncer l'oppression que subissent les femmes de ce pays et le système qui les oblige à se vendre comme de la marchandise. »

Lorsque Jane eut adopté le féminisme, elle s'y consacra passionnément. Selon Gardner et quelques camarades radicaux, le sentiment de culpabilité qu'elle éprouvait à s'être autrefois prêtée au jeu du sexisme, alimentait son militantisme. Bientôt, elle définissait cette forme de discrimination par des concepts politiques comme l'« impérialisme »; elle préférait éviter la compagnie des hommes dont le comportement ne satisfaisait pas ses standards idéologiques. Sutherland lui-même était jugé d'après ces critères; lui et Jane travaillaient encore ensemble, mais leur idylle perdait de son intensité.

Selon Howard Levy, vers la fin du printemps, le FTA était devenu la bête noire du mouvement G.I. et la principale cause de dissensions « entre les révolutionnaires sérieux et les aventuriers qui cherchaient en sous-main à s'emparer de la direction de l'organisation. » Les trois représentations du premier spectacle, intitulé « Les folies du Fort Bragg », montées au café des G.I. de Fayetteville, à la mi-mars, remportèrent un succès éclatant. La salle se remplit chaque fois de soldats pleins d'entrain et de quelques agents secrets à la solde du gouvernement.

Le triomphe obtenu au Fort Bragg pouvait difficilement être surpassé et à mesure que la tournée se poursuivait, la troupe était accueillie avec de moins en moins d'enthousiasme, surtout après la défection de Fred Gardner. Personne ne connaissait les G.I. mieux que lui et ne savait aussi bien les attirer aux représentations. Après son départ, le nombre des spectateurs commença à diminuer, se réduisant finalement à quelques poignées de soldats déjà convaincus et au personnel radical des cafés locaux.

James Skelley, un ancien officier de la marine, avait obtenu sa commission par le ROTC naval à l'Université du Minnesota en 1967. Dégoûté par la guerre du Viêt-nam, il avait fondé avec des compagnons le « Concerned Officers Movement », un groupe d'officiers qui s'étaient réunis à San Diego en 1969 pour protester contre la guerre. Objecteur de conscience, il parvint à être libéré de ses obligations militaires mais continua à participer à l'organisation des activités antimilitaristes à San Diego, le principal port de la flotte américaine dans le Pacifique. Skelley, qui s'exprimait avec aisance, mais sobriété et se montrait sceptique à l'égard de tout absolu, fut attiré, de prime abord, par l'intelligence vive et pénétrante de Fred Gardner et par l'abnégation dont celui-ci faisait preuve dans la cause du radicalisme.

Grâce à lui, Skelley fit la connaissance de Jane, en avril, lorsque celle-ci se rendit à l'Université d'État de San Diego, pour y prendre la parole à un meeting. Il la rencontra de nouveau en mai quand elle revint avec Sutherland pour présenter le spectacle du FTA, à bord du porte-avions, le Constellation, qui s'apprêtait à partir pour le Viêt-nam. Lorsque la troupe se vit refuser la permission de jouer sur le bateau, Skelley persuada la jeune actrice de participer à une manifestation contre le départ du bâtiment. Et lorsque Gardner, profondément mécontent, décida de quitter le FTA, il accepta de le remplacer à la direction du spectacle.

Il s'assigna comme première tâche de faire de la publicité à la troupe, à Shelter Half, le café situé à proximité du Fort Lewis à Tacoma. « Ils ne s'intéressaient pas aux problèmes des G.I. là-bas, m'a précisé Skelley, et ça m'a surpris parce que je pensais que les projets de cafés avaient été mis sur pied pour eux. L'endroit était abondamment décoré de slogans radicaux et de portraits des héros de la révolution comme Huey Newton et Che Guevara mais ils accordaient bien peu d'attention à la question des droits des G.I.. Ils cherchaient surtout à convertir les soldats en révolutionnaires actifs et à les enrôler dans leur parti.

« Bref, la troupe est arrivée et les représentations ont eu lieu devant une assistance partagée, mi-G.I. et mi-radicaux de la place. Mais ce qui m'a mis en rogne, c'est ce qui s'est passé ensuite. Le personnel a donné une petite fête pour Jane et le reste de la distribution — un cocktail typique, avec consommations et canapés — mais les G.I. en étaient exclus. Les employés avaient fermé la salle. C'est eux qui s'amusaient avec les vedettes tandis que les G.I. étaient renvoyés à leurs affaires. À mon avis, c'est le pire genre d'élitisme. Il semble que c'était déjà arrivé auparavant. Mais d'après ce que j'ai pu voir, le personnel avait ouvert le Shelter Half surtout pour son propre bénéfice; la question des G.I. était accessoire. C'est ce genre de choses qui exaspéraient Freddie Gardner. »

Skelley a précisé qu'à l'époque où il s'était joint à la troupe du FTA, elle était déjà en proie à des dissensions. Gardner l'a confirmé, ajoutant que les luttes intestines déchiraient également le mouvement G.I. en général et le USSF avec sa campagne de fonds. Howard Levy, de son côté, a prétendu que Jane avait perdu de vue les buts originaux de l'organisation et cherchait à imposer sa propre vision des choses. Le USSF se conformant encore largement aux positions idéologiques de Gardner et Jane ayant rompu avec ce dernier, la querelle qui s'éleva entre la jeune actrice et le USSF semblait envenimée par la déception que lui causait Gardner et ses tactiques prudentes.

Elle collaborait toujours avec le USSF, m'a dit Levy, mais il y avait de l'orage dans l'air.

C'est à ce moment-là que, d'après lui, Jane décida de mettre en pratique la suggestion qu'il lui avait faite l'année précédente : sensibiliser à la cause le milieu cinématographique à Hollywood. Au printemps, après le lancement du spectacle du FTA, elle, Sutherland et les autres membres de la troupe créèrent une organisation de vedettes du cinéma qu'ils baptisèrent le Entertainment Industry for Peace and Justice (EIPJ). La première réunion eu lieu en avril 1971 dans un hôtel de Sunset Strip et on y ébaucha des plans pour intensifier la campagne de financement du FTA et « continuer la lutte de l'industrie du spectacle en faveur de la cessation des hostilités au Viêt-nam et du retour des soldats au pays. »

Au mois de juin, le EIPJ avait recruté des célébrités comme Burt Lancaster, Sally Kellerman, Richard Basehart, Barbra Streisand, Brenda Vaccaro et Tuesday Weld, sans compter de nombreux producteurs, écrivains, metteurs en scène et musiciens bien connus. Jane et Donald Sutherland devinrent membres du comité central chargé de coordonner les activités de plusieurs sous-comités représentant les divers domaines de l'industrie cinématographique : acteurs, réalisateurs, scénaristes, techniciens, etc.

En juin, à une grande assemblée de l'EIPJ au Musicians Hall de Los Angeles, Jane déclara dans un discours qu'il fallait « une victoire du Vietcong ». Cette déclaration provoqua un grand émoi au sein du milieu artistique et souleva une tollé général dans le public lorsqu'elle fut rapportée à travers tout le pays.

Plus tard au cours de l'été, Jane, Sutherland et quelques membres du FTA se rendirent à Santa Rosa, en Californie, pour le tournage des scènes extérieures d'un nouveau film auquel Jane participait, « Steelyard Blues » (« Le Monde à l'envers »). D'après la publicité qui précéda la première du film, il s'agissait d'une « comédie délirante s'attaquant à l'ordre établi et mettant en scène une bande d'inadaptés sociaux qui déjouent la loi dans la joyeuse et sympathique tradition des

Bonnie et Clyde. » « Klute » venait de sortir en salles et la critique s'était montrée bienveillante — surtout envers Jane. La jeune actrice était convaincue que « Steelyard Blues » confirmerait aux yeux du public son intention de se consacrer exclusivement à des oeuvres politiquement et socialement significatives. La réalisation était assurée par Alan Myerson, le metteur en scène du spectacle du FTA, qui en était à son premier long métrage. Jane y incarnait, encore une fois, une prostituée.

Entretemps, ses rapports avec le USSF se détérioraient toujours et la rupture fut bientôt consommée. Lorsque l'organisation eut retiré son soutien financier au FTA, Jane et Donald Sutherland prirent la direction de l'entreprise, l'incorporèrent sous son acronyme FTA et la baptisèrent « Free Theater Associates ». Leurs dernières ressources s'épuisant peu à peu, ils projetèrent de faire une tournée dans les îles du Pacifique en amassant eux-mêmes les fonds nécessaires par l'entremise du EIPJ.

En octobre, Jane fit paraître une lettre ouverte dans le « New York Times Sunday Magazine » dans laquelle elle se déclarait féministe inconditionnelle. Elle affirma que ses dernières hésitations s'étaient envolées au moment du tournage de « Steelyeard Blues » et se lança dans un plaidoyer passionné en faveur de la libération des femmes. En outre, elle prit la peine de souligner que son ardeur pour cette nouvelle cause n'était pas la conséquence de problèmes psychologiques personnels mais résultait d'un constat de « l'oppression subie par les femmes — oppression à la fois flagrante et subtile — qui est un problème spécifique propre à toutes les femmes. »

À la même époque, elle présenta à la télévision une série de sketches dans lesquels elle incarnait six personnages différents : une maîtresse de maison, une institutrice, une hôtesse de « Playboy », une secrétaire, une infirmière et une hippie. L'émission visait à illustrer « l'asservissement de chacun de ces types de femmes dans la société d'aujourd'hui. »

Commentant sa liaison avec Donald Sutherland, elle disait simplement qu'il lui paraissait inconcevable d'entretenir avec un autre homme les mêmes relations qu'avec Vadim ou de faire pour lui tout ce qu'elle avait fait pour son mari. « Ça n'arrivera plus jamais. Je ne serai plus jamais la femme de quelqu'un. » Néanmoins elle ne reniait pas les sentiments traditionnels que lui avait inspirés le cinéaste français. « Votre coeur bat plus vite quand vous entendez sa voix au téléphone, vous ressentez comme des éblouissements quand vous le voyez et une profonde solitude en son absence. Je crois encore à ce genre d'amour parce que c'est le plus beau qui existe... Mais ce n'est pas ce que j'éprouve en ce moment. Je n'en suis pas malheureuse. Je me sens très à l'aise en compagnie de l'homme avec qui j'ai une liaison (Sutherland). Nous sommes amis; nous partageons les mêmes opinions. Quand nous sommes ensemble, c'est délicieux; quand nous nous séparons, notre amitié est toujours là. Il ne m'est pas indispensable et je ne lui suis pas indispensable non plus. Il n'a pas l'impression de me posséder, ni moi d'avoir des droits sur lui. Nous éprouvons de l'attirance l'un pour l'autre; nous avons appris à nous connaître et à nous respecter mais nous ne nous imaginons pas que ça va durer éternellement. Nous ne ressentons même pas le besoin d'être fidèles parce que nous savons que coucher avec une autre personne ne diminuera en rien nos sentiments mutuels. »

La discorde qui régnait au sein du FTA éclata au grand jour, un peu avant que Jane et le reste de la troupe ne se préparent à entreprendre une série de spectacles dans les îles du Pacifique. Country Joe McDonald, une vedette de rock qui avait participé à la tournée du FTA au pays, tint une conférence de presse pour annoncer qu'il quittait le groupe à cause de Jane et de ses amis. Il qualifia la jeune femme de « simplette » et l'accusa de se montrer « tyrannique » et d'être « incapable de travailler en équipe ». Il déclara avoir milité en faveur de la paix dès les débuts du mouvement antimilitariste, tandis que Jane et Sutherland n'y avaient adhéré que depuis deux ans. « La presse s'est intéressée surtout à eux mais ils ont trahi les objectifs de l'organisation. Leur place dans la hiérarchie est beaucoup moins importante qu'ils ne le pensent... ils se sont arrogé une autorité qui ne leur revient pas et je refuse de m'associer avec des gens qui recherchent uniquement leur petite satisfaction personnelle.

« Je tiens à mettre les choses au clair, concernant Jane Fonda et Donald Sutherland », ajoutait McDonald. « Ce ne sont que des novices. Je pense que Jane a eu une mauvaise influence sur le mouvement. Elle y a créé des dissensions. Les gens commencent à la considérer comme un leader, ce qu'elle n'est pas. Ni Sutherland, d'ailleurs... Elle tient à jouer les producteurs et à amasser tous les fonds; sa secrétaire et son agent de publicité servent de secrétaire et d'agent de publicité au FTA. Personne ne peut placer un mot.

« Le spectacle devrait être collectif; tout le groupe devrait décider de ce qu'il veut faire. Je serais resté s'il y avait eu moyen de régler nos problèmes ensemble. Mais, en ce moment, une ou deux personnes seulement prennent les décisions et exercent tout le pouvoir. »

En route pour l'Extrême-Orient, au début de décembre 1971, la troupe fit escale à Hawaï. Sa revue contrastait nettement avec la tournée de Noël qu'effectuait Bob Hope chaque année. Tandis que ce dernier présentait des saynètes brillantes accompagné de tout un orchestre et d'une série de starlettes en tenue légère, le FTA se contentait de scènes de fortune, d'un nombre restreint de musiciens et les actrices dissimulaient leurs charmes sous des jeans et des chandails déformés. Si l'un recourait aux plaisanteries légères, osées même, mais toujours assaisonnées d'une bonne dose de patriotisme, l'autre mêlait indistinctement discours satiriques, chansons et sketches pour souligner des affirmations de Jane telles que : « Nous devons nous opposer par tous les moyens, aux manoeuvres de ces meurtriers à l'air innocent, les Nixon, Laird et autres Américains blancs, sexistes, racistes et chauvins. »

Cependant, si Bob Hope et sa troupe étaient accueillis d'une base à l'autre comme des dignitaires, les artistes du FTA se voyaient en butte à des tracasseries administratives à peu près partout où ils allaient. À en juger par le succès mitigé des représentations, les autorités militaires en ont peut-être surestimé la portée. Au cours d'un spectacle au Japon, des chahuteurs qui s'étaient précipités sur la scène, ne furent refoulés qu'au dernier moment. À une autre occasion, dans un vaste gymnase à Iwakuni, encore en territoire japonais, environ un tiers de l'assistance quitta la salle avant la fin. Selon un membre de la distribution, Holly Near, c'est l'espoir de voir Jane qui attirait les soldats. « C'était vraiment décevant, m'a-t-elle confié. J'espérais que la revue ait beaucoup plus d'impact que ça. Comprenez-moi bien, je pense que c'était une réussite jusqu'à un certain point mais... la majorité des spectateurs venaient pour Jane. En d'autres termes, si elle n'avait pas été là, je suis sûre que personne ne se serait déplacé. »

Pourtant la présence de Jane n'empêchait pas le public d'être souvent déçu. Un soldat, qui admirait l'actrice et rêvait de voir Barbarella sur scène se plaignit que la jeune femme « avait l'air trop ordinaire et la voix trop perçante. »

29

Hanoi

Revenue de sa tournée en Extrême-Orient, Jane continuait à provoquer l'ire publique en souhaitant une victoire du Viet-cong. Selon Howard Levy, la jeune femme était « très intelligente et fine observatrice. Je ne doute pas, je n'ai jamais douté de sa sincérité. Mais chez elle, étonnamment, la sincérité finit souvent par tourner à l'obsession et lui dicte un comportement compulsif. En tant que révolutionnaire, elle a un défaut : elle est incapable de remettre les événements dans leur perspective. Elle a adhéré au radicalisme sur le tard; elle n'était plus toute jeune mais le mouvement non plus, et il était déjà divisé par des luttes idéologiques et sur des questions de tactiques. Elle n'a jamais vraiment compris la raison d'être de l'organisation, ni même le sens du radicalisme; elle n'avait tout simplement pas la patience ou le talent requis, appelez ça comme vous voudrez, pour se conformer aux règles. La révolution, comme tout le reste, fonctionne avec des règles qui ont été élaborées après des années et des années de tâtonnements et d'erreurs. En fait, Jane a tenté d'imposer sa propre version du radicalisme;

comme beaucoup d'autres d'ailleurs, en particulier des jeunes et des gens pas trop instruits. Ceux qui ne comprennent pas le sens de la révolution, quoi !

« Elle faisait fi des perspectives logiques du concept révolutionnaire américain. Dans un pays où il y a 99 % de serfs et 1 % de gens riches, une révolution peut survenir rapidement, et quand je dis rapidement, je pense tout de même à des années et des années. Mais espérer ça aux États-Unis, c'est rêver en couleurs et être vraiment naïf... Pour donner dans un panneau comme celui-là, il faut être atteint de la folie des grandeurs et j'ai bien peur que Jane n'en ait souffert. A partir du moment où elle s'est mise à croire qu'elle pouvait transformer la société du jour au lendemain, ce qui, de toute évidence, était irréalisable du point de vue historique, les choses ont commencé à aller vraiment mal pour elle. Non seulement elle s'est fait haïr du public en général mais également des radicaux, ou du moins de ceux qui restaient. Ça me fendait le coeur de voir ça parce que je pense que Jane aurait pu apporter un élément positif au groupe. En fait, elle a cessé complètement de discuter. Elle n'en avait peut-être pas l'aptitude, remarquez, mais si oui, elle l'a perdue à cause de son sentiment de supériorité morale. Dans un sens, ce n'est pas une bonne chose d'avoir des célébrités dans le mouvement parce que le public a tendance à assimiler les idéologies aux personnes. Or Jane n'était sûrement pas le radicalisme personnifié. »

En janvier 1972, Jane se rendit à Paris pour tourner avec Jean-Luc Godard, un film depuis longtemps retardé. Le cinéaste français produisait à ce moment-là des oeuvres longues et fastidieuses, à tendances maoïstes comme « La Chinoise ». Son nouveau projet, intitulé « Tout va bien » et auquel devait participer Yves Montand, allait s'ajouter à la liste de ses exercices de propagande révolutionnaire. Du moins Jane se montrait fidèle à ses intentions de jouer uniquement dans des films à teneur politique et sociale.

Durant son séjour à Paris, la jeune actrice logea avec Vanessa sur la Rive gauche, dans un grand appartement fort simple — une sorte de commune féministe où elle vivait en compagnie de cinq autres femmes. « Godard, déclara-t-elle à un reporter, est le seul vrai révolutionnaire que je connaisse. » Elle entendait par là que le réalisateur menait une existence révolutionnaire : il produisait ses propres films grâce à une coopérative cinématographique qu'il avait formée avec quelques amis et passait chaque instant de sa vie consciente à poursuivre son rêve communiste. Elle ajouta qu'elle ne se laissait pas décourager par les critiques et les manifestations d'hostilité dont elle avait été l'objet. « Ces temps-ci, des tas de gens me détestent. Ils se demandent ce qui est advenu de mon sens de l'humour. Je ne l'ai pas perdu, mais c'est difficile de trouver matière à plaisanter quand nos bombes tuent d'innocents vietnamiens. »

Aux États-Unis, « Tout va bien » est probablement le film le moins connu et le moins présenté de tous ceux auxquels Jane Fonda a participé; pourtant son impact sur la vie personnelle de la jeune femme fut considérable. Elle y incarne Susan de Witt, une journaliste américaine, sûre d'elle-même, qui prépare un reportage télévisé sur le prolétariat français. En compagnie de son mari, cinéaste d'avant-garde personnifié par Yves Montand (dont les convictions gauchistes étaient d'ailleurs bien connues), elle visite une usine de saucisses pour son documentaire. À son arrivée, le couple tombe sur une grève sauvage. Les ouvrières — uniquement des femmes — enferment Jane et Montand dans un bureau avec le patron de l'entreprise qui leur donne sa propre version des motifs du différend et se plaint du sort de la classe bourgeoise en butte à l'égoïsme et à l'ignorance prolatériennes. Le lendemain, les travailleuses révèlent l'envers de la médaille à Jane et celle-ci est amenée à rompre son mariage de manière brusque quoique ambiguë. Elle se rend compte qu'en fait sa situation est semblable à celle des ouvrières tandis que son mari est imbu des valeurs bourgeoises paternalistes du directeur de l'usine.

Ce n'est pas l'intrigue du film, mais le tournage lui-même qui marqua Jane. Elle était venue à Paris, se réjouissant de jouer pour la première fois sous la direction du célèbre Godard. Elle, Montand et le réalisateur partageant plus ou moins les mêmes opinions politiques, elle était convaincue qu'une grande oeuvre révolutionnaire allait voir le jour. Pourtant, une fois son travail terminé, elle avait perdu beaucoup de son enthousiasme. Godard s'était montré tyrannique et, de façon générale, « antidémocratique » dans son comportement envers elle; il avait rejeté ses suggestions pour le scénario et avait adopté, sur le plateau, une attitude à son égard — et ça n'était pas des imaginations — qui rappelait la manière dont le patron de l'usine traitait ses employées. Lorsque la jeune actrice visionna la version finale du film, elle ne put s'empêcher de penser que Godard l'avait volontairement caricaturée avec son personnage de Susan de Witt. (Plus tard, le cinéaste produisit une discussion filmée tournée dans le cadre de « Tout va bien » dont les propos cruels, la concernant, allaient renforcer ses doutes).

Mais l'expérience eut également un effet positif. Susan de Witt fut le premier d'une série de rôles qui allaient revigorer plus tard la carrière de Jane; elle incarnait une femme que ses expériences éveillent à une véritable conscience politique. Susan de Witt et Jane apprirent ensemble, à l'usine et sur le plateau, la différence entre la manière dont les choses se passent et la façon dont elles sont représentées. Ainsi, le personnage et son interprète se trouvaient également politisées mais pour Jane l'expérience se distinguait de ce qu'elle avait vécu jusque-là. Elle entrevoyait la possibilité d'allier ses talents de comédienne et ses convictions politiques. Il y avait un écart considérable entre débiter des phrases politiques du haut d'une tribune et amener les gens à changer leur point de vue. La jeune femme s'était rendu compte que ses harangues ne parvenaient pas à secouer l'apathie de ses concitoyens. Elle commençait à comprendre qu'il fallait que le public saisisse de lui-même la différence entre la réalité et le rêve américain. Or le septième art était le moyen par excellence pour l'amener à faire cette découverte. Si l'aspect matériel du cinéma — caméras, pellicules, projecteurs et écrans — servait à créer des illusions, alors son côté illusoire pouvait être utilisé à reproduire la réalité et à la présenter aux Américains; un bon scénario vaudrait mieux que tous les sermons.

Jane retourna à Hollywood au début d'avril, peu avant la soirée des Oscars. De nouveau mise en nomination, cette fois pour son rôle dans « Klute », elle comptait refuser le trophée, si elle le gagnait, en signe de protestation contre le système. « Mais une femme beaucoup plus sage que moi m'a dit : « Tu joues les individualistes bornées, les élitistes; c'est typique d'une fille de famille bourgeoise de vouloir refuser un Oscar. » On lui démontra qu'accepter cet honneur serait un geste politique parce que « c'est à ça que la classe prolétarienne associe les gens du cinéma. C'est une récompense importante aux yeux du public américain qui me considère en général comme une énergumène et pense que les sympathisants des Panthères noires et les antimilitaristes sont des espèces de monstres. Quand on réclame des changements sociaux, on a besoin de ce genre de reconnaissance publique. »

Quelques-uns de ses amis radicaux l'engagèrent à prononcer un discours politique, si elle gagnait. Mais, après une longue conversation avec son père, elle décida d'y renoncer. Henry Fonda, qui désapprouvait totalement les opinions de sa fille, parvint à la convaincre qu'elle ferait meilleure impression en s'abstenant d'étaler des sentiments déjà trop connus. « Je l'ai suppliée de m'écouter », racontait l'acteur plus tard.

Jane, qui obtint l'Oscar, suivit le conseil de son père et en constata les effets positifs. En conséquence, elle se mit peu à peu à modifier son comportement; l'intensité de ses sentiments concernant la guerre et le système américain ne se démentait pas, mais elle résolut de manifester ceux-ci différemment.

Un ami de Jane, l'excentrique réalisateur Henry Jaglom, a prétendu que son silence ce soir-là était « un acte politique pur. Évidemment, des tas de gens ont regretté qu'elle n'ait pas profité de l'occasion pour donner libre cours à ses opinions. Mais Jane leur a montré de quel bois elle se chauffait. Tout le monde à Hollywood s'apprêtait à lui tomber dessus. Elle s'est payé le luxe d'une belle « performance » politique. Et le lendemain, elle pouvait appeler tous ces producteurs balourds, tous ces gros bonnets du cinéma et amasser plus d'argent qu'elle n'en avait obtenu en deux ans; tout ça parce qu'ils lui étaient reconnaissants de ne pas avoir foutu en l'air leur charmante petite fête. »

Après la cérémonie, Jane resta en Californie quelque temps, pour élaborer de nouveaux projets et prendre la parole à diverses manifestations. Entre autres, le 1er mai, elle participa à un rassemblement pacifiste au Golden Gate Park de San Francisco où elle s'exclama : « Partout dans le monde, les Américains sont considérés comme des ennemis. » Elle décrivit le conflit vietnamien comme un « soulèvement du peuple du Sud ». À cause de ce lapsus, elle fut de nouveau blâmée pour son ignorance de la situation vietnamienne.

Jaglom s'est porté à sa défense. « Qu'est-ce que ça fait, qu'elle ait commis une erreur de temps à autre ? Elle touchait au véritable problème, le fait que les États-Unis étaient en train de bousiller le peuple vietnamien. Comment peut-on ergoter sur de petites erreurs de fait quand des choses plus importantes sont en jeu ? Nous étions en passe de détruire le Viêt-nam et le peuple n'était pas mis au courant de ce que nous faisions. C'est ça qui comptait. Ça me fait rire quand j'entends des gens se quereller pour savoir si les chiffres que Jane citait sur la quantité de bombes larguées chaque jour étaient plus exacts que ceux de Laird. Des tonnes de bombes explosaient et un nombre considérable de civils vietnamiens étaient éliminés pendant que nous discutions de chiffres. Voilà ce que Jane disait en fait. Elle essayait de ramener l'attention des gens sur le vrai problème, loin de ces stupides jeux de diversion. »

Jane avait fait la connaissance de Tom Hayden peu de temps avant la soirée des Oscars. Encore étudiant, Hayden avait été l'un des premiers radicaux du pays à se poser en champion des droits civils et du pacifisme; il était devenu par la suite un révolutionnaire expérimenté et pragmatique. Habile organisateur, il possédait une intelligence vive et mordante qui se doublait de remarquables aptitudes à expliquer les choses logiquement et à les mettre par écrit de façon éloquente. Avec son visage fripé qui rappelait à la fois celui de Jimmy Durante jeune et une pièce de monnaie usée, Hayden, militant réfléchi et dynamique n'avait aucune propension à l'hystérie du martyre qui caractérisait tant de ses camarades. Aussi était-il un des rares leaders radicaux pris au sérieux par les politiciens en place. Ses nombreuses détentions dans les prisons glaciales du

Sud, les sévices qu'on lui avait infligés de même que la misère observée dans le ghetto noir de Newark et la vénalité du système militaire américain constatée lors de ses deux voyages au Viêt-nam du Nord, lui avaient fait perdre une bonne part de l'idéalisme optimiste qui l'animait à la direction du SDS. Condamné au procès de Chicago à cinq ans d'emprisonnement, il était en liberté sous caution en attendant la décision de la cour d'appel (décision qui lui fut d'ailleurs favorable). Entre-temps, il ne pouvait quitter le pays mais lorsque Jane lui fit part de son intention de visiter le Viêt-nam du Nord, il lui répondit qu'il verrait ce qu'il pouvait faire pour elle, grâce à ses contacts avec le gouvernement de Hanoi.

À la fin de juin, la jeune femme assista à une conférence de presse donnée à New York pour la première de la version filmée du spectacle du FTA et organisée par Bob Zarem, un ami de longue date et un agent de relations publiques bien connu. « Peu après, a-t-il raconté, je suis allé passer des vacances en France. Un jour, en lisant le « Herald Tribune », j'ai appris avec surprise que Jane était à Hanoi. Elle ne m'avait rien dit de ce voyage. Elle n'avait soufflé mot à personne de ses intentions. »

À la mi-juillet, Jane s'était rendue à Hanoi, incognito, à l'invitation des Nord-Vietnamiens. Pendant son séjour là-bas, les médias rapportèrent presque quotidiennement qu'au cours d'émissions diffusées par Radio Hanoi, elle incitait les soldats américains à déserter et se permettait toutes sortes de déclarations pro-communistes. À son retour, elle trouva la nation en furie. Jane Fonda pouvait bien tâter du radicalisme mais, de l'avis de ses compatriotes, en allant à Hanoi et en « frayant avec l'ennemi », elle avait nettement dépassé les bornes !

À son arrivée à New York, la jeune actrice fut accueillie par des « Suppôt de Hanoi ! » « Traînée à la solde des communistes ! » et autres épithètes du même genre mêlées à quelques applaudissements. Qualifiée, en outre, de traîtresse par deux républicains membres du Congrès, qui réclamèrent une enquête, la jeune femme resta insensible à ces accusations. « Qu'est-ce qu'un traître ? » demanda-t-elle lors d'une conférence de presse organisée à la hâte par la secrétaire de Zarem. « J'ai pleuré chaque jour pendant que j'étais là-bas. J'ai pleuré pour les États-Unis. Nos bombes tombent sur le Viêt-nam mais c'est une tragédie américaine. »

Elle avait été profondément bouleversée par son voyage et son angoisse sautait aux yeux pendant qu'elle racontait les détails de son séjour à Hanoi. Elle se défendait d'avoir trahi sa patrie en affirmant qu'elle avait agi pour le bien des Américains. « Les bombardements sont encore plus horribles quand on peut voir tous ces petits visages, toutes ces femmes qui disent : « Merci de vous opposer à la guerre. » Je pense que les vrais patriotes, ici, ce sont les contestataires. »

Quand on lui demanda si elle ne voyait pas qu'un seul côté de la médaille, elle répondit : « Il n'y a pas deux aspects à cette question ! » Elle soutenait que les États-Unis étaient dans le tort et que le Viêt-nam du Nord n'était pas à blâmer pour la guerre. Parlant du président Nixon, elle l'accusa avec colère d'être « cynique, menteur, meurtrier et criminel de guerre. »

Ne croyait-elle pas que les Nord-Vietnamiens se servaient d'elle à des fins de propagande ? « Pensez-vous qu'ils font sauter leurs propres hôpitaux, leurs propres barrages, qu'ils mutilent leurs femmes et leurs enfants dans le but de m'impressionner ? Quiconque parle contre la guerre fait de la propagande; de la propagande en faveur de la paix, contre la mort et pour la vie ! »

La conférence de presse fut tumultueuse. Tout le monde sentait que Jane Fonda avait changé. Elle ne jouait pas la comédie; au contraire, elle était extrêmement sérieuse et intimement convaincue de ce qu'elle disait. Si son engagement antimilitariste avait autrefois semblé un exercice de rhétorique, cette fois, ses sentiments venaient très clairement du plus profond d'elle-même. La jeune femme désespérée et fébrile qui s'adressait aux journalistes, avait abandonné son ancienne attitude de défi. L'intensité de ses émotions et la frustration qu'elle éprouvait à tâcher de persuader des gens sceptiques qui préféraient garder leurs illusions, faisaient trembler sa voix.

Certains Américains furent conquis par l'anxiété manifeste de Jane; elle ressemblait à une mère qui vient de perdre son enfant. D'autres restèrent indifférents et s'ils avaient déjà entretenu de vagues doutes sur la sincérité de la jeune femme, ils la soupçonnaient maintenant d'être devenue folle. Suite à ce tollé général, il était de plus en plus évident que le gouvernement fédéral, comme une partie de la population, ne considéraient plus Jane Fonda simplement comme une trouble-fête mais bien comme un agent à la solde des Communistes.

La Maison Blanche, en particulier, se préoccupait des activités de Jane. L'arrestation à Cleveland en avait été un premier indice. Par la suite, elle fit l'objet d'une surveillance continuelle par le FBI et l'armée, ses faits et gestes grossissant des dossiers secrets à Washington. De son côté, l'Internal Security Committee de la Chambre des représentants — comité qui succédait au très célèbre Un-American Activities Committee — institua une enquête suite à sa participation au FTA, alléguant que le spectacle visait à corrompre les troupes américaines. En outre, Fletcher Thompson et Richard Ichord, membres du Congrès, recommandèrent qu'elle soit poursuivie pour trahison.

En retour, Jane accusa Thompson de chercher à se faire du capital politique auprès de son électorat conservateur dans une année d'élection (il était candidat à un poste de sénateur). Elle déclara attendre l'enquête avec impatience et même une poursuite. « Je profiterai de l'occasion pour renseigner le Congrès sur ce que j'ai vu au Viêt-nam. Je n'ai rien fait d'illégal. En fait, d'après les conclusions du procès de Nuremberg, les actes du président Nixon au Viêt-nam sont des crimes de guerre; tout citoyen américain possède légitimement le droit moral de s'opposer aux atrocités commises en son nom. »

Le département de la justice américain finit par reconnaître que Jane n'avait pas enfreint la loi. Mais Ichord et Thompson s'entêtaient. Ils parrainèrent un projet de loi d'après lequel toute visite d'un citoyen américain dans un pays en guerre avec les États-Unis serait désormais considérée comme un crime, que la guerre soit déclarée ou non. Cette mesure, sous-titrée

351

officieusement l'Amendement Fonda au Internal Security Act de 1950, fut rejetée; sans doute parce que le Congrès n'avait pas encore résolu si les États-Unis étaient ou non en guerre avec le Viêt-nam.

Le séjour de Jane à Hanoi eut surtout un impact considérable sur sa vie privée; à son retour, elle se trouva à côtoyer Tom Hayden presque quotidiennement. En 1972, Hayden, à l'instar de la jeune femme, était traité par plusieurs de ses camarades radicaux comme un paria. Son influence au sein du mouvement avait décliné après le procès de Chicago, vraisemblablement parce qu'il avait refusé d'imiter le comportement délibérément perturbateur de ses co-accusés au tribunal. Il s'était réfugié dans une commune politique du nord de la Californie dont il avait été expulsé un an plus tard pour « sexisme » et « élitisme intellectuel ». Lorsqu'il fit la connaissance de Jane, il venait d'être abandonné par sa compagne, une radicale de longue date, et, selon un ami, « tâchait de se tirer d'un état de profond découragement et même de dépression. »

D'après un autre, « Jane a été stupéfaite de voir Tom, autrefois un des chefs de file du mouvement et probablement l'homme qui avait le plus de réalisations à son actif, devenu une sorte de Trotsky en exil. Elle tenait à savoir ce qui s'était passé; elle s'est intéressée à lui et sa curiosité s'est vite muée en sympathie. Comme ils étaient tous les deux allés au Viêt-nam du Nord, ils avaient des milliers de choses à se dire. De là est née leur attraction mutuelle. Tom a découvert que Jane n'était pas la vedette superficielle qu'il s'attendait à trouver tandis qu'elle a été tout de suite impressionnée par sa force de caractère. Elle était attirée par ce qu'il avait à lui offrir, c'est-à-dire du savoir, de l'expérience et une vision plus perspicace des choses. Lui, de son côté, avait besoin du respect qu'elle lui manifestait et se félicitait de l'occasion qui lui était offerte de faire un retour en politique. »

Au cours de l'été 1972, Jane et Tom Hayden consolidèrent leur alliance politique et sentimentale. Au mois d'août, ils assistèrent au congrès du parti républicain à Miami, se joignant aux « contre-délégués » pacifistes et prirent la parole à un rassemblement en l'honneur de George Jackson, le prisonnier noir qui avait été abattu par ses gardiens à la prison de San Quentin, peu de temps auparavant.

Après son voyage à Hanoi, Jane redoubla d'ardeur révolutionnaire, entre autres choses, parce qu'elle souhaitait faire bonne impression sur Hayden. Cependant, l'administration Nixon promettait une « paix imminente » et les conscriptions militaires tiraient à leur fin, de sorte que, du point de vue taille et ferveur, le mouvement antimilitariste n'était plus que l'ombre de lui-même. Certes, en 1972, il y eut des manifestations lors des congrès pour la nomination des candidats à la présidence des États-Unis mais les rangs des contestataires s'étaient éclaircis et l'enthousiasme spontané qui rayonnait quatre étés plus tôt, manquait au rendez-vous. À Miami, il ne restait que les irréductibles, les inconditionnels d'un mouvement à la veille d'expirer faute de cause.

Mais Jane ne comptait pas abandonner la lutte pour autant. Invitée au Dick Cavett Show, elle décrivit, les larmes aux yeux, les horreurs qu'elle avait observées au Viêt-nam du Nord et qui étaient dues aux bombardements américains. Elle ajouta qu'elle et Tom Hayden allaient parcourir le pays « jusqu'au jour des élections pour dénoncer les mensonges de l'administration Nixon et rétablir la vérité sur ce que les États-Unis font au Viêt-nam. »

Tandis que Nixon et McGovern menaient une campagne traditionnelle, Jane et Hayden, pour lancer leur « Campagne en faveur de la paix en Indochine », entreprirent une tournée de neuf semaines qui les conduirait dans quelque quatre-vingt-dix villes américaines. Holly Near, la jeune chanteuse et pacifiste californienne qui avait fait partie du FTA, les accompagnait. « Ça a été un voyage exténuant », m'a-t-elle fait remarquer, « mais, à notre grande surprise, nous avons rencontré beaucoup de gens prêts à nous écouter. Jane et Tom parlaient et moi je chantais une chanson ou deux. Ensuite, nous présentions des diapositives que Jane avait rapportées du Viêt-nam et nous répondions aux questions. C'était très discret, il y a eu très peu de harcèlement, pas de chahutage digne de mention. Ça m'a redonné confiance dans le peuple américain; pourtant laissez-moi vous dire que nous sommes allés dans des coins perdus. Jane était fantastique. Je n'ai jamais vu personne faire preuve d'un tel dévouement. Même ceux qui ne partageaient pas ses opinions l'écoutaient avec respect. Somme toute, l'expérience a été encourageante. »

Si Fred Gardner avait exercé sur le militantisme de Jane la même influence que Voutsinas sur sa carrière d'actrice, le rôle de Tom Hayden pourrait être comparé à celui de Roger Vadim. Gardner avait apporté à la jeune femme l'appui nécessaire et lui avait insufflé le courage de vaincre ses hésitations à s'engager dans la cause radicale. Hayden, par contre, lui inspira de la confiance, un sentiment de sécurité et lui fournit l'approbation qu'elle recherchait depuis ses débuts en politique. Dès sa première rencontre avec lui, Jane avait pressenti qu'il était tout ce qu'un révolutionnaire doit être, brillant, infatigable et exempt en grande partie du sexisme dont les autres leaders n'avaient pas su se défaire. En outre, c'était un homme illustre chez les radicaux, le mentor qu'il lui fallait pour affiner ses convictions de gauchiste et raffermir son engagement.

Après l'élection, la campagne de McGovern contre la guerre ayant été balayée par le raz-de-marée nixonnien et le mouvement antimilitariste en étant à ses derniers sursauts, Jane se rendit en Norvège pour le tournage de la version cinématographique de « Maison de poupée », pièce de Henrik Ibsen qui raconte le combat d'une femme, à la fin du siècle dernier, pour s'affranchir de l'influence dominatrice de son mari. Le réalisateur Joseph Losey, Américain d'origine, s'était expatrié pour des raisons politiques à l'époque du « maccarthysme » et vivait depuis lors en Angleterre. En dépit du fait qu'ils partageaient le même point de vue à l'égard des États-Unis, lui et Jane ne s'entendirent pas très bien. Un journaliste rapportait qu'il aurait dit : « J'ai travaillé avec les vedettes les plus capricieuses de tous les temps, mais Jane Fonda est unique. »

Pourtant Losey avait tenu à engager la jeune actrice pour le film. Il sympathisait avec le mouvement de libération des femmes et envisageait « A Doll's House » comme un manifeste

Dans « La Curée » de Vadim, en 1966; elle y incarne Renée Saccard.

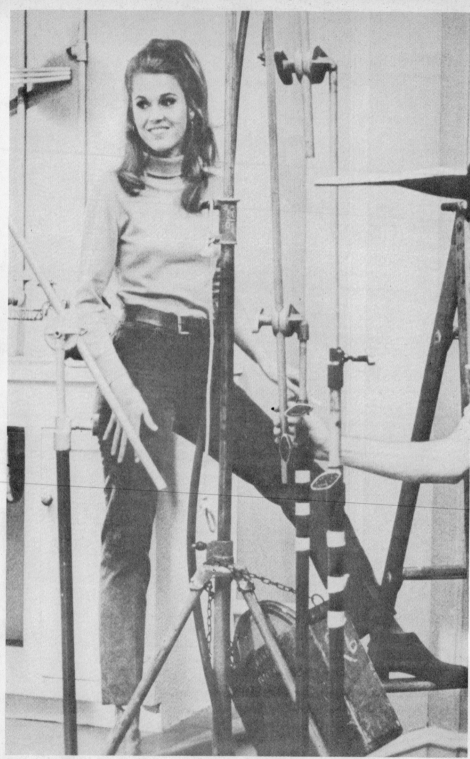

Jane joue Corie Bratter dans « Barefoot in the Park » en 1967. Robert Redford y joue le rôle de son mari.

Jane donne la réplique à Peter Finch dans un film tourné en Grèce, « In the Cool of the Day », 1963. Elle y personnifie Christine Bonner.

Kitty Twist use de ses charmes dans « Walk on the Wild Side », 1962.

« Cat Ballou », Lee Marvin obtint l'Oscar du meilleur acteur en 1965 pour son interprétation de Kid Shelleen, le bandit au nez d'argent.

Avec Bruce Dern, dans « Coming Home », en 1978.

Avec Donald Sutherland dans « Klute »; elle y incarne une prostituée, Bree Daniels.

Jane Fonda et Jon Voight se méritèrent un Oscar pour leur interprétation dans « Coming Home ».

Lily Tomlin, Dolly Parton et Jane en compagnie du réalisateur de « Nine to Five », Colin Higgins, 1980.

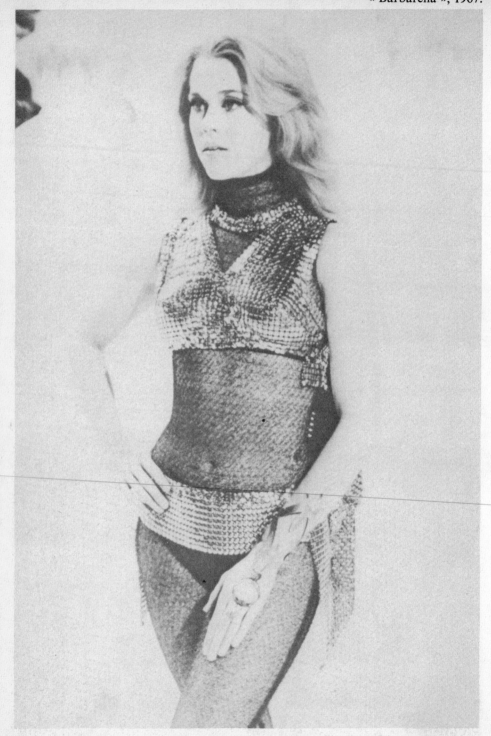

Bree Daniels dans « Klute ».

Gloria-la-perdante dans « They Shoot Horses Don't They ? », 1969.

Dans « Julia », elle interprète le personnage de Lillian Hellman et partage la vedette avec Vanessa Redgrave. Cette photo a été prise au Winterbourne Hotel, île de Wight, septembre 1976.

Dans le rôle de Hannah Warren dans la version du film de Neil Simon
California Suite.

Jane avec une perruque noire dans « Steelyard Blues », en 1972. Dans ce film qui suit « Klute », la jeune actrice incarne encore une fois une prostituée, aux côtés de Donald Sutherland. Le film ne fut pas bien reçu du public.

En propriétaire de ranch déterminée, dans « Comes a Horseman » en 1978.

La reporter de télévision, Kimberly Wells découvre un danger de désastre nucléaire dans « The China Syndrome », 1979.

« On Golden Pond », 1981; Jane y joue la fille de Henry Fonda et de Katharine Hepburn. Après des années de mésentente, le père et la fille se retrouvent et se réconcilient — la fiction se confond parfois avec la réalité.

artistique qui illustrerait ses convictions. Connaissant les opinions de Jane, il en avait conclu qu'elle était l'interprète toute désignée pour incarner Nora. Néanmoins, il changea d'avis une fois le tournage commencé. « Après mes expériences avec elle à Roros (Norvège), où nous filmions « A Doll's House », j'ai compris qu'elle était terriblement désorientée. Elle gaspillait son temps et son énergie à trop de causes. »

D'après Losey, Jane était arrogante, tyrannique, écervelée et manquait d'éthique professionnelle. « Elle passait le plus clair de son temps à rédiger des discours et à faire un nombre incalculable d'appels téléphoniques en rapport avec ses occupations politiques, négligeant bien entendu d'apprendre son rôle. » Le réalisateur menaça Jane de mettre fin au tournage si elle n'acceptait pas de travailler avec le reste de la distribution. Ils en vinrent à une entente mais la situation ne s'améliorait pas pour autant. « Je pense que sa famille, son éducation trop rigide et son mariage avec Roger Vadim lui ont beaucoup nui. »

Losey ajouta qu'à son avis, Jane s'était armée pour éviter d'être blessée par les hommes. « Pour une femme, ce n'est pas facile de vivre en se repliant sur soi comme ça... Elle fuit tous les hommes, sauf Tom Hayden... Le problème avec Jane, c'est qu'elle n'a pas suffisamment le sens de l'humour. Travailler avec elle n'est pas une expérience que je voudrais répéter. »

Le tournage de « A Doll's House » dura jusqu'au milieu de décembre 1972. Alors qu'elle était encore en Norvège, Jane annonça qu'elle et Tom Hayden s'aimaient et comptaient se marier « sitôt que je le pourrai ».

Selon Michael Maslansky, l'agent de publicité du film, « Il y a entre eux des sentiments, une affection véritables. Ils sont très amoureux l'un de l'autre et passent le plus de temps possible ensemble à préparer des activités pacifistes. Mais c'est étrange, je ne les ai jamais vus se tenir par la main ou s'embrasser... Ils s'évertuent plutôt à convertir les gens à leur point de vue. »

Les commentaires de Hayden étaient fort simples : « Nous avons convenu de ne pas parler en public de notre attachement. Nous voulons plutôt faire connaître le mouvement en faveur de la paix. »

Et Jane renchérissait : « Nous faisons campagne pour la paix ensemble. C'est ça qui nous intéresse. Notre liaison est un sujet intime et nous ne voulons pas que cela empiète sur nos activités radicales. »

Lorsque le président Nixon ordonna un bombardement intensif de la région de Hanoi, vers la fin de décembre, sous prétexte de forcer le gouvernement nord-vietnamien à négocier la paix, Jane et Hayden furent horrifiés. À Stockholm, la jeune actrice, qui prenait part à une manifestation contre cette mesure devant l'ambassade des États-Unis, se vit éclaboussée de peinture rouge par un observateur hostile. Cet acte de violence n'était qu'un exemple de ce qui pouvait arriver à Jane dont la vie était menacée presque quotidiennement depuis son retour de Hanoi.

De Norvège, elle et Hayden se rendirent en France pour rencontrer le chef des négociateurs nord-vietnamiens à la conférence de Paris. Il leur affirma que la reprise des bombardements « serait futile; Hanoi ne céderait pas à la violence et ne ferait aucun compromis concernant ses droits fondamentaux. »

Le couple regagna New York, fin décembre, peu après le trente-cinquième anniversaire de Jane. Cette dernière fit un saut en République dominicaine pour obtenir en vingt-quatre heures son divorce d'avec Roger Vadim et le 21 janvier 1973, dans sa maison modestement meublée du Laurel Canyon Boulevard, sur un versant des monts Hollywood, elle et Tom Hayden s'épousèrent. La cérémonie fut présidée par le Révérend Richard York, un membre de l'Église épiscopale progressiste. À la fête, il y eut des chants vietnamiens et des gigues irlandaises. Une centaine d'invités y participèrent, dont un groupe d'étudiants vietnamiens, ainsi que le père et le frère de Jane.

La mariée, vêtue de pantalons usés et d'une blouse de paysanne vietnamienne dissimulant son ventre proéminent (elle était alors enceinte de quatre mois) présenta ses hôtes les uns aux autres et prononça un petit discours. Elle décrivit son voyage à travers le Viêt-nam et manifesta son admiration pour les liens familiaux étroits qu'elle y avait constatés et qui n'avaient pas d'équivalent ailleurs dans le monde. Elle signala l'importance des enfants qui étaient associés au foyer, à l'amour et à l'union, des éléments qu'elle avait négligés de rechercher au cours de sa vie, mais qu'elle se sentait sur le point de découvrir. Elle annonça qu'elle portait l'enfant de Tom Hayden qu'elle avait décidé d'épouser afin d'établir une véritable famille révolutionnaire basée justement sur le foyer, l'amour et l'union.

Deux jours plus tard, le Révérend York recevait une « lettre de pieuses remontrances » de son évêque, le suspendant de ses fonctions pour avoir béni le mariage d'une divorcée sans la permission de son supérieur ecclésiastique.

30

Exilée de Hollywood

Ce second mariage imprima à la vie de Jane une tangeante qui laissait présager la fin de sa carrière d'actrice. Avant son départ pour la Norvège, où elle devait jouer dans « A Doll's House », la jeune femme avait accepté d'écrire son autobiographie pour une grande maison d'édition new-yorkaise. Mais après avoir épousé Hayden, elle abandonna ce projet pour se consacrer plus que jamais à leurs desseins révolutionnaires communs. Son mari l'avait persuadée qu'en racontant l'histoire de sa métamorphose politique et en la publiant chez un éditeur capitaliste, uniquement préoccupé de ses profits, elle s'exposait à être accusée d'hypocrisie ou de naïveté. Si elle souhaitait participer à un changement radical de la société américaine, ce ne serait pas en relatant sa carrière d'actrice de cinéma, quelque bonnes que soient ses intentions. La Révolution, comme s'était évertué à le lui dire Fred Gardner, deux ans auparavant, est le résultat d'un long et pénible processus d'organisation politique et de transformation graduelle de la mentalité des gens. Selon les termes de Peter Fonda : « Tom lui a appris dès le début qu'une révolution ne survient pas du jour au lendemain. C'était ça le problème de Jane; elle essayait de convertir tout le monde et se sentait frustrée si on n'était pas immédiatement gagné à ses idées. Des tas de gens avaient déjà tâché de lui faire comprendre la lenteur du phénomène mais comme elle n'était pas amoureuse d'eux, elle n'écoutait rien. Par contre, elle aimait Tom et elle a accepté tout de suite ses explications. »

Mariés depuis peu, Jane et Hayden quittèrent la maison de Laurel Canyon pour s'établir dans un logis, plus modeste encore, dans la petite agglomération de Venice, à l'ouest de Los Angeles. La jeune femme s'abandonna à la férule idéologique de son mari et tous deux consacrèrent leurs efforts à élargir la portée de leur campagne en faveur de la paix en Indochine. Nombre de leurs connaissances crurent que ce déménagement dans une « cabane » comme disait Henry Fonda, était un geste politique; un témoignage apparent de leurs intentions de vivre comme des révolutionnaires.

La réalité était plus prosaïque. Jane qui avait dépensé presque tout son avoir à des entreprises antimilitaristes, se trouvait presque sans le sou; quant à Hayden, il n'avait pas grand-chose à sa disposition, depuis longtemps. Le peu d'argent qui entra l'année suivante provenait de leur campagne de financement pour la paix et fut employé en grande partie à payer leurs frais de déplacements et leurs projections publiques de films sur les effets destructeurs de la guerre au Viêt-nam.

Le 7 juillet 1973, Jane donna naissance à un fils, appelé Troy O'Donovan Garrity, en souvenir du nom que Hayden utilisait à l'époque de ses activités clandestines. Le nouveau-né ne tempéra en rien l'ardeur révolutionnaire de sa mère. En fait, assurait à l'époque un bon ami, « Pour Jane, l'arrivée de Troy fut un événement significatif, chargé d'un symbolisme politique qui dépassait le simple fait d'avoir un bébé. Dans son esprit, l'enfant représentait ce pourquoi elle se battait : une nouvelle société américaine où les jeunes hommes vieilliraient en acceptant et en respectant l'égalité des femmes et où ils n'auraient pas à craindre que leur vie soit gaspillée dans des guerres. En réalité, cette naissance a intensifié l'engagement de Jane, l'a même consolidé davantage. Elle puisait son savoir chez Tom mais le bébé lui a fourni un but sentimental. Jusque là ses sentiments par rapport à la cause étaient plutôt diffus mais ensuite, elle s'est concentrée sur ce qui la motivait et sur ce qu'elle voulait accomplir. »

À cette époque-là, Jane déclencha une nouvelle vague d'indignation publique en réprimandant les premiers soldats américains qui revenaient des camps de prisonniers du Viêt-nam du Nord avec des récits de tortures. Réagissant comme une mère dont l'enfant est soupçonné d'avoir commis un mauvais coup, elle s'emporta, répondit du tac au tac et refusa de les croire. Elle les accusa de n'être rien de plus que des « menteurs et des hypocrites », répétant que les Nord-Vietnamiens, avec leur gentillesse innée, étaient bien incapables de pratiques aussi barbares. Mais comme un nombre croissant de prisonniers rapatriés confirmaient les déclarations de leurs camarades, elle modifia son attitude. Elle reconnut qu'il y avait peut-être eu quelques cas isolés de torture : « Si c'est vrai, qu'y a-t-il d'étonnant à ça quand ces mêmes hommes sont ceux qui vous ont largué des bombes et qui ont tué les vôtres pendant des années ? Personne n'est parfait, pas même les Vietnamiens. Et si quelques individus n'ont pas agi correctement, quel droit avons-nous de les blâmer ? » Cependant, lorsque deux soldats qu'elle avait interviewés à Hanoï réapparurent en révélant qu'ils avaient été torturés avant de lui parler, elle fut réduite au silence.

Vers le milieu de 1973, Jane Fonda comptait parmi les célébrités qui suscitaient chez les Américains les réactions les plus vives, voire la haine. Elle encourut encore la désapprobation générale en prenant position au moment de la guerre israélo-arabe. Influencée sans nul doute par Vanessa Redgrave, communiste invétérée et championne de la cause palestinienne, elle se déclara en faveur d'un État palestinien, traitant Israël de laquais des États-Unis. La justice au Moyen-Orient ne s'obtiendrait qu'en accordant un territoire aux Arabes délogés. Nombre de libéraux avaient été stupéfiés par les sorties de Jane concernant le Viêt-nam et les prisonniers de guerre; mais ses commentaires sur le conflit israélo-arabe dépassaient les bornes. Elle fut qualifiée d'antisémite et l'influente communauté juive, dominante dans l'industrie du cinéma, s'associa au boycott de Jane Fonda. En peu de temps, elle ne pouvait même plus acheter un rôle. L'hostilité dont elle était l'objet s'exacerba lorsque « A Doll's House », mal reçu de la critique, vira au désastre financier.

Jane ne se laissa pas abattre cependant. Au contraire, elle annonça qu'elle était prête à renoncer à sa carrière d'actrice plutôt que de se courber et de balayer le plancher devant les gros bonnets du cinéma dont les sentiments à l'égard d'Israël étaient tout au plus « quelque chose comme un réflexe rotulien ». Hollywood ne demandait pas mieux que de la prendre au mot. Le directeur d'un grand studio alla même jusqu'à s'exclamer : « La garce ne remettra plus les pieds ici. »*

À ce moment-là, une série d'événements rendit à Jane, pour quelque temps seulement, une partie de la faveur populaire. Les révélations concernant le Watergate et l'administration Nixon commençaient à défrayer les manchettes. À l'automne 1973 et au printemps 1974, alors que le comité Ervin et le bureau du procureur spécial mettaient à jour les malversations du cabinet républicain, Jane fut en mesure de se justifier. Elle souligna à maintes reprises, dans des entrevues accordées aux journaux et à la télévision, que tout ce qu'elle avait soutenu à propos de Nixon et de son gouvernement, au cours des quatre dernières années, s'avérait exact. Non seulement son nom figurait en tête de la fameuse « liste d'ennemis » du président mais, en outre, elle avait été l'objet d'une surveillance et d'un espionnage intensifs par le FBI. Lorsqu'elle intenta une action contre Nixon et d'autres hauts fonctionnaires, nombre de gens l'approuvèrent, l'applaudirent même.

---

* Récemment, Jane a apporté son soutien à des causes juives. À l'été 1981, elle a participé à divers rassemblements pour appuyer les Juifs soviétiques emprisonnés ou souhaitant immigrer en Israël.

Mais, à son habitude, elle abusa de la situation. Rien de plus naturel que d'exprimer sa satisfaction quand il est démontré qu'on a eu raison; mais inutile de toujours revenir sur ce qui est évident. Le pays, préoccupé par les implications de l'affaire du Watergate, se lassa bientôt de l'indignation de Jane. Ses avocats lui conseillèrent la discrétion, affirmant que ses vitupérations publiques mettaient en péril ses chances de gagner son procès.

En août 1974, alors que Nixon démissionnait de son poste de président, la jeune actrice était de moins en moins invitée à des interviews télévisées. Les médias ne cherchaient plus à connaître ses opinions. Et le retrait rapide et sans gloire des troupes américaines du Viêt-nam, l'année suivante, la laissa sans cause à défendre — du moins sans cause ayant une portée sociale suffisante pour attirer l'attention du public. Tom Hayden se trouvait dans la même position : la campagne en faveur de la paix en Indochine n'avait plus sa raison d'être. Malgré les cicatrices morales laissées par le Watergate et la guerre et en dépit de la période d'inflation et de récession combinées qui plongea le pays dans une grande détresse économique en 1974-75, le peuple américain n'était pas intéressé à une réforme socialiste, encore moins à une révolution. Pourtant, la confusion et l'insatisfaction régnaient toujours. Or, cette agitation sociale, cette désorganisation parurent propices à Tom Hayden pour transformer ses théories révolutionnaires en un mouvement politique accessible à un public élargi.

En 1974, la Californie fut l'un des premiers États à refléter cette désorientation politique et économique en élisant comme gouverneur un jeune original, ex-séminariste, Jerry Brown, fils d'un ancien titulaire du poste, l'influent Pat Brown. Même si, au cours de sa campagne électorale, il parut toujours tiré à quatre épingles, il réussit, par une combinaison de rhétorique jésuitique et de sermons teintés de bouddhisme, à dissiper l'impression qu'il donnait d'être le dauphin de l'administration en place ou même un politicien conventionnel. En s'engageant à renverser la vieille oligarchie californienne qui avait confié une bonne part du pouvoir et des fonds publics à quelques privilégiés, Brown s'assura le vote d'un nombre suffisant de jeunes prolétaires pour se faire élire. Une fois en poste, il s'appliqua avec zèle à remplir ses promesses et à instaurer un nouveau style de gouvernement, en s'adjoignant des collaborateurs qui ne venaient pas de l' « Establishment ». Entre autres, il s'adressa à Tom Hayden, catholique irlandais comme lui, intelligent, contestataire et doté d'un tempérament d'évangéliste martyr. Même si sa participation à la victoire de Brown avait été restreinte, Hayden avait recommandé le nouveau gouverneur à son électorat potentiel de hippies vieillissants, d'ouvriers radicaux, de déserteurs du Viêt-nam et de vétérans déçus et sans emploi. Une fois installé à Sacramento, la capitale de l'État, Brown, qui n'était guère plus âgé que Hayden, se mit à prendre l'avis de ce dernier sur l'élaboration de ses stratégies économiques et ouvrières.

Plusieurs révolutionnaires qui appuyaient Hayden à l'époque, se montrèrent plus tard cyniques considérant que leur ancien leader les avait trahis en s'intégrant au système, un système pourtant relativement peu orthodoxe, personnifié par Jerry Brown. Selon eux, il s'était laissé séduire par le courant réformiste et non révolutionnaire de la politique californienne. L'un d'eux disait : « Hayden a perdu les pédales quand il a découvert que Jane Fonda était attirée par lui et il est devenu complètement gaga quand elle a accepté de l'épouser. La situation changeait du tout au tout. Au début, il a essayé de nous persuader que ça ne faisait pas de différence mais il subissait des transformations subtiles. Il s'est rendu compte de ce que son mariage avec Jane Fonda pouvait lui rapporter — la gloire radicale, pour ainsi dire. C'était l'occasion de tenter un retour en politique après être resté dans l'ombre si longtemps. Mais pour en profiter, il fallait qu'il se défasse de son image d'extrémiste de gauche et qu'il adopte une position plus modérée — je ne dis pas qu'il tournait le dos à la cause mais il entrait un peu plus dans le système. Après la guerre, comme les autres leaders, il aurait pu être oublié des médias. Mais son alliance avec Jane lui donnait du cachet, lui ouvrait des portes. Il s'est aperçu que pour garder l'attention de la presse, il fallait qu'il tempère son ardeur révolutionnaire et Jane aussi. Il l'a persuadée de se taire pendant un certain temps. Après ça, quand il a recommencé à attirer l'attention, il s'est mis à croire qu'il suivait la bonne voie. Je veux dire qu'à force de tenir des propos et d'agir de façon moins radicale, il a commencé à penser de manière moins radicale. »

Hayden a rejeté ce genre d'interprétations les qualifiant d'élucubrations de gauchistes incapables de s'adapter à la réalité. Il expliquait son attitude modérée en 1975, non pas par une adhésion au courant réformiste mais par la découverte prosaïque qu'avec la fin de la guerre au Viêt-nam, il devait trouver un nouveau moyen de faire progresser la cause de la justice sociale et économique en laquelle il croyait fermement. Hayden et Jane mirent donc graduellement fin à leur campagne en faveur de la paix en Indochine pour la remplacer par une organisation et un concept nouveaux. Il s'agissait d'un mouvement en faveur d'une restructuration économique (le CED), dont le but serait d'employer les ressources humaines et monétaires de la gauche californienne à améliorer le sort des minorités désavantagées de l'État. Comme cet effort, qui se concentrerait sur la situation économique et la scolarisation des défavorisés, cadrait avec les politiques de l'administration Brown, Hayden déclara que le CED pourrait promouvoir ces dernières. Brown ne s'y opposa pas, donnant ainsi son coup d'envoi au mouvement auprès des médias locaux.

De cette alliance d'abord fragile vint au début un faible influx d'argent puis une quantité toujours plus considérable de fonds. Hayden, généralement accompagné de Jane, se mit à distribuer lui-même des textes de propagande décrivant les objectifs et les stratégies du CED à la presse. À défaut d'être un grand orateur, il savait manier la plume et il se servit de ce talent pour stimuler l'intérêt des journalistes désabusés. Le CED visait d'abord et avant tout à devenir une force politique influente aux États-Unis, qui représenterait les femmes, les Noirs, les Américano-Mexicains, les travailleurs exploités des usines et des fermes, les personnes âgées, les immigrants sans statut légal, bref tout Californien n'ayant pas de prise sur les rouages du système à cause de sa situation sociale et économique. L'organisme était prêt à former une coalition avec ces différents groupes. Le CED prenait les allures d'un parti politique pour les pauvres et se posait en champion des défavorisés à Sacramento et auprès des pouvoirs gouvernementaux locaux. Ses objectifs fondamentaux, du moins au début, consistaient à exiger de l'État un programme d'enseignement de l'anglais destiné aux enfants mexicains, afin que ceux-ci soient en mesure de revendiquer une place sur le marché du travail et à préconiser l'utilisation de nouvelles formes d'énergie — en particulier l'énergie solaire — de sorte que les classes économiquement faibles ne soient pas perpétuellement à la merci des caprices de tarification des géants du pétrole et du gaz.

La propagande de Hayden différait de celle des autres organismes prônant les mêmes politiques en ce qu'elle enjoignait aux gens de participer à la résolution de leurs problèmes. La plupart des groupes réformistes attribuaient à l'État seul l'obligation de régler les questions sociales; pour Hayden, quiconque cherchait à améliorer sa situation économique et sociale, avait également sa part de responsabilités. L'éducation pouvait être à la charge de l'État — c'était déjà le cas, jusqu'à un certain point — mais si les économiquement faibles n'obligeaient pas leurs enfants à en profiter, ils seraient les seuls à blâmer si ceux-ci ne jouissaient pas, plus tard, de conditions de vie acceptables. Si l'État était une structure monstrueuse, il n'avait pourtant pas la puissance qu'on lui prêtait. En tirant parti du système éducatif qui lui était offert, la jeunesse serait à même de réclamer de nouvelles améliorations sociales pour les générations suivantes.

Au début, les théories de Hayden eurent peu d'impact sur les classes défavorisées, habituées par leurs leaders à reporter sur le gouvernement la charge de leur bien-être et à lui imputer la responsabilité de leurs infortunes. Mais elles obtinrent l'approbation d'un nombre toujours croissant de contribuables de la Californie. La classe moyenne découvrait par le truchement de certains journaux qu'elle comptait dans ses rangs un organisme radical qui, au lieu de lui imposer toute l'obligation de relever le niveau de vie des pauvres, en attribuait une part à ces derniers. En termes de relations publiques, ce programme se révélait un coup de maître, prémédité ou non. En quelques mois, Hayden n'était plus considéré par les conservateurs californiens comme le radical fanatique d'antan, mais comme un réformateur politique sérieux.

D'aucuns prétendaient qu'au début des années soixante-dix, lors de sa première flambée de militantisme, Jane aurait pu songer à entrer un jour en politique. La Californie avait la réputation — le défaut, disaient certains — de procurer aux vedettes du spectacle vieillissantes, une seconde carrière en politique et des postes souvent même importants. Ronald Reagan y était gouverneur à l'époque et un ancien danseur à claquettes, George Murphy, avait été, jusqu'à tout récemment, un des deux sénateurs de l'État, à Washington. Quand à John Tunney, sans être un artiste, il était souvent considéré, à la blague, comme tel, à cause du peu d'influence qu'il exerçait au Sénat. En 1976, il briguait de nouveau les suffrages des Californiens. Personne ne croyait sérieusement que Jane lui disputerait son siège, mais si elle l'avait fait, personne n'en aurait été autrement surpris.

Nul ne s'étonna donc lorsque son mari annonça qu'il se présenterait contre Tunney, mais pour les Californiens, sa candidature fit d'abord l'effet d'une plaisanterie : il n'avait pas d'électorat digne de mention ni d'appui financier malgré ses rapports avec Jerry Brown. En outre, il s'était fait un bon nombre d'ennemis implacables, soit personnellement, soit par son alliance avec Jane. Mais Hayden démontra sa force de caractère. Cete année-là, il travailla d'arrache-pied à se gagner des électeurs et Jane l'assista dans sa campagne de financement. S'il fit piètre figure aux élections de novembre, il réussit tout de même à accumuler suffisamment de votes pour confirmer sa valeur en tant que porte-parole d'une certaine fraction de la population. Tom Hayden paraissait tout à coup promis à un brillant avenir politique en Californie.

Si son mariage avec Jane lui avait permis d'émerger des bas-fonds du radicalisme, son influence et son pouvoir croissants ainsi que l'attrait que sa campagne électorale avait exercé sur le milieu du spectacle allaient, ironiquement, entraîner la réhabilitation professionnelle de Jane Fonda. Tout à coup, il devenait chic à Hollywood d'admirer et même d'appuyer Tom Hayden, sinon de voter pour lui, comme sénateur. Une fois son audace, son intelligence et ses positions idéologiques connues, elles avaient été jugées dignes d'attention.

Par la même occasion, Jane recommença à se faire offrir des rôles. Si un jour Tom Hayden, force politique ascendante, obtenait un poste de commande, les gens de l'industrie cinématographique auraient intérêt à effacer tout souvenir de leur vieille hostilité à l'égard de sa femme. Par ailleurs, le succès, bien que modeste, du radical indiquait qu'en Californie, et peut-être même par tout le pays, l'animosité que suscitait l'actrice allait s'atténuant.

31

« Touche pas
à mon gazon »

Avec l'arrivée de Tom Hayden sur la scène publique californienne, au milieu de 1975, Hollywood proposa sa définition du type de films auxquels Jane Fonda pouvait participer et celle-ci répondit en précisant ce qui était acceptable pour elle, prenant en considération l'expérience de « Tout va bien », encore fraîche à sa mémoire. « Je veux jouer dans des films qui ne mentent pas. Sans nécessairement qu'il y ait un « message ». Mais je tiens à des productions et à des rôles qui disent la vérité ou du moins qui s'efforcent le plus possible d'être authentiques. Les oeuvres à caractère politique m'intéressent. Mais je ne veux pas rebuter le public, au contraire, je souhaite l'attirer. Pas forcément le convaincre mais le toucher et le faire réfléchir. Pour moi, n'importe quel film qui dit la vérité est une oeuvre politique, parce que la plupart ne le font pas et n'essayent même pas de le faire. »

Cette conception du cinéma n'était pas incompatible avec celle des producteurs hollywoodiens, d'autant plus que, d'après de récentes études démographiques, la grande majorité des cinéphiles de cette période post-Viêt-nam et post-Watergate, n'avaient pas quarante ans; ils étaient probablement plus épris de réalité que d'illusions. Jane recommença donc à recevoir des scénarios.

L'un d'eux, une satire à la fois amusante et mordante des moeurs américaines plut à l'actrice pour différentes raisons. D'abord, « Fun with Dick and Jane » (« Touche pas à mon gazon »), se moquait joyeusement des prétentions de la classe bourgeoise américaine. Les rebondissements de l'intrigue forçaient le personnage féminin principal, une ménagère sotte et docile, à assumer la direction de son ménage et à devenir ingénieuse, dynamique et combative tandis que son mari se contentait d'un second rôle. Enfin, sous des dehors comiques, l'histoire livrait un « message » incisif.

La trame du récit, quoique simple, ne manquait pas d'invention. Dick Harper, jeune directeur californien dont la carrière est en plein essor, perd brusquement son emploi. Lui et sa femme Jane voient brusquement leur petit monde cossu et axé sur la réussite sociale, s'effondrer sous une avalanche de factures impossibles à payer — ils doivent même rendre le gazon récemment installé devant leur propriété. Incapable de réagir, Dick (interprété par George Segal) ne peut que s'apitoyer sur son sort; Jane se voit donc contrainte de prendre la situation en main et, ce faisant, se découvre une nature audacieuse et agressive : les rôles sont inversés. La jeune femme, que ses efforts amènent à exploiter le système qui les avait dépouillés de tout, arrange les choses. Mieux encore, elle s'assure ainsi qu'à son mari des conditions de vie plus favorables encore que celles dont ils bénéficiaient auparavant. Elle a attaqué le système sur son propre terrain, ce que Dick n'avait pas réussi à faire.

Le film, tourné à la fin de 1975, reçut à sa sortie un accueil favorable. Les critiques le jugèrent divertissant et propre à faire réfléchir. Tout en appartenant au type de comédies à caractère social dans lesquelles l'actrice excellait autrefois, l'oeuvre se révélait particulièrement réaliste et mordante. « Si c'est le genre de films dans lesquels Jane Fonda se propose de jouer », écrivait un journaliste, « alors, bravo ! Personne ne le fait mieux qu'elle. »

Mais Jane ne souhaitait pas se spécialiser dans les comédies. Quoique relativement satisfaite de la production, elle sentait qu'elle « favorisait les plaisanteries légères aux dépens d'une réflexion plus profonde ». Elle ne croyait pas avoir trouvé là le moyen de faire connaître les idées qu'elle avait à coeur de propager. Cependant, « Dick and Jane » eut un effet positif sur sa carrière et sur son engagement politique. Si la jeune femme ne gagna que 100 000 $ pour son rôle, le film néanmoins rapporta beaucoup, rétablissant sa réputation — entendez sa valeur monétaire — aux yeux des directeurs de studios à Hollywood. Il lui permit également de rendre la monnaie de sa pièce au mouvement radical et de démontrer qu'un film commercial pouvait critiquer le système américain. Pour le public régulier des cinémas, Jane pouvait maintenant déclarer ce qu'elle voulait dans les journaux et à la télévision, sur le Viêt-nam, les Noirs, les femmes et le socialisme, du moment qu'elle continuait à les faire rire. Certes, une bonne portion de ses concitoyens ne lui pardonneraient jamais de s'être politisée mais la jeune femme ne cherchait plus leur approbation.

En fait, en 1976, Jane n'essayait plus de convertir tout le monde à ses convictions radicales. Après la sortie de « Dick and Jane », le public découvrit une « nouvelle » Jane Fonda. Elle se présentait aux émissions de Merv Griffin et de Johnny Carson, non pas pour s'entretenir du Viêt-nam ou des Panthères noires mais des responsabilités et des soucis inhérents au rôle de mère de famille, des garderies, des factures de chauffage et de la cupidité des géants du pétrole, du contrôle des loyers, du sexisme au travail, etc. Or ces sujets touchaient davantage l'Américain moyen — les femmes surtout — que des discussions révolutionnaires. À l'automne 1976, d'après un sondage effectué pour le magazine « Redbook », Jane figurait sur la liste des dix femmes les plus admirées des États-Unis.

L'actrice changeait encore une fois d'image, mais ce n'était pas simplement une question de relations publiques. Elle avait été en partie influencée par son mari, qui était alors en pleine campagne sénatoriale. Non pas que Hayden crût avoir la moindre chance de remporter une victoire aux élections. Il s'était lancé dans la lutte afin de s'imposer comme une nouvelle figure politique et pour préparer sa future carrière. Jane ne pouvait pas lui nuire en redevenant ce qu'elle était quelques années auparavant.

Le communiste Jean-Luc Godard n'était pas non plus étranger aux transformations qui s'accomplissaient chez la jeune femme. Dans sa « Lettre à Jane », une critique cinématographique sévère du militantisme de la jeune actrice, il s'en prenait à sa candeur et à son ignorance politique et la priait de ne plus aborder le sujet de la révolution jusqu'à ce qu'elle ait enfin compris de quoi elle parlait.

Cependant, l'impact de ses retrouvailles avec Vanessa Redgrave fut déterminant pour elle.

À l'automne 1976, Jane se rendit en France pour participer au tournage de « Julia », basé sur des mémoires de Lillian Hellman, récemment publiés. Le récit, qui se déroule dans l'Europe des années trente, au moment de la montée du nazisme, relate l'histoire vécue d'une amitié entre l'écrivain et une gauchiste qui, à Vienne, prend part à des activités anti-nazies et finalement, se fait tuer. Après avoir lu le livre, Jane avait fait des pieds et des mains pour se voir attribuer le rôle principal, celui de l'écrivain. Bien que le réalisateur, Fred Zinneman, cinéaste chevronné, ne fût pas convaincu que le personnage lui convenait, elle l'obtint tout de même. Sitôt qu'elle eût signé son contrat, Jane fit pression pour que le rôle-titre soit confié à Vanessa Redgrave. D'après le producteur, Richard Roth, « C'était parfaitement logique : les deux gauchistes les plus célèbres des années soixante-dix, personnifiant deux radicales des années trente. L'idée me plaisait. Évidemment, le fait que Jane et Vanessa étaient deux actrices extraordinaires ne nuisait en rien. Et puis, elles avaient accepté toutes les deux de recevoir des cachets inférieurs à ce qu'elles auraient exigé normalement. »

En 1976, Vanessa Redgrave était fort probablement l'actrice la plus brillante et la plus électrisante de son époque, peut-être même, la seule femme dotée d'un véritable génie dramatique. Rivaliser avec elle demandait « un fichu courage de la part de Jane » a déclaré un grand impresario. « Redgrave prend tout l'écran chaque fois qu'elle paraît et Jane risquait de ne pas gagner à lui être comparée. Jane n'avait pas son pareil dans les comédies mais elle ne s'était jamais vraiment distinguée dans un rôle dramatique au cinéma. »

De fait, l'actrice britannique se mérita un Oscar pour son interprétation tandis que Jane dut se contenter de quelques compliments sur son jeu « respectable » et « de qualité ». Mais « Julia » fut un tournant important dans sa carrière. Même si sa partenaire domina les quelques scènes qu'elles se partageaient, elle s'imposa dans ce film par sa présence presque incessante. Et le public découvrit une Jane Fonda qu'il ne connaissait pas — une femme paisible, réfléchie, mûre, dépourvue de la causticité des rebelles ou de la candeur des ingénues qu'elle avait incarnées jusque-là.

Au cours du tournage de « Julia », Jane fut déconcertée par les activités de sa compagne hors du plateau. Lorsqu'elle avait rencontré Vanessa Redgrave pour la première fois, celle-ci était profondément engagée dans des causes radicales. Au début, Jane avait même calqué son militantisme sur celui de son amie. Mais à cette époque-là, à la fin des années soixante, cette dernière pouvait encore s'entretenir avec sang-froid de ses convictions. Dix ans plus tard, elle était devenue un derviche tourneur de l'extrémisme politique. Elle ne perdait pas une occasion de distribuer des tracts, d'entamer des discussions politiques, d'essayer de convertir tous ceux qui lui tombaient sous la main. Jane en fut à la fois stupéfiée et épouvantée. Elle se rendait compte qu'elle ne pouvait plus parler à sa compagne : le dogmatisme unilatéral de celle-ci n'admettait pas la moindre divergence d'opinions, la moindre discussion. En outre, elle fut effrayée par l'obsession de la politique qui s'était emparée de l'actrice britannique. Ce n'était pas tant le fait que cette obsession unidimensionnelle se concentrait sur une seule question — le mouvement de libération palestinien et ses dérivés — qui inquiétait Jane comme son intensité qui virait à la manie. La jeune femme commençait à trouver ennuyeuse, parfois même irrationnelle l'attitude de son amie. Vanessa Redgrave ne s'apercevait pas, ou ne pouvait pas s'apercevoir qu'elle était la risée de tous. Jane qui l'observait, se voyait comme dans un miroir et fut horrifiée par son reflet. Pour la première fois, elle comprenait l'exaspération que sa conduite avait provoquée chez les autres; elle éprouvait le même sentiment. À partir de ce moment-là, elle résolut d'aborder la politique différemment. Elle ne pouvait pas se permettre de devenir une Vanessa Redgrave américaine.

Même si le film obtint des critiques favorables pour son intérêt humain, il ne correspondait pas aux objectifs politico-artistiques que Jane s'était fixés l'année précédente. Fred Zinneman, par sa réalisation conventionnelle, très hollywoodienne, évita toute prise de position sur la question du fascisme ou sur celle du rôle des femmes dans le monde. En dépit du fait que l'oeuvre passait, quoique vaguement, pour un manifeste féministe, le jeu de Jane ne laissait en rien deviner des attitudes libérées, au sens moderne du terme.

Cela était dû en grande partie à la nature du livre de Lillian Hellman. En se décrivant en 1930, la dramaturge avait insisté sur ses relations avec l'écrivain Dashiell Hammett dont elle partageait l'existence. (Hammett était interprété dans le film par Jason Robards). À tout point de vue, leur liaison suivait le schéma traditionnel homme-femme — il était le maître et elle, sa disciple sur le plan émotif et intellectuel. Même le premier voyage qu'elle accomplit seule en Europe, à la recherche de Julia, avait été conçu et financé par Hammett et, à son retour, elle avait repris sa place auprès de lui, en apparence inchangée par les événements traumatisants dont elle avait été témoin.

Jane ne pouvait tout simplement pas créer, à partir de là, la femme intensément indépendante qu'elle espérait incarner, à la première lecture du rôle. Même si cela avait été possible, il est douteux que Fred Zinneman aurait accepté une telle interprétation, étant plus intéressé à raconter une bonne histoire qu'à offrir à l'actrice l'occasion d'exprimer ses convictions. « Julia », malgré tout le battage dont les magazines féministes entourèrent sa sortie, se révéla n'être qu'un « film de femmes » dans le plus pur style hollywoodien, si populaire vers les années trente et quarante. Les femmes y avaient l'illusion d'être autonomes sans que cela ait le moindre rapport avec la réalité.

S'en étant aperçue, Jane résolut d'utiliser une partie de ses nouvelles épargnes pour monter sa propre entreprise de production. Elle pourrait ainsi avoir un droit de regard sur les films dans lesquels elle jouerait et sur les rôles qu'elle interpréterait et, surtout, elle s'affranchirait du pouvoir décisionnel et financier de l'industrie hollywoodienne, posant ainsi, à son avis, un geste politique. Pour incarner le genre de personnages qui lui tenait à coeur — des femmes irrévocablement transformées par les expériences qu'elles vivent et devenues indépendantes, autonomes et fières de l'être — elle ne pouvait mieux témoigner de ses intentions qu'en fondant sa propre entreprise de cinéma.

De sorte que, en 1977, Jane établit la IPC Films, Inc. et commença à chercher des scénarios à produire — des films vrais plutôt qu'illusoires, des oeuvres à tendance clairement féministe qui sauraient également plaire au public masculin.

Elle choisit, comme partenaire, un ami, le cinéaste et producteur, Bruce Gilbert qu'elle avait rencontré à l'époque de sa lutte antimilitariste. Gilbert, qui en était plus ou moins à ses premières armes à Hollywood, se montra lui aussi enthousiasmé par le projet que Jane rêvait d'élaborer, d'après les théories échafaudées au moment de « Tout va bien ». En fait, c'est lui qui aida la jeune actrice à le définir et c'est pourquoi, Jane l'invita à se joindre à elle dans IPC Films. Schématiquement, il s'agissait selon Gilbert de mettre en scène un personnage ordinaire attaché aux valeurs et aux opinions traditionnelles de la société. Au cours de l'intrigue et à la suite d'une succession logique d'événements, il expérimente une transformation émotive et profonde qui le politise, c'est-à-dire qui lui fait prendre conscience d'une réalité, laquelle lui échappait jusque-là. Le personnage, déchiré entre la nouvelle mentalité et l'ancienne, avec sa panoplie de leurres et de convictions rassurantes, se gagne la sympathie du public. Ensuite lorsque la nouvelle vérité triomphe des anciennes illusions et que le personnage parvient à une plus grande sensibilisation politique, les spectateurs n'ont pas d'autre choix que de lui emboîter le pas et de se politiser eux aussi.

Cette explication de Gilbert, c'était l'expression même de ce que Jane souhaitait faire, la formule qu'elle cherchait en vain depuis 1972. Ce fut un autre tournant important dans sa carrière artistique et politique. À partir de ce moment-là, elle s'appliqua à mettre en pratique la recette fournie par Gilbert.

Nancy Dowd, une jeune scénariste féministe qui avait participé au FTA en 1971, avait à l'époque noué des relations amicales avec Jane. Depuis lors, les deux jeunes femmes s'étaient perdues de vue, mais lorsqu'elle sut que Jane voulait des textes féministes pour sa nouvelle maison de production, elle communiqua avec elle et lui proposa un projet de film. C'était l'histoire d'une jeune Américaine, de son mari officier de marine, hanté par la guerre du Viêt-nam et de l'impact que cette obsession a sur sa femme.

Jane fut enthousiasmée par l'idée. Il s'agissait d'une métaphore très simple des effets du conflit vietnamien sur les États-Unis; le point de vue féministe y était bien représenté et l'actrice y entrevoyait un rôle alléchant pour elle. Elle et Bruce Gilbert engagèrent donc la jeune scénariste à poursuivre son travail.

À la même époque, Tom Hayden, n'ayant obtenu qu'une victoire morale aux élections 1976 (le siège de sénateur échut à S.I. Hayakawa, un conservateur plus âgé que lui) avait repris ses activités au sein du CED afin d'élargir son électorat en prévision d'une nouvelle campagne, quatre ou six ans plus tard. À ce moment, Hayden et Jane considéraient avec optimisme les résultats du dernier scrutin et, par ricochet, l'avenir politique du gauchiste. Entre deux tournages, la jeune femme continuait à travailler pour Hayden et pour le programme du CED. Leur ménage semblait plus uni que jamais. Pourtant, d'après des amis du couple, certaines attitudes de Jane démentaient ses principes féministes. Loin de Hayden, lorsqu'elle exerçait son métier d'actrice ou travaillait avec Bruce Gilbert à des projets de films, elle se montrait indépendante, sûre d'elle-même et intellectuellement exigeante. Mais, en compagnie de son mari, elle redevenait plus ou moins une épouse conventionnelle, radicale dans ses opinions, certes, mais se laissant guider par lui. Il n'y avait pas d'innovation dans leurs rapports. Évidemment Hayden prenait soin de Vanessa et de Troy en l'absence de Jane et il se chargeait de certaines tâches domestiques même lorsqu'elle était présente. Mais il ne s'agissait là que d'apparences de mariage « démocratique ». En réalité, l'image que Jane se faisait d'elle-même dépendait étroitement de l'approbation de son mari.

Son nouveau succès ne suffisait pas à lui inspirer un véritable sentiment de satisfaction; mais il en avait toujours été ainsi. Son identité et le sentiment de sa propre valeur, comme toujours, lui venaient de l'homme qu'elle aimait.

32

Retour

Jane allait donc tâcher de réaliser, grâce à ses rôles au cinéma et à la nouvelle formule politico-artistique qu'elle et Bruce Gilbert avaient conçue pour IPC Films, les changements qu'elle avait toujours souhaité apporter à la société américaine. Et la première étape de ce long processus l'amenait à incarner Sally Hyde, l'épouse du capitaine des Marines, dans la version cinématographique du récit de Nancy Dowd « Coming Home » (« Retour »).

Cependant, ce ne fut pas le scénario original qui servit pour le film. Très tôt, alors que Jane et Gilbert s'étaient engagés à produire le film et avaient amassé une partie des fonds nécessaires, un différend s'éleva entre eux et la scénariste concernant certaines particularités de l'intrigue. Nancy Dowd avait choisi de décrire l'évolution des rapports entre Sally Hyde et une autre épouse de militaire — un récit purement féministe mettant en scène des femmes de milieux différents, travaillant dans un hôpital pour invalides et attirées l'une par l'autre. Il s'agissait d'une intrigue assez inusitée pour une oeuvre commerciale et Jane elle-même s'aperçut tout de suite que le public ne s'y intéresserait pas. Lorsqu'elle et Gilbert tentèrent de persuader la scénariste de récrire son texte et d'en faire une histoire d'amour, elle refusa. Ils lui reprirent donc le projet et le confièrent à deux scénaristes chevronnés, Waldo Salt et Robert Jones.

La nouvelle version de « Coming Home » était certes plus commerciale, elle atteignait même des dimensions de tragédie. Son mari, Bob, marine et phallocrate, étant parti reprendre du service au Viêt-nam, Sally Hyde, jeune épouse américaine typique, férue de conventions, n'a rien à faire que de réarranger le mobilier de leur logis, ad nauseam. Elle s'offre donc à travailler, quelques heures chaque jour, à l'hôpital de vétérans du voisinage. Elle y rencontre Luke, un paraplégique, bel homme désabusé qui a été blessé au Viêt-nam. Avec naïveté d'abord, puis avec de plus en plus d'affection et de compassion, Sally cherche à découvrir les motifs de sa colère et à l'apaiser. Elle devient bientôt amoureuse de lui et, à mesure qu'elle apprend à mieux le connaître, est stupéfaite par ce qu'il lui révèle sur la guerre. Luke n'a eu de relations sexuelles avec aucune femme depuis qu'il a été estropié et Sally, qui éveille d'abord sa sensibilité, le conduit à une tendre consommation de leur idylle. Le mari revient sur ces entrefaites et découvre le pot aux roses; Sally doit choisir entre lui et Luke. La colère du capitaine est-elle due au fait que sa femme lui est infidèle ou au fait qu'elle le trompe avec un simple soldat, paraplégique de surcroît ? La question reste entière. Mais la seconde hypothèse semble la plus pénible pour l'orgueil de Hyde qui abandonne Sally à Luke et, dans une scène finale dont l'invraisemblance nuit à l'unité dramatique du film, met fin à ses jours. Sally Hyde se retrouve seule mais elle a beaucoup appris sur les hommes, le Viêt-nam et sa propre personnalité. Le public est porté à croire qu'ayant été politisée et s'étant libérée de son ancienne mentalité, elle peut maintenant poursuivre sa quête intérieure.

Mise à part la scène du suicide de Hyde, le « Coming Home » de Salt et de Jones était une adaptation cinématographique intelligente de la formule qu'avaient élaborée Jane et Gilbert. Sally subit une transformation radicale et, grâce à l'interprétation habile et charmante de Jane, s'attire la sympathie du spectateur. Sorti en 1978, le film réalisé par Hal Ashby fut en général applaudi avec enthousiasme, consolidant à la fois la nouvelle entreprise de l'actrice et sa réputation à Hollywood.

Plus tard, les difficultés et les désaccords soulevés en cours de tournage furent révélés au public. Jon Voight, qui incarnait Luke et se mérita un Oscar pour son interprétation, effectua une tournée publicitaire au moment de la sortie de « Coming Home » et laissa entendre à maintes reprises qu'il s'était âprement querellé avec Jane à cause de divergences d'opinions sur le scénario. Nancy Dowd, quant à elle, désavoua la production, déclarant à un reporter : « La version originale de " Coming Home " était probablement mon meilleur texte. Mais j'ai honte du film... C'est un exemple de suprématie masculine : les hommes choisissent entre des idées et les femmes choisissent entre les hommes. »

Au cours du tournage, Jane fêta son quarantième anniversaire. Elle m'a confié plus tard que l'événement n'avait eu que peu d'effet sur elle. « Non, je n'ai pas ressenti cette angoisse que les gens quand ils arrivent à la quarantaine sont censés éprouver. J'y ai à peine songé. Je ne sentais pas mes quarante ans, quoi que cela puisse vouloir dire. Seulement, j'ai résolu de commencer à prendre davantage soin de moi. »

Comme chaque fois que Jane avait décidé quelque chose, elle s'y consacra avec énergie. Elle fumait trop et se nourrissait d'une manière irrégulière, à la hâte, depuis plus longtemps qu'elle ne voulait s'en souvenir. Du jour au lendemain, elle devint une fanatique de la santé et de la forme physique, changea de régime, et passa le plus clair de ses temps libres à des cours de gymnastique. Comme à son habitude, s'étant passionnée pour une cause dont elle bénéficiait, elle fut bientôt convaincue que les autres devaient en profiter aussi. De sorte que, après la sortie de « Coming Home », elle ouvrit un studio d'exercices pour femmes à Beverly Hills, le « Jane Fonda's Workout ». Elle l'établit dans un quartier à loyers modiques et offrit un programme de danse et d'exercices rigoureux, calqué sur celui qu'elle suivait elle-même, et le tout à des prix modérés. Sa propre forme physique était en soi une publicité. Elle aurait pu s'écrier : « Regardez mon corps à quarante ans —

vous pouvez, vous aussi, être en pleine forme ». Ses conseils étaient plus explicites : « Toute femme se doit de rester en forme. On ne peut se libérer quand on est esclave de mauvaises habitudes alimentaires et physiques. Prendre soin de son corps est un acte politique — une manière de prendre sa vie en main. » Nombre de femmes, à l'entendre et à la voir, se sont dit : « Et pourquoi pas ? » Le studio eut un succès immédiat et devint rapidement une entreprise lucrative.

Après Sally Hyde, Jane incarna Ella Connors dans « Comes a Horseman » (« Le souffle de la tempête »), drame social et western nébuleux qui se déroulait dans les derniers jours de la seconde guerre mondiale. Ella Connors était une variante féminine des solitaires robustes typiquement hollywoodiens qui combattent les forces du mal — ici une compagnie de pétrole cupide qui cherche à acquérir le terrain d'un petit groupe de ranchers dans une vallée infertile du Montana.

Le film réalisé par Alan Pakula (de « Klute ») se prétendait un récit politique doublé d'une histoire d'amour douce-amère (James Caan était le partenaire de Jane). Il ne s'agissait, en réalité, que d'une tentative pour exploiter la crédulité du public américain. L'idée de recréer un personnage typique du western, en version féminine pour les temps modernes, et de donner ce rôle à Jane Fonda (son père n'avait-il pas personnifié le même mythe dans sa période de gloire ?) soulignait l'aspect commercial plutôt qu'artistique de la production.

Jane ne manqua pas cependant de se trouver une justification politique pour participer à ce film. Ce qu'elle y aimait, disait-elle, c'est que, quoique son personnage fût condamné à perdre la bataille contre la compagnie de pétrole, « la volonté de lutter y était bien représentée... En fait, il aurait fallu que tous les petits fermiers de la vallée s'organisent et se regroupent. À ce moment-là, nous aurions peut-être gagné. »

« Comes a Horseman » avait donc une signification politique mais peu de gens s'en aperçurent; d'ailleurs le film n'eut pas grand succès après l'accueil glacial que lui firent les critiques.

Pour « California Suite » (« California Hôtel »), ce fut autre chose. Basé sur une comédie de Neil Simon qui avait triomphé à Broadway, le film valut à Jane des compliments mais obtint des critiques mitigées en général. Cette succession de petites scènes couvrant des moments dans la vie de quatre couples logeant à l'hôtel Beverly Hills, n'était qu'une adaptation ennuyante de la pièce de théâtre, exception faite de la section concernant les aventures de Jane. Celle-ci incarnait une journaliste dont l'ex-mari, scénariste new-yorkais interprété par Alan Alda, était venu chercher fortune à Hollywood. L'actrice déclara aux reporters qu'elle s'était amusée à jouer Hannah Warren, cette femme cynique, nerveuse et « libérée » parce que « c'était un défi que de me mettre dans la peau de ce personnage que je n'aimais pas et qui était si différent de moi. »

Les spectateurs et les critiques voyaient la chose d'un autre oeil. Ils étaient convaincus que Hannah Warren était l'image de ce que Jane était devenue depuis sa conversion révolutionnaire : insupportable, agressive, tyrannique, sermonneuse, intolérante; au fond un être pitoyable et presque pathétique. Lui confier ce rôle était un coup de génie; et le plus ironique, c'est que, dans les journaux, Jane décrivait le personnage auquel le public l'assimilait.

Bref, sauf pour cette interprétation « révélatrice », « California Suite » n'avait pas grand-chose à offrir, surtout du point de vue politique; ce n'était qu'une version hollywoodienne d'une comédie à caractère social intéressante mais, pour la plupart des spectateurs, le sens du film disparut sous le burlesque facile et souvent même enfantin des dialogues. En fait, plusieurs critiques furent rebutés par l'aspect superficiel et la médiocrité stéréotypée des plaisanteries sur les Noirs et les homosexuels. Et les admirateurs de Jane Fonda se demandèrent comment la jeune femme avait pu accepter de participer à ce navet.

La réponse était fort simple : l'argent. « California Suite » était une production à gros budget et l'actrice toucha 500 000 $ pour ses quelques semaines de travail. Socialiste inconditionnelle, elle n'eut aucun scrupule à empocher un tel montant.

« Ce n'est pas moi qui ai créé le système. S'il y a des gens prêts à payer des acteurs de cinéma des sommes astronomiques alors que les professeurs et les ouvriers agricoles doivent se contenter de miettes, je n'y peux rien, du moins pas maintenant. Ne croyez-vous pas qu'il vaut mieux que ce soit moi qui reçoive cet argent plutôt qu'un autre qui le dépensera à s'acheter des Rolls Royce ou des propriétés valant des millions à Bel Air ? Du moins, je sais qu'une bonne partie de mon cachet profitera à d'autres et pas seulement à moi. »

C'était vrai : une importante proportion de tout ce que Jane avait gagné depuis « Fun with Dick and Jane » — plus d'un million de dollars en 1978 — avait servi à financer les objectifs politiques de son mari et à promouvoir des programmes sociaux et éducatifs du CED. Et une nouvelle entreprise allait encore s'y ajouter.

Hayden et elle avaient acquis une vieille ferme dans les montagnes au-dessus de Santa Barbara. Ce n'était pas une retraite pour les fins de semaine comme le fameux Rancho Cielo de Ronald Reagan, non loin de là. Le couple avait résolu de fonder un centre éducatif pour les enfants issus de familles défavorisées appartenant à des groupes minoritaires californiens et avait engagé une équipe de travailleurs du CED pour s'occuper de l'enseignement. D'après ce que Jane m'a dit en 1979, il s'agissait d'un « endroit pour leur apprendre à se sortir de leur condition et à mener une révolution comme il en aurait fallu une ici, depuis longtemps. » Lorsque je lui ai demandé de commenter certaines remarques selon lesquelles, elle et son mari essayaient de former la prochaine génération à voter pour Hayden dans quelque élection possible, elle m'a répondu : « C'est de la foutaise ! On leur montre à organiser leur milieu pour leur propre avantage, pas celui de Tom. Les gens inventent n'importe quoi ! »

Jane et Tom s'étaient bâti une maison pour eux et leurs enfants, sur le terrain de la ferme. Hayden ne se permettait qu'une seule gâterie; il avait toujours aimé la pêche et passait son temps à se balader avec sa canne à pêche, attrapant des poissons qu'il faisait cuire pour lui, Troy et Vanessa, âgés respectivement de quatre et dix ans, et pour quiconque venait les visiter. Jane, accaparée par des tournages, s'absenta souvent en 1978.

Car elle était fort occupée. Ses deux derniers films avaient été produits par de grands studios mais, depuis « Coming Home », Gilbert et elle cherchaient en vain un nouveau projet cinématographique. Incapables de trouver quoi que ce soit qui leur plaise, ils résolurent, en toute logique, d'en élaborer un eux-mêmes.

L'idée originale leur fut fournie par Hayden. En 1975, dans le cadre du CED, il avait fait campagne contre la croissance rapide en Californie de l'industrie de l'énergie nucléaire qui, non seulement mettait en danger les vies humaines, mais favorisait l'asservissement du salarié moyen au pouvoir des grosses entreprises et ce, avec l'approbation du gouvernement.

En 1976, Jane avait essayé d'acheter les droits d'adaptation cinématographique sur l'histoire de Karen Silkwood, une jeune technicienne qui travaillait dans une usine de production nucléaire de l'Oklahoma. La jeune femme était morte dans un accident de voiture et bien des gens croyaient à un acte criminel commis dans le but de l'empêcher de révéler ce qu'elle savait sur les infractions aux règlements de sécurité de l'usine où elle était employée. Jane avait annoncé à l'époque qu'elle personnifierait Karen Silkwood et que le film qu'elle comptait faire « désignerait du doigt ceux qui sont responsables de sa mort ». Elle ne put cependant obtenir ces droits et dut abandonner le projet.

De nouveau, en 1978, Tom Hayden et Jane s'opposèrent avec véhémence à la construction de centrales nucléaires en Californie, réclamant plutôt que le gouvernement fédéral et celui de l'État financent la recherche en énergie solaire. L'actrice, qui comptait originellement diffuser les opinions de Hayden, songea à un film sur la question des dangers du nucléaire. Dès que Gilbert et elle eurent lancé l'idée, ils reçurent une avalanche de manuscrits, composés à la hâte. La plupart était sans valeur mais l'un d'eux intéressa vivement Gilbert. Il n'y avait pas de rôle pour Jane mais le récit, écrit à la manière d'un suspense, ne manquait pas de qualités et trahissait un certain professionnalisme rappelant des histoires à la Woodward-Bernstein. Créée par un réalisateur-scénariste peu connu, James Bridges, l'intrigue met en scène un reporter qui, par inadvertance, découvre le camouflage d'une importante fuite de radiations dans une centrale nucléaire.

Lorsque Jane lut le scénario, la première fois, elle fut impressionnée mais le rejeta parce qu'il n'y avait pas de rôle pour elle. Cependant, Gilbert ayant suggéré que le scénario soit retouché et que le reporter devienne une journaliste, elle retrouva tout de suite son enthousiasme. Ils prirent donc contact avec James Bridges.

Bridges, homme timide et modeste, accepta d'effectuer les modifications qu'on lui demandait. Quand il eut terminé, il fut agréablement surpris par l'accueil que Jane fit à son texte et le fut bien davantage lorsqu'elle et Gilbert insistèrent pour qu'il réalise lui-même « The China Syndrome » (« Le Syndrome chinois »). (Le titre venait d'un terme de jargon nucléaire et faisait allusion à la « fonte » d'un réacteur qui brûle le sol et s'ouvre un chemin qui pourrait le mener jusqu'en Chine.)

Lorsque j'ai interviewé Jane, quelques semaines avant la sortie du film, au début du printemps 1979, elle me l'a décrit comme « un thriller saisissant comme il n'y en a pas eu à Hollywood depuis longtemps ». Y avait-il des sous-entendus politiques ? « On peut dire que oui. Mais ce n'est pas un film à '' message ''. C'est une histoire de vie et de mort; la vie et la mort de tout le monde. » Mais personne ne savait à ce moment-là que des événements se préparaient qui rendraient ce « thriller » hollywoodien célèbre, donnant à la jeune femme, par ricochet, une réputation de prophète et lui rapportant de gros profits.

Lorsque « The China Syndrome » sortit dans les cinémas, les critiques s'accordèrent à dire comme Jane qu'il s'agissait d'un « thriller de qualité » avec « un message plutôt simpliste ». Même si pour la plupart, ils apprécièrent la manière dont le récit était construit et louèrent le jeu des acteurs — en particulier celui de Jack Lemmon qui interprétait le directeur de l'usine déchiré entre sa loyauté envers l'entreprise et son honnêteté — ils se montrèrent moins satisfaits du sujet du film. Richard Schickel, dans le magazine « Time », écrivait : « L'entreprise qui possède l'usine et l'entrepreneur qui l'a construite nous sont présentés recourant aux mensonges, à la corruption et à la violence pour empêcher le public de découvrir la catastrophe à laquelle il vient d'échapper et le danger que de tels incidents se reproduisent à l'avenir — en faisant fi d'une solide documentation scientifique qui démontre l'improbabilité d'une telle succession d'accidents. »

Il y eut beaucoup d'autres critiques railleuses du même genre. « Ce concept dans son entier est bizarre », ajoutait un journaliste. « Pour de la science-fiction, passe encore ! Mais pour le réalisme, c'est du baratin ! »

L'industrie nucléaire se mêla du débat. Un porte-parole se plaignit que le film « inquiétait inutilement un public déjà déraisonnable, avec ses histoires à dormir debout qui font craindre aux Américains des sources d'énergie par trop nécessaires. »

« The China Syndrome » n'était pas en salles depuis deux semaines quand les journaux et la télévision rapportèrent à travers tout le pays l'explosion et la fuite de radiations survenues à la centrale nucléaire de Three Mile Island, près de Harrisburg, en Pennsylvanie. De « solides documentations scientifiques », des « histoires à dormir debout » vraiment ? Non seulement la succession d'accidents improbables décrits dans le film avait eu lieu en Pennsylvanie, mais les autorités locales et fédérales comme l'entreprise qui exploitait Three Mile Island se montrèrent aussi évasives que leurs alter ego fictifs lorsqu'il fallut expliquer les causes et les conséquences possibles de cet événement bien réel.

« The China Syndrome » qui n'était jusque-là qu'une bonne oeuvre cinématographique devint un manifeste du mouvement antinucléaire aux États-Unis. Les centaines de milliers, sinon les millions, de gens qui jusque-là étaient indifférents à cette question, furent galvanisés. Le public s'aperçut de l'aspect prophétique du travail de Jane, surtout lorsqu'il sut qu'elle avait été l'instigatrice du film et sa productrice.

La réaction antinucléaire s'étant répandue comme une traînée de poudre à travers le pays après l'affaire de Three Mile Island et « The China Syndrome », Jane et Hayden résolurent d'en profiter pour lancer une campagne afin de permettre à ce dernier de briguer un poste important. De sorte que, à l'automne 1979, ils entreprirent une tournée nationale dont le thème central serait la question de l'énergie nucléaire et au cours de laquelle, ils amasseraient des fonds pour leur cause. Hayden devait prendre la parole au National Press Club, à Washington et, quelques jours plus tard, participer avec Jane à une émission télévisée, diffusée dans tout le pays, « Face the Nation ». Ayant troqué ses jeans et sa chemise d'ouvrier contre un complet, Hayden prononça une allocution vibrante au National Press Club. Mais lorsque lui et Jane se présentèrent à « Face the Nation » pour répondre aux questions d'un groupe de journalistes franchement sceptiques, tous deux parurent nerveux, mal préparés et naïfs. En fait, en une demi-heure, les ambitions que Hayden nourrissait concernant une carrière politique à l'échelle nationale semblèrent s'effondrer. Bégayant, le regard fuyant à la manière de Richard Nixon que Jane et lui méprisaient tant, et incapable de répondre de façon cohérente et du tac au tac à plusieurs des questions qui lui furent posées, Hayden faisait presque peine à voir. Jane tâcha courageusement de venir à son aide avec ses propres remarques, mais elle fut elle aussi réduite au silence, après s'être réfugiée dans le stratagème habituel des statistiques et des déclarations non pertinentes. Elle haussait le ton, la voix frémissante et s'affolait de plus en plus à mesure qu'elle s'enferrait davantage.

Cette triste expérience à « Face the Nation » n'empêcha pas Jane et Tom de poursuivre leur tournée des États-Unis. Lorsqu'il était aux prises avec des opposants idéologiques ou même des journalistes désabusés, Tom Hayden ne s'illustrait pas en général, sauf s'il récitait un discours qu'il avait préparé. Mais au milieu de ses partisans ou de gens qui partageaient ses convictions politiques, il s'animait et manifestait une spontanéité et une sincérité éloquentes. Or pendant sa campagne, il s'entoura généralement d'amis, de sorte qu'il obtint là l'encouragement dont il avait besoin. Mais lorsqu'il regagna Los Angeles, à la fin du voyage, il se sentait profondément démoralisé. Son rêve de s'établir un électorat national s'était brisé contre la grosse machine politique de Washington. En homme réaliste, il abandonna en 1982 ses aspirations à la carrière de sénateur et revint à ce qu'il faisait le mieux, sensibiliser les groupes sociaux et diffuser les plus récents principes de réforme économique.

33

Le syndrome Fonda

Jane partageait le découragement de son mari. Son propre espoir d'être un jour connue, non pas simplement comme Jane Fonda, mais comme la femme du célèbre homme politique Tom Hayden, semblait s'être évanoui en fumée. Ce qui lui restait d'arrogance en public disparut par la même occasion. À cause peut-être du fait qu'elle avait passé quarante ans, son besoin forcené de lutter contre l'ordre établi, de se battre contre des moulins à vent, commençait à s'estomper. Jane avait participé à un autre film, juste avant la sortie de « The China Syndrome ». « The Electric Horseman », présenté au public fin 1979, fut accueilli avec indifférence. Jane en fut profondément déconcertée. Dans ce film, elle jouait une autre femme reporter qui s'associe à un cow-boy de rodéo encore charmant quoique déchu (interprété par Robert Redford) pour dénoncer l'hypocrisie et la corruption sur la place publique.

Un critique écrivit peu après : « Quelqu'un devrait parler à Jane Fonda. Nous sommes très heureux de la revoir à l'écran après toutes ces années de silence mais elle commence à nous agacer, non seulement comme personnage politique mais comme actrice. Elle semble résolue à rejouer toujours le même rôle. Ça suffit, Jane ! Nous avons compris. C'est bon d'être une femme ! Si elle continue à faire d'autres films du même genre, il faudra appeler ce qu'elle fait « le syndrome Fonda » ! »

Jane aurait pu vouloir suivre ce conseil, malheureusement, elle avait déjà annoncé que sa maison de production IPC préparait un nouveau film. Il s'agissait d'une comédie intitulée « Nine to Five » mettant en scène trois secrétaires d'un même bureau. Jane avait clairement laissé entendre que ce serait une oeuvre politique, défendant la cause des travailleuses américaines et en particulier celle des employées de bureau qui sont « maltraitées royalement d'une foule de manières ». Pour s'assurer de l'intérêt du public, elle ajouta que ses partenaires dans le film seraient Lily Tomlin et — Dolly Parton.

« Nine to Five » qui sortit dans les cinémas à la fin de 1980, ne servit qu'à diminuer l'impact qu'avait Jane Fonda auprès des spectateurs au moment de « The China Syndrome ». La faiblesse du scénario, l'interprétation bien intentionnée mais caricaturale de Dolly Parton, les clichés concernant le renversement des rôles homme-femme et la réticence apparente de Jane à affirmer son personnage, tout cela fit que le film ne politisa personne mais ennuya tout le monde.

Est-ce que Jane s'était rendu compte qu'elle incarnait trop de personnages « politiques » unidimensionnels ? D'après un ami de l'actrice, oui. « Après « Nine to Five », Jane a compris qu'elle avait tout gâché, qu'elle avait perdu la crédibilité qu'elle avait pris tant de peine à se gagner. Elle a dit qu'elle ne ferait que des films « ordinaires » pour quelque temps. Après le triomphe de « The China Syndrome », elle a eu l'impression de s'être égarée. Elle savait encore très bien ce qu'elle voulait faire au cinéma, du point de vue politique, mais elle était convaincue d'avoir perdu son sens critique pour juger de ce qui pouvait ou ne pouvait pas passer. »

Mais Jane n'allait pas cesser pour autant de jouer au cinéma. Accusée de ne faire des films que pour amasser de l'argent, elle a répondu : « Non, ce n'est pas ça. Je veux prouver au public que je peux continuer en dépit de tout. » Jouer pour elle était un acte politique en soi. « Les gens s'imaginent que si l'on milite en faveur de changements sociaux, c'est au détriment de sa carrière d'artiste, parce qu'on ne peut faire les deux à la fois. Je veux éviter à tout prix qu'on dise de moi « Ils l'ont eue ! » Les gens encouragent ceux qui refont surface. Peut-être suis-je de ceux qui luttent sans jamais s'arrêter et survivent. »

C'est probablement le secret de Jane Fonda. Elle continuera à lutter politiquement mais au cinéma seulement; et on peut s'attendre à ce que le syndrome Fonda, — le phénomène culturel que représente Jane Fonda — soit toujours à l'avant-garde de la société américaine. C'est là qu'elle veut être. Et avec ce don de survivre, de se métamorphoser qu'elle possède, on peut espérer entendre encore parler de Jane Fonda.

Filmographie

Tall Story (La tête à l'envers) *(1960)*
Réalisateur et producteur : Joshua Logan
Scénariste : J.J. Epstein
D'après : une pièce de Howard Lindsay et Russel Crouse, basée sur un roman de Howard Nemerov : « The Homecoming Game ».
Avec : Anthony Perkins
Personnage de Jane : June Ryder

Walk On The Wild Side (La rue chaude) *(1962)*
Réalisateur : Edward Dmytryk
Producteur : Charles K. Feldman
Scénaristes : John Fante et Edmund Morris
D'après : le roman de Nelson Algren
Avec : Anne Baxter, Capucine, Laurence Harvey, Barbara Stanwyck
Personnage de Jane : Kitty Twist

The Champman Report (Liaisons coupables) *(1962)*
Réalisateur : George Cukor
Producteur : Richard D. Zanuck
Scénaristes : Wyatt Cooper et Don M. Mankiewicz
D'après : le roman d'Irving Wallace, adaptation cinémato-
        graphique de Grant Stuart et Gene Allen
Avec : Claire Bloom, Glynis Johns, Shelley Winters
Personnage de Jane : Kathleen Barclay

Period Of Adjustment (L'école des jeunes mariés) *(1962)*
Réalisateur : George Roy Hill
Producteur : Laurence Weingarten
Scénariste : Isobel Lennart
D'après : la pièce de Tennessee Williams
Avec : Tony Franciosa, Jim Hutton
Personnage de Jane : Isobel Haverstick

In The Cool Of The Day (Les chemins de la vengeance) *(1963)*
Réalisateur : Robert Stephens
Producteur : John Houseman
Scénariste : Meade Roberts
D'après : le roman de Susan Ertz
Avec : Peter Finch, Angela Lansbury
Personnage de Jane : Christine Bonner

Sunday In New York (Un dimanche à New York) *(1964)*
Réalisateur : Peter Tewkesbury
Producteur : Everett Freeman
Scénariste : Norman Krasna
D'après : la pièce de Norman Krasna
Avec : Robert Culp, Cliff Robertson, Rod Taylor
Personnage de Jane : Eileen Tyler

Les Félins (Joy House) *(1964)*
Réalisateur : René Clément
Producteur : Jacques Bar
Scénaristes : René Clément, Pascal Jardin, Charles Williams
D'après : le roman de Day Keene
Avec : Lola Albright, Alain Delon
Personnage de Jane : Melinda

La Ronde (Circle Of Love) *(1965)*
Réalisateur : Roger Vadim
Producteurs : Robert et Raymond Hakim
Scénariste : Jean Anouilh
D'après : la pièce de Arthur Schnitzler
Avec : Marie Dubois, Claude Giraud, Anna Karina
Personnage de Jane : « la femme mariée »

Cat Ballou *(1965)*
Réalisateur : Elliott Silverstein
Producteur : Harold Hecht
Scénaristes : Walter Newman et Frank R. Pierson
D'après : le roman de Roy Chanslor
Avec : Lee Marvin, Michael Callan
Personnage de Jane : Cat Ballou

The Chase (La Poursuite impitoyable) *(1966)*
Réalisateur : Arthur Penn
Producteur : Sam Speigel
Scénariste : Lillian Hellman
D'après : une pièce et un roman de Horton Foote
Avec : Marlon Brando, Angie Dickinson, James Fox, E.G.
        Marshall, Robert Redford
Personnage de Jane : Anna Reeves

La Curée (The Game Is Over) *(1966)*
Réalisateur et producteur : Roger Vadim
Scénaristes : Roger Vadim, Jean Cau, Bernard Frechtman
D'après : le roman d'Émile Zola
Avec : Peter McEnery
Personnage de Jane : Renée Saccard

Any Wednesday (Bachelor Girl Apartment)
(Chaque mercredi) *(1966)*
Réalisateur : Robert Ellis Miller
Producteur : Julius J. Epstein
Scénariste : Julius J. Epstein
D'après : la pièce de Muriel Resnick
Avec : Dean Jones, Rosemary Murphy, Jason Robards
Personnage de Jane : Ellen Gordon

Hurry Sundown (Que vienne la nuit) *(1966)*
Réalisateur et producteur : Otto Preminger
Scénaristes : Thomas C. Ryan et Horton Foote
D'après : le roman de K.B. Gilden
Avec : Michael Caine, Diahann Carroll, Faye Dunaway,
        Robert Hooks, Phillip Law, Burgess Meredith
Personnage de Jane : Julie Ann Warren

Barefoot In The Park (Pieds nus dans le parc) *(1967)*
Réalisateur : Gene Saks
Producteur : Hal Wallis
Scénariste : Neil Simon
Avec : Charles Boyer, Mildred Natwick, Robert Redford
Personnage de Jane : Corie Bratter

Barbarella *(1967)*
Réalisateur : Roger Vadim
Producteur : Dino De Laurentiis
Scénariste : Terry Southern, en collaboration avec Roger
        Vadim, Claude Brule, Vittorio Bonicelli, Clement
        Biddle Wood, Brian Degas, Tudor Gates, Jean-
        Claude Forest
D'après : le roman de Jean-Claude Forest
Avec : John Phillip Law, Milo O'Shea, Anita Pallenberg
Personnage de Jane : Barbarella

They Shoot Horses, Don't They ?
(On achève bien les chevaux) *(1969)*
Réalisateur : Sydney Pollack
Producteurs : Irwin Winkler et Robert Chartoff
Scénariste : Robert E. Thompson
D'après : le roman de Horace McCoy et un ancien scénario de
        James Poe
Avec : Michael Sarrazin, Susannah York
Personnage de Jane : Gloria

Klute *(1971)*
Réalisateur et producteur : Alan Pakula
Scénariste : Andy K. Lewis
Avec : Donald Sutherland
Personnage de Jane : Bree Daniels

Steelyard Blues (Le Monde à l'envers) *(1972)*
Réalisateur : Alan Myerson
Producteur : Donald Sutherland
Scénariste : David S. Ward
Avec : Donald Sutherland, Peter Boyle
Personnage de Jane : Iris

F.T.A. *(1972)*
Réalisateur : Francine Parker
Producteurs : Jane Fonda, Donald Sutherland, Francine Parker
Superviseur et assistante à la production : Nancy Dowd
Scénaristes : les interprètes en collaboration avec Robin Men-
ken et Dalton Trumbo
Avec : Michael Alaimo, Len Chandler, Pamela Donegan, Rita
Martinson, Paul Mooney, Holly Near, Donald Suther-
land, Yale Zimmerman

Tout va bien *(1972)*
Réalisateurs : Jean-Luc Godard et Jean-Pierre Gorin
Producteur : J.P. Rassan
Scénaristes : Jean-Luc Godard et Jean-Pierre Gorin
Avec : Vittorio Capprioli, Yves Montand
Personnage de Jane : Susan De Witt

A Doll's House (La Maison de poupée) *(1973)*
Réalisateur et producteur : Joseph Losey
Scénariste : David Mercer
Avec : Edward Fox, Trevor Howard, Delphine Seyrig, David
Warner, Anna Wing
Personnage de Jane : Nora

The Blue Bird (L'Oiseau bleu) *(1976)*
Réalisateur : George Cukor
Producteur : Paul Maslansky
Scénaristes : Hugh Whitemore et Alezei Yakevlevich
D'après : la pièce de Maurice Maeterlinck
Avec : Ava Gardner, Will Geer, Patsy Kensit, Todd Lookin-
land, Nadezhda Pavlova, Elizabeth Taylor, Margarita
Terekhova, Cicely Tyson, Georgy Vitsin
Personnage de Jane : « la nuit »

Fun With Dick And Jane (Touche pas à mon gazon) *(1976)*
Réalisateur : Ted Kotcheff
Producteurs : Peter Bart et Max Palevsky
Scénaristes : David Giler, Jerry Belson, Mordechai Richler
Avec : George Segal
Personnage de Jane : Jane Harper

Julia *(1977)*
Réalisateur : Fred Zinneman
Producteur : Richard Roth
Scénariste : Alvin Sargent
D'après : un récit de Lillian Hellman
Avec : Vanessa Redgrave, Jason Robards
Personnage de Jane : Lillian Hellman

Coming Home (Retour) *(1978)*
Réalisateur : Hal Ashby
Producteur : Jerome Hellman
Scénaristes : Waldo Salt et Robert C. Jones
D'après : un récit de Nancy Dowd
Avec : Bruce Dern, Jon Voight
Personnage de Jane : Sally Hyde

Comes A Horseman (Le Souffle de la Tempête) *(1978)*
Réalisateur : Alan Pakula
Producteurs : Gene Kirkwood et Dan Paulson
Producteurs délégués : Irwin Winkler et Robert Chartoff
Scénariste : Dennis Lynton Clark
Avec : James Caan, Jason Robards
Personnage de Jane : Ella Connors

California Suite (California Hôtel) *(1978)*
Réalisateur : Herbert Ross
Producteur : Ray Stark
Scénariste : Neil Simon
Avec : Alan Alda, Michael Caine, Bill Cosby, Walter Matthau, Elaine May, Richard Pryor, Maggie Smith
Personnage de Jane : Hannah Warren

The China Syndrome (Le Syndrome chinois) *(1979)*
Réalisateur : James Bridges
Producteur : Michael Douglas
Scénariste : James Bridges
Avec : Michael Douglas, Jack Lemmon
Personnage de Jane : Kimberly Wells

The Electric Horseman (Le Cavalier électrique) *(1979)*
Réalisateur : Sydney Pollack
Producteur : Ray Stark
Scénaristes : Paul Gaer et Robert Garland
D'après : un récit de Shelly Burton
Avec : Willie Nelson, Robert Redford
Personnage de Jane : Hallie Martin

Nine To Five (Comment se débarrasser de son patron) *(1980)*
Réalisateur : Colin Higgins
Producteur : Bruce Gilbert
Scénaristes : Colin Higgins et Patricia Resnick
D'après : un récit de Patricia Resnick
Avec : Dolly Parton, Lily Tomlin, Dabney Coleman
Personnage de Jane : Judy Bernley

On Golden Pond (La Maison du lac) *(1981)*
Réalisateur : Mark Rydell
Producteur : Bruce Gilbert
Scénariste : Ernest Thompson
D'après : la pièce de Ernest Thompson
Avec : Henry Fonda, Katharine Hepburn, Dabney Coleman,
      Doug McKeon
Personnage de Jane : Chelsea Thayer Wayne

Rollover (Une femme d'affaires) *(1981)*
Réalisateur : Alan Pakula
Producteur : Bruce Gilbert
Scénariste : David Shaber
D'après : un récit de David Shaber, Howard Kohn et David
      Weir
Avec : Kris Kristofferson, Hume Cronyn
Personnage de Jane : Lee Winters

Table des chapitres

ACHEVÉ   D'IMPRIMER
EN   JANVIER   1985
SUR LES PRESSES DE
PAYETTE & SIMMS INC.
À SAINT-LAMBERT, P.Q.